Зиновий Коган

Ва-яавдуни

Зиновий Кога

Ва-яавдуни

Хроника нерасставанья

Sanktum

Cover image: www.ingimage.com

Publisher:
Sanktum
is a trademark of
International Book Market Service Ltd., member of OmniScriptum Publishing Group
17 Meldrum Street, Beau Bassin 71504, Mauritius

Printed at: see last page
ISBN: 978-620-2-49311-6

Ва'яавдуни.

И сказал Б-г:
«Шелах Эт-Ами **Ва'яавдуни**!»
(Отпусти народ мой **на службу Мне**)

Чернобыль.

Птицы вспороли небо. Повалил снег.

- Земля проглотит. – Вера уменьшила пламя керосинки.

Окно выросло и посветлело.

- Нас могут выслать? – спросил маленький Лева.

Последние дни взрослые только об этом и говорили.

- Они так встречают Новый год.-прошептала Вера. – Спи, сыночек.

За стеной старики молили Всевышнего благословить будущий год. Это было похоже на рискованное путешествие… Трубач Янкель, шойхет Берл, сапожник Шая, бандюжники, продавцы. Набожные в картузах и талитах упирались локтями в стол.

Кто-то невидимый вдруг в темноте обнял их и они раскачивались и пели: «Сим шалом това увраха.»

В центре стола дрожали два маленьких солнца – горящие фитили лампад и свет их падал на пожелтевшие страницы молитвенников, на золото меда и горку красных яблок.

«… Слава Твоя прощать и ты не спешишь с расправой, и не смерти грешных ищещь Ты, но перемены ложного пути – начало новой жизни.

… Явила Земля человека и спрятала, Но Ты, Всесильный, Ты пребудешь вечно…».

Москва.

Москва еврейская на Горку поднялась в этот канун Рош а-Шана, и в честь первого посла Израиля Голды Мейер.

- Взрывоопасная ситуация, - Берия потирал очки, - иногда просто опасная.

- Мне хасидское платье к лицу ?– спросил вождь.

Берия тоже прикидывался ортодоксом. Цицит болтались из-под пальто, широкополая шляпа, белые гольфы и короткие брюки, плюс шляпа, отороченная лисой.

Молотов в похоронном костюме косил под ашкеназа.

Маленкова одели в полосатый халат и тюбетейку. Короче, кавказский тат без прописки, но с деньгами.

Кагановича оставили без грима.

На Солянке кремлевцы вышли из машин, продирались сквозь толпу к синагоге.

- Что это они нам руки целуют?

- Они нас за цадиков пронимают. – засмеялся Каганович.

- А я и есть цадик. – Сталин грозно сделал усами птичку.

У синагоги толпа скандировала: Голда! Голда! Ам Исраэль хай!

- Раввины, танцуйте с нами!

Голда вышла в круг.

- Рабби, - позвала она Сталина.

Кровь и выпитый коньяк ударили ему в голову. Если бы он не откликнулся, с ним случился припадок. И он шагнул на середину, и танцевал лезгинку.

Мейерсон Голде Мойшевне целовали края одежды, когда она вошла в синагогу. Раввин Соломон Шлифер прочувственно воскликнул «На следующий год – в Иерусалиме».

Сакральная фраза превратилась в лозунг, толпа ее подхватила и двинулась вслед за Голдой к отелю «Метрополь».

«Кремлевские цадики» свернули к машинам. С севера дохнула Арктика.

- Мы их спровоцировали – Молотов поднял воротник плаща.

- Сними тюбетейку, жопа! – зашипел Берия, срывая с себя бороду с пейсами.

- Зато обеспечили интересы СССР, - пробубнил Молотов.

- Или твоей жены? – усмехнулся Маленков.

- Ну и сволочь ты!

- Так! – Сталин смотрел на людскую реку, что текла вверх на Лубянку. –Сами идут.

- Стихия. – пожал плечами Каганович. – Они идут за Голдой.

- Моисей в юбке. – Сухая рука Сталина с трудом удерживала на голове хасидскую шляпу.

Чернобыль.

Вернулось тепло. Пришло бабье лето.

Сразу после Ссудного дня двор превратился в райский сад. Запахи яблочной самогонки сливались с дымом костра. Деревья в пыли – это к холоду. Во дворе, под старой вишней, Зуся строил шалаш с Левой и младшей сестрой Софой. Отец их Семен невпопад молчал. Это оттого, что он вспомнил суккот детства в Гомеле.

- Цветы осыпались, - показала Вера на траву. – Цветы недолговечны.

Если сожалеешь о разлуке, значит не пришла еще любовь. Семен раскаивался , что не умел скрывать от жены своих любовниц. На это она смотрела сквозь пальцы, так он думал. А, между тем, она сжигала себя ревностью.

- Ну, как у вас идут дела?- близорукая, она доже сквозь очки щурилась.

- Верочка, - улыбнулся Семен, - шалаш готов.

- Я не тебя спрашиваю.

Зуся сбил с папиросы огонь и наблюдал, как тот угаснет в траве.

Несмотря на то, что Семен был кругом виноват перед женой и сам чувствовал это, почти все в доме, даже старая, похожая на качан капусты, Тубэлэ, были на его стороне, когда Вера его прогоняла.

- Ну как? Внесем стол, стулья? – потирал руки Семен.

- Не это главное для праздника – заметила Вера.

- А что главное? – спросил он растерянно.

- Настроение.

- По радио дождь обещали. - улыбнулся Зуся. – Вера, ты пригласила Янкеля и Шаю?

- Янкель принесет наливку, а Шая пирог.

- Надо сбегать на речку за лулавом – Семен выпрямился, смахнул мелкие веточки с плеч.

- Я хочу! – закричал Лева.

- И я! – запрыгала Софа.

- А ты помогай маме.

- Нет! Я с ними.

- Это не девочка, это левин хвост.

На закате Чернобыль перемещался в шалаши – и оттуда раздавались возгласы детей. Выставлено все, что уродилось в огороде: картошка, капуста, огурцы, помидоры. Как всегда гостей пришло больше, чем ожидалось.

Рива, Рая, Роза, Лея; и у каждой по двое детей, а у Леи так еще и муж, слава Б-гу, жив. Роза родила Илью и Борю. Отец их Либензон погиб на поводной лодке в Белом море. Что до Розы, то она работала в военкомате.

Хаим, муж Ривы, был врагом народа, его сослали в Магадан. Но Рива продолжала рожать от Хаима. На неделю-другую уедет к нему, а потом ходит по Чернобылю беременная. Рива родила Эллу, Соню, Машу, Беню и Арона.

Рая родила Эдика и Александра. Их отец пропал без вести. Ушел в парикмахерскую семь лет назад и не вернулся.

Сыновья Леи Адик и Мойша в этот суккот были на свободе. Они, то и дело, с кем-то дрались. Это на вид они тщедушные с синяками на лице.

Демонстративно в стороне был сирота Веня, то есть он пил, громко крякал, но не закусывал.

- А что ты знаешь об Израиле, Веня?

- Не понял.

- Понял, - усмехнулся пьяный биндюжник Изя.

Изя приперся на телеге с лошадью. Веня плотничал, где придется, этим жил как попало.

- Там как в Америке. Только вместо негров у них арабы. Я куплю большой дом с бассейном, буду гнать самогонку.

- А где ты деньги возьмешь, сынок?

- Украду.

- Там не украдешь. Там таких умных, как у нас собак.

Сапожник Шая улизнул со стаканом вина от жены Бобы и присел к биндюжнику.

- Ну что, хлопцы, раскаялись в своих грехах?

- Очухался. – заржал Изя. – Иом Кипур прошел, теперь грехи тебе отпустят через год.

- Где наша не пропадала. -- Шая чокнулся стаканом с Изей.

- Год греши и бреши. – ухмыльнулся Изя. – Ну, Шая, какой там найблыжчий праздник?

- Суббота.

- День когда Бог отдыхал. – вздохнул Изя.

- И нам велел.

- А это будет тот самый день? – удивился Веня. – Кто следил?

- Кто Бога боялся, тот и следил. – улыбнулся Шая.

Ханука.

Когда жизнелюбивый мальчик растет среди недоделанных родителей, кто прикрутит к валенкам коньки? То-то и оно. Вытаскиваешь шнурки из дедовых ботинок и пока он спит – суббота!, стальные лезвия на в бантиках на войлочных валенках, варежки и душегрейка – а что еще надо, чтобы прокатиться по первому льду?!

Во дворе его терпеливо ждали соседские друзья Толя Кутузов и Витя Слинько. И уже втроем спускаются к пруду на лед. Толя жил голодно с мамой в коммуналке, отец его в войну без вести пропал – хуже некуда. А вот Витя жил с родителями в теплой хатке

Лед в снежном пуху, а солнце в тумане. Толчок, рывок, коньки – одну сторону, сам – в другую. Эх, шнурочки, старые шнурочки лопнули.

А для деда, кто собрался идти молиться к Янкелю, шнурочки незаменимы. Где они? Как идти без шнурков в этих спадающих ботинках?

Мальчики на пороге вдруг запели хором:

Бабушка Таня!
Открывай сундучок –
Доставай пятачок!
Ханука веселая
Светлая и новая!

Ну, как тут не дать им всем ханука-гелт. И уже гурьбой пошли калядовать к соседке Иваныхе:

Коляда, коляда,
Открывай ворота!
По колено кожушок,
Дайте хлопцям
Пирожок!

На пруду проголодались и горячие пирожки Иваныхи самые вкусные в мире.

Волнение готовило Зусю к хануке. Тубэлэ надела белую косынку, Лева и Софка дергали ее за юбку, но она умудрилась зажечь керосиновую ханукию. Торжественно выбритый Зуся, закрыв глаза, молвил благословения.

- Арье, - иногда он так называл внука, - махт натилас ядаим.

Говоря попросту – надо мыть руки.

До краев наполнил кружку водой. Три раза слил на одну руку, три раза – на другую. Не заговорит, пока не отломит ломтик хлеба, обмакнув в солонку.

Нужно есть не спеша, как бы ни был голоден. Воздержание и умеренность означают святость.

Семен в черном костюме, белой рубашке с желтым галстуком сидел между детьми. Всегда первым запевал «Шалом алейхем».

Шалом алейхем
Мальахет гашарет
Мальахей эльйон
Мимелех малхей гамлахим
Гакадош Барух Гу.

Тубэлэ тихо перевела Леве: «Мир вам, ангелы Всевышнего…» В разных семьях «Шалом алейхем» пели по-разному: где каждый куплет по три раза, стоя и взявшись за руки, или сидя, обнявшись за плечи, а где – в ритме танца, джазменов. Сытый и старый еврей поет медленно нараспев, а молодой и голодный джазмен ногам покоя не дает.

Обычно Тубэлэ и Вера приносили еду, но на этот раз Семен увязался помогать теще. Сапожник Шая и Зуся забубнили, что не мужское это дело, но Тубэлэ подбадривала Семена.

В конце концов, зачем в праздник спорить, кому носить тарелки с бульоном?

Посреди трапезы пришел старший брат Зуси Янкель с женой Блюмой.

Янкель играл на трубе в кинотеатре «Смычка» и опаздывал не по своей воле.

- Дядя Янкель, когда у вас будут показывать фильм «Тарзан»?

- Зуся, я хочу помолиться в твоей комнате, - тихо сказал Янкель.

- Мы тебе на «маарив» даем пять минут, - скомандовала его жена дородная и пышная как субботняя хала Блюма. – Бульон стынет, а разогревать уже никто не будет.

- Зуся, твоя корчма в Чернобыле уже не окраина, там заключенные строят райком.

- Заключенные евреи? – спросил мальчик.

- Ой! Откуда ты знаешь про евреев?

- Он знает, что он – еврей, - сказала Тубэлэ.

- А зачем, Зуся?

- Лехаим! – Зуся поднял стакан с вином, он отпил, раскрыл книгу в переплете с наклеенным розовым лепестком-сердцем. – Лехаим-лехаим! В талмуде есть притча Исайи:

«Исайя! Дети мои греховны и беспокойны. Если ты готов принять поругание и побои от детей Моих, иди с поручением Моим, а если нет – не ходи.» И вот я спросил Леву: если дед и отец твои евреи, ты согласен быть евреем? Лева сказал «я тоже еврей». У того же Исайи мы читаем:

«Я предал спину мою бьющим меня, и щеки мои – рвущим бороду».

- Зуся, к чему ты это прочел? – удивился Янкель.

- Не всегда молчание – золото.

- А если за правду сажают? – усмехнулся Шая.

- Про это в Талмуде не сказано.

Было тусклое декабрьское воскресное утро. Семен с детьми пришел посмотреть на реку Припять, у деревянного причала болталась лодка. Уже две недели ветер заваливал лодки, покрывал рябью реку в тех местах, где не было льда.

- Почему не замерзает дерево? – спросила Софа.

- У него под землей теплый домик, - сказал Семен.

Семен зачерпнул воду и выпил. Лева снял варежку и, зажмурившись, тоже зачерпал воду. Сладка показалась Припять. А Софа наотрез отказалась. Ей было зябко. Она хотела вернуться домой.

Рассекая снегопад прилетела на причал чайка.

Ночью ханукальный мороз разрисует окна и ставни домов.

Москва.

За час до заседания Сталин вызвал Берия.

- Вот. – ткнул пальцем в бутылку «Цинандали» - привет от твоих земляков. Поскребышев вчера отпил.

- Я его сегодня не видел.

Сталин налил в фужеры, пригубил и взглянул на Лаврентия. Берия снял очки, лицо покрылось испариной и с широко открытыми глазами выпил.

- Хорошо. – сказал Сталин. – плохо что Молотов скурвился.

Берия глотнул еще и закашлялся.

- Я не шучу. – сказал Сталин. – эта падла продолжает мечтать о Еврейской республике в Крыму. Это провокация. Крым – здравница СССР, а евреям мы дали Биробиджан и Палестину. Сколько их, чтобы им отдавать полмира?

Берия надел очки и наполнил фужеры.

- Они любят воевать, - усмехнулся Берия. – Вот пусть и воюют с китайцами и арабами.

- Микоян и Каганович тоже скурвились. – сказал Сталин. – Им твоя атомная программа «до лампочки». Атомный проект наш козырь в игре с Америкой.

- Нужно строить Атомные электростанции. – Берия окончательно пришел в себя, закинул ногу на ногу и вызывающе стал пританцовывать.

- Сколько надо, столько и строй.

За полчаса они опустошили бутылку, а еще через полчаса их потянуло в гальюн.

- Ну, Поскребышев! – оскалился Берия.

- Поскребышев здесь не причем. Надо расстрелять твоих земляков.

- А толку что?

Сталин сделал усами птичку и в тишине было слышно как он набивал табаком трубку.

- Наши евреи принимают Израиль близко к сердцу. Не патриотично.

. Сталин вынул трубку изо рта и после паузы оборонил: - Страдания исцеляют души.

Чернобыль.

Вера, за тобой пришел Семен, он хочет знать, что твориться под этим цветастым одеялом.

Есть ли у него право? Ты родила ему двоих, сегодня он хочет еще. Вправе ли книжный червь обрести любовь и больше не дрочить еженощно, чтобы уснуть. Насмерть бы не задрочиться.

- Вера, это я. – прошептал он. – Ты каталась на метро?

- Нет.

- А я в Москве, да.

- Что «да»?! Триппер подцепил?

- О, Господи, я чист как ангел. Да иди же сюда.

- У ангела такого большого не бывает.

- Ты дрючилась с ангелом?

- Убирайся.

- Я тебя люблю, - сказал он потихоньку продвигаясь к Вере. – Я никогда не переставал тебя любить.

- А почему ты нам не писал?

- Я каждый день писал. Ну, ляг на спину.. – Он обхватил ее за талию и началась любовная игра, с объятиями, стонами, поцелуями сосков. Два ликующих тела входили в транс.

Ее голод сжигал ему глотку. Любовь ласкала. Вера содрогалась в его объятиях.

- О, Господи, - застонала Вера.

- Я рад, что ты кончила.

Она поверила в его любовь.

По воскресеньям хозяйкой дома была Вера, пока Зуся и Тубэлэ в дохлой лавочке на дохлом базаре торговали июльским медом, собачьим мылом, гвоздями, прошлогодними конфетами, пряниками полутвердыми.

Старикам-одиночкам без разницы, кто в доме Зуси – убежище от одиночества.

Дом Зуси отовсюду виден – сработан из красного кирпича с высоко поднятой черепичной кровлей; оконные рамы-резной багет, все дверные ручки латунные, большая печь-лежанка облицована плиткой цвета кофе с молоком и полы не доски, а мелкий светлый паркет. В этом доме пахло хлебом и молоком.

- Нас собрали на площади, а потом погнали к кладбищу.. Приказали украинцам стрелять, и тут же немцы приказ отменили, - рассказывал биндюжник Изя. – Сказали ,кто готов добровольно сдать золотые вещи, свободен, в смысле или идти налево к украинцам или направо – к немцам. Так они золото с такой радостью сдавали. И почти все пошли к украинцам. Они их и расстреляли.

Непоседы брат и сестра бежали на базар, где у старого тополя притулилась фанерная лавка Зуси.

Вещи лежали на земле, в белесой пыли лежали немецкие мундиры, солдатские гимнастерки, дамские туфли, кирзовые сапоги, бурки.

Бюстгальтеры соседствовали с примусами, трофейные аккордеоны, поблескивающие перламутром, придавливали разноцветные шелковые трусики. Из-под дребезжащего патефона торчали порнографические открытки.

Шныряли карманные воры, стайками сновали чумазые беспризорники в поисках, чем бы поживиться. То там, то здесь сидели безногие, безрукие, слепые инвалиды, поблескивая медалями, выставляя напоказ культяпки. Стояли старики с кружками для подаяния. Рядом с ними примостились «наперсточники» и жулики, зазывающие сыграть в «три туза». Изредка важно проходили сквозь толпу милиционеры, равнодушно взирая на всех – у них здесь были свои интересы. Скотный базар мычал, ржал, блеял, хрюкал, визжал, кудахтал и кукарекал. Сквозь все это продирались люди, прицениваясь, торгуясь, переругиваясь, остря и смеясь.

Самым тихим был базар продуктовый. Здесь на столах, лавках, а то и просто на земле горками лежали редиска, белела капуста, зеленели укроп, огурцы, петрушка, огородный лук и щавель. Серебрилась свежая рыба, краснели раки, желтела привезенная откуда-то копченая сельдь.

Полупустыми были только молочные и мясные ряды. Здесь легко можно было купить неизвестно какое и чье мясо и сметану, сдобренную зубным порошком. На стаканы и пол-литровые банки продавали душистую землянику, красную смородину, чернику, скороспелый крыжовник и мисками – лисички.

Здесь назначались встречи и свидания, можно было встретить родственников, бывших соседей; здесь узнавались новости раньше, чем о них сообщало радио; здесь в преферанс проигрывали костыли и последнюю рубашку.

За час до закрытия базара дети вошли в дедову лавку.

- Дед, дай конфет.

- Идите гэть! Вы думаете, мой магазин?!

Теперь надежда только на Тубэлэ.

Поздний ужин с запахом керосиновой лампы отделял ушедшее воскресенье и накатывающийся, как асфальтовый каток, понедельник.

Однажды в воскресенье Вера объявила:

- В лагерь!

- Ура-а! – Леве нравилось болото с лягушками и колючая проволока с вышками, а потом ворота открываются радугой.

- Не-ет, - сказала Софка. – Ты-то не пойдешь. Ты уже ходил туда.

Лева скривил рожу. Каков мерзавец. Скок-скок на ноге, а другой ба-ац по заднице. Она кинулась на оттопыренные уши кривляки. Стукнулись лбами, повалились на пол. Он мял ей нос, а она впилась ногтями в его голые бока.

- Хва-атит! – взвыла Вера – Хва-атит! – и щелчок по затылку. – Хватит, а то обоих запру в погребе, ясно? Я пошла к деду Шае за туфлями, а вы одевайтесь.

Она ушла.

- У тебя вся рожа исцарапана.

- А у тебя нос скривился.

- Гад!

- Уродка!

- Говно!

- Сама говно!

- Я тебя убью!

- Огонь! – и Лева ударил ее задницу.

- Ну, вы еще не сожрали друг дружку? – закричала с порога Вера. – Идите умойтесь, чтоб мои глаза вас не видели, чтоб я сдохла раньше, чем родилась на этот свет.

- У меня лицо горит, - ощупывал Лева поцарапанную рожу.

- Чтоб вы уже сгорели, - сокрушалась Вера. – Идем я тебя помажу зеленкой.

Через час из калитки вышла молодая женщина с детьми.

Уличные мальчишки сидели в теплой пыли под шелковицей и с завистью смотрели на красавчика. Это ж надо: идет куда-то!

- Ты куда так разукрасил свою морду зеленкой?

- На концерт! На трамвай!

Трамвай. Концерт. Ну и дела!

Тем временем на углу улицы появились две претолстые старухи. Это годы их так раздули? А может быть их так распирали свежие сплетни.

- Ве-ра!!!

Ну и глотка у Бобэлэ! Ни одни весы в городе не могли взвесить Бобэлу и ни одна горлопанка не могла ее перекричать. Они разглядывали напудренную крашеную Веру. Бобэлэ увидала левино лицо и понимающе кивнула на Софку.

- Так тебе и надо, - сказала она с любовью в голосе. – куда вы так вырядились?

- На концерт.

- Сумасшедшие. Вам мало дома концертов?

- В лагерь.

Там, за колючей проволокой, в 27-м году страдали Зуся и Янкель, теперь - немцы и свои антисоветчики. Это городок со своим театром, аптекой, больницей и училищем. Привилегированное место. Здесь Верочка работала медсестрой.

- Еще оттуда не выпустят!

И претолстые старухи хохочут так заразительно, что уже смеются и Лева, и Софка, и сама Вера.

Через час дети и Вера ступили на дорогу к свежевыкрашенным сторожевым вышкам.

Вот и заключенным, им только и дозволено что работать и умереть. Седой человек читал стихотворение про Сталина. Он же объявил следующий номер.

- Бетховен. Соната № 4 «До диез минор Лунная…»

Потом смешили клоуны.

- Эй, парень! Принеси-ка мне отбивную.

- С удовольствием.

- Можно без удовольствия, но с картошкой и побольше.

- Эй, кум! Вино разбавлено водой!

- Так я же не заставляю тебя платить за воду!

Артисты спели «Прощайте, скалистые горы». Лагерное начальство и члены их семей приветствовали артистов.

Песах.

Пролился первый теплый дождь. И земля и небо умылись ручьями. Во всем чувствовалась пасха – и в лучах нового солнца и в перезвоне ручьев, и в запахе земли, которая очнулась от зимней спячки.

В еврейских домах мыли распахнутые окна, из которых громко разносилась музыка, женские и детские голоса, но сильнее всего – запахи кухни. Ожидание праздника – это и есть праздник.

Лева с Толей и Витей бежали наперегонки с бумажными корабликами, пущенными по воде, перекрикивая друг друга, как вдруг из-за угла вышел реб-Зуся. В корзине трепыхались куры, а в авоське он нес две пачки мацы.

- Это нам? Это что? – кивнул Лева на авоську.

- Маца, - улыбнулся реб-Зуся.

Его серые, глубокие, всепонимающие глаза на миг остановились на внук. Он легко притянул Леву к себе и прошептал.

- Ты не забыл, Лева, что сегодня пост? Идем выносить «хамец». Кто будет его сжигать?

- Зачем? – засмеялся мальчик.

- Хамец, это гордыня, а пасха для скромных. «Хамец» это булочка вкусная, а Бог заповедал нам: «И мацу с горькой зеленью пусть едят в свой день освобождения». Вот так лепешки едят, их жарят на сильном огне из теста, которое не успело подняться.

- Лепешки сжигать?

- Крошки хлеба и твою дурь. И никому не рассказывай об этом.

- Ивановна пугала, что хлеб сжигать грех.

- А кто ей сказал про «хамец»?

- А то она не знает! – ухмыльнулся Лева.

- Ты сказал? – реб-Зуся больно потянул за ухо.

Он внимательно, точно заглядывая в душу, посмотрел на Леву и пошел к дому.

- Сам сжигай! – вдруг крикнул мальчик. – Дурак!

Реб-Зуся обернулся. «Сам сжигай, дурак! Сам сжигай, дурак!»… Он увидел в убегающем мальчике самого себя… на соревнованях по борьбе, в холодном огромном спортивном зале, где он босой, в борцовских шароварах, вместе с другими детьми по приказу нового тренера опустились на колени молиться Иисусу за успех. Это ыло неожиданно для всех, но особенно потрясло отца Зуси, богобоязненного часовщика Мейера!

- Зуся встань! Иди ко мне, Зуся! – закричал отец.

Мальчик поднялся с колен и пошел к отцу через ряды коленопреклоненных детей.

- Мы евреи! Мы не молимся Иисусу. Понял?! Лучше я убью тебя собственными руками, если ты предашь нас. Понял?! Ужасная рука схватила его за горло…

И вот уже он сам в роли Мейера…

Когда Лева, наконец, вернулся в дом, забрызганный лужами, улыбающийся и совсем незлопамятный, Тубэлэ встретила его охами, что он опаздывает с реб-Зусей на молитву, в дом дяди Янкеля.

- Я не пойду.

Она не сразу поняла его.

- Почему? Ты не заболел?

- Я здоров, а в синагогу больше не пойду.

- Дядя Янкель приготовил тебе подарок.

- Не хочу. Не нужно.

Тубэлэ была так потрясена, что сразу не нашлась, что ему ответить.

- Иди умойся, дедушка тебя ждет.

- А если я не пойду?

- А если у них миньян не наберется и они не смогут читать Кадиш?

- А милиция не арестует?

- Ты же маленький! Малышей они не трогают.

- И нет!

- Дедушка тебя так любит.

Пускай хотя бы внук Тубэлэ не собьется с пути Господнего и останется евреем. Тубэлэ учила Леву историям из Танаха, радовалась, что он легко запоминал услышанное. А его радовали слова об Ионе, которого проглотил кит, хотя мальчик чувствовал, что для бабушки это сказки, в которые глупо верить.

Но сейчас, когда Лева отказался идти на молитву, Тубэлэ встретила у калитки Семена, пришедшего с завода. Говорили долго.

- Тебя отец зовет! – она окликнула Леву.

Щеки ее горели, а глаза были красные от слез.

Семен курил у калитки.

- Ты что же это стариков огорчаешь? – строго спросил он, пристально глядя сыну в глаза. – Почему с дедом идти не хочешь?

- Потому! – сказал Лева, чувствуя как слезы подступают к горлу.

- Не плачь, - сказал Семен.

Но Лева заплакал.

- Прежде чем бросать старое, - сказал Семен, - надо твердо знать, есть ли у тебя что-нибудь новое, чем ты можешь его заменить. Есть у тебя это?

- Не знаю.

- Тогда почему же ты стариков огорчаешь, не идешь с дедушкой в синагогу?

- За-а-чем?! – выкрикнул Лева сквозь душившие его рыданья.

Лицо Семена еще больше смягчилось.

- Вот как. Да ты не плачь, сыночек мой любимый, лапочка ты моя.

Почувствовав его ласку, Лева понял, что может рассказать про бумажные кораблики, про воробья которого поймал кот.

Семен обнял его за плечи и увел в сад. Он вышагивал по саду, засунув руки в карманы брюк, а Лева следил за им, ловя выражение его лица.

- А все-таки пойди с дедушкой в синагогу сегодня. – сказал он и ласково, но вместе с тем многозначительно, как на взрослого, взглянул на Леву.

Лева понял его взгляд.

- Хорошо.

Семен нагнулся и поцеловал Леву в лоб. Глаза отца весело сияли. Лева вбежал в дом, одел белый костюм с белым картузом и, к удивлению и рпдости Тубэлэ, сказал ей, что идет с дедушкой.

Но главное, с этого дня отец уже никогда не был для мальчика недоступным, чужим…

Накануне Песа в дому как будто воры погуляли. Все вверх тормашками, потому что каждый приложил руку к изгнанию хомца.

Самое страшное – посреди суматохи голодный и злой реб-Зуся. Мало того, что перемыли все что можно, так еще отдали Фекле Ивановне муку и крупы.

Зейлик насыпал в углу «хамец»: крошки хлеба и зерен ячменя. Найдут ли дети?

Наконец, хамец найден.

Дети убежали во двор разжигать костер. Это тот случай, когда им доверили спички.

Песах – значит скакать с мацой в зубах от желающих выкупить у них «афикоман», т.е. последний кусочек мацы пасхального седера.

Шелест молитвенников, шепот молитв… и сон ребенка рождает страх. Так страх Господен рождает праздник освобождения.

Слухи о депортации полыхали в глазах старого и малого. Улица Ветреная, которая упиралась в овраг, внезапно запахла высылкой и уже по иному глядели друг на друга люди.

Вера размахивала листочками

- Путевки в лагерь!

Это она-то, которая работала в лагере заключенных.

- Куда-куда?

- Леве и Софе путевки в лагерь. Завтра на автобусах повезут их от «вагонного завода».

- Почему?

- Они там отдохнут.

- А Витя и Толя тоже поедут? Ура-а!

Это похоже на эвакуацию.

- Двое трусов, майка, рубашка, мыло, носки. Где их носочки? Мама!

- Я шо, знаю где их носки? Я же дома, они могут быть при мне. Зачем ты их отправляешь туда, Господи!

- Что ты причитаешь? Что ты портишь всем настроение? Дети, собирайте вещи!

Москва.

- Где Берия? – глаза Сталина горели, как угли шашлыка.

- А где? – удивился Каганович.

Сталин сделал усами птичку.

- Лазарь в настроении. Он всегда в настроении, когда Лаврентий не в настроении

Чернобыль.

В этом году Семен познакомил сына и его друзей Толю и Витю с рыбалкой и охотой. И лес и река лето-осень кормильцы только для тех, кто рыбачил и охотился. Широко раскинулась Припять. Лодка их плыла вдоль берега: террасами сбегали вниз березовые рощи, луга со следами первого сенокоса и ночных костров. Спали облака над Припятью, вода толкалась о лодку; сквозь воду видно травянистое дно; видны стаи рыбешек, проплывающие спокойной, как в аквариуме.

Когда набралось ведро рыбы, они сошли на берег. Семен повторял:

- Смотрите по сторонам. Вот скажи, Толя, с какой стороны у деревьев самая светлая кора?

- А с какой?

- Присмотрись, присмотрись.

По берегам Припяти жили дикие кабаны, зайцы, волки, стаи уток, а в заводях и в ручьях, то там то сям, запруженных бобрами, плескались и играли форели.

На маленьких островах водились лебеди, журавли. По ночам далеко-далеко разносился крик филина.

Семен и Лева, вернулись к лодке, стояли на песчаном берегу и вдруг увидели, что по воде к ним подплывало что-то странное, которое сначала они приняли за корень дерева. Это был лось. Семен снял с плеча ружье; лось шумно вышел на песок и спокойно ушел в лес.

Открытие – жизнь на Земле можно потерять внезапно – изменило Семена. Боли в сердце теперь случались с ним почти ежедневно. В эту ханукальную ночь он задыхался от удушья. Ужаса перед тем, что называл для себя страхом перед жизнью. Замирал в ожидании смерти, то есть прощания с теми, кого любил и кто любит его; замирал: вот земля повернется к заре, и услышит трамвайные перезвоны, гул тяжелых грузовиков. Бешено колотилось сердце. Это от запаха ханукальной лампады? Пытался заснуть, забыться сном, но безуспешно. Тогда в отчаянии садился на постели, не глядя хватал всегда стоящую под рукой бутылку холодной кипяченой воды и залпом пил эту безвкусную жидкость, - такую же безвкусную, какой в последние месяцы казалась ему собственная жизнь. «Да что же это? Что со мной? Что?!» - в отчаянии и ярости спрашивал себя. Это страх перед депортацией в Сибирь или болезнь сердца? Никогда особенно не пытался копаться в самом себе, а когда заглянул туда, в глубину себя, его охватил суеверный страх. Неужели это и есть результат трех десятков лет беззаботного существования? Задыхался и боялся разбудить детей и Веру.

Самодельная ханукия из наперстков и лампады, вывезенная из Гомеля, чернела на подоконнике.

Он лежал и смотрел, как светлело окно. Ну вот, пора идти на завод.

Вагоноремонтный цех – огромный полутемный ангар с запахами железа и смазочных масел, затихал в минуты пересменки. Семен должен принять ночную смену. Новая смена началась с ударов молота. Молотобоец Андрей, прямо держась, шел между рядами, ровно и широко передвигая вывернутые ноги и точным и ровным движением, не стоившим ему, по-видимому, больших усилий, поднимал и опускал молот над стальными тележками вагонов. Молот словно летал по цеху.

Андрей взглянул на инженера.

Семен по-детски жалостливо кивнул, вытирая пот со лба.

«Умру и все будет кончено, - подумал он, - будут ли помнить меня?»

Ханука.

Зима в полсапога укутала Чернобыль.

Во дворе, где бок о бок дом Феклы Ивановны и ее сарай с поросятами; и дом реб-Зуси тоже с сараем, но в нем кудахтали куры, выкрикивали петухи, мерзли велосипеды и лопались банки с вареньем. В глубине двора, окутанные снегом вишни, общались с ветром.

В эту зиму котолические рождественские колядки совпали с праздником Ханука. Ханука-гелт дети сыпали в карманы, а конфеты и пряники от колядок прятали за пазуху.

Стайка детей переходила от дома к дому, от Феклы Ивановны к Зуси…

Что происходило дома у детей неизвестно, а вот у Зуси дети зажигали свечи, поизносили благословение. Без этого им не светили главные подарки – коньки с ботинками.

Семен принес коньяк, Зуся кочевряжился, мол не кошер, закрыл глаза и пил свою самогонку. Тубэлэ не успевала жарить на сковороде латкес.

- Почему Ханука?

- Чудо случилось в Храме, - сказал Зуся. – Огонь в меноре горел восемь дней.

- Вы забываете победу Маккавеев, - сказал Семен. – Нарочно забываете.

- А что их помнить? Они такого натворили за время своего царствования!.. есть молитва «эти свечи…», а за Маккавеев молитвы нет.

- Ханука – это гелт. – сказала Тубэлэ.

Женщины знают, что говорят.

За столом всегда можно договориться, если есть что выпить и чем закусить.

В часы, когда боль отступала, жизнь была такой, что лучше и желать нельзя: семья, работа, друзья. Семен брал в городской библиотеке книги – романы и серьезные книги, читал их в уединении по ночам.

В конце зимы снег штрихпунктиром перечеркивал пространство, в доме Чернобельских праздновали семидесятилетие Зуси.

Когда Семен вошел в дом, торжество началось ,как будто только его и ждали с работы. Семен снял пальто и в шляпе набекрень прошел за стол, кланяясь направо и налево родственникам и соседям. Зуся в кепке и белой рубашке, счастливый и уже захмелевший, усадил Семена рядом с собой.

- Сюда, Сеня, садись рядом.

На свежей скатерти – капуста с огурцами, картошка, шпроты, гора жареной рыбы, графины с самогонкой и виноградной наливкой.

- Так что ж, сделаем Лехаим! – встал из-за стола Семен. – Желаем вам, реб-Зуся, жить до 120, как сказано в нашей Торе. Лехаим!

- Барух Ата Адонай Элогейну Мелех Гаолам боре при гафен. – Зуся поднял стакан с наливкой и ломоть белого хлеба. – Барух Ата Адонай Элогейну Мелех Гаолам амоци лехем мин гаарец.

- Сеня, пей до дна! – улыбалась Тубэлэ. – Быть счастливым тоже мицва.

Ей хотелось, чтобы Семен был весел. Но Семен не то что был не весел, он был стеснен. Он вспомнил о брате Леве, который погиб в Берлине; об отце и матери, которых фашисты расстреляли в Гомеле; но вот он выпил, глаза его заблестели.

- Да, - сказал Семен медленно и взволнованно. – Я должен быть весел и счастлив. Жизнь это подарок судьбы. Я счастлив!

- О! Какой ты счастливец! – подхватила Тубэлэ, глядя в глаза Семену. – У тебя молодая жена, дети, будущее.

Моя жена смерть, мои дети черви, - с ужасом мелькнуло в его сознании. Но он улыбнулся в ответ Тубэлэ.

- Я тебе говорю, что я думаю, - сказала Тубэлэ. – И я люблю тебя, Сеня, как своего близкого человека. Я всегда на твоей стороне.

Лицо Семена вдруг просияло улыбкой, близкой к слезам умиления.

- Как будто юбилей у меня! – сказал вставая Семен! – Вы прелесть, Тубэлэ.

- Хорошо, но садись же.

Но Семен не мог сидеть, он налил в стакан темно-красной вишневой наливки.

- Я испытал блаженство, живя среди вас, не различая ни живых ни мертвых.
Наливка развязала языки. Говорили все и никто друг друга же не слышал.
Тем временем, в дом вошел Цалик, учитель английского.
- На Ветреную грузовики пригнали.
Мгновенно наступила тишина. Цалик посмотрел на себя в зеркало.
- Цалик, ты шел мимо милиции. Там что?
- Там играл оркестр: труба, саксофон и тарелочки.
- Это в честь Зуси, - засмеялась Тубэлэ.
- Если уж нас вывезут в Сибирь, так лучше чтоб всех вместе.
- Почему так. – сказала Блюма – один еврей сделал, а отвечать должны все?
- Мы все время как на пожаре, - отвечал Семен, - Столько испытаний.. разрушение Иерусалимского храма оплакиваем, а для трети нашего народа, которую зверски истребили немцы, слез не осталось. Как это богобоязненные толкуют? Зачем это Богу? Что осталось от того Чернобыля, где были ешивы, хедеры, синагоги…
- Мы не знаем помыслы Божьи. – сказал Зуся.
- Верить в Бога после всего, что случилось… - сказал Тубэлэ.
- Бог не требует верить в Него, - сказал Зуся. – Бог требует исполнять Его заповеди… растить детей…
- Куда смотрел Бог, когда все это случилось? – не унимался Семен.
- Ты пьян, - испуганно прошептала Вера.
- Я не пьян, я не пьян… Эти немцы заставили нас заново поразмыслить о собственной ответственности по отношению к миру, в котором мы живем.
- Ты пьян, Сеня.
- Позволь мне закончить. И где ответственность мира перед нами? Мы не скотина, чтобы вот так погрузить всех нас в грузовики – и в Сибирь!
- Бог милостив, - сказал Зуся.
- Он безжалостен. Две тысячи лет нищеты, изгнания и преследований.
- Теперь есть Израиль.
- А вам, ортодоксам, что до него? У вас свой мир. Что вам доводы разума… Соблюдай Заповеди Закона и ни шагу в сторону… ушли в свою раковину и никто не смеет вмешиваться в вашу жизнь в крепости…
- Так что там за грузовики? – проснулся старый Шая. – Цаля, сходи посмотри.
- Никуда он не пойдет, - сказала Боба. – Он пьян, его еще заберут.
- Послушайте! – воскликнул Цалик. – А если нас всех сейчас заберут?
Он засмеялся и замахал руками.
- Давайте выпьем пока не поздно. Реб Зуся, вы любите Маяковского?
- Раннего? Очень любил. Ну а этого, позднего…
Цалик, Семен и маленький Лева вышли на улицу Ветреная. Грузовиков не было.
- Бог милостив, - повторил Семен слова Зуси.

Москва.

Земля и солнце тиражировали дни.
В Кремле на стол легло раскрытое письмо.
«Твой брат Михаил Джугашвили присоединился к народу своему».

Сталин подошел к окну. День угасал в снегопаде… он с Михаилом лепили свое детство из снежных крепостей и сказок о будущем.

«Я наполовину грузин, а наполовину еврей». – сказал семилетний Михаил.

«Я тоже наполовину грузин, а наполовину крестьянин». – улыбнулся его одногодка Иосиф.

Полвека с тех пор прошло и вот наполовину еврей Миша с землей смешался, обрел покой.

Письмо на столе, как клочок снега. Лицо покойного. Обратиться к душе Михаила некому, некому помолиться за него, разве что снегу, который саваном накрыл Москву.

Сталина охватил ужас смерти – исчезновения.

«Пусть за меня помолится Иосиф» - услышал он детский голос Михаила.

Сталин вышел из Кремля. Мела метель по Маросейке. Церковь, снявши колокола, утопала в снегу.

Двое мужчин обогнали Сталина, сыпали грузинские слова. Они свернули в переулок, к зданию, похожему на забытый театр или провинциальный вокзал. Вокзал, куда поезда никогда не приходят, но все в ожидании прихода Мошиаха. Мужчины с раскрытыми молитвенниками стояли лицом к амвону и повторяли молитву за ведущим. Может быть, Михаил вот так же делал каждый вечер, пока не умер. Слева у входа за столом сидел служка-ветеран войны.

- Я пришел помянуть своего брата. – сказа Сталин.

- Его имя и отчество?

- Михаил Яковлевич. – сказал Сталин.

- Миха Бен Яаков. – Написал служка. – И десять рублей.

- Я деньги не ношу с собой.

- Положено давать деньги.

- Так дай. – сказал Сталин.

Служка поднял взгляд на Сталина и обмер.

Заканчивалось богослужение. Мужчины поднялись из зала на второй этаж, в библиотеку, где читальные столы ломились от овощей, фруктов, жареной рыбы и графинов с самогонкой.

И сидели кругом грузины, пели грустные песни и говорили страстно и погибшем Арике, старшем брате старосты синагоги.

В библиотеке не законопатили стекла и был собачий холод.

- За здоровье погибшего Арика. – поднялся и сказал по-грузински с цхинвальским акцентом толстый мужчина с папахой на голове. – За то, чтобы на том свете он был счастлив. И пускай он услышит нас и увидит нас, и порадуется.

Чернобыль.

Жужжала муха над стеклом пока утро не облажалось дождем.

- Сеня! – позвала Тубэлэ. – Иди, завтрак готов.

Завтрак: макароны с хлебом и бледный чай.

Старуха выпроводила на работу Зусю, Веру и вот теперь выпроваживала зятя. Счастливой она была только с внуками. Лева и Софа спали голышом на свернутых во сне простынях.

Дождь и шум листьев убаюкивали. Тубэлэ еще не решила: отведет ли она их сегодня в детский сад. Семен словно угадал ее желание.

- Может не стоит в дождь вести их в сад? Какой базар сегодня? Устройте им праздник.

- Зуся меня убьет, если я не приду к нему в лавку. – сказала Тубэлэ.

Но про себя решила не идти.

- Ничего-ничего, - вздохнул Семен.

Стесненное сердце вдруг затмило пробуждающийся день. Все стало каким-то одномерным. Романтическое будущее: справедливость, свобода, любовь утонули в сердечной боли.

Смерть приглашает Семена «на белый танец». Кто ж танцует с утра, дура! А она обняла его и закружила. Равнодушие приговоренного – так загнанных животных страх убивает раньше загонщиков.

- Сеня! – голос Тубэлэ. – Иди завтракать! Я не буду сто раз разогревать!

Музыка любви заставила смерть оконфузиться.

- Что? – Семен выдохнул. – Нормально.

- Что нормально, ничего не нормально, я должна каждого по сто раз приглашать на завтрак.

Но вместо завтрака он прилег на койку к Леве и прижался к горячему телу спящего ребенка. Вот оно спасение от инфаркта – прикосновение к родному дитя, вдохнуть запах потной головы и это волшебное тепло спящего. Великое облегчение испытал Семен.

Перед уходом из дома он отсчитал треть зарплаты. Чтобы отправить почтовым переводом в Зеленодольск сестре Дифе и ее двум мальчикам-сироткам. Но это он уже сделает вечером.

А через час он делает доклад, как главный технолог вагонно-ремонтного завода «им. Газеты Правда».

Прикрутил проволокой ботинки и на ватных ногах спустился с крыльца под дождь.

На заводе Семен выступил с предложением сменить директора. Потрясенный директор его обматерил.

- Кто здесь начальник?! – кричал, срывая голос Ищенко. – Ты кто такой? Ты никто и звать тебя никак!

- Все пущено на самотек. – сказал Семен.

- Да с каких пор жиды позорят коммунистов?! Все вы шпионы!

- Глупости! – не выдержал еще один технолог Рувим Пятихатка.

- Ах ты, блядь, и ты туда же! Я вас жидов-бездельников уже уволил, несите бумагу и чернила! Волчий билет в зубы и – нахуй!

Такие дела.

В больших городах и малых евреи шли в технологи, как в стрелочники. То-то и оно. А что же Ищенко? Уволив сразу двух технологов-евреев, он в бане перепил и перегрелся, ударился о камень головой да так, что кровь сочилась пузырями.

Одиночество обезоружило Семена.

В детстве на Припяти он тонул, никто не слышал. Но тогда Господь его спас, хотя и не было у него заслуг.

Ночью Леву разбудил стук в окно. Он подбежал к окну и прижался к холодному стеклу.

За окном бушевал снег, осознавая как он страшен в бурю, наслаждаясь производимым на Леву впечатлением. Буря свистела и завывала над Котлованом, где расчищали экскаваторы подъездную дорогу строителям, которые толком еще не знали о конечной цели проекта. Яростная снежная пурга всеми способами старалась прогнать их с чернобыльской земли – рвала провода, сбрасывала лавины грязи, заваливала дороги- да все им невдомек.

Над садом реб Зуси была иной – карнавальной и звала Леву на белый танец. Сверху оборот за оборотом спиралями сыпались алмазы. Алмазное небо и земля вся в алмазах.

Первым движением Левы, когда он слез с подоконника, было желание одеться и бежать на улицу, что собрать их. Он расплакался.

Проснулась мама Вера, утешала его, а потом зевала, подошла к окну и задумалась.

Морозная и снежная зима как обморок не оставляла выбора – депортация.

Это была ночь без берегов, ночь удушья. Человек бывает одиноким в море и в беде.

Семена убил сердечный приступ. Его похоронили на краю Чернобыля. Неожиданная женщина с девочкой похожей на Семена плакали у гроба. Есть фото, где Семен и эта женщина на войне.

Земля отделила Леву от отца его. Теперь только сон мог соединять их. Сон не расставанья …запахи слов, звуки цветов и черное небо; и золотая труба Янкеля играет ночь…

В мире нет ни совершенной радости, ни совершенного горя. Что, например, может быть печальнее положения еврейского мальчика, которому велят поститься сутки в память о разрушении древнего Иерусалима? И когда? В самый расцвет лета, когда созрели вишни у дяди Юзека, лес полон ягод, а напиться можно из речки – войди в воду, сложи ладошку в раковинку, зачерпни и пей себе на здоровье. А пить нельзя – ни капельки.

Чистая высокая голубизна неба, нарядный благоухающий сад… все против голода и томительной тоски и скорбного настроения. А голод мучает сильно и неустанно, и становится, наконец, пыткой.

Старый Янкель свирепствовал не хуже реб-Зуси. Его внуки страдали не меньше Левы. Мальчики решили убежать на другую сторону оврага, откуда простирался лес. Высвист иволог, запахи цветов. Лес дохнул сыростью, под ногами захрустел валежник.

Видимо-невидимо черники, земляники для грешников окаянных. Горько у них на душе, когда вспоминали несчастный Иерусалим. Но они были голодны, а ягоды свежие, сочные, сами в рот просились.

- Илья, - позвал Лева из-за куста, быстро обтирая рукавом рубашки свои почерневшее от ягод губы.

- М-м-м? Что? – чуть не поперхнулся Илья, с трудом проглатывая землянику.

- Ничего, - торопился Лева успокоить брата и пробирался дальше в кусты, чтобы доесть запретную землянику и высмотреть хотя бы какую ни на есть лужицу, где можно было бы вымыть губы и скрыть следы преступления.

- Сюда, Лева, сюда…

Его плохо слушали. Это была скорее музыка, под которую каждый могу думать о своем. Мама Вера вспомнила Семена… И он пришел к ней молодой и улыбающийся… это так романтично… «Господит, благодарю тебя, я начинаю новую жизнь»,- говорит он и берет веру за руку… Тубэлэ счастлива. Что все, кого она любит, живы и здоровы и будут есть то, что она приготовила…

- …мы получили Тору и стали окончательно свободными… - продолжал реб Зуся.

Лева пил разбавленную розовую пейсеховку. Базар в Чернобыле – это ряды лавок, дощатые темные клетки, похожие на чуланы чем на торговые помещения. С утра до ночи в них копошились продавцы, отвешивая и отмеривая товар и между делом ссорясь с покупателями и соседями.

В теплые летние дни продавцы в минуты отдыха садились на шатких ступенях или на ящиках и обменивались новостями. Но зимою они по целым дням оставались за своими прилавками, дуя ртом на окоченелые пальцы. Шесть дней в неделю на базарной площади было шумно и людно, но в субботу здесь была мертвая тишина. Двери лавок заперты и висевшие на них большие железные замки придавали им суровую завершенность.

В этот день только мальчишки с криком гонялись друг за другом, то и дело хлопали тяжелыми замками о лавочные двери. Возгласы детей, стуки железа на час-другой нарушали тишину Чернобыля, а потом снова водворялся праздничный покой.

Этот покой наступал здесь еще накануне, в пятницу вечером.

Пятница, вечер. Реб Зуся сновал по базару и у дверей мастерских размахивал руками, подбегая кричал:

- Ну, ну, скорее!.. Пора, пора! Кончайте! Вы пробазарите субботу!

Он спешил изгнать из Чернобыля всю прозу и суету будней, нисколько не считаясь при этом ничьими интересами, выгодами, вкусами и привычками.

-Эй, Мотя, что же ты… Имей Бога в сердце… Суббота. Эй ты, запирай… Довольно!

-Гут Шабес вам, реб Зуся. Сейчас, сейчас запираем. Где будем молиться?

- У Янкеля… - шепчет реб Зуся.

- Я принесу рыбу, - сказал Мотя.

- Занеси сегодня назавтра.

Назавтра, то есть в субботу, чуть свет, реб Зуся шумно умывался, велел будить Леву. Он берет его с собой.

У Янкеля часто делали шахарит по субботам и праздникам. Из угла доносилась мелодия псалмов. Одногодки Левы внуки Янкеля нехотя подпевали старику. Они жадно озирались то на груду угощенья, то на ярко пылавшую печку с весело трещавшими дровами.

- А милиция придет, и всех нас арестуют… - прошептал Лева реб Зусе.

- иди к детям, герой, - усмехнулся реб Зуся, накидывая талит.

- А если придет..?

Дед его уже не слышал.

В доме Янкеля лица молящихся были обращены туда, где когда-то Земля Обетованная сияла свободой и радость.

Сквозь полуотворенное окно проникал сырой воздух осеннего дня… Где-то недалеко раздался и сразу оборвался детский плач… Слышались молодые женские голоса… На коленях у Левы молитвенник. Если бы в этой книжке были картинки, но это запрещено…

Где-то далеко загудел паровоз… Жизнь от рождения и до самой смерти заключается только в том, что мы встречаем и провожаем…

В Чернобыле почти все люди были родственниками, одна разросшаяся семья, как собственно и все деревья, собаки, кошки, козы, лошади и вольные зайцы. Ну разве что пасха у одних начиналась на неделю раньше, чем у других. Одни пекли постную хрустящую мацу, а другие – пышные сладкие куличи.

- Разве? – притворно удивлялся реб Зуся. – Я ничего не знаю.

За раскрытым окном молчал сад, крыши были посеребренными луной, как будто на небе ангелы тоже накрыли столы для Пасхи.

- Ты что-о никогда не ел куличи? – спросил мальчик.

- Нет, - сказал реб Зуся, - Благословен Ты, Господи, Боже наш, Царь вселенной, сотворивший плод виноградной лозы.

- А когда маленьким был, тебя Фекла Ивановна не угощала?

- Она тоже была маленькая, - засмеялся реб Зуся. – Где Софа и вера? Пора начинать седер… По любви своей ты даровал нам, Господи, праздники…

Стол был накрыт, маца прямо из печи была еще теплой.

- Фекла Ивановна наша родственница. Почему она не с нами?

- Все люди… - оеб Зуся не понимал куда Лева клонит. – Бог дал евреям заповедь на Пасху есть мацу…

- Но почему?

- Чтобы вспомнить Бога, который вывел нас из Египта.

- Оно ему надо? – засмеялся мальчик.

- Давайте за столом не трескать ерунду! – сказала мама вера, за стеклами ее очков сверкнули зрачки вождя.

- Это мацу-то? – бесстрашно ахнул Лева.

В центре стола, рядом с горкой мацы, накрытой салфеткой, у подножья, стоял красивый бокал Ильи-пророка.

«Пуска Илья-пророк придет не один, а с папой. – Неслышно молился мальчик. – Пускай все, кто ушел, придут… »

- Болтовню твою! – мама Вера кричала. – Не мацу, упаси Господи, укороти язык! Пусть все едят спокойно.

- Правильно, - примирительно улыбнулась Тубэлэ. – Гоим едят куличи, потому что они богатые, а мы бедные.

- Мы бедные? У нас есть десять золотых монет.

- Замолчи, дурак. Если кто узнает, - сказала Тубэлэ, - нас всех убьют.

- Я его-таки тресну – угрожающе покраснела мама Вера.

- Благословен Ты, Господи, Боже наш, Царь вселенной, который дал нам дожить до этого дня. Амен, – реб Зуся вытянул руки и Лева омыл дедушке руки. Реб Зуся приподнял мацу.

- Вот хлеб бедности нашей. В этом году – здесь, в будущем году – на Земле Израиля. В этом году – рабы, в будущем году – свободные люди… Бог вел нас из Египта.

,

предвкушая необычные ощущения; а мама вера смотрела на Леву, как Фараон на Моисея.

Бокал Ильи-пророка, откуда в начале переливалось на тарелочку вино, сейчас был как будто надпит чуть-чуть. Н разве реб Зуся не предупреждал, что пророк незаметно придет и пригубит вино, если в доме благочестивые евреи… Вино в бокале разгулялось светом мерцающих свечей.

Кто допьет вино пророка?

И вдруг сверкнули молния и раздался оглушительный гром. Ветер распахнул окно и красивый бокал Ильи-пророка опрокинулся, заливая скатерть вином.

- Это гости пришли! – выкрикнул Лева.

Мама Вера засмеялась.

Брод.

Настали последние дни зеленых листьев и травы. Еще сеял дождь, а уже летали белые мухи, и по ночам замерзала в банках вода.

Брод вспоминал Варшаву, и тогда возвращались к жизни те, кого он любил.

«Брод, так в чем вы себя признаете виноватым?» - следователь как будто подмигнул ему.

«Бро-од, ты понял кто главный в жизни?» солдат усмехнулся, опустил железное веко глазка и кованые сапоги его чеканили несвободу.

Мимо его камеры шагали четыре пары сапог и пара ботинок. Дольше шаги сразу пропадали – там лежали дорожки. Потом дверь щелкала вторично, и все опять смолкало. Кого-то увели. Куда? Зачем? Почему ночью? Он скоро понял, зачем, куда и почему…

И вот он в Чернобыле…

Брод ненавидел коммунистов.

Для чернобыльских евреев Брод пришелец из прошлого. Бог испытал его потерей родных и любимой женщины, лагерями и антисемитизмом. На этом пути было мало жалости. Он выжил, потому что палачам нужен был портной.

- Я нужен палачам! – кричала его душа в каком-то истеричном ликовании.

Накануне Хануки Брод возвращался из Припяти в Чернобыль на грузовике. Сухой холод обдавал пассажиров. Миновали пригород, река была во льду, дорога длинная, тоскливая, с мертвыми белыми полями. Брод задремал. Тотчас же заговорили и запели странные, обманчивые звуки спереди. Залилась визгом и лаем собачья стая. Брод ударился локтем о борт машины и очнулся. По обе стороны дороги бежали им навстречу высокие темные стволы сосен. Лаяли собаки.

На Хануку был талый день. В три часа, чувствуя свое бьющееся сердце, Лева вошел в парк и прошел дорожкой к ледяному полю, где на коньках мальчики гоняли шайбу, а девочки кружились, взявшись за руки. Здесь где-то Неля.

Он прошел еще несколько шагов, перед ним открылся каток и тотчас он увидел ее. Он узнал, что она здесь, по радости и страху, охватившим его душу. Ничего не было особенного ни в ее одежде, ни в ее движениях, он узнал ее. Он плохо бегал на коньках.

Здесь были мастера катания. Катавшиеся, казалось, равнодушно обгоняли ее, даже говорили с ней, легко смеялись и легко расходились.

Но вот его заметили.

- Лева! – замахала она ему. – Отличный лед, надевай коньки.

На ней высокие белые ботинки.

Вынув руки из заячьей муфты, она улыбалась ему. Она была прекраснее, чем он воображал ее.

Кататься вместе, держать ее руку! Неужели это возможно…

С катка они возвращались через парк, где баба Маня торговала горячими пирожками.

Снег и вода соединились в небе и на земле – ни да ни нет для новой жизни деревьев и травы. На черных сучках старой вишни капли будто ожерелья. Завтра в каждой капле будет по зеленому зрачку.

Вся она из любви и метели
Светлоокой улыбкой даря,
Закружила снежные ели
И – меня.

Десять копеек – пирожок с мясом, семь копеек – с капустой, пять копеек – с вареньем. Три пирожка хватает на полпути. Но можно сесть на мокрую скамью и съесть в один присест.

- А у вас в доме плакали, когда умер Сталин?

- У нас нет. А что?

- И у нас нет.

- Ну и что? – допытывался Лева.

- Мне было немножко страшно. Соседка плакала.

- Дедушка сказал, что нас теперь не будут выселять в Сибирь.

Налетел ветер, опрокинул ведерную тучу на парк. Пришлось укрыться под карнизом танцплощадки. Пока доедали пирожки, ливень перестал. Капли на портфелях все до одной дрожали. Еще летал дождь, а уже появилась розово-зеленая радуга с лиловой поволокой по внутреннему краю, она перекрыла парк.

Редкие капли бесшумно вспыхивали на солнце. В омытом небе вальсировало облако подвенечной белизны.

- Ну вот, прошло, - сказал Илья вполголоса, и вышел из-под карниза.

К воротам парка приводили все тропинки, но вопреки всему, ближайшим путем казалась не прямая аллея, а любая извилистая тропа. Семен не любил аллеи.

Реб-Зуся предпочитал аллеи. Но он больше не товарищ Леве по прогулкам. Он слег и сразу тесен стал дом, опостылели прогулки к котловану. О чем, о чем больной реб-Зуся думал на постели? О болезни? О жене, о дочерях, о внуках? О врожденной странности человеческой жизни?.. Тайне, которую он сейчас открывал для себя и которую выразить не возможно. Он скрывал будущую смерть, как некий стыд. А может быть он счастлив при каждом выдохе без боли.

Реб-Зуся умирал от рака желудка. Приходили близкие – улыбался, когда над ним плакали. Кто он на этом свете? Что он видел? Ему всюду указывали, что он человек второго сорта. Что его Бог и религия мерзки. В лучшем случае его терпели. Но, Господи, как же хочется вновь и вновь видеть белые ставни окна, это небо. Жизнь – череда жертвоприношений, то есть во все времена Бог как бы говорил людям: вот Я. Сейчас Зуся говорил Превечному:

- Я лишь вздох земли, Господи; но пребывание духа моего в тебе на века. Не смерть, а жизнь – несчастье для людей; смерть дарует душам свободу и открывает время, где не постигнут страдания. Ты. Господи, из праха сделал меня и в прах меня возвращаешь, а дух мой вернется к Тебе, Предвечный…

В тот миг, когда реб-Зуся присоединился к своему народу и на могиле его прозвучал поминальный кадиш. Где-то живая душа зародилась.

Родился Фимка, отравленный лагерным прошлым отца – черной болезнью. Тогда звали Феклу Ивановну, она укутывала темным бархатным платком его, уносила с собой в сад и возвращалась с ожившим, плачущим Фимкой. К году он креп, в три – это был уже сорвиголова. Ему взяли няню из деревни Пятихатки.

По ночам Броду снился поезд, он увозил его сквозь снега на Запад. Будь прокляты конвоиры снега.

Хотелось бежать через Польшу в Израиль.

В полнолуние деревья сбросили лситву. Посеребрили холмы. И плясали влюбленные лошади.

Тем временем Лева обретал свое «я». Открыв мир слов, он ускользал от взрослых. Когда он открывал мир в словах, взрослые принимали слова за мир. В одиннадцать лет он коллекционировал слова, звуки, цвета. В этом мире он зависел только от самого себя.

Еще одна весна. Под сталью трамвайной колеи вода играла расставанье.

- Я уезжаю в Варшаву, - радовался Рувка. – Через Варшаву во весь мир! Израиль! Там даже гоим на иврите балакают.

Гулял Чернобыль под дождем.

- Лева! Хочешь вина?

Голова парня в дожде и в солнце.

Вынесли в сад патефон, опустилась игла на плстинки, пришли двенадцать музыкантов – ангелов и одна мелодия «О Израиль! Пришельцы!» Молитва обрела плоть. И этой плотью стал Рувка, человек-праздник.

- Мазл Тов, Рувка!

- Рувка-иностранец! Гомулке привет!

- Гриша, как только я открою швейную мастерскую, я тебя жду.

- Я бы зараз с тобой, чтобы они все здесь горели. Напиши.

- Рувка, ну-ка двигайся! – Это биндюжник Исаак; руки, что копыта его лошади и запах конюшни – одежды его. – Меня ервеем сделал реб-Зуся, а что тебя Рувка им сделало?

- Магадан, дядя Исаак.

- У вас там была ешива?

- Учителем была смерть.

- Понял. – Исаак опрокинул пару стопок, покосился туда-сюда.

Тубэлэ и Боба уставились на него, будто на жениха с того света, словно на свою погибель. Даже если у них глаза на лоб полезут, Исаак нальет себе ее стаканчик вина.

И он запел:

Асадер ли сидусо
Бе цафро ди шабато
Ваязмин бооашту
Тико Кадишо.
На…инайна..ни-и-найна
Ни-и-на-а-а-…а-яя.

Рувка продал дом свой строителям котлована. Пускай роют, после меня – хоть потоп, - рассуждал он.

Жизнь и смерть сошлись в саду на проводах Рувки.

Дети искали приюта, как бездомные собаки. По пустякам, по случайным приметам улавливали слова и лепили убежище для себя.

Чернобыльцы, рассевшись за столами, шумели как на трех свадьбах сразу и жрали водку как на долгожданных поминках. Побирушка Исаак протиснулся к столу.

- Шолом алейхем!

Но кто его услышит? Бедлам есть бедлам. Тогда Исаак примерился к бритому затылку Шаи и-таки треснул.

- Что такое?!

- Повылазило? – он готов лупцануть снова.

- О-о! Исаак! Ну-ка, двигайтесь.

- А где Рувка?

- На кухне. Кто-то порезал себе руку.

Пятидесятилетний Рувка старательно обрабатывал ранку, осознавая, что пожалуй, больше он никого лечить здесь не будет. И это простое рассуждение открыло ему разлуку, что уже отделяла его от этих людей (то есть так ему казалось).

ОН уже завтра ступит на землю Израиля. Что у него было? Работа. Но что его ждет в Изариле? Сказано: «И соберу вас с четырех концов света, и сооружу для вас свой дом на Сионе».

Рувку любили, с ним можно потолковать. Узнать, что у тебя грыжа, а не рак; и если тебе кажется, что в горле торчит рыбная кость, то на самом деле ты ее давно проглотил. Наконец .Рувка растолкует: митинг китайцев в Пекине не повод закупать в каменке мешками соль и спички. Рувка – это Рувка…

Исаак незаметно для себя съел все с тарелки и это прервало его размышления. Покосился туда-сюда. Брат Рувки, Яков, вытер салфеткой рот, выпил стопку водки и, взглянув на Нелю и Леву заявил:

- Ассимиляция не моя цель. Так получилось.

- куда ты ассимилировал? Ты как был пархатым, так им и остался.

- О чем они балакают? – спросил Шая захмелевшего Исаака.

- Их вейс?!

- О войне?

- … Шая, я учера захотив провэсти соби розетку для радио, а сусека каже: «Я не позволю тебе жидовскими руками отодвигать мой стол. Купи приемник и слушай свой Израиль! Ну?! Бандитка! Колы б я мог купить приемник! Насрать тогда мне на радио гоев. А-а?!»

- Нам бы их молодость, - сказал Шая.

- Мы уже умрем здесь, - сказал Исаак.

- Вэйзми-ир…, - вздохнул Шая, и в глазах его заблестели слезы.

- Ассимиляция, - говорил Яков. – свойственна всем народам.

- Шая, вам подлить вина?

- У американцев, - сказал Яков, - евреев хватило бы на три Израиля. Чего ж они не едут на родину? В Израиле мало воды и много бандитов.

- Дэ воды мало? – спросил Брод, молчавший до сих пор. – Почем вы знаете?

- Американцы – это американцы, - сказал Рувка, - а мы задыхались в камерах, горели в печках за то, что евреи. И где? В центре Европы.

- Так-так. – поддержал Брод. – У Польши, колы нимци сказалы, що у всему повынни жиды, полякы тэж так казалы.

- А Бабияй Яр!

И все они глядели на Якова с ненавистью.

- Я физик, - сказал Яков, - в моей работе нет ничего в национальном смысле. Но я принадлежу к евреям, ненавидя антисемитов.

- Что значит «принадлежу к евреям». – сказал Рувка. – каждый решает – возвращается или нет в Израиль. Весь мир евреям не нужен, нам нужен мир в Израиле.

- Ну ты счастлив, Рувка? – улыбнулся старый Шая.

- Я танцевать готов, дядя Шая, землю буду целовать, а Чернобыль кляну, на чем свет стоит. Чтоб они тут все сдохли.

- Рувка. Если нас услышат…

- А я их ненавижу!

- Ты с ума сошел…

- Дядя Шая! Я буду танцевать, когда пересеку границу. Там свобода! Да пойми, старик, Господи Боже мой, они украли половину моей жизни. Она же одна, а они ее украли у меня.

- Ты хочешь быть иностранцем?

- Я хочу быть бомбой, чтоб взорваться над этой страной.

- Сам себя взорвать?

- Заодно со всеми, - вдруг рассмеялся Рувка. – Я прав, правда?

- В Чернобыле не скажут правды.

- Попила кровушки Припять и земля Чернобыльская попила.

- Так это все кровь и прах твоих дедов. Им молитвы возносить надо; будешь с ними, они спасут.

- Господь с тобой, дядя Шая. Мы же евреи, мы должны Богу молиться, а не покойникам. Все, осточертела земля! Десь она меня поимела, а Израиле я поимею ее. Ты понял. Шая?! Я буду иметь ее двадцать четыре часа в сутки!

- Ты сумасшедший, Рувка. Только построил дом и оставляешь все…

- А что толку? Котлован сожрет нашу улицу.

- Боже мой, что же будет?

- Кто захочет, поедет следом, а останется – черт с ним!

- Боже мой, придут чужие и погубят все…

И пока инженер улюлюкал над первенцем, Веня целовал Иру.

В день, когда он отлил первые золотые коронки, укатил с Ирой в Киев назло «черте оседлости».

- Слушай-ка. – сказала Поля.

- Я люблю Иру, - ответил золотых зубов мастер. – Я буду с ней жить.
- Что?!
- Бери дочь и уходи жить к Аркадию.
- А я дура…

Веня привел Иру в дом Янкеля и затолкал в погреб ее и Полю.
- Я вас оттуда не выпущу, пока не договоритесь! – кричал им в щель.
Час молчали женщины. Видать, драться за Веню сил у них не было. И сказала Поля.
- Открой, гад! Уйду я к Аркадию.
Взяла дочь Белочку и ушла. Последний цадик Чернобыля старый биндюжник Изя, весь Талмуд перелистал, а ничего подобного не нашел. Ну, не нашел, так не нашел! Не писать же заново Талмуд.
И проходит год, и видит Веня: Ира что прошлогодняя слива, а соседка Поля цветет и пахнет. И дочь его родная, единственная, растет среди «болтов и гаек». А он, Веня, днем гробы стругает, вечером колдует над золотом в том самом проклятом погребе. И для кого?! То-то и оно.
- Поля, вернись, - умолял Веня.
Ночью надел валенки и по снегу к дому Аркадия, отколол сосульку, два шага назад и разбил окно. Через ночь опять стекло вдребезги. Стекол не напасешься. В третий раз Веня просунул руку в окно и крикнул ночным горлом.
- Я вас зарежу! Поля, вернись домой!
- Убийца! Иди к своей кляче, убийца!
Аркадий лежал рядом с Полей, немой и холодный. И от этого жить не хотелось. Но ушел Веня, заткнула Поля окно подушкой и обняла несчастного инженера.
Веня наматывал петли в снегу. В ушах звенел постельный голос Поли, а в глазах мельтешила бабочкой родная дочь. В такую снежную ночь. Разбить бы снова окно, но бить пока нечего. За час Аркадий не вставил стекло.
Пока снег не растаял и не запела весна, Веня и стекла бил, и дверь с петель срывал, но ничего с места не сдвинулось, Ну разве что весна. Все дышало любовью. И однажды ворвался Кац в дом к Аркадию и стал перед полей на колени.
- Вернись! – оторвал пуговицу на своей рубахе.
- Нет, - сказала Поля и вдруг покраснела, увидав его волосатую грудь.
- Да, - сказал он и так крепко обнял ее, что она стала сама не своя, а он поднял ее, а потом вошел в нее.
И вернул Веня Полю и дочь в дом Янкеля, и как увидела их Вера, так сразу забрала сына своего и возвратилась к Аркадию.
Женщины крепче мужчин в несчастье. Аркадий на другой день повесился.
Веня сколотил гроб – всем гробам гроб. Люди посадили дерево на могиле Аркадия. И оно росло. А дети росли быстрее.

Рувка встретился со взглядом Исаака и улыбнулся.
- Да и куда деваться бедному еврею?
- Ты, Рувка, не бедный, а Израиль не то место, где пекут богачей, - заметил брат.

- Разве я хочу стать Ротшильдом? Надоело быть тихим, вечно благодарным сослуживцам за то, что с ними работаю; соседям, за то, что живем в одном доме. Надоело улыбаться комплиментам: «Рувка, вы совсем не похожи на еврея». Знаешь, Яша, что я хочу?! Я хочу идти в синагогу, как болельщики ходят на футбол. Ты понял меня, Яша? Уж если на свет божий родился еврей, так дайте же ему жить по-еврейски, то есть иметь еврейское завтра. Вот что я хочу. Моя жена родилась в Польше, и если я смогу уехать в Израиль через Польшу, то я поеду в Варшаву. Через Варшаву во весь мир.

И снова все смотрели на Якова. Он молчал.

- Ты что язык проглотил?

- Я не сумасшедший, чтобы куда-то ехать.

От вина и волнения Яков потемнел, точно он сучковатое полено.

Лева сидел с Нелей на краю стола и задыхался в белой накрахмаленной рубашке. Исаак налил себе стопочку и повернул к ним голову.

- Ну, а вы в Израиль собираетесь?

- А вы дядя Исаак?

Он пожал плечами.

Глухой Шая обратился к Броду.

- Гриша, а мы можем?! Мы дураки.

- Дураки, - сказал Брод.

Яков знал историю Брода.

- Скажите, Гриша, вы могли бы уехать в Польшу?

- Да.

- А оттуда в Израиль?

- Да.

- Испугались?

- Спугалась жена, - и тут выпала его вставная челюсть, он подхватил, сунул в рот. – Я бы поихав. Я и зараз хочу ихать, там у мэнэ племянник с семьей.

- Гоим с тобой так по-блядски поступили, а ты здесь!

- Вы тут живэтэ?! – трещал зубами Брод. – Я у Израиле вже нэ нужен.

Глухой и очень старый Шая тряс головой, печально и обреченно. И вот тут молчаливый Янкель вдруг встал. Люди забыли, когда старик говорил с кем-либо поле того, как умер брат Зуся.

- Сказано: я збэру тэбэ вид усих народив. А мы забулы и нэма вже такых чоботив, яки пиднялы б нас, старых, до Синаю. Зайт гезунд, Рувка. Лехаим!

Янкель остановился, оглядел сидящих, как бы спрашивая: нужно ли еще продолжать?

- А-а, хорошо! – проговорил Рувка как бы про себя, кивнул в сторону Янкеля и снова взялся за кувшин, начал подливать в бокалы.

- Ну так понемножечку выпьем! Дядя Янкель!

И Янкель, отпив из бокала более половины, вдруг затянул песню:

Бог один, Земля одна;
Люди – вздох Земли!
Тора, Тора – это мы
Все твои сыны!

Мужчины ладонями отбивали по столу такт. Тубэлэ впервые ее услышала от Зэйлика, когда он был парубком с чубом, и она была молодая. Глаза ее в слезах. Плакала она о Зусе или об уходящей жизни, или о чем-то так и не сбывшемся в ее женской доле… А песня, это единение с Богом, внутренним, глубоко скрытым в душе каждого. Перед Ним нет великих, нет малых, нет безликих, нет далеких, перед Ним все равны, все братья, все дети одного отца.

Шая услышал песню! Барабанил по столу ладонью.

Янкель обнял Рувку, вышли на середину комнаты, закружились, невпопад переставляя ноги. Женщины аплодировали, а мужчины отбивали такт, подзадоривая и себя, и танцующих. И когда песня выдохлась, на другом конце стола запели : «Ломир алэ инейнем..».

Яков курил у окна. А вдруг узнают на работе… Якова никогда не интересовало государство Израиль. И это происходило потому, что не очень-то были ясны цели таких людей, как Рувка, с их призывами к национальному чувству. Так думал Яков и пытался заставить себя решить, каким бы он хотел видеть мир. Его сверстники учились, воевали на фронте. На фронте Яков не загадывал о себе: загадаешь, а тебя убьют.

Неля и Лева вышли в сад. Этот дом и этот сад чужие, в последний раз они здесь. Потерянный темный сад поглотил их. За окнами голоса, смех. Они шли к заросшему плющом и бурьяном колодцу. Неля открыла крышку, голова склонилась над ведром и вода коснулась лица.

Он смотрел на ее лицо, на капли воды у губ.

Рувка улетел, как сгинул, а Брод распахивал двери, вносил запахи вонючих сигарет и пота. Его небритое лицо и брызгающий протезный рот всех, лагерная вельветка, черные галифе, вонючие сапоги… На всем этом торчали клочки ваты, ниточки.

- Выкрути того.

Это означало: сделай погромче радио.

Брод садился на табурет под радио, закуривал, стряхивая пепел на клеенку стола, на галифе, плевал на пол и растирал носком сапога. Он не рассказывал о варшавском гетто 9жена и дочь его остались там и погибли), о лагерях Магадана. Чернобыль напоминал Броду довоенную Варшаву, особенно по утрам, когда дворники подметали, перекликаясь.

«Ве-о-одра подчиняя-аю!»

С отъездом Рувки в Польшу Гриша Брод запел. Это была песня «Варшава-Иерусалим». Романтическая песня портняжки с пятью иждивенцами.

Между тем, рос Фима. Он любил Софу. Он обнимал ее тощими ручонками, водил по ее коже пальцами. Она же была занята собой и дружбой с Муней.

- Слушай, Вера, - шептала Тубэлэ, - Я хочу сказать тебе, так и знай, он накопит деньги и сбежит. А ты дура, кормишь его, обстирываешь.

- Не твое дело.

- А чье? Чтоб ты пропала с ним вместе, чтоб этот Рувка сдох раньше, чем привез Брода на нашу голову.

- Ты, мама, хочешь, чтоб я покончила с собой? Тогда замолчи.

Вдруг вдалеке раздалась музыка похорон.

- Ле-ова! Бежим! Хоронят!

Дети выбегали навстречу похоронной процессии, чтобы корчить рожи и улюлюкать сумасшедшему Жоре – он шагал впереди процессии и остервенело, на полном серьезе, дирижировал музыкантами. Ужас был в том, что все, включая покойного, едва не умирали от смеха. Но что с блаженного возьмешь!

Когда в Чернобыле поселились строители ЧАЭС, Жору утопили в Днепре.

Солнце, утреннее пробуждение.

- Мы бежали от немцев на поезде, папа снял туфли, а утром смотрим – украли, - засмеялась Вера.

- Зуси уже нет. – сказал Тубэлэ, - скоро и я помру. Я знаю, Софа будет плакать, а Вера будет стоять и смотреть.

- Бабушка замолчи! – сказала Софа. – Зачем ты маму обижаешь!

- А помнишь, Вера, как мы в вагоне спали с козами, - улыбнулась Тубэлэ. – Ты сидела беременная, ела хлеб с тюлькой. Ее угостили. И вдруг началась паника из-за бомбежки. Поезд остановился, бомбы падают, а одна крышу вагона пробила и упала. И все побежали, а мы с тобой остались.

- За неделю до родов, - сказала Вера.

- В Барнауле ты родила. Ты помнишь Чесноковку?

- Ой, эта Чесноковка!

Чернобыльское лето, распахнутые окна, ветерок.

- Фу-у, Господи… -Брод уставился на женщин и детей, лежащих на полу в солнечной дымке. – Запаздую! Вера! Мне вже на работу!

- Побрейся пока и умойся.

- Я запаздав! Черт! Где штаны?

Вера уже на кухне и уже оттуда слышны ее причитания.

- не знаю, где мама положила яйца. Где она положила яйца? Ой, как душно! Мама, где яйца?

- У Брода, - засмеялась Тубэлэ.

- Я тебя прибью! Где яйца?

- Та ты шо, слепая!

- Вот яйца, - сказал Брод.

- Не перепутай, - засмеялась Тубэлэ.

- Где фасоль?

- Ты яйца от фасоли не отличаешь?

- Тебе всегда весело, когда другим не до смеха.

- Фасоль наверху с камушками.

- Я же ее буду мыть.

- В чем ты ее будешь варить?

- В супе. Интересно, что же она отдельно варится? Ой, закипают яйца!

- Закрой. Пусть варятся яйца Брода.

- От ты не командуй. У меня из рук все валится.

- Вус спешист ду?! – захихикалал Тубэлэ. – Посоли ему яйца.

- Ой-й, Боже мой, горячо!

- Возьми тряпку.

- Заткнись ради Бога.

- Вера, у тебя потухло.

- Как тяжело быть хозяйкой. Я готовлю, ты делаешь замечания. Ты готовишь – я делаю.

- Я говорю, шо у тебя потухло.

- А у тебя так не бывает?

- Надо яйца переставить.

- Мама, уйди! Сидит и смотрит под руку.

- Не морочь голову!

- Я тебя знаю. Хочешь. Чтобы ругались, что кто-то не умеет, кто-то дурной. Не смотри мне под руки. Не смотри на меня, ведьма!

- Перестань, сумасшедшая. Нельзя ей слово сказать. Ты как спичка. Дай Броду яичко!

- Завтрак вжэ готов? – Брод заглянул на кухню, он уже одет в сапоги, галифе и сталинский френч. Одна щека выбрита, одна в мыльной пене.

- Сейчас уже даю. Хлеб с молоком и яйца.

- Еврейский Сталин посмотрел в зеркало.

- Расстрелять всех к ебеней матери.

И провел бритвой по щеке.

В это предпоследнее школьное лето новости сыпались на голову как случайные яблоки:

Накануне выборов в Верховный Совет СССР у Брода пропал паспорт, как будто ребенок исчез. А тут еще извещение о посылке из США. Что тут началось! Брод построил всех и объявил о заговоре. Туба! Шаг вперед! В гробу она его видала. Ни Фима, ни Лева, ни сексуально озабоченная Софа не знали, где паспорт Брода.

Его поджидали советы и дурные истории.

По ночам он стонал.

- За тебя проголосует Вера.

- Сдохни!

- За бутылку водки.

- убью!

- Да пропади…

- Может там доллары. Пуговицы золотые!

- Так тебе доллары и пришлют.

- Убью старую!

- Убей меня, так тебя у Магадан отправят.

Рухнула надежда отдать свой голос на выборах за блок беспартийных и коммунистов. Так можно не дожить до коммунизма.

О счастливые времена!

Накануне выборов Вера за бутылку водки отдала свой голос за Брода, за две бутылки принесла посылку из Америки.

За три бутылки водки она могла отправить Брода в Израиль. Но кому это надо? То-то и оно.

Отогнав родичей, Брод вскрыл посылку, по выражению его сталинского лица не отгадать, что пришло из Америки.

- Говно! – наконец сказал Брод.

Все для женщин. Вот, что там было. Маленький Фимка бесстрашно схватил для мамы отрез материи и получил оплеуху.

Веня делал хупу с Полей. Она торговала газировкой. Рыжая, богатая, веселая Поля. И сироп у нее был сладкий и газовая вода холодная. Но вот влипла Поля в Веню как муха в ироп.

На хупу шел весь Чернобыль, предчувствуя большую разлуку.

Вера уложила Фиму спать и теперь брызгалась водой над тазом.

- Где мой галстук! – крикнул Брод.

- Возьми бабочку, - засмеялась Тубэлэ.

- Уеду, - сказал Брод, - в Израиль.

- Меня ты не возьмешь, - сказала Тубэлэ.

Тут уже засмеялся Брод.

- Не идиотничайте! – крикнула Вера.

- Я им хлиб даю и я идиот! Надпиши подарок своей блядской сестричке.

- Дурак! Почему она блядь?

- Поля-пля-бля! – засмеялся Брод.

Уже перед самым уходом Вера сказала Леве:

- Иди во двор, там белье сохнет. Ты сними мои трусики, их могут украсть. Остальное пусть висит.

На свадьбе Веня Кац признался:

- Котлован расширится до реки Припять.

- А мы куда?

- Если сейчас купить старые дома, - рассуждал Сеня, - их через год-другой снесут, а нам дадут новые квартиры со всеми удобствами.

Брат Зуси, хромоножка Янкель, перебрался ближе к выходу и старался вместе с котом не попадать под ноги молодоженам. Чаще и чаще одолевала «черная» болезнь Янкеля.

Веня Кац презирал чернобыльских хасидов, сказки реб-Зуси для гробокопателя – пустое место. Поля под ним кончала часто и легко, и теперь в газировке сиропа стало в два раза больше.

Рассказ свой «Родня» Лева прочел в литературном кружке. Признание в любви к Неле. Вечерами ее глаза вбирали в себя все звездное небо. Это с ней Лева прилетел на Землю шесть тысяч лет назад. Ее родители были физиками и приехали строить атомную электростанцию в котловане.

- Чернобыль станет центром мира, - говорила Неля. Лева был счастлив от одного взгляда на нее, на дом с садом, где она жила. Однажды они ехали в электричке до Киева.

За окнами электрички два убегающих цвета: ярко-голубое небо и золото нескошенной травы.

- Это и есть счастье? – Лева кивнул в окно.

- Быть деревом? – она будто впервые его увидела.

- И деревом тоже, - сказал Лева.

- Ну, для этого не обязательно ехать в Киев.

- Почему-то я тебя ревную ко всему на свете.

- Почему-то я тебя нет.

- Любишь математику?
- Мне нравится быть одной время от времени.
- А я все время один.
- Это грех.
- Но ты же ему тоже любишь предаваться.
- Надеюсь, это не навсегда.

Через дырку забора просунулась голова шестилетнего Фимы. Очки его смотрели то на Тубэлэ, то на фыркающего под краном курчавого Леву.

- Фимка! - позвала старуха, - Фимка!
- А шо такое? – и пролез через дырку.
- Иди завтракать с Левой.

Старуха загремела кастрюлями летней кухни, что привалилась досками к дому. Старая вишня укрывала треть сада тенью. Братья забрались на дерево и плевались косточками. Ягоды вверху темные, сладкие. И виден весь двор: вот Фекла кормит кота, дядя Ваня стучит сапожным молотком. Очки сползли на кончик носа, но держатся. С макушки вишни дядя Янкель похож на прищепку. Кепка на затылке, штаны расстегнутые. В лужах грелись дождевые черви.

- Ты в Бога веришь?
- Да.
- Потому, что тебе обрезание делали?
- Конечно. – Лева выплюнул косточку, - А, давай, кто дальше стрельнет.
- Фимка, слазь! – топнула ногой Тубэлэ, - Недоносок, чтоб ты лопнул, зачем ветки ломаешь!

В сад вошли Фекла Ивановна, безгубая, безбровая, со склерозом в лысеющей голове и тромбах в ногах. Никто уже не помнил, как она ревела над мужем, милиционером учавствующем в продразверстке. Зато помнили, как ревели от Феклы Ивановны церкви и синагоги, врачи-отравители, космополиты, все, в конце концов, от нее ревели.

Тубэлэ, повернувшись спиной, шлепала котлеты из фарша, будто раздавала пощечины.

Вечером город скрывался от солнца. Сад душал скошенной травой, сад был усеян огрызками арбузов, груш, яблок… Еще один сосед Юзек вошел в сад. Юзек в тапочках, в подвернутых брюках и голубой выгоревшей майке. Одна бретелька сползла на локоть. Под ногами суетились, кудахтали куры – выклевывали червей.

- Фимка! – позвал Юзек. – На-а, помый соби груши, это у городи за груши пицюль надо давать.
- Шо?! Пицюль?!
- Фимка, пицюль – не гроши, батько давав тоби гроши?
- Ни-и.
- Жадный батько. – Засмеялся Юзек и улыбнулся Броду. – Вус махт зир? Шлуфт?
- Шлуфт, - кивнул Брод. – На що у сэбэ копаешь?
- Это гной. Гриша. Удобрения. – Юзек поправил очки – кругляшки, весело посмотрел на Фимку. – Ну как хорошие груши, Юхым?
- Хорошие.
- Гниют груши. – заметил Брод.

- Надо ж было вассер давать, Гриша, а я вассер не давал. Понял? Юхым, а ну, принэсы вилы! Ты знаешь шо такэ вилы? Четыре зуба.

Вилы валялись под окнами. Фимка поднял их.

- Юзек минутку не отдыхает, - засмеялась Тубэлэ.

- Я ж прыймак. – сверкнул золотой коронкой Юзек. – Треба робыть.

- Вот Брод тоже прыймак, - сказала Верочка, - но робыть не хочэ.

- Брод! Брод, не пицюль.

Вечером разгулялась гроза. Перед ее началом в доме осталась Тубэлэ и ее гости Шая и Боба.

- Шая, смотри, как они тебе улыбаются.

- Это же телевизор. – захохотала, затряслась Боба.

На время трансляции футбола они выключили телевизор.

Три вещи волнуют стариков: рождение, смерть и мелодия.

- Труба, - Шая кивнул на транзистор, - А, ну закрути ящик Брода.

- Я не умею включать радиоприемник, - сказала Тубэлэ.

- А шо сложного? – удивилась Боба. – Покрути его за ручки.

- Я боюсь.

Шая потряс – потряс приемник, и вдруг музыка заполнила до.

Они пили чай под еврейскую мелодию.

- Лашон койдеш. – узнал Шая и начал отчаянно зевать. – Пора спать.

На что он намекал?

Поднялась Боба – гора и прижала к себе Шаю. Он тотчас засопел.

- Пошли, Шая.

- а кто мне выключит приемник? – спросила Тубэлэ. – если я сломаю, Брод убьет меня.

- Покрути ручку, тряхни, посоветовала Боба и под мышкой вынесла мужа, словно игрушечного.

- Боба! Разбуди Шаю! Он включил, пусть и выключит.

- Его нельзя будить, - сказала Боба.

- Ой, готыню! Он так стреляет и трещит, он меня ночью сведет в могилу.

- Туба! – Боба на мгновение остановилась с драгоценной ношей. – Это же не пулемет.

И она унесла супруга, а приемник заревел еще страшнее. – За какие ручки крутить его, чтоб он сгорел?!

И вот завернула приемник в платок, положила в кошелку и вышла на улицу. Ветер, дождь, но приемник заглушал все: в Иерусалиме 27, тель-Авиве 26, в Беер-Шеве – 30 градусов тепла… Рядом милиция. Поплелась Тубэлэ к молочнице Доббе. Могла и ближе найти евреев, но они уже старые. А старый человек ночью дверьне откроет.

- кто там? – откликнулся муж Доббы.

- Я Туба. Я ваша соседка.

- Шо вы хотели? Тут никого нету.

- Выключите мне «Голос Израиля».

… Тубэлэ умерла накануне Рош-А-Шана. В последний день она пела.

- Мама, - шептала Вера, - зачем ты поешь?

Утром Тубэлэ увидели на полу…

Похороны устраивали евреи, украинцы, русские… Обычаи смешались на этих похоронах.

Горела керосиновая лампа, и завешано было зеркало. Но лежала она на столе. Правда, без гроба. Янкель читал тэгэлим (псалмы).

- Бабушку будут выносить мои хлопци. – сказал Юзек. – Родичам нэ можна.

Брод стоял в углу и плакал.

- Тэпэр моя черга.

Еврейское кладбище сожрал котлован и хоронили на новом общем. Хоронили. Кто ее знал, и кого она любила. Любила она хороших людей. А родилась Тубэлэ 12 октября 1884 года.

Лева перешел в математическую школу, подружился с Сашей Фалькнером и нчал вести дневник. Первая запись: «Господи, излечи жестокость, притупи ненависть и посей в душах любовь».

После школы мальчики прятались у Фалькнеров в спальне, испытывали радость рукоблудия.

- Ты Неле не нужен. Которотышка.

Манера Фалькнера решительно ставить точки над «и» обескураживала. Но возвращатьс домой для Левы стало пыткой.

- Ты долго будешь спать над супом?

Перед ним стояла Вера.

- Не волнуйся.

- Я не волнуюсь.

Брод посмотрел на Леву, потом на грызущую яблоко Софу и, наконец на Веру с Фимой.

- Рувка зовет у Израиль.

- Гриша. – сказала Вера, - будешь есть яичницу с помидорами. Мне уже тошно от усталости.

- Фима худенький, одни косточки. – бормотал Брод. – Цеду з ным у Израиль. А Софу не возьму.

- А и не поеду.

- И нэ треба.

- Вот и хорошо.

Любовь…

Софа в печали – печалилась, в досаде – досадовала, вот так повинуясь прихоти чувств и людской молвы не боясь, полюбила Володю Наперстка.

Софе было немногим больше шестнадцати, но она была вполне сложившейся девушкой. Она была очень хороша собой. Она и Лева понимали, что всего в жизни им придется добиваться самим. Она поступила в медучилище, где преподавал отец Саши Фалькнера.

Любовь к демобилизованному Муне изменила ее до неузнаваемости. Она стала терпимее к Броду, без труда мыла посуду, помогала Фимке с уроками. Она двигалась бесшумно, плавно, и все в ней – незаметная быстрота движений, рост. Голос, черные глаза и черный цвет.

Было воскресенье, конец декабря; можно было утром понежиться в постели подольше. Софа лежала на спине, закинувши руки за голову. В доме стояла непривычная тишина. В мыслях рисовала себе Софа свидание с Муней. Кружишься, кружишься, ни о чем не думая. Она никогда не могла предположить, что Муня так хорошо танцует, как уверенно он держал ее за талию. В его губах, когда он целовал ее, было столько бесстыдства. Казалось, еще шаг и они полетят в пропасть.

Зима в Чернобыле перемешана с талым снегом, топтаным красным листом клена; столбы дыма из печных труб упирались в низкое небо. На Муне была расстегнутая шуба. Он, широко ступая, держал горячую ладонь Софы. Его возбуждение дошло до такой степени, что ему не терпелось бежать. Софа уговорила маму Веру, что будет всю эту субботу до утра гулять. Но сейчас Муня уводил ее в свой холостяцкий дом. Если мама узнает, она убьет ее. Как она согласилась? Теперь поздно Надо было думать раньше.

Они вошли в дом и, не зажигая свет и не раздеваясь легли на постель, и долго целовались; и она не заметила как Муня расшвыривал по ковру и постели их одежду, как слегка приподнял ее и вошел в нее.

Так входят в райский сад. Два имени сливаются в одно имя Бога.

- Как же ты прекрасна.

- Завтра йорцат моего папы, - сказал Брод. – Утром старики придут.

- Милиция не разрешает. Тебе мало горя?

- Плевать я на них буду.

- Жизнь тебя ничему не учит.

- Я и есть жизнь.

Он сидел за столом в тех же лагерных галифе, но в белой полотняной рубашке.

- Я тут сдохну. Я вкалываю як проклятый.

Он подумал об этом мире бренном: как осыпаются цветы –уходит все. И он исчезнет вот так же, как Туба. Но где искать ему другую судьбу?

За учебниками Лева просидел до ночи. Он открыл окно. Свет уличного фонаря лилсяна лужи в саду… Невидимая птица издавала свист и умолкала… Что это за птица? Может быть завтра будет необыкновенный день…

Любовь к Неле то окунала Леву в отчаянье, то окрыляла. Он никогда особенно не пытался копаться в самом себе, довольствуясь лишь внешней стороной жизни. В минуты отчаянья пришло решение уехать из Чернобыля; оно пришло к нему сразу после смерти Тубэлэ. Потому что каждый незнакомый человек вызывал в нем страх.

В траве над котлованом он встал рядом с Нелей на колени, положил голову ей на руки. Она провела рукой по его лицу.

Она вдыхала запах его пиджака, его шеи, и ей не хотелось даже шевелиться.

- Знаешь, - сказал Лева. – совсем не могу жить без тебя. Я был в пустоте. Меня просто не существовало. А ты?

- Я? – переспросила Неля. – А что я?...
Губы его касались ее виска, волос.
Когда он говорил, она чувствовала виском его губы.

Когда стихи обрушивались ливнем,
Я дождь пил с твоего лица.
И в дни разлуки ночи зимней
Ты вспомнишь своего чтеца.
О поздних яблоках и ранних
поцелуях-
Влюбленный бред.
О взгляде искреннем, как пуля,
В шестнадцать лет.

Ему вручили повестку в КГБ. Допрашивал Соколов – молодой мужчина, похожий на отпускника, а может. На фокусника.

- Вы представляете, где вы?
- пре-едставляю.
- Вы сообщили кому-нибудь, что идете к нам?
- Испугался.
- Хорошо. У вас есть хобби?
- Хобби? Я пишу иногда дневник.
- Он у вас с собой?
- Он всегда со мной. – улыбнулся Чернобельский.
- Вы когда-нибудь видели лагерь заключенных?
- У меня мать там работала.
- Почему у вас такой страх к котловану?
- Он пожирает дома и могилы, а люди перестают друг руга жалеть.
- Здесь будет самая мощная в мире теплоэлектростанция.
- А где будем мы?
- … В читальном зале на книгах сделаны пометки. Ваш почерк?

Донос заведующей читальным залом.

- расскажите о своих друзьях.
- Люди как люди.
- Так присмотрись, прислушайся и как-нибудь приди, расскажи мне.
- Зачем?
- У тебя еще есть время исправиться. И никому не говори о нашей беседе.

Ему позволили уйти на волю – на улицу и дальше, домой. Не он герой дня. Героем был страх. Бежать из Чернобыля

До этого несчастливого дня Лева каждое воскресенье приходил в редакцию газеты «Чернобыль» на собрания литературного объединения.

Тяжелый слог, как шаг в строю солдатский.

Чернобельский писал:

«Злодей не знает, где он споткнется и страшится, а праведник об это не думает. Парадокс же в том. Что счастлив тот, кто всегда в страхе.»

«Моя любовь к Буксбаум заразила меня честолюбием». А ведь «душа человека жаждет разврата и грабежа. Мешают этому семейные ценности. Вот почему мы любим ходить на кладбища».

От первого рассказа Льва Чернобельского остались лишь несколько строк: «Я был в том возрасте, когда мое присутствие не замечают ни те, кто любит, ни те, кто ненавидит…» и дальше «…Я ускользаю…». -169-

Жуткий ветер ломал ветки деревьев, на миг поднимая уже оторванные и истрепанные, вновь ронял их на землю, когда Леве приснился дед его. Реб-Зуся с Левой арендовали автомобиль «Победа», чтобы сгонять к котловану.

«Путь злодеев, как тьма, идут и не знают, где споткнутся. Умный видел зло и спрятался, а глупцы прошли и были наказаны. Тора приводит к осторожности. Счастлив тот, кто всегда в страхе. Грабежа и разврата жаждет душа человека».

«… Солнце уже поднялось и теперь заливало зеленые луга своим светом. Лева с дедом зарылись лицом в росистую траву, с наслаждением вдыхая аромат нагретой земли. Пытаясь воскресить блаженное ощущение безмятежного счастья. Реб-Зуся встал. Свитер вымок в росе.

- Господи, Боже мой! Вот она, настоящая жизнь, такая простая и спокойная…»

В реб-Зусе и вокруг него, вокруг этой ясной и прямой силы что-то трудно передаваемое словами, недоговоренность. Зуся был в скафандре-невидимке.Такие скафандры на каждом. Кто ушел из этой жизни. Их поступки имели отношение к тем, кто их вспоминал. Они вели себя по-своему на Земле, предупреждали об опасности, взывали к милосердию…

Левина манера делать губы трубочкой, носить очки и морщить лоб, где надо и не надо, - все в этом кучерявом парне выдавало местечкового провинциала. Мимо таких проходят и бросают вслед «жид порхатый». А в нем такая музыка звучала!

Зимний сад

В снежной карусели
Смех такой родной.
В белых шубах ели
Сторожат покой.

Как бы то ни было, но встреча во сне с отцом и дедом убедили Леву, что жизнь проникнута присутствием Господина Всех Законов, у которого есть ателье проката. Можно взять крылья напрокат: пересечь границу и лететь над морями, над пляжами, квардратами крыш Телль-Авива и слушать барабанную дробь кибуцев.

Крылья проносят над хребтами Африки, над водопадами и снежными перевалами. Жемчужная корона Африки – Кейптаун соединял в себе два океана. Как играло солнце! И была поразительно резкая разница между светом и тенью Чернобыль между Мельбурном и Нью-Йорком. Отец Левы распахнул окно. Книга «Холодная обработка металла» ожила, листы ее вздрогнули и зашелестели – такой был ветер. С книжными листами трепали сейчас дневниковые записи Семена, которые он вписывал между строк.

Отец в отличие от деда путешествовал внутри себя. Ирония же заключалась в том. Что по работе, он не вылезал из командировок.

Солнце наполнило светом людей, они сбросили и чужие шкуры, тряпье, смыли с себя краски и стали прекрасны. Они улыбаются! Или это они щурятся от солнца. Неважно, Лева радуется их белозубым улыбкам.

За месяц до смерти Семен никуда не ездил. Предчувствие его не обмануло. Он так и не написал свою главную книгу. И только потому, что боялся живых, во всем звучала любовь к возрожденному Израилю. Он писал много. Но почти все сжигал из-за страха быть арестованным.

Чернобылю тысяча лет… В 1193 году здесь поселился Хаим-Мейер с семьей. В дни Речи Посполитой Чернобыль вошел в Киевское воеводство, то есть спустя пятьсот лет, как поселился Хаим-Мейер. Казаки погромничали. А было в Чернобыле сотня хат и жило семьсот душ. Еще через 100 лет в местечке поселился цадик Менахем-Назум Тверский. Так он себя называл, и так его называли. А это уже немало. Сын его Мордехай основал дом Танаха. Тысячи евреев посещали двор этот из года в год, почти сто лет, пока в 1920 году их правнук Шломо Бен-Цион бежал из местечка, оставил синагогу, три молитвенных дома, талмуд-тору, женское еврейское училище, богадельню и шесть тысяч евреев.

Пыль улеглась, птицы угомонились. Погромщики спились, а такие как атаман Струкел, умылись своей кровью на чужбине. На странице… вмесиась история Родины. Горячее местечко. Здесь многое с опасной частотою повторялось.

Печаль была с Левой, в зыбком сне он встретился с отцом:

«*Сквозь туман моросил осенний мелкий дождь. Семен рыбачил на реке, моросящий туман и не то дорога вглубь леса, не то мутная гладкая река… ветер гнул етви папоротника, а красные сосны стояли как голые люди.*

Во сне Семен старомоден, Земля стала ему изголовьем, а любимое занятие – разжечь огни на воде для ловли рыб. Далеко видать те огни на водной равнине, чтобы Чернобыль Виден был с небес.

Угадывалось приближение рассвета, сопровождавшееся неясным, будто размытыми бликами, страшными и вместе с тем нежными. Возвращался домой…

Улица была пустынна, воздух свеж. Он взобрался на вишню, ветер играл листьями и ягодами, а еще выше трепетал верхушка дерева, готовая взлететь. Семен приник к шероховатой коре, вдыхал собственное дыхание в своем юношеском смятении, в страхе перед будущим… День угас, в домах зажегся свет.

Хорошие девочки попадают на небеса, а плохие путешествуют по всему свету с одной мыслью в головках: любовь и секс. Она одна была в черном платье. В сорокоградусную жару на танцах. Худая, долгоносая и бела. Такое вот шоу. У нее в квартире было голодно, но очень чисто и уютно. И постель широкая и чистая. Она сразу на него забралась – это похоже на костер.

Запрещено дотрагиваться до женщины, не принадлежащей тебе, и каждый, кто дотрагивается до такой – причиняет себе смерть. Прикосновение к замужней несет в себе смерть. Но тот, кто умер, смерти не боялся.

- Вера, ты меня полюбила?

- Ты казался таким красивым.

- А сейчас?

- Я люблю тебя.

Она повернулась к нему. То и дело прикладывала к губам палец. Чем она пахла? Чем она пахла сейчас, чем она пахнет по утрам при пробуждении? Чего ей больше всего хочется? Она та самая хорошая девочка, которая сбивает коленки на стадионе? Или плохая девочка, у которой член на первом месте. А сам-то Семен…»

Вырос незаметно Лева – длинноногий, узкоплечий, прутик с ушами, Он может быть ангелом при удаче. Удачная строка, хорошая оценка в школе, любимый взгляд…

Учебные стрельбища раскинулись у самой бровки котлована. По пятницам еврейских мальчиков учили стрелять по мишеням. После занятий в школе они садились на велосипеды, как всадники на лошадей.

Дорога утопала в пыли и в золоте пшеницы. Склонившимся в пыль колосьям велосипедисты предпочли стрельбу из винтовок. Дорога пела птичьими голосами, звоном пчел; налетела банда мух. Вдруг ветер – какое счастье. Глубокий вдох чистого воздуха. Между полями нежная трава.

На стрельбищах их ждали винтовки и мишени.

- Слава Богу, что стрельбище не в синагоге, - сказал Илья Либензон.

Возвращались на велосипедах медленно-медленно… Черные тени липовой рощи от красного заката. Сосало под ложечкой от воздуха, от медового запаха лип.

- Правда, великолепно?! – воскликнул Илья, - Если мне когда придется умирать, то я хотел бы в этой роще.

- Или в Синайской пустыне.

- Но сначала я там посажу липовую аллею, - сказал Илья.

- Я боюсь, что КГБ арестует. Я больше туда не хочу! – засмеялся Лева.

И он самому себе удивился, что так запросто шутит над тем, от чего еще недавно задыхался от ужаса. Такие приступы случались с ним не часто, но как же трудно было вновь восстанавливать покой, то есть обретать счастье. Подобно тому, как на смену испепеляющей жаре приходит тихая прохлада. Но странно: ни смена времени года, ни допросы в КГБ, ни близость окончания школы, так вот, ничто не поколебало страсть Левы писать. В дневные часы он укреплялся в решении уехать из Чернобыля. Учиться на кого угодно, только бы подальше от КГБ. Во дворе КГБ, где некогда Тубэлэ с подругами учили лашон-кодеш (святой язык), все уголки теперь оказались пропитаны страхом. В каменном доме так никто и не прижился. Запахи погрома были стойкими, как запахи дурного одеколона. Ни центр кооперативной торговли, ни профсоюз работников лесной промышленности не прижились. Дом с немытыми окнами и распахнутыми дверьми был обречен.

Но КГБ навесил стальные двери, установил стальные решетки в оконных проемах; остеклился дом и окрасился как выставочный павильон.

В приемной Лева ожидал допроса. Но о чем его спрашивать? Пацан решил уехать из Чернобыля в Москву. Оно-то можно абитуриенту помешать, да толку что?

- Пусть войдет, - велел Соколов, открыв дверь в приемную и кивая на Леву.

- Темнить не буду. Чернобельский, идею твоего отъезда в Москву мы одобряем. У тебя вся жизнь впереди, хотя и другое начало. Твоя манера писать рано или поздно загонит тебя за проволоку.

- Но я лишь записываю…

- Вот если для нас, тогда есть шанс остаться на свободе.

- Но я пишу для всех…

- Ты или дурак, или не знаешь, что есть КГБ на самом деле. Мы свою постель ни с кем не делим. То что пишется для нас, не подлежит огласке.

«Что спорить? Лучше промолчать», - решил Лева.

И когда безответная пауза затянулась до неприличия, Соколов вздохнул с облегчением. Он понял, что проиграл, что этот еврей интуитивно нашел единственно верный ход – молчание. Можно выключать кассету, последний протокол на подпись – и прощай.

Брод привел Леву к еврею, одинокому и богобоязненному. Комната с высоким потолком, с голыми стенами и окном.

- Ты решил уйти из Чернобыля, - сказал старик. – Это не грех, но ты не должен забывать, кто мы.

И старик положил на стол перед левой рукой книгу в твердом переплете.

«Священные книги ВЕТХАГО ЗАВѢТА, переведенныя с еврейскаго текста для употребления евреямь. ПЯТИКНИЖИЕ МОИСЕЯ». Издание Британского и иностранного библейскаго общества. Вена 1898.

Справа иврит, слева русский текст. «… и сотворил Бог человека.. и благословил их Бок, и сказал им Бок: плодитесь, и наполняйте землю, и обладайте ею, и владычествуйте…»

- Реб Авром я перепишу ее.

День за днем Лева переписывал страницы книг Моисея, чтобы избрать пусть служения Всесильному.

Бог наш Бог один. То есть кроме Него в мире ничего нет. Кроме Бога в мире ничего нет, не было и не будет. Люди и все твари в Боге, подобно детям в утробе матери. Вот что значит «сотворил Бог человека»…

Сотворил, чтобы улучшить мир и каждый человек прокладывает свой путь служения Богу, согласно своему предназначению: один путь – справедливость, другой – любовь. Бог любит новорожденного, единственного и неповторимого. Бог избрал новорожденного, чтобы освятить именем и однажды спросить его: Где ты? «Вот я, Господи», - отвечает человек. Это и есть любовь.

Каждый человек служит Богу по-своему, и мы идем к Превечному различными путями.

Правда же в том, что нужно бояться Бога. Все наши дороги заканчиваются богобоязненностью. Нет в мире ничего, что бы ни вело в страху перед Ним и к служению Ему. Все есть закон. Где обитель Бога? Он обитает всюду, куда человек впускает Его. Это и есть цель человека: впустить к себе Бога и станет твоя жизнь обителью божественного присутствия.

Бог есть причина сущего; причина огня, воды; причина Адама и Евы, прародителей человечества. Бог-это законы, вера и любовь. Каждое поколение видит славу Господню по-своему и это надо признать. -173-

«Слушай человек, Бог наш Бог Един, и нет ничего кроме Него. Бог – это законы, которые любят свои создания. Все рождено любовью. Но огонь испепеляет, болезни убивают… Немцы, ведомые Гитлером, сжигали в печах евреев, сталинцы уничтожали в лагерях беззащитных. Где был Бог?

Да, и огонь и болезни тоже от Всесильного. Нужно только знать природу огня и болезни и ограничить их или от них уйти. Бог не добр и ни зол, Бог есть Закон. Милость Божья дана нам – изучать законы Его и тогда Он виден и слышен, то есть Он среди нас, Он приходит в наш мир через наше познание Его. И передавай законы его детям своим. Вот она тайна нашего существования.

Тот, кто видит мир в Боге, тот пребывает в Его присутствии. И приходит благословение. И долголетие, и счастье».

После занятий в школе, Лева на велосипеде уехал к реке искать место для сукки. И так бежать из семьи. Господи, сделай, чтобы никто не мучался.

Илья и Лева договорились ночевать в сукке, как полагается евреям. Лева вызвался найти место.

Деревья издали иные, чем в близи. У каждого есть имя, слышится высвист иволог. Заблудившийся в воздухе запах хвои. Лева поминутно поворачивался направо и налево.

Огонь огней не уничтожит, любовь залечит ненависть.

Лева свернул к котловану, но дорогу перегородил валежник. Здесь была сырая тьма. Было мало цветов и стебли хвоща были похожи на могильную ограду.

- Господи… ожесточи меня и дай силы уйти из семьи и пускай они не беспокоятся, а я их не забуду. Ведь не забыл я отца и деда, и буду молиться, чтобы им нашлось место в раю. Грех мой в том, что отца я вспоминаю после деда, а ведь он ушел раньше…

На берегу притока Припяти Лева сплел из вербы лулав, а яблоко будет эстрогом.

- Благословен ты, Господь Бог, давший мне заповедь благословлять этот мир лулавом.

Стояло бабье лето. Последние ясные дни жаркой золотой осени. Дожди не смогли добраться до самого конца осенних праздников. Добрая примета на десять лет вперед.

Шалаш был готов, когда земля отвернулась от солнца, вскрыла вены горизонту, заливая его кровью. Лес вокруг котлована спилили. Часть его сжигали на стройке, часть растащили жители. Наше пользование землею беззаконно. Оно против заповеди Господней, это воровство у потомков и потому не извиняемо. Звучали голоса далекие…

Над костром гнулся дым от пожухлых листьев травы. Лева достал из кармана телогрейки часы на цепочке. Они тикали с громкостью будильника.

- Ну и котлы! – ахнул Либензон. – На свалке нашел?

- От деда достались.

- Ты проверял часы?

- Часы сверяют по дыханию земли. Сто двадцать дней осталось до отъезда.

Он никогда не покидал родных надолго: бабушку, мать, сестру и брата. Он видел Нелю в школе каждый день. Быть может расставание их сблизит.

- Райский сад начинался в Чернобыле, по крайней мере, яблоки отсюда.

- И женщины.

- Я согласен.

Либензон вышел победителем республиканской олимпиады по физике.

- Согласись, что лучше меня физику никто у нас не знает.

Но Лева с улыбкой сказал:
- Сдирай шкуру с падали на улице и не говори: «Я великий ученый».
- У тебя склад ума, как у чукотского шамана. Ты любишь сны.
- Я выписал из книги реб Аврома, вот послушай:
По трем вещам познается человек: по стакану его, по карману его и по гневу его.
У того, кто публично позорит другого, нет доли в будущем мире.
Много беседующий с женщиной причиняет себе вред.
Голос женщины подобен ее голому телу.

Теперь после занятий в школе Лева ездил к котловану. Где преподаватели отбирали абитуриентов в университет. Московский инженерно-строительный институт.

Сразу после известия о приеме в МИСИ. Лева стал готовиться к отъезду в Москву, обходил друзей и учреждения, где надо было проститься и взять необходимые документы. В военкомате ему выдали «белый» билет по зрению и по старанию мамы Веры.

Куплен билет на поезд «Киев-Москва». Еще предстояло прощание с Нелей. Она поступила в киевский институт железнодорожного транспорта. Для этого прощания у Левы не были подобраны слова.

Когда стемнело, он нашел ее в саду. Ночь была полна тихих, таинственных звуков. Пахло всеми цветами Чернобыля. Где-то хлопали дверью. Луна блестела как золотой червонец. Окна в сад были отворены.

- Поздравляю, - сказала Неля.
- Я за тебя тоже рад.
- Ты это всерьез?

Она была его первой любовью, из-за нее он сходил с ума и по ночам писал ей стихи.

Сломить ветку сирени, и –
Сквозь голоса, сквозб слезы
Бежать вниз, к реке, размахивая сиренью, -
Навстречу смеху твоему,
                Неля…

Ни этих. Ни других стихов он ей не дарил. Стыд охранял его безумство.
- Любовь? – спросила она.
- Радость и ревность.
- Все так ужасно, - сказала она. – И к тому же меня заждались мои гости.

Лева вымучено улыбнулся и стал прощаться. По дороге домой он думал о Неле, как думают о чем-то далеком. «Все так ужасно». Лева не знал, бывает ли по-другому.

Часы сверяют по дыханию земли, но жизнь человека вдруг ускоряет бег в дни старости, а между тем для молодых часы почти остановились.

Теплая весна 53-го.

Заканчивалась еще одна послевоенная зима. По вечерам, прикрутив до упора керосиновую лампу, когда бабушка Тубелэ вязала, а дети притворялись спящими, мужчины вели разговоры «за жизнь». Дети вслушивались в дедовскую правду или в правду, скажем, сапожника Шаи. Говорили про атомную бомбу, про пожар в мануфактурном магазине, про то, кто умер, кто родился. Говорили про немецкие концлагеря, говорили о еврейской стране – об Израиле.

- Интересно, что там за евреи?

- Молодые.

- А язык у них идиш?

- Иврит.

- Ты его знаешь?

- Ба бокэр, ба эрев.

- А в Биробиджане? – хихикнул Шая.

- А в Биробиджане – тайга.

Утром молодая вдова Вера чистила зубы над умывальником, полоскала рот, запрокидывая голову.

- Леве нужен костюм, - сказала она. – Завтра я возьму его в лагерь.

Чернобыль имел свой лагерь заключенных. Болото, потом вышки, колючая проволока в два ряда. Город в городе со своим театром, кладбищем.

Вера работала в медсанчасти лагеря. Но в этот день охрана не хотела ее с маленьким Левой впускать. Им разрешили войти в лагерь с таким же трудом, с каким выпускают на волю.

- Какой ты большой, - сказал Леве зэк-портняжка Гриша Брод.

Его пальцы гуляли по мальчику, пальцы, видать, соскучились по воле, а Лева был вольный.

- Ах, Вера! Фарвус дер Гот хот гемахт Пэсах ин Мицраим унд ферлост мир мит гоим? Фарвус?... Мы тебя, сынок, оденем, как царя. Белый френч с медными пуговицами.

…Еще снег не успел растаять, объявили: «Раскрыт заговор врачей-убийц». Понятно, евреев. Мало кто в Чернобыле читал газеты, но весть о «заговоре» распространила молниеносно, и Верочке предложили убираться с работы.

- Ой, мама! – рыдала она.

- Ой, Готыню! – ахала Тубелэ.

- Всех евреев будут проверять. – бормотала Верочка.

- Ой, Готыню! – сокрушалась Тубелэ.

- Ой, Боже мой! За что я такая несчастная?! Такая была работа хорошая. О-о! Что я им сделала?! Какое я имею отношение к тем врачам-предателям?

- Дура, - говорил дочери старый Зуся. – Они, наверное, такие же предатели, как я начальник твоего лагеря.

- Евреев нигде не любят, - бормотала Тубелэ.

- Не надо меня любить! Дайте работать спокойно. Теперь нас вышлют из Чернобыля.

- Ага, в еврейскую область, в Сибирь, - вдруг засмеялась Тубелэ.
- Ой! Ты, мама, ненормальная, что ты смеешься?!
- Лишь бы мы, Вера, вместе были.
- Я ж в финской войне участвовала! А они!

Обидно! На работе она каждый день ощущала свое превосходство над заключенными. Она была вольной душой, человеком сильным и властным. И вдруг ее лишили этого.

- Где я найду работу? – плакала Вера.

И творились в мире разные вещи: мыслимые и немыслимые. Поэтому Тубелэ всегда запасалась солью…

Март шел на смену февралю, а с ним пришел и праздник Пурим. Солнце улыбчиво: и день удлинился, вот-вот и вовсе обгонит ночью На пригреве замелькали разноцветные бабочки: для них, легкокрылых, вся зима – одна ночь. Конец зиме. Конец! И засияют зеленым стволы осин, а кора зардеется под солнцем.

Тубелэ утром развела дрожжи в теплой воде, смешала с молоком, сахаром, солью и мукой, добавила яйцо, масло, цедру и замесила тесто, раскатала его, Софка вырезалатстаканом кружки, а Вера в каждый кружок теста заворачивала сладкий и влажный мак, лепила «уши Амана» и клала их на смазанный маслом горячий противень.

- Пурим! Пурим! – Софка кружилась волчком вокруг Левы. Он ей подзатыльник – бац! Она в слезы и его – бац!

В кухне беготня и галдеж. Софка беспричинно хохотала, а Леву тянуло ввысь. Прыгнул через забор. Софка за ним. Платье на кольях – сама в пыли.

- Лева! Софа!

Приглашать на Пурим гостей вошло у Зуси в привычку ,и он, преодолевая недомогание, выглядел счастливым.

- Агит йонтеф!
- Агит йюр!
- Сюда, тетя Рива! Сюда садитесь! – Вера нарядная, голосистая.
- У-у-у, как пахнет жаркое!
- Это не жаркое, это фиш.
- Ой, Боже мой, Туба, где вы брали селедку?
- Рива! Клади себе салат, а не то я обижусь.
- Вера! Неси гументаш!
- Лева! Убери руки!
- Лева! – позвал дядя Янкель. – хочешь вино? Э-э, вижу по твоим глазам, шельмец!
- Ша! – муж Ривы Фима поднял палец, - я недавно в Москве видел салат с крабами.
- Кого видел?
- Это такая рыба.

Муж Ривы преподавал английский в техникуме. Но «межпуху» языками не удивишь. А вот когда он сказал, что видел в Москве салат с крабами, все повернули к нему головы. Все, только не извозчик Изя. Он сидел за столом так, как сидел обычно за своей лошадью в телеге.

- Я бы эту гадость за три копейки в рот не взял, - сказал он. - Вашего отца, Фима, зовут Хаим?

- Хаим.
- А маму Хая?
- Хая.
- Она торгует молоком?
- Молоком.
- У вас прекрасные родители, дай Бог им здоровье. И они никогда не ели салат из этой гадости. Никогда!

Вынесли в сад патефон, и муж Ривы достал купленную в Москве пластинку Зиновия Шульмана «Майн эйникл гейст шолэм!» Опустилась игла на диск и будто пришли в сад одиннадцать музыкантов и одна мелодия…

Тетя Боба всплакнула о брате, пропавшем в Гулаге, покраснели глаза у Тубелэ и Блюмы. А кто-то уже выбивал ладонью мелодию. Сильней! Сильней! И все мужчины, как один, ударили по столу. И древняя песня «Сим шалом това увраха» вошла в дом. И стены будто развалились от песни, и ночное небо повернулось к далекому солнцу. А песня нарастала и нарастала. И сердце учащенно билось, точно не за столом ты, а в бегу.

Веселый и страшный весенний праздник Пурим убил Сталина. Жребий пал на Амана. Еще не ведая о смерти вождя, невинная толпа валила на фильм «Мечта сбылась» в кинотеатр «Смычка», где сироп заливали газировкой, где Янкель играл на трубе и мог за это поплатиться. Но не поплатился. Поезд лишь тормозил на платформе, а в Чернобыле уже знали, кто и зачем приехал. Все знали о каждом, но никто не знал о судьбе всех.

Веру уволили с должности замначальника медсанчасти лагеря заключенных, потому что распустили лагерь, вырыли столбы, оборвали колючую проволоку, сожгли сторожевые вышки. Собаки сами разбежались.

Одинокий польский еврей Гриша Брод (вся семья его погибла в Варшаве) остался в Чернобыле. И женили Гришу на молодой вдове Вере. Свадьба собрала евреев Чернобыля и амнистированных корешей Гриши. Извозчик Изя, как дрессированная лошадт, топал ногами. Сверкали золотые фиксы, как три солнца. Изя прищелкивал пальцами .пританцовывал и горлопанил: «Наливай вина, была – не была!»

На ложках стучал сапожник Шая: об коленку.ю об ладошку, о стол, о каблук, плечо, горшок! Талант! Оркестр! И вся компания кружилась, обняв друг друга за плечи.

Рувка-золотце, распустив жилет сощуренным глазом оглядывал танцующих. Амнистированные кореша пили самогонку и смущались присутствием посторонних. Невеста сидела между двоюродными сестрами. Толстые стекла ее очков отражали лучи солнца, пряча глаза, и счастью ее верили по накрашенным раскрытым губам.

Жених пускал кольца вонючего дыма в сморщенные лица стариков и неторопливо рассказывал: «Жидок, сказали мэни, сошьешь за нич ватни брюки – будэш у нас портным, а сбрэшэшь – грызы сопку. Ото как. Тут мои нары, а тут – старого еврея. Губастый в очках. Вин робы в революцию. И от одного разу случились в бараке резня: честняги ризались с суками. Мы сховались пид нары и усю нич слухалы, як воны друг друга ризалы. Гирше, - сказал у ту ночь очкарик, - не надо бояться быть зарезанным, надо бояться своих надежд».

- Эгей, жених! А ну плясать! – возвратили его на свадьбу.

- Ломир Але инейнем! Лехаим!

Левка попросил: «Деда, давай прокатимся на великах».

- По дороге к Котловану, - неожиданно согласился Зуся.

Если и был котлован под теплоэлектростанцию, то далеко. Но те, кто проложил дорогу, назвали ее «дорога к Котловану». Широкой лентой тянулась она через степь. Здесь перемежались озимые и горькая полынь. Давние пришельцы из Святой земли потому и назвали это место Чернобыль – черным и горьким виделось им будущее детей их. Но земля хотела примирить людей, и у каждого было свое место и своя могила. Но на могилах можно поплакать. А можно радоваться за души бессмертные. Цадики, идиш и смак Украины сделали свое дело: красота и счастье поселились здесь.

Дед и внук ехали на велосипедах рядом.

- Смерть приходит откуда?

- Она всегда рядом… Жизнь и смерть одно и то же.

- Из космоса смерть приходит, - сказал мальчик. – Ты знаешь космическое число?

- какое космическое число? – Зуся взглянул на Леву.

- Ноль, - сказал Лева.

- Жизнь была до тебя, представляешь?

- Нет, - сказал Лева.

- Я буду молиться за душу твою бессмертную, - улыбнулся Зуся.

Они прогуливались на велосипедах вдоль перелеска. Моросил дождь, радуга то появлялась на небе, то исчезала.

- Живи столько, сколь я буду жить, - сказал мальчик старику.

Купались собаки в мокрой траве.

- Почему мы другие?

- Мы всегда в меньшинстве и мы хотим выжить, поэтому все время взываем людей к справедливости. Урожай озимых похож на рождение теленка у коровы. Землю надо благословлять, а не рыть котлован.

Они одновременно рассмеялись.

- Деда, догоняй меня.

Лева привстал и рванул вперед.

Жизнь прекрасна.

Улица Ветреная.

Бог мой, какая прелесть Чернобыль в августе. Вдоль холмов, похожих на буханки хлеба, вальсировала голубая Припять, в ней отражались лучи солнца. Нигде так не любилось, как здесь – в запахе цветов и трав. Жениться надо в августе, тогда можно новорожденных в следующем году купать в реке.

ЧАЭС пожирал старый город, экскаватор сгрыз могилу цадика Нахума, а потомки его, как ни в чем не бывало, пили вишневую наливку, хупавались между постами – ударники коммунистического труда.

Отец невесты Муня-экскаваторщик стоял перед зеркалом и завязывал галстук. Жена его Софа причитала в дверях.

- Давай попросим вызов из Израиля.

- Я член партии!

- Знаю я, чего ты хочешь! – Софа жутко ревновала его.

- Слушай, Софа, кончай, а то тресну по башке, и навек успокоишься.

- И это в день свадьбы дочери!

Софа заплакала. Она последние дни жила в аду, в истериках, умирала от ревности, от неизвестности, ненавидела его, отталкивала и одновременно желала страстно.

- Все, Софа, идем встречать гостей и новобрачных.

Во дворе на свежесбитых столах солнце преломлялось сквозь стопки, стаканы, бутылки самогонки, блестела селедка в кольцах лука, огурцы и помидоры лежали в зелени. Хлеб еще не нарезан – это будет после благословения.

Молодежь толпилась вокруг Софиного брата Левы, который привез из Москвы магнитофон с кассетами еврейских песен, израильские открытки, значки, учебник «Алеф», журналы «Тарбут», «Евреи в СССР» на папиросной бумаге.

Первый раз гуляла вся улица Ветреная – и еврейская, и украинская: Наташа Наперсток выходила замуж за Ваню Слинько. В сопровождении друзей они вошли во двор, Ваня во фраке, Наташа в светло-голубом.

- Еще один кузнец еврейского народа, - крошечный Янкель-трубач сделал знак клезмерам – труба взметнулась к небу – свадебная мелодия распустилась в саду.

- Горько! – Муня поднял стакан вишневой наливки.

- Го-орько!!! – поддержали его гости.

- Лехаим! – воскликнул Рувка-плотник. – Лешана а-баа б'Иерушалаим.

Он получил разрешение на выезд в Израиль. В сороковом Рувка бежал из Польши на восток, а уже в СССР его погнали этапами на Дальний Восток, на пятнадцать лагерных лет. Рувка-плотник с магендовидом на распахнутой груди, с осоловело-красными глазами был счастлив.

- Космонавт! – хлопнул его по плечу Гриша, в Магадане они побратались. – Я мог бы тоже поихать у Израиль.

- Будешь, - кивнул Рувка.

- Ни, я помру тут.

- Шо нового? – тормошил Гришу старый сапожник Шая.

- Делов много, - уже другим, ожившим голосом ответил Гриша.- Дядя Шая, вы же знаете,когда у фараонов болят животы, евреям ставят клизму Мир шевелится, уси хотят сожрать один одного.

- Хэ-э! – засмеялся Шая. – А шо нового?

Москва

Мокрый снег с дождем. Эта страна не для жизни.. Сотрудник 5-го отдела КГБ рыжий курчавый косолапый Лазарь Хейфец ввалился в кабинет раввина Фишмана.

- Готыню! – Хейфец красный, как из парилки. – Я сойду с ума! Я сойду с ума!

Он размахивал конвертом перед сонным Фишманом.

- Вус махт, аид? – безобразно зевая, сверкнул стальной челюстью старик.

- Зол зей бренен!

- Шо трапылось?

- Вызов из Израиля.

- Ну?

- Вот моя фамилия, мой адрес.

- Мазлтов.

- Что-о?! Я же на службе, я член партии! Вызов майору КГБ!

- Вызов на всех?

- В том-то и дело.

- И на жену?

- И на Суру, и на дочь, и даже на тещу. Во-о, подлянка! Это Сура.. я знаю, она меня ревнует к бабам. Но не до такой же степени!! Оторву голову.

- Или теща, - подсказал раввин.

- Та она слепая, глухая и на костылях. Ну и кто?

- Дочь замужем?

- Она стуентка, ей-то чего не хватает? Выгоню к чертовой матери. Отца позорить?!

- Я же не сказал, что она, - развел руками Фишман. – А ты кого пасешь?

- Слепака пасу. Упеку его за Магадан. Ну, Слепак, ну, зараза! Я его уничтожу. Ребе, что делать?

- кто-то тебе мстит. Может, КГБ это сделало?

- Что-о? Мне три года осталось до отставки.

- Избавиться от тебя и на пенсии твоей экономить.

- Ты мне это брось! КГБ – это святое! Понял, хрен бородатый?! Все. Дай пистолет, застрелюсь.

- Только не в субботу, - раввин достал из стола начатую бутылку водки, открытую баночку шпрот и ломтики хлеба. – Давай выпьем, это успокаивает.

Они выпили. Потом раввин достал еще бутылку, и они продолжили.

Хейфец выглядывал в окно из раввинского кабинета. Была суббота.

- Американцы идут! – воскликнул Хейфец. – Я их по рожам узнаю, конгрессмены хреновы. Наши-то не улыбаются. Могут в синагогу зайти. Так ты есть или тебя нет?

- Меня нет. – Фишман попробовал залезть в шкаф, но с таким пузом…

Лазарь вышел из кабинета и через минутку вернулся.

- Свет в зале горит.

- Так ведь суббота.

- Су-уббо-ота, - предразнил Хейфец. – Это уж разорить можно СССР!

У дуба, что напротив синагоги, вокруг китаеведа Рубина друг друга перекрикивали болтуны; инженеры, фантазеры обступили Лернера, физики и кооператоры беседовали с красноухим Азбелем. Но больше всего народа с долговязым и простоволосым

Альбрехтом. Он держал две бумажки. На одной заявление Бегуна: «прошу взять с меня налоги за преподавание иврита». На другой: «Черемушкинский райфмнотдел сообщает, что преподавание языка «иврит» в программе Министерства высшего, среднего и специального образования СССР не предусмотрено, а поэтому, райфинотдел предлагает Вам преподавание указанного языка прекратить».

- Иосиф, это приговор. Как только у них освободиться «воронок», они тебя увезут как тунеядца. Ау-у, люди, или как вас, господа! Я вынужден говорить в такой бедламе. Иосиф бесплатно преподает иврит, который для властей не существует. Иосиф прикрылся справкой, что он ассистент профессора, платит пять рублей налог, и все шито-крыто. Верят ему или нет – вопрос другой. Важно: он обманывает. Отказник должен быть чист как слеза.

- Чушь! – Иосиф забрал листочки у Альбрехта.

- Не забывайте: окружение не только враждебно, но и агрессивно, и в один прекрасный момент они используют тот факт, что вы живете нахлебниками их врагов. Помощь из-за границы предназначена для голодающих, но при этом нельзя ничего делать. Иначе слово «помощь» заменится на слово «финансирование».

- В еврейской традиции помогать друг другу, - сказал Эссас, - и вовсе не обязательно оглядываться. Мы работаем на нас.

- Ты прав, - кивнул Альбрехт, - но когда вас спрашивают «на что вы живете?», вы почему-то молчите. Та самая «работа на нас» всего лишь шоу для американцев. У нас нет самиздата как такового. «Евреи В СССР» кто-нибудь видел хоть один номер? Самиздат возник у демократов и был предназначен исключительно для внутренних нужд. Они ведь не собираются уезжать. Как можно здесь возрождать национальную культуру с чемоданом в руках?

- Чушь! – Иосиф – будто бык на корриде.

- Я вам верю, - засмеялся Альбрехт. – Все, что можно делать с чемоданами в руках, так это уносить ноги. Тут все зависит от темперамента. Это русским понятно. А вот как преподавать Тору, песни? Вот тут уже фокус. Фокусы хороши в цирке.

На Альбрехте войлочные ботинки, свитер, джинсы, закатанные на раз, и распахнутый замшевый пиджак.

В этой реке по имени Алия все заметнее проявляла себя группа отказников и активистов, кто оглядывался на евреев, которые оставались с стране. Эта группа (Иосиф Бегун, Вениамин Файн, Илья Эссас, Павел Абрамович, Володя Престин,) хотела приобщить всех желающих к иврит, истории, культуре и традиции нашего народа. Началась борьба с властью за легализацию еврейской культуры. Но эта борьба , в конце концов, выливалась в стремление людей эмигрировать из страны, чего власти опасались.Независимое образование – враг тоталирализма, поэтому «культурников» преследовали и большинству оставалось лишь слушать «голоса». «Дон Кихот» Вениамин Файн убеждал друзей, что приобщение к национальной культуре и традиции ценно вне зависимости от борьбы за выезд, и что для развития и распространения национальной культуры нужно идти на сотрудничество с властями, иначего ничего серьезного не получится. Сотрудничество с властями, кто преследовал отказников, сажали в тюрьмы, было немыслимо

Тем временем у железных ворот синагоги американцы раздавали свертки для отказников: баночки кофе, майки, джинсы, носки, фломастеры.

- Лева, ты моего Илью не видел? – окликнула Аня Эссас.

- А ты откуда такая загорелая?

- Из Сухуми, там еще лето.

- По Илье не сказать.

- Он не загорел, он стал датишник.

В минуты роковые на Горку с женами приходили отказники. Готовность номер один к посадке. Супруги Кандели, Розенштейны, Лернеры. Не тусовка на снегу, а светский прием.

Феликс Кандель последнее время страдал от болей сердца. Наталья Розенштейн заглянула ему в глаза.

- Шизофрении у тебя нет.

- Шизофрении нет, - согласился Феликс.

- Нервы, нервы, - захихикал Гриша Розенштейн.

- Уж ты-то психованный! – сказала Наталья. – Молчал бы!

- За тобой, Феликс, ходят чекисты?

- С утра до вечера, Гришенька. Но я же пустой! У меня и дома, как в морге. Сжег все свои рукописи.

- А говорят: рукописи не горят.

- Горят, Гришенька, горят ярким пламенем.

- Ясно. А мне и сжечь нечего, - усмехнулся Гриша.

- Чего ж у тебя бессонница? – вздохнула Наташа. – А еще сионист.

- Это ты зря мать, - захихикал Гриша. – За это тоже сажают.

- О, смотрите, идет наш вечный жених! – засмеялась Наташа.

К ним подошел безработный Иосиф Бегун с неизменным рюкзаком за плечами. Человек, который готов к посадке.

- А за мной ходит «дама», - похвастался он.

- Это согревает? – усмехнулся Феликс.

- У нее другие задачи. За другими мужики топают, как за гомиками, а меня на Лубянке приминают за нормального мужчину и теперь всюду со мной «дама».

- Вот когда ты, Иосиф, женишься, и за тобой перестанут ходить «дамы», - сказал Феликс. – Что лучше – жена дома или «дама» на улице?

- Лучше «дама» на улице. От нее хоть под одеяло сбежать можно.

За спиной Бегуна переминалась крупная тостозадая «дама» с ярко крашеными губами, с черным ридикюлем и зелеными немигающими глазами.

- Лунц и Рубин получили разрешение.

- Что они с нами делают?

- Липавский осиротел. Он был секретарем Рубина.

- А кто такой Липавский?

Пока Щаранский переводил американцам реплики отказников, Слепак подошел к дубу.

- Есть предложение сфотографироваться с кон7грессменами на ступеньках синагоги. А послезавтра пойдем в Президиум Верховного Совета СССР с письмом: «...евреи СССР, устремившиеся на Родину, мы обращаемся сегодня к руководству страны, полные недоумения и горечи...» Предлагаю всем подписать, фамилию указать четко.

- Но сегодня суббота, - сказал Эссас. – Разве нет другого дня?

- Другого дня нет, Илья. Не хуже меня знаешь, - сказал Слепак. – Пусть ортодоксы не подписывают. Ждите своего Мессию.

- А кто в понедельник примет нас в Президиуме? – удивился Азбель.

- Не примут, - сказала маленькая Ида Нудель, - мы устроим скандал и пригласим зарубежных корреспондентов.

- Лунц, что скажешь? – обратился Слепак.

- Можно прямо в Лефортово, а можно погулять по Москве перед посадкой, но ведь сыро и холодно.

- Ага! – Слепак выбил табак из трубки. – Греться будешь в Хайфе. В понедельник идем скандалить – кровь из носа! «Шеллах эт амии!».

- Уже было, Володя.

- Да, после Моисея никто лучше не придумал.

- Теплые вещи брать с собой?

- Мы идем на посадку, - сказал Слепак, - так что приготовьтесь. – Не зря же прилетели конгрессмены из Америки. – Я увожу их в ресторан пить чай.

В кабинете у Фишмана отбой, никаких американцев. Хейфец по-солдатски ловко откупорил еще одну бутылку водки.

- А как будет имя Андропова по-еврейски?

- Иуда Бен Велвл.

- Кошмар. Никому больше это не говори, понял? А Ленин?

- Велвл Бен Элиягу.

- Брежнев?

- Лейб Бен Элиягу.

- Ужас! Элиягу, элиягу. Кошмар. Никому больше этого не говори.

- А и по-русски Лазарь, и по-еврейски Лазарь.

- Мрак. Может, на всякий случай тоже вызов из Израиля получить?

- Так он у тебя уже есть!...

Тем, кто впервые поднимался на горку, казалось, что здесь открываются Сиониские врата. Столпотворение.

- Я бросаю вызов стихии.

- В смысле жену и детей?

- Они приедут, когда я на Земле обетованной обустроюсь.

- Сволочь.

- В Марьиной Роще миньян шпионов.

- Они звонят мне, а я их не хочу. Свобода!

- Это импотенция.

- Свобода!

- Руки вверх!

- А девчонкам так холодно.

- Я поцарапал авто.

- Обратись к Сереге.

- Пока мы бьемся головой о стенку, ребята роют землю в комсомоле.

- Карьеру, что ли? Ну, это полукровки. Они решили здесь остаться. Зачем им наше гетто?

- Доверься соблазну.

В понедельник у мокрого подъезда Президиума Верховного Совета СССР остановилась белая «Волга» Липавского. Липавский выпустил двух коротышек – Лернера и Щаранского. Толпа с портфелями и авоськами, где мялись носки и книжки вперемежку с бутербродами, радостно расступилась у парадных дверей.

- А где Розенштейн с плакатом? – спросил коротышек Слепак.

- Его привезет Патрик, - сказал Щаранский.

- Будем ждать.

- Прошвырнемся. – Азбель взял под руку Брайловского. – Очень ранний снегопад в этом году.

- Обещают снег с дождем, - улыбнулся Брайловский, - я даже зонтик взял.

И он достал из портфеля складной зонт, щелк – и зонт весело раскрылся.

- Витя, что же мы мокли до сих пор!

- Но все мокли.

- Я понимаю. Ты – демократ. Когда евреи соглашаются жить по законам других народов, они непроизвольно относятся к этим законам по-своему. Евреи хотят, чтобы их бездарность воспринималась так же снисходительно и сочувственно, как и неспособность русских. Они хотят, чтобы их глупые дети так же нагло торжествовали над умными, как это принято у других. Евреи сопротивляются вытеснению их в интеллектуальные области.

- Датишники с их чадами, - сказал Брайловский.

В это мгновение сверкнула молния и раздался оглушительный гром. Снег и град величиной с вишню обрушились на город.

- Артобстрел Господень, - засмеялся Азбель. – Будь, Витя, поосторожнее.

- Он же нам послал зонтик.

- - Хочешь сказать, что то всего лишь учения? Я, Витя, не имел в виду датишники. Они-то как раз пытаются остаться самими собой.

У решеток университета они встретили Эссас, он тоже с портфелем (тфидин, молитвенник и аспирин). На красном кончике носа дрожала капля, будто алмазная серьга.

- Уже все закончилось? – обрадовался Илья.

- Тебя встречаем и Розенштейн с плакатом, - сказал Брайловский. – Долго молитесь, ребе.

- Сколько положено, - парировал Илья.

- И это гарантирует успех? – усмехнулся Брайловский.

- Смотря что понимать под этим,- тонкие губы Ильи уползлши в красную бороду.

Корреспондент Рейтер Патрик привез Грнишу Розенштейна со свежевыкрашенным плакатом «Шеллах эт амии» в полиэтиленовом мешке.

Сразу начали бузить.

- Жиды пархатые! – крикнул водитель авто.

Помощник Подгорного очкарик белый воротничок Капица повел их за собой в холл, где в тишине уже сохли два десятка ходоков. Вдруг стало шумно и тесно, как в бане.

- Ну вот, - сказал Капица корреспонденту Рейтер, - по мне так хоть сейчас заберите их всех в Израиль. Эти люди нам не нужны.

- Так вы их отпускаете? – Патрик даже расстроился. Слепак вручил Капице письмо.

- Для председателя.

- Не для меня же, - усмехнулся Капица.

- Мы ждем ответ сейчас, - сказала Ида Нудель.

- По закону, - сказал Капица, - у нас есть тридцать дней.

- Сейчас, - сказала Нудель, - или мы объявляем голодовку в этом зале.

- Я вызову охрану, - ответил Капица, - голодать сможете в тюрьме.

Отказники, а здесь их было с полусотни, запели:

Осе шалом бимромав, Ху ясе шалом а лейну, Ве аль кол Исраэль, Вэ имру Амейн.

Ходоки из глубинки ошарашено смотрели на евреев: во, дают!

- Иностранцы? – поинтересовалась бабка в цветастом платке и деревенском платье.

- Свои, - успокоил Бегун, - Добиваемся справедливости.

- Без очереди, - съехидничал мужик.

Маша Слепак нашлась:

- Мы уже пять лет, как записались.

Это еще больше удивило бабку, и она перекрестилась.

- Иврит и Идиш – это Каин и Авель в сегодняшний Израиле.- ляпнул Гриша Розенштейн.

- Сефардское большинство ненавидит нас, - сказал Эссас.- А это твое сравнение чушь собачья.

- За что? – удивился Розенштейн.

- Нам кажется порою, что они все потомки хазар.

- Нам это как, мы – это кто? Ашкеназам, то есть германо-польским жидам? – приставал Розенштейн.

- Если угодно, - Илья наклонил голову.

- Нет, не угодно. Сефарды и ашкеназы – братья по несчастью в СССР, да и в Израиле они в одном окопе. Илья, ты арестован.

- Залог за свободу, - Илья протянул домашнее печенье.

- Смотрите, ворона на подоконнике, - сказал Гриша Розенштейн.

- Илья, иудаизм к суеверию как? – Бегун обернулся к Эссасу.

- Отрицательно.

- Ну вот, Гриша, прогони птичку.

- Что делать, господа офицера? – спросил Слепак.

- Мы никуда не уйдем, пока не получим ответ, - сказала Ида Нудель. – Такая возможность нагадить им.

- Я вызову милицию, - предупредил Капица. – Вам нужен скандал или ответ на ваше письмо?

- Нам нужны разрешения на выезд.

Через полчаса отказники покинули приемную. Сквозь снежную пелену не было видно Манежа.

- Тебе обидно? – приставал Рубин к Канделю по дороге к метро.

- Что не арестовали? – щуплый Кандель то и дело проваливался в сугробы.

- Что все труды наших предков в России пошли прахом.

- Оставайся и трудись дальше, - усмехнулся Кандель.

- Зря мы ушли, - Бегун догнал их. – Надо было устроить скандал.

- Невозможно препятствовать садиться в тюрьму тем, кто этого хочет, - раздельно сказал Рубин, - но не следует ситуацию, при которой попадут в тюрьму те, кто этого не хочет.

Ранняя зима с ума сводила. По гололеду сдирать морду о беду – вот и вся недолгая.

Район Выхино, квартира Азбеля. В доме Азбеля ремонт: подъезд ободран, лестница в известке, двери в шпаклевке. В это последнее воскресенье ноября в квартире Азбеля собрались еврейские физики и лирики, чтобы обсудить гуманитарные вопросы. Это стало традицией.

Азбель в белой безрукавке, красная короткая борода, он похож на разгоряченного быка. Семинар физиков. Вечер Галича. Накануне отключили всему дому свет, а затем – телефоны. О, знали бы соседи, из-за кого в кране не было воды.

В дежурной машине у подъезда скучал Лазарь Хейфец. Он, кстати, получил посылку из Канады и сидел за рулем в новой кожаной куртке. На Галича шли густо ,как за водкой или колбасой.

- Бегун пришел, - доложил Хейфец Звереву в 5-1 отдел. – Щаранского привез Липавский.

В квартире Азбеля кадили свечи, люди боялись сбрасывать вещи в темноту и стояли одетыми. Галдеж. Если животные во тьме молчат, то женщин – болтливей не бывает.

- Они пришли слушать или на меня посмотреть? – Галич сидел под самодельной ханукией.

- Да просто на улице противно. А ты с разбегу начни. Ханукия таки пригодилась, - Азбель зажег все девять свечей.

- У вас нет света, - хриплый голос Бегуна, - а телефон работает? Нет? А теперь они отключат воду.

Все засмеялись.

Галич пел при свечах.

Тем временем Хейфец продолжал перечислять гостей по телефону: Сахаров, Амальрик, скульптор Неизвестный, Калеко.

- Инвалид?

- Фамилия.

- Ну и какая фамилия калеки? – недоумевал Зверев.

- Да не калека он. Ка-ле-ко! Ага, идут художники, ну те, из Ленинграда: Абезгауз, Раппопорт. Человек десять. Е-мое, картины несут. Ни хрена себе. Раздухарились не на шутку.

- Ведете киносъемку?

- Так точно.

Художники вошли в подъезд, в кромешной тьме, как скалолазы поднимались по лестнице на одиннадцатый этаж.

- Расступитесь! У вас нет света!

Прикололи к дверям манифест: «Несколько художников-евреев вторично объединяются…»

Еще двенадцать свечей водрузил Азбель на ханукию. Художники по одному представляли свои полотна. Абезгауз – «Горда была Юдифь, но печальна». Это окраина села, женщина в летнем яркоцветье, в правой руке ее окровавленный серп, в левой руке – чубатая голова, прикрытый глаз, казацкие усы…

- Картина продается? – спросил Рубин.

- Здесь все продается.

Коллекционер Глейзер взял под локоть Александра Лернера.

- А вы, профессор, когда выставляетесь?

- У меня в Иерусалиме постоянная выставка.

- Дайте приглашение.

- Кто бы мне дал.

- Три года между небом и землей: ни работы, ни денег, и не видно конца. Зло берет, - Рубин и впрямь был в отчаянии после того, как за ним установили круглосуточную слежку. – Кто поведет людей на коллективное самоубийство?

- А что-о, уже хана? – удивился Эрнст Неизвестный.

- Мы уже гибли безропотно, по одиночке, - сказал Рубин.

- У тебя, Виталий, нет русского терпения, улыбнулся скульптор. – Всегда остается какая-то надежда.

- А вы же диссидент! – обратился Калеко к Неизвестному.

- Нет, я не диссидент.

- Важно, что так считает Андропов.

- Он так преследует евреев, как будто сам еврей.

Феликс наконец пробился к Галичу – взять интервью для «Тарбута».

- Алик, есть те, кому завидуете вы?

- Я завидую тем, кто верит в Бога, - ответил бард.

- Им легче жить?

- Им легче умирать, - сказал Галич.

- А что такое Бог? Вмешался в разговор Липавский.

- Причина сущего. Закон, - сказал Феликс. – Закон, где расширяется вселенная и в искре огня, и в капле воды, и в наших душах.

- Бог не фраер…

Котлован.

Чернобыль летом – это пшеничная круглая буханка на зеленой скатерти ,где солью разбросаны дома. Они ставились, как попало. То есть как было суждено. Город маленьких людей и большой судьбы. Дом-соломка в два окна на пригорке, торчит акация, забор-плетенка утопает в придорожной пыли. Пыль – охранительница города – спокойно принимала лишь лошадей и колеса биндюг, да перебежки босоногой детворы. Пыль ненавидела машины. В пыли купались куры, щенята, свиньи, воробьи. Утром пыль лечила холодом, днем – жаром. Пыль была такой же частью Чернобыля, как дождь. Пыль – архив несбывшихся надежд, библиотека времени…

Леве вручили повестку в КГБ. Допрашивал его Соколов – молодой мужчина, похожий на фокусника.

- Представляете, где вы?
- П-представляю.
- Вы сообщили кому-нибудь, что идете к нам?
- Нет…
- Почему у вас такой страх к Котловану?
- Он пожирает дома и могилы, а люди перестают друг друга жалеть.
- Здесь будет самая мощная в мире теплоэлектростанция.
- А где будем мы?
- …В читальном зале на книгах Маркса, Ленина сделаны пометки. Ваш почерк?
- Может быть, мой.
- Расскажите о своих друзьях?
- Люди как люди.
- Так присмотрись, прислушайся и как-нибудь приди. Расскажи мне.
- По еврейскому закону этого делать нельзя. Уж лучше вы меня расстреляйте.

Фокусник из КГБ улыбался, он готов был расхохотаться, еле сдерживался.

- У тебя еще есть время исправиться. И никому не говори о нашей беседе.

Ему позволили уйти на волю – на улицу и дальше, домой. Не он герой дня. Героем был страх.

Чернобыль

До этого несчастливого дня Лева каждое воскресенье приходил в редакцию газеты «Чернобыль» на собрания литературного объединения. Тяжелый слог, как шаг в строю солдатский. Лева писал: «Злодей не знает, где он споткнется, и страшится, а праведник об этом не думает. Парадокс же том, что счастлив тот, кто всегда в страхе».

Жуткий ветер ломал ветки деревьев, на миг поднимая уже оторванные и истрепанные, вновь ронял их на землю, когда Леве приснился дед его. Зуся с Левой арендовали втомобиль «Победа», что бы сгонять к Котловану.

…Лева с дедом зарылись лицом в росистую траву, с наслаждением вдыхая аромат нагретой земли. Пытаясь воскресить блаженное ощущение безмятежного счастья, Зуся астал. Свитер вымок в росе. Господи, Боже мой! Вот она настоящая жизнь, такая простая и спокойная…

Чернобылю тысяча лет… В 1193 году здесь поселился Хаим-Мейер с семьей. В дни Речи Посполитой Чернобыль вошел в Киевское воеводство. Спустя пятьсот лет, как поселился Хаим-Мейер, казаки погромничали. А было в Чернобыле сотня хат и жили семьсот душ. Еще через сто лет в местечке поселился цадик Менахем-Нахум Тверский.

Так он себя называл, и так его называли. А это уже немало. Сын его Мордехай основал дом Танаха.

Тысячи евреев посещали двор этот из года в год, почти сто лет, пока в 1920 году правнук цадика Шломо Бен-Цион не бежал из местечка, оставив синагогу, три молитвенных дома, Талмуд-тору, женское еврейское училище, богадельню и шесть тысяч евреев.

Пыль улеглась, птицы угомонились. Погромщики спились, а такие, как атаман Струкел, умылись своей кровью на чужбине. На странице… ладонь вместила историю родины. Горячее местечко. Здесь многое с опасной частотою повторялось. -15-

Печаль была с Левой: в зыбком сне он встретился с отцом. Во сне Семен старомоден, Земля стала ему изголовьем, а любимое занятие – разжечь огни на воде для ловли рыб. Далеко видать те огни на водной равнине, чтобы Чернобыль виден был с небес.

Одиночество.
Капли дождя закипали на камне.
День остывал от майских страстей.
И сквозь закрытые старые ставни
Солнечный луч впускает гостей.

Лева вырос незаметно – длинноногий, узкоплечий, прутик с ушами. Он мог быть ангелом при удаче. Удачная строка, хорошая оценка в школе, любимый взгляд… Его взял военный комиссариат на учет.

Учебные стрельбища раскинулись у самой бровки Котлована. По пятницам еврейских мальчиков учили стрелять по мишеням. После занятий в школе они садились на велосипеды, как всадники на лошадей.

Дорога к Котловану утопала в пыли и в золоте пшеницы. Склонившимся в пыль колосьям велосипедисты предпочли стрельбу из винтовок образца Отечественной войны. Дорога пела птичьими голосами, звоном пчел, налетела банда мух. Вдруг ветер – какое счастье. Глубокий вдох чистого воздуха. Между полями нежная трава – красота просительная, выжидательная, готова броситься к тебе по первому знаку и с тобой зарыдать.

На стрельбищах их ждали винтовки и мишени.

- Слава Богу, что стрельбище не в синагоге, - сказал Илья Либензон.

Возвращались на велосипедах медленно-медленно… Черные тени липовой рощи от красного заката. Сосало под ложечкой от воздуха, от медового запаха лип.

- Правда, великолепно?! – воскликнул Илья. – Если мне когда-нибудь придется умирать, то я хотел бы в этой роще.

- А я боюсь, что КГБ меня арестует. Я туда не хочу! – сказал Лева.

И самому себе удивился, что вот так запросто шутит над тем, от чего еще недавно в ужасе задыхался. И вот что странно: ни смена времени года, ни допросы в КГБ, ни близость окончания школы – ничто не поколебало страсть Левы писать. В дневные часы он укреплялся в решении уехать из Чернобыля. Учиться на кого угодно, только бы подальше от КГБ.

Во дворе КГБ, где некогда Тубэле с подругами учили лошен-кодеш – святой язык, страхом поросло пространство. В каменном доме так никто и не прижился. Ни центр кооперативной торговли, ни профсоюз работников лесной промышленности. Дом с немытыми окнами и распахнутыми дверьми был обречен. Но КГБ навесил стальные двери, установил решетки в оконных проемах, остеклился дом и окрасился.

В приемной Лева ожидал допроса.

- Войди, - велел Соколов, открыв дверь в приемную и кивая Леве. – У тебя жизнь впереди, хотя и дурное начало. Твоя манера писать рано или поздно загонит тебя за проволоку.

- Но я лишь записываю…

- Вот если для нас, тогда есть шанс остаться на свободе.

- Я пишу для всех…

- Ты или дурак, или не знаешь, что есть мы на самом деле. Мы свою постель ни с кем не делим. То, что пишется для нас, не подлежит огласке.

И когда безответная пауза затянулась до неприличия, Соколов вздохнул с облегчением. Он понял, что этот юный еврей интуитивно нашел единственно верный ход – молчание. Можно выключать кассету, последний протокол на подпись – и прощай.

Отчим привел Леву к Хаиму-Мейеру, одинокому и богобоязненному еврею. Комната с высоким потолком, с голыми стенами и окном.

- Ты решил уйти из Чернобыля, - сказал старик.

- Это не грех, но ты не должен забывать, кто мы.

И старик положил на стол перед Левой книгу в твердом переплете. «Священные книги ВЕТХАГО ЗАВѢТА, переведенныя с еврейского текста для употребления евреямъ ПЯТИКНИЖИЕ МОИСЕЯ. Вена. Издание Британского и иностранного библейского общества. 1898». Справа лошен-кодеш, слева русский текст. «… и сотворил Бог человека… и благословил их Бог, и сказал им Бог: плодитесь, и размножайтесь. И наполняйте землю, и обладайте ею, и владычествуйте…»

- Реб вром, я перепишу ее.

И день за днем Лева переписывал страницы Книги, чтобы избрать путь.

Каждый человек прокладывает свой путь служения Богу, согласно своему предназначению: один путь – справедливость, другой – любовь. Бог любит новорожденного, единственного и неповторимого. Бог избрал новорожденного, чтобы освятить именем и однажды спросить его: Где ты? – Вот я, Господи, - отвечает человек. Это и есть любовь.

После занятий в школе Лева на велосипеде уехал к реке искать место для сукки. Илья и Лева договорились ночевать в сукке, как полагается евреям. Лева вызвался найти место.

Деревья издали иные, чем вблизи. У каждого есть имя, слышится высвист иволог. Заблудившийся в воздухе запах хвои. Лева поминутно поворачивался направо и налево. Над травой слуховой галлюцинацией висел призрак дедушкиного голоса, будто он аукается с Левой.

Лева свернул к Котловану, но дорогу перегородил бурелом. Здесь была сырая тьма. Было мало цветов и стебли хвоща похожи на могильную ограду.

- Господи! Ожесточи меня и дай силы уйти из семьи. И пускай они не беспокоятся, а я их не забуду. Ведь не забыл я отца и деда, и буду молиться, чтобы им нашлось место раю. Грех мой в том, что отца я вспоминаю после деда, а ведь он ушел раньше…

На берегу Припяти Лева сплел из вербы лулав, а яблоко будет этрогом.

- Благословен ты, Господь Бог, давший мне заповедь благословлять этот мир лулавом.

Стояло бабье лето, последние ясные дни жаркой золотой осени. Дожди не смогли достучаться до самого конца осенних праздников. Добрая примета на десять лет вперед.

Шалаш был готов, когда Земля почти отвернулась от Солнца, вскрыла вены горизонту, заливая его кровью. Лес вокруг Котлована спилили, часть его сжигали на стройке, часть растащили жители. Такое пользование землею беззаконно. Оно против заповеди Господней, это воровство у потомков и потому не извиняемо. Звучали голоса далекие…

Начало котлована.

Апрельский снег в лучах солнца и четких теней от деревьев словно приглашение к Пасхе. Но чернозем в талых слезах – предчувствие гибели от котлована. Он приближался к домам и к святыне – к склепу Тверского цадика. Опасность почувствовали грачи – не стали в этом году обустраивать гнезда. И женщины – в плащах с повязанными шарфами – они не готовы раскрыться. Школьники гонялись по тротуарам на деревянных самокатах, брызгая лужами не хуже грузовиков. Еще вчера днем на них лаял рыжий Хвост – пес сапожника Шаи, царапая передними лапами изгородь. А ночью дом сгорел. Второй за апрель. Все слышали как кричала толстая горластая Бобба, а Шаю увезли в больницу. Пропал Хвост. Дом Шаи был крайний – дальше поле с пригорками и зимой дети делали в сугробах пещеры или скатывались на санках, или просто падали в снег – у кого лучше отпечаток получится. И все это под лай Хвоста. Перед еврейской Пасхой и закладкой фундамента под Первый реактор из Москвы прибыл авторский надзор ЧАЭС – физик Лев Юрьевич «Юдович» Попок – ладный и миниатюрный как гимнаст. Он и впрямь был гимнастом. - «Я физик, я в Бога не верю! Я верю в реактор. Который скоро запустим и будет электричество и кое что еще для оборонки!» Сейчас он был гостем полковника КГБ Ша-Повал и начальника строительного управления Ермака. Они подъехали к бане, краснокирпичному зданию бывшей синагоги.

- Это хорошо, Юрьевич, что тебе все равно, что храм, что сауна! - усмехнулся Ша-Повал.

- Не верно! Сейчас здесь лучше!

- А будет еще лучше! - сказал начальник котлована Ермак.

Борис Тверской, дальний родственник цадика дремал, прислонившись к косяку двери под закрашенной мезузой. Он услышал голоса и вот будто три ангела подходят к нему. Над входом на идыш намалевано «ребе» и уже по-русски заглавными буквами «ЕБЕР». Славяне прочли как прочли. Почти все забыли, что это была синагога Тверского цадика.

В микве – сауне, полыхал хлебный жар – горячий ржаной воздух с еле заметной примесью мяты и эвкалиптового масла шибал в лицо, горячо облапал белотелых. Попок тотчас забрался на верхнюю полку. А Ермак начал косить под придурка, размахивал руками, выкрикивал частушки.

- Это бывшая синагога! - голосом гида объявил Ша-Повал.

Взмахнул веником и горячий пар, волна жара накрыла Льва Юрьевича, будто поволокла бесчувственного по гладким доскам, как утекающая вода.

- Я хочу летом поохотиться здесь! - сказал Попок.

- А здесь уже ничего не будет- сказал Ермак. И вдруг засмеялся - У невидимого еврейского бога ничего не будет!.

- Этот чертов Котлован сожрет не только синагогу, но и мою контору,- сказал Ша-повал.

- Нашел о чем думать! Я вот думаю о Соньке с маленькими грудочками! – сказал Ермак.

20 летняя Сонька в предбаннике накрывала стол для посетителей. Водка, хлеб, сало.

- Котлован - то Котлован, - забормотал Ша-Повал, - А куда выселенцев девать?

- А чего ты вдруг озаботился? - сказал Ермак. – В Израиль, не хочешь? Ну в Биробиджан, но это государству дороже обойдется!

- Я к новому году должен пустить Первый блок. Административные корпуса хочу посадить на готовые коммуникации. Фершстейст?

- У меня 200 еврейских семей.- сказал Ша-Повал

- Ну и что ты не даешь им разрешение на выезд?

- Вот именно,- воскликнул Ермак,- пусть с голой жопой бегут отседа!

- Вам дай волю, - ухмыльнулся Ша-Повал,- все побежите!

- Трус ты. Полковник, - Попок стал слезать с полки

- На них полгорода держится, -продолжал ныть Ша-Повал.- Ладно, идемте передохнём!

Сонька с маленькими грудочками вынырнула из глубины предбанника в белом халате:

- Водка ваша стынет!

Потоки ледяного душа – в них чувствовался земляной холод плывунов, утопивших старое кладбище.

- Все-таки евреи не дураки были с этими миквами. –сказал Ермак.

- Дураки, дураки, - ответил Попок не задумываясь.

- Так считаешь, - удивился чекист, - это чем же?

- Не знали, чем для них все кончится!

Водка пролетела без вкуса, без горечи, и запаха у нее не было.

- Ну-ка, Лев Юрьевич, оцени сало, - толкнул Ермак в бок москвича, протягивая кусок светящегося янтарного сала. - Ну давайте за наше общее дело, - Ермак поднялся с налитым стаканом водки.

- Тысячу лет люди обустраивали эту землю, а потом чужие приперлись и хана всему!. – сказал Ша-Повал. – ни чести, ни совести у людей не стало, никому верить нельзя! Все самому проверять надо!

- Ты это о чем, Витек?,- удивился начальник Котлована.

- Это я о бабах, - испугался Ша-Повал.

Ермак ухмыльнулся.

- Правильно говоришь. Ну, давайте по второй!

- Кто-то подпалил дом сапожника Шаи, - Ша-Повал стукнул стаканом по столу, - строители.

- Брехня, - покраснел Ермак, - Да ты что, Петрович!

- Кладбище не трогайте, там у них цадик похоронен! Звонили из Киева, мы должны паломников принять, со всего мира приедут.

- Ну пусть поторопятся, - ухмыльнулся Ермак.

Ша-Повалу вроде и жалеть не о чем. Не о могиле же цадика убиваться, а вот защемило в душе. Он вырос в Чернобыле и все ему родное. Пусть даже неприхотливое, но это его.

- А этот еврей,- спросил Попок,- который встретил нас, он кто – сторож?

- Это габай – староста синагоги, - сказал Ша-Повал., - синагоги уже нет, а габай остался. Он у меня и кнут, и пряник для этих евреев. Мы с ним такие дела проворачивали и еще провернем, если надо партии и правительству. Но это, видать, будет уже последняя наша афера.

- Неплохого выбрали себе старосту евреи, – захохотал Ермак.

- Его не выбирают, его назначила моя контора.

- Нууу… ,- протянул Ермак, - тогда он просто воин божий.

На следующей неделе о габае только и говорили. Его видели в поликлинике, в школе, на комбинате бытовых услуг, на вагонно-ремонтном заводе и в депо, на хлебопекарне и в гастрономе, короче всюду. К пятнице все евреи на ушах стояли. Конец света, Армагеддон. Этот великий ужас всеобщего уничтожения даст им силы бежать в Израиль или на Север, куда глаза глядят. Каждого работающего еврея вызывали в отдел кадров и там в присутствии габая им объявлялось, что они должны в пятницу вечером быть на центральной площади и никаких комментариев. Все, приказ. Это как приговор. Потомок Тверского цадика объявлял евреям эту новость лицом к лицу, зрачок в зрачок, как у стоматолога.

- Это уже третья эвакуация, - сказал закройщик Гриша Брод, запихивая в авоську нижнее белье и сухари.

- Кто тебе сказал? - кричала близорукая Вера

- Объясняю, - сказал Гриша Брод, - для тупых и новорожденных: габай в отделе кадров.

По улице уже прошли на площадь Буксбаум, Калеко, Фалькнеры.
- Опоздаем, - Гриша Брод размахивал авоськой.
- Пока я Фимочку не покормлю, я никуда не иду, - кричала Вера.
- Опоздаем!
- Идиот! На тот свет поезд ходит без опоздания!
Гвалт и у соседей.
- Белла! - звал поляк Сеня.
- Я собираю маму, скотина!
- Мама, вы готовы? – кричал он на ухо девяностолетней Блюме.
- Дурак, - не унималась Белла.
- Дурак, - засмеялась теща.
- Мама, вы готовы!!!
- Первая эвакуация была от Бога, - причитала Белла,- вторая от черта, третья-от людей, от нашего ненормального габая.

Что за хрень! Она то откуда знает про эвакуацию?
Один за другим пришли к семи вечера на старую площадь двести семей. Из окон жилых и административных зданий евреев хорошо видно. Как они молча стояли на площади, как звери в загоне. Хорошо видно и тех, кто по углам пространства контролировал ситуацию. Неподалеку стояли пустые автобусы.

- Заходьтэ у автобусы! – раздалась команда.

- Третью эвакуацию я не переживу!

- Мама, это война? - дергал мальчик молодую женщину.
- Заткнись!

- У вас есть вызов из Израиля? – спрашивал габай всех подряд.
Может быть, ради этого только их и собрали вместе.
Автобусы обогнули центральную часть города, миновали железнодорожную станцию, и очень скоро остановились загородом: справа незасеянное поле, слева еврейское кладбище, на краю которого был виден склеп Тверского цадика. На поле в багровых лучах заката стояли бородатые люди в черных шляпах и черных костюмах.
- Граждане евреи Чернобыля, - объявил габай, - с нами вместе хотят встретить субботу святые старцы, наши соплеменники, ученики святого Тверского цадика. Святые паломники из Америки и Европы. Давайте помолимся у могилы Тверского цадика, чтобы была легкой дорога в Израиль! Ну, все, будь ласка!
Габай подошел к паломникам, и повторил:
- Будь ласка!

Леха, доди, ликрат кала –
запели паломники, высоко задирая.
И пейсы и бороды будто поднялись к небу.
- Борис, - одергивали они габая, - а тоби шо за корысть?

- Кому пришлют вызов у Израиль?, - переспросил габай. – Кому пришлют, тому вышлют шубу, джинсы, кофточки, и мне что-нибудь перепадет!

- Придурок!

Чернобыльцы опомнится не успели, как паломники уже пели завершающую молитву:

Адон олам, ашер малах,
Бетерим кол, ецир нивра…

Бич судьбы.

Бежать из Чернобыля подальше от КГБ,- решил за Леву страх перед возможностью ареста , заберут рукописи «антисоветских еврейских рассказов», дневники… И он во всем признался маме Вере…

-Они на тебе , как на баране, поставили клеймо.

-Затеряюсь в Москве.

-Поздно. Или стукачем сделают или посадят.

-Он еще ребенок.- вытирала фартуком глаза Тубэле.- У них самих дети такие.

- Антисоветские рассказы пишут?- закричала Вера.- Это только наш идиот!

-Затеряюсь в Москве.

-Я знаю твой характер. Ты же обязательно пойдешь в москве в синагогу, а там пруд-пруди молодые сионисты-диссиденты.Хвост распустишь и – попадешься.- сказала Вера.- Ведь ты о них будешь писать. Тебе ведь надо писать, идиот. Ты, понимаешь, что это у тебя такая болезнь от твоего папы? Он тоже все писал.В Войну бумаги не было, так он писал в учебнике между строками свои бредни. Но ему повезло, он дома умер от инфаркта, а не на нарах. И застукают тебя уже московское КГБ, а свяжутся с Чернобылем, так окажется что ты антисоветчик со стажем, как вор в законе. И отправят лет на десять в Магадан, как дядю Гришу.

-Я тупею.- сказал в отчаянии Лева.- Что же мне удавиться?

- На тебе поставлено клеймо. Такие как ты неисправим. Писать- писать. Зачем?

Перед отъездом в Москву, Лева сложил свои «дневники», рассказы, стихи в наволочку.

- Сохраните их, пожалуйста.Через год заберу.

- Не уберег себя.- плакала Тубэле.- Семью не уберег от огня. Семья твоя стала растопкой.

В общем вагоне поезда на Москву, с фанерным чемоданом зимней одежды, с буханкой хлеба и селедкой в авоське, Лева ехал легким, каким только бывают беглецы.исчезнуть. Гэбэшникам уже не достать его. Свобода – это когда рассекаешь пространство на север. На север!

В этот же вечер Вера и Брод сожгли в саду его рукописи.

Рукописи горят.

Чернобельского сначала поселили на Разгуляе, в фойе клуба МИСИ, там соседом его оказался Саша Солин из Мукачево – талантливый художник.Они подружились и дружба эта продолжалась все пять лет учебы в институте. Первые два года они учились и работали рабочими на стройках Черемушек.На третьем курсе перевели на дневное отделение и переселили на Мещанку в «сиротский дом» в комнату на шестнадцать человек. В изголовье – чертежная доска. Удобно. Чертишь, глаза слепаются и проваливаешься в бездну сна. Стипендии хватало на котлету с картошкой. Хлеб и чай в столовой были бесплатно.

Москва.

На синем небе пели золотые купола. Хотелось пить. У Елоховской церкви старухи торговали цветами.

Лавки деревянные, тесные: 2 саженей в вышину, 2.5 в глубину, окна с металлическими ставнями.

В смутное время XYII века пожары уничтожили половину Китай-городский лавок, горожане отстроились каменными торговыми рядами: Седельный, Сапожный, Скобяной, Замочный, строились ряды: Масляный, Ветчинный, Хлебный, Пирожный. К рождественской ярмарке на Красной площади сколотили 267 скамей, 47 шалашей, 62 бочечных, 32 кувшинных места.

Тут же раскинулся Вшивый рынок, где торговали старыми вещами и стригли желающих; площадь усеяна волосами; ходили словно, по ковру.

Кукареканье и мычание к концу дня затихали.

Когда эпидемия ненависти к евреям вспыхивала в Европе, они разбегались во все стороны и, чаще – и чаще на восток, в Москву, где товар сбудешь наверняка.

Сегодня в Москве паспортных евреев триста тысяч, а уж русских Юдовичей пруд пруди – дети войны.

Лева вспомнил свою бар-мицву и фигурный шоколад Зуси.

Директор гастронома Фейгин велел Зусе продать их. Среди спичек, мыла и сахара, между гвоздями, пряниками и граммофонными дисками теперь пылилась красивая коробка конфет. Из-за них у деда сон пропал. И вот, на шестилетие Левы, старая Тубэлэ передала деньги соседке Фекле Ивановны, а та купила у Зуси фигурный шоколад и подарила их Леве. Ну, и дела. Зуся со всеми вместе угощелся злосчастными фигурками совершенно счастливый.

Эти церковные старухи тоже рады избавиться от увядающих цветов.
- Одна роза сколько стоит?
- Полтинник.
- Ну, давайте поторгуемся. – засмеялась девушка с испорченными зубами.
- Я приколы не люблю. – сказала старуха.
- Идешь? – потянула подругу девушка. – Тогда я иду.

В одну из них Лева влюбится и они родят сына. А пока он хотел бы в дерево превратиться, чтобы ни о чем не тосковать.

В холле студенческого клуба расставили сотню раскладушек, где ночевали и учились вчерашние школьники. Днем они строили Черемушки, разгружали бетон и кирпичи. По вечерам пили водку «за жизнь» и дрались в кровь. Нужно было забыть родной дом, чтобы зубами держаться за Москву – стипендия 20 рублей.

«…Нелля, я в Москве, время узнавания. Это похоже на плавание с кирпичами в карманах… События всегда были сильнее меня…»

К зиме сложился треугольник: Солин, Чернобельский и Трошина, та самая девушка, что покупала цветы у Елоховской церкви.

- Осенний день был сух как порох.

- И все? – улыбнулась Трошина.

- А зачем больше. – пожал плечами Чернобельский.

- Мы с Левой журнал свой делаем. – сказал Солин. – У тебя есть польские журналы?

- У меня есть музыкальные пластинки. – сказала Трошина.

Ветер сеял снег на город, обещая морозы.

Не лучшее время на стройке, грелись у мангала, но руки быстро замерзали на ветру. Тут сам искал работу, чтобы согреться.

По воскресеньям Солин писал Марию Магдалину, позировала Трошина. А провожал ее Лева. Голые деревья расцветали снегом. Пора бродить и промокать в снегу.

Было воскресенье. Для Дубны, подмосковного города, время соревнований уюта.

Двухэтажный дом на четыре семьи в такие дни благоухал всеми кухнями мира. А что еще делать в промозглую осень под Москвой? С одной стороны Дубна центр мировой физики, но по воскресеньям – непролазная глушь.

Молодой физик Александр Воронель ради гостей из Харькова откупоривал Бутылки, балагурил. Нина играла хозяйку.

Марк Азбель. Вытянув ноги и закрыв глаза, слушал голоса, как слушают птицеловы птичий гомон. Он давно понял: с друзьями встречаться лучше всего у Воронелей.

- Мне предложили возглавить кафедру атомных электростанций. – сказал Воронель. – Идея построить ее в Чернобыле смущает меня.

- Почему? – Марк открыл глаза.

- Разве ты не слышал о чернобольском цадике?- спросил Воронель.

Вдруг раздался звонок. В дверях мужчины.

- Воронель?

- Нет. – ответил Азбель.

- Он здесь?

- Это я. – Александр поднялся из-за стола и предложил незнакомцам пройти в соседнюю комнату. Воронель вернулся через час.

- Они хотят увезти меня в Москву. Я вернусь.

Время будто остановилось. Ожидание – это ад. Воронель вернулся ночью.

- Ерунда. Но я устал. Марк, прогуляемся? Арестовали моих друзей Даниеля и Синявского… Похоже они ищут их рукописи.

На мокнущей улице доживали свой век дома с ободранными фасадами. Дома давились многолюдьем и нищетой. Паутина балок, ригелей, настила пересекались на фасаде. Отчего дома казались приговоренными к расстрелу.

Дети кидали камушки в лужи.

- Поэт Слуцкий живет в этом доме?

Мальчики не выдали, а девочка сдалась, раскрыла ладонь, роняя камешки.

- Идемте.

На третьем этаже, с лестничной площадки открыла темно-кривой, пропахший капустой и вареной свининой коридор; мимо открытых дверей туалета к двери закрытой, выкрашенной в серую краску. Девочка пинком растворила ее. Они вошли в комнату с окном. Тяжелые, как бы парчовые обои усугубляли мрак. Мужчина в черном с седым пушком под носом встал навстречу. Ему за сорок и кровать в углу на две подушки; густые брови и серые глаза.

- Простите, что вошли без стука. – сказал Воронель. - Я вам звонил и просил о встрече.

Стихи ему больше не писать.

В легких платицах
Вечность прячется
И все законы
На миг в загоне
На миг улыбки ворота рая
И в каждом сердце по кораблю.

Июнь пьянел скороспелым летом. Звон трамвайных Сокольников.

6 июня. Утро. Сокольники. Распахнуты ворота пожарной каланчи. Солдат из шланга поливал тротуар, Чернобельский перебежал парк, влился в многолюдье «Инпродмаш-67». Где павильон с бело-голубым флагом. Израильский павильон оказался у железо-бетонной панели ограждения.

- Для еврея Израиль самое надежное и спокойной место в мире.

- Израиль выдает своих?

- Нет.

В углу мучали кибуцника.

- А трамваи есть?

- У них автобусы.

- Где вы учили русский, если не секрет?

- Гомель, - гид рассмеялся. – Я уехал в 56 году. Через Варшаву во весь мир.

В Израиле жара.

- Так, - согласился израильтянин. – Жара.

Радио еще не сообщило о разгаре Шестидневной войны людям из вагончика с бутафорскими лимонами и говядиной и папье-маше, с фотографиями кибуцов и яхтой над бирюзовой водной. Сегодня их судьбы будут соединены этим днем.

Так из мрака сполохи вдруг освещают землю.

И цветы и шмели, и травы, и колосья,
И лазурь, и полуденный зной –
Срок настанет – Господь сына блудного спросит:
- Был ли счастлив ты в жизни земной?

6 июня. Полдень. Дождь. – дворники не успевали смывать ручьи с лобового стекла. Красный свет. Воронель уже знал: не жить ему в Союзе.

Ученый совет отобрал у него лабораторию, которую он десять лет создавал.

- Мне наплевать на ваше решение, раз вы, как овцы, собрались по капризу начальства и обсуждаете глупости. Ну, при чем здесь моя дружба с Синявским и Даниэлем?

С советской физикой покончено. А ведь он стал физиком с благословения КГБ. После повторного приключения со школьным подпольем (семеро мальчиков и девочка написала листовки за чистоту марксизма-ленинизма, расклеивая возле очередей 47-го года…) полковник Беляев принял его мать и без обиняков сказал ей: «У вас очень способный сын. Если он пойдет по гуманитарной линии, мы все равно его посадим. Пусть занимается физикой».

Александр Воронель являл собой образ русского еврея воторой половины XX века. Не ученого – хотя он защитил докторскую диссертацию по физике, не революционера – хотя прошел подполье, следственную тюрьму, суд и лагерь (это в семнадцать-то лет).

Было время его врастания в Россию и врос бы, если бы научился презирать окружающих, но он, напротив, во что бы то ни стало, хотел любить. Его тоже любили: сверстники, соседи, сокамерники в тюрьме, сопалатники в доме отдыха, коллеги – все относились к нему с симпатией. С ч а с т л и в ы й . Все передряги, что с ним приключились – это от его предприимчивости. Но, глядя на лица номенклатуры, видя их волевые подбородки и великолепные зубы, Воронель вдруг осознал безнадежность его попытки приспособиться к окружению, врасти в общее «благоденствие».

16 июля. Александр Лунц съел собаку на исследованиях молекулярных механизмов активной транспортировки ионов через биологические мембраны. Об этом знали все. Мало кто знал, что его пожирала археологическая лихорадка. Открыл же бедуин-контрабандист Мухаммед «рукописи черного моря».

Вдруг не дышится среди самодовольных, и, пожалуй, среди угнетенных тоже. Не любить не мог, а презирать стыдно. Но если жить не по лжи – амба.

До конца работы оставалась минута, кроме Кошевого, рыжего очкастика и трудоголика, в лаборатории уже никого не было. Собственно на это и рассчитывал Лунц. Отодвинул с края стола лабораторный хлам, плюхнулся в кресло, выбросив длинные ноги.

- Ты меня уважаешь?

- Вроде получки сегодня не было. – Кошевой выжидюще взглянул на шефа, он без пяти минут кандидат, а может быть и доктор, технических наук

- За мой счет, - сказал Лунц.

Плевал я на твои счета, думал Кошевой, чего от меня надо? И почувствовал, как по-рабски расстегнулся в улыбке. Привычка с детства им дана.

- Чего нового там? – Лунц заглянул ему в глаза.

- Где?

- Куда намылился.

- Куда я – что?

- Дорогой мой партизан, через месяц я подаю документы. А ты?

- В пятницу через год.

- Хороший день.

- Откуда вы знаете?

- Про пятницу?

- Про мою подачу.- смутился Кошевой.

- Если Хаим сдал архив,
значит едет в Телль-Авив.

- У вас, Александр Лазаревич, талант.

- Но мы пойдем в сторожа.

- Неужели и вы…

- Хочешь сказать «И ты Брут»… Так ты меня уважаешь?

Они вышли из института, пересекли улицу и направились к «Закусочной». Там пахло вареной капустой и сардельками. Одним словом, прачечной. На прилавке блестели мокрые стаканы со следами сина. Кофе серый от молока, покрыт пленкой.

- Сырочков нет, - ответила продавщица, похожая на купающиеся в кипятке сардельки. – Хотите сардельки?

Лунц посмотрел на нее.

- Нет, спасибо.

Она налила коньяк в стаканы и поставила перед ними.

- Два коржика и два горячих кофе. Но без молока.

- С сахаром?

- И без сахара.

Лунц поставил поднос на столик. Кошевой спрятал газету и уперся локтями в стол.

- Ну, Лехаим, - сказал Лунц.-Я все же надеюсь, что твоя работа заслуживает докторской степени. Ты молодец.

- Лехаим.

Они отпили по глотку. К коржикам не притронулись.

- Там коньяк получше? – спросил Лунц.

- И лучше и дешевле, - кивнул Кошевой.

- Но они почему-то пьют мало.

- Жара.

- Или что-то другое?

- В субботу, - сказал Кошевой. У синагоги, на Горке собираются евреи. Они хотят выйти на демонстрацию под лозунгом «Шелах эт-аим».

- Это на ирите?

- Это сказал Моисей фараону, точнее Б-г сказал Моисею, чтобы он передал фараону.

- А у нас кто за Моисея?

- Польский и Слепак добиваются от властей разрешения на демонстрацию.

- Что значит «Шелах эт-ами»?

- Отпусти народ мой.

- Куда?

- Б-г сказал: ва-яавдуни. На службу мне. Но они Б-га подсократили.

- Храбрые ребята, - усмехнулся Лунц.

- Инстинкт, - Кошевой легко чокнулся стаканом. – Но печать Сталина на каждом из нас.

- Пора привыкнуть, что он мертв, - подмигнул Лунц.

- Но дело его живет.- сказал Кошевой.- Богобоязненные евреи учатся соблюдать религиозные заповеди: субботы, посты, праздники, кошер в еде. Учат иврит, недельные главы Торы с комментариями. Такой образ жизни становится привлекательной самоидентификацией, а главное – стало смыслом отъезда в Израиль. Их позвал Всевышний, подобно праотца Авраама на Божью службу. Только там,на Святой земле, они по слову Пресвятого покажут пример жизни человека в гармонии с окружающим миром. Господь позвал своих воинов и грех уклоняться от этой службы, это и есть ВА-ЯВДУНИ.

На Горке.

На Горку привел своего сына Иосиф Бегун.

- Что здесь? – спросил шестилетний Барух.

- Отсюда, сыночек, уезжают в Израиль.

- А вернуться оттуда можно?

- Оттуда не возвращаются, Боря.

- Это что? – кивнул долговязый на голубятню с колонами.

- Это Дом Божий, - откликнулся старый горбун с вывернутой набок лобастой бородатой головой.

Лева Чернобельский принес за пазухой рассказ.

- У меня есть рассказ про голубятню и вишневый сад Чернобыля.

- Где это?

- Это между Звенигородом и Киевом.

- Там есть синагога?

- Там было двадцать синагог, а теперь котлован, деревья выкорчевали, евреев выжили, а землю затопило водохранилище.

- А голуби?

- А голуби передохли.

- Зато будет моря огня.

Чернобельский первый раз на Горке; как много евреев Володя Вагнер и Леня Цыпин раздавали листовку:

«Как быть, если в сердце боль
От взрывов в Иерусалиме.
На землю льется кровь,
А я – бессилен!»

Красный от выпитой водки председатель общины Каплун сотрясал воздух листовкой.

- Немт ир! Мили – и-ицию-юу! А зол зей бренен!

- Вус шрайст ду? – вытягивали шеи прихожане.

- Лови их, зараз! – ревел Каплун.

Вагнер и Цыпин перебежали улицу, затерялись в толпе.

Польский и Слепак стояли под золотой кроной дуба. Оба отпустили бороды, но были без головных уборов.

- Шкалы конявые! – тыкал пальцем Каплун в трухлявые животы стариков. – Упустили! Дайте этих мерзавцев!

- Иди, отец, отсюда, - спокойно и зло сказал Кремень.

Закусочная

Крошечную агитку «Домой!» парень сунул Леве.

- Ата медабер иврит?

- Что?

- Фотокопия учебника «Элеф Миллим» легла на Левину ладонь.

- Я тебя познакомлю с моими учениками.

- Так куда идем?

- Идем в «Закусочную».

Авигдор с учениками спустились с Горки и вошли в «Закусочную».

- Летают мухи и пахнет говном, значит ты дома, - сказал Абрамович.

- Есть вещи, которые нельзя купить. – Бегун вытащил из кармана агитку «Домой!».

- Бывают минуты, когда очень хочется домой, - улыбнулся Абрамович.

Слепак стоял упершись локтями в стол, в зубах дымящаяся трубка.

- Суббота, горка, «Закусочная», иврит с коньяком. – подытожил Слепак.

- Через иврит и праздники будем возвращаться в Израиль. – Абрамович разлил коньяк по стаканам.

- До Израиля нам как до Луны.

- У нас на глазах материализуется Библия. – ляпнул Лева.

- Я предлагаю, - Слепак поднял стакан – выйти на демонстрацию под лозунгом «Отпусти народ мой».

- Шэлах эт амии ва-яавдуни.

- Я хочу бежать из Союза не из-за антисемитизма, мы просто запрограммированы к очередному исходу. Как там у нас сказано?

Слепак смотрел на Авигдора, но на помощь пришел Лева.

- Рассеет тебя Господь по всем народам, от края земли до края и будешь там служить иным богам… но и между этими народами не успокоишься…

- Это про нас, - возхищенно заметил Бегун.

-… и не будет места покоя для ноги твоей…

- Точно. – не успокаивался Бегун – пятый раз меняю работу.

- … и Господь даст тебе там трепещущее сердце, истаевание очей и изнывание души. И будешь трепетать ночью и днем, и не будешь уверен в жизни твоей.

- Когда это было сказано?

- Три тысячи лет назад.

- Я тащусь от нашей наглости. – засмеялся Лунц.

- Выпьем за стариков, у которых хватило фантазии и на себя и на нас. – И давайте возьмем закуску. Ну, поехали!

- Гагарин. – сказал Абрамович. – Но первым космонавтом был все-таки еврей. На колеснице огненной в небо улетел пророк Илья.

- Нужна демонстрация – сказал Слепак.

- Знаешь, что такое пятый отдел КГБ? – спросил Абрамович.

- А ты?

- Мой тесть работает в КГБ.

- Ни хуя себе. – ахнул Слепак.

- Он аналитик.

- И что говорит аналитик?

- Опасны диссиденты, а до нас у них руки не доходят.

- Пока.

В «Закусочную» вошли трое мужчин. Они взяли кофе и с любопытством поглядывали на евреев.

- Нас пасут. Не будем обращать внимание.

- Чтобы падать документы на выезд, нужно уволиться, а как потом жить?

- Пойдем в сторожа. Ты когда-нибудь поджигал свой дом? Ну это тоже самое.

- На зарплату сторожа быстро ноги протянешь.

- А кто пойдет на Пушкинскую площадь? Сахаров спрашивает, мы прийдем? – Бегун спрятал агитку.

- А устроить демонстрацию в поддержку Израиля слабо?

- Это круто. – улыбнулся Лунц.

- Не все такие сумасшедшие.

- Значит этот молебен не про нас.

- Нам только остается молиться за Израиль.

- Но мы не умеем. – сказал Лунц.

- На самом деле мы молимся по-своему. Хотим новой жизни, но мешает старая.

- Ты стари не прав. – Слепак прикурил погасшую трубку и всех окутал сладкий дым «Герцоговины флор». – Новая жизнь это проводы старой жены.

- Евреи верят в ад? – Лунц обернулся к Чернобельскому.

- Евреи в ад не верят.

- А что у нас на том свете?

- Чистилище душ.

- На демонстрации будем ковать алию.

- Слепак кузнец алии. Но что ковать? То-то и оно.

- Из Бегуна только бабника можно выковать, из Лунца – пьяницу, из Левы выкуем попа.

- Раввина.- самоуверенно сказал Чернобельский.

-Прости , Господи, раввина. – сказал Слепак.- Что есть религия? Что должно иметь место в том или ином учении, чтобы можно было сказать :О, теперь все ясно, это религия, или наоборот, чего для этого там быть не должно?

- Но так обстоит дело со многими понятиями, которые относятся к гуманитарной сфере.- усмехнулся Лунц.

- Что такое истина, любовь, Бог…- сказал Лева - Чем важнее в нашей жизни какое-то понятие, тем больше существует взглядов на него. Наверное, просто потому, что каждый тут имеет свое представление.

- А что есть Бог ?- спросил Лунц.

- Бог – это вечная закономерность гармонии мира.- ответил Лева.- Подразумевается вера в Верховное Существо… в то, что в отнощении природы человечества и его связи со Вселенной имеется еще не познанная область, знание которой можно обрести посредством чувственного восприятия.

- Эта трактовка согласуется с иудаизмом?

- Иудаизм – это мы, то есть образ жизни.

Они допили пиво и пошли к метро.

Любовь.

Дождь пролился на город, на траву, на собаку, Лева и Трошина укрылись в общежитии.

Она угостила его булочкой. Они устроились на его кровати и пили бледный, обжигающе сладкий чай.

- Почему ты никогда не звонишь мне?

- У телефона очередь.

- Если бы ты скучал.

- Я скучал.

- Но не так как я.

- Я….

- Я обожгла чаем губы.

Они целовались до поздней ночи. В подземке, в полупустом вагоне она закрыла глаза. Она в себя впустила Леву, он был нежный, не похож на других. Когда они в двоем, все вокруг превращалось в облака.

Горка.

Суббота накануне осенних праздников выдалась прозрачной и теплой.

Сентябрьский лист еще зеленый, окаймленный хрупкой ржавчиной; красный куст, как неопалимая купина напоминал о Рош-а-Шана.

На Горке праздник похож на демонстрацию.

В воскресенье я выйду на площадь Долгорукого.

- Могут арестовать?

- Не знаю.

- Боишься?

- просто время такое пришло быть или храбрым или трусом.

Подошел синеглазый Вагнер.

- пойдемте к Феликсу Канделю слушать стихи Бродского. Он из Ленинграда.
- Я Трошину с собой возьму.
В квартиру входишь как в переполненное купе.
Выступление Бродского состояло из пауз. Он рыжий, худой и беглый.

Когда-нибудь придется возвращаться
Назад, домой, к родному очагу.
И ляжет путь мой через этот город.
Дай Бог тогда, чтоб не было со мной
Двуострого меча, поскольку город
Обычно начинается для тех,
Кто в нем живет, центральных площадей
И башен. А для странника –
С окраин.

Все курили, Бродский, кажется, больше всех.
Он похож на птицу, взлететь может, но тесно.
- Иосиф, ваши стихи где-то публикуются?
- У Алика Гинзбурга в журнале «Синтаксис» - ответил Бродский.
- Самиздат?
- А что еще! Десяток-другой копий.
- Мои рассказы можете посмотреть?
- А почему я? Я ведь поэт.
- О евреях Чернобыля. Об иудаизме.
- Мой дховник Александр Мень.
- Мень?
- Мень тоже еврей.
- Но еврей, значит иудей.
- Чушь ,мой друг. Теперь наверняка я не стану читать ваши опусы.
Прозвучало как: «Я не стану кушать ваши пуасоны». Ну, хрен с тобой, жри свои огурцы.

Воскресенье.

Воскресный дождь, густой напористый, как с брандспойта обрушился внезапно на Леву, когда он вышел из метро. Мокрая рубашка липла к телу.

Группа евреев, где Слепак?

Ах как здоров, что я есть. – подумал Лева.

Увидел Господь: не испугался я, и услышал призыв «Шелах эт амии!»

Лева ступил на площадь Долгорукого. На углу площади, в милицейском автобусе, прятались от дождя милиция. Лева прошел к скамейке и сел.

Милиционеры смотрели на Леву, Лева смотрел на них.

Между тем, Слепак, Бегун, Лунц и Абрамович ночью были арестованы, другая группа евреев снята с поездок в Тбилиси, Киеве и Вильнюсе: все, кто подписался под воззванием и готов был выйти на демонстрацию «Шелах эт амии».

Дождь продолжал свою работу.

Минуло еще минут десять.

Дождь усилился. Это из-за ветраю Зубы стучали. Холодно. Все-таки это здорово – стать единственным участником первой демонстрации «Отпусти народ мой!». И не быть арестованным! Люди в автобусе не возражали. Он встал со скамьи и сдерживая себя, чтобы не побежать, ушел с площади.

Он вскочил в троллейбус, сел у окна. Напротив него девушка читала «Новый мир».

Кремль и подвал.

Хрущев, похожий на жирную точку, хлопнул ладонью по столу и не без труда оторвал задницу от кресла. Подарил-таки Крым Украине.

Члены Политбюро КПСС обменялись рукопожатиями и разъехались по дачам. Они друг друга ненавидели и боялись.

Между тем, за время оттепели выросло поколение – читали стихи на площади Маяковского, ставили пьесы Брехта, переводили Хэмингуэя, сочиняли анекдоты и открыто смеялись над всесильными кремлевцами.

Подвал – становой хребет андерграунда. Подвал – сущность русской культуры.

В подвале Немухина. На Малой Бронной. Не пили, а нажиралисьдо зеленых соплей, глотая и чавкая всевозможную дрянь под названием «Сучий потрох».

- Зверев! – огромный грек Костаки наваливался животом на стол. – Законченный алкаш. Гений! Тебе цены нет! Работай у меня на даче.

- Может дашь на коньяк?

- Тебя посадят в психушку, ты понимаешь?

- А меня куда? – Веничка Ерофеев накладывал гостям в тарелки жареный хлеб с сыром.

- Тебя посадят не сегодня, так завтра. Ты будешь вкалывать не за страх, а за совесть.

- Чью совесть, дядя Георгий?

- Ну, Магдалина, пить будешь? – Зверев налил Трошиной водки.

- Я только со всеми.

- Умница. Не то что Надька моя.

Связь Зверева с «натурщицей» Надькой Вырви Глаз скорее походила на пытку, чем на любовную историю. Он трясся от страха, когда она врывалась в подвал, всех поливая отборным матом.

- Суки, я научу вас родину любить! А это что за блядь развалилась в моем кресле?

- Надя!

- Заткнись дурак, или я тебе паяльник набок сверну.

Если самобыточное красноречие Надьки пугало интеллигентов, то иностранцы от нее сходили с ума.

Она знала толк в фарцовке и шкуру спасала доносами «Виктору Ивановичу, сотруднику «пятого отдела» КГБ.

«Магдалину» Солина повесели рядом с мазней Семена Маринберга.

Он принят в семью Костаки.

В полночь выползли от Немухина законченными шизофрениками.

Чернобыль и охота.

На охоте в Чернобыле Брежнев промахнулся и потянуло его в парилку.

- Холодное сало, холодная горилка и горячие бабы.

- Система атомного реактора. – прогундосил Александров.

У него зачесалось в ухе, сошел с лыжни, шапку и перчатку в снег – и давай чесаться в ухе.

- Какие леса! Отсюда начиналась Русь! Как это уберегли?!

- А хрен их знает – Александров надел шапку и вновь нагнулся за перчаткой, да неловко, потерял равновесие и свалился в сугроб. Очки провалились в снег. – Блядь! На хуя мне эта охота сдалась!

Доплелись в парную. Брежнев. Завернутый в простынь, стучал кружкой по столу:

- Ты ж мэнэ пидманула! Ты ж мэнэ пидвэла, ты ж мэнэ молодого з ума разума свела!

- Водка – пиво – парная – душ – бассейн – водка и так круг за кругом.

- Хорошее место для АЭС. – сказал Александров. – Городам дадим энергию, оборонке – сырье. За одну пятилетку.

- Ни хуя себе темпы! Я дам вам рабов и два года. Я этому Никсону должен нос утереть. – сказал Брежнев.

- И яйца оторвать. – подсказал Александров.

- слинько! – Брежнев обернулся к секретарю обкома. – Что у тебя в Чернобыле?

- Та ничого. Жидовське мисто. -190-

- Та отпусти их на хер на сковородку в Израиль. Баба с возу – кобыле легче.

- Ни хуя! Всех засекретить! Пусть строят эту АЭС. Отпуси одних, так захотят все.

- Товарищ Брежнев прав, - сказал Александров.

САД МОЛЧАЛ, ЛУНА ПОСЕРЕБРИЛА КРЫШИ, ЧЕРНОБЫЛЬ СПАЛ,

Броду снился сон: «Он, Рувка, Сеня из Варшавы купили по фанерному чемодану и – айда во Львов.

- Это мои документы. Я родился в Польше. Мне надо до дому, там мои родичи. – сказал Брод пограничнику.

- Пошел.

- То-оварищ. – сказал Сеня – я могу заплатить, назовите сумму. Это моя жена (он показал на Полю), у нас свадьба в Варшаве.

- Пошел.

Пограничник однообразен, как пограничный столб.

Рувка залез на дерево и оттуда прыгнул в сторону пограничной полосы. Кругом снег, поле в снегу, и болото в снегу. Но года Рувка грохнулся об лед болота, лед треснул и Рувка по уши ушел под воду.

Одни били его по голове прикладами винтовок, а другие пытались вытащить из воды. Сам он молчал и писал в штаны».

Из-за сна Брод проспал работу. Зато остальные: Тубэлэ, Вера, Фимка, выспались на славу.

На Чернобыльщине зимы вкрадчивые и слякотные. Уж коли вышел из дома, так чтобы как можно быстрее оказаться в гостях. Брод с маленьким Фимкой вымокли, пока добрались до дому старика Янкеля. Брат Зейлика лежал на койке, укрытый цветным лоскутным одеялом. Ноги его едва не касались печи с потрескивающими поленьями. У окна за столом пили самогонку и философствовали Брод и зять Янкеля Сеня.

- Евреи делятся на касты: кто приносит жертвы и кто – нет.. Еврей в церковь идет по убеждению, а в синагогу – если ему платят деньги. – сказал Сеня.

- как в воду глядел. – хохотнул Брод.

Янкель загадочно приподнялся на локте.

- Ой, Господи, в Чикаго русских набралось и мы сделали русское кладбище.

- Ну. Понятно. Дядя Янкель, это когда же ты был в Чикаго?

- В другой жизни, Гриша.

- Старик свихнулся, не видишь. – Сеня отпил самогонки. – Иногда такую херню несет.

Кремль.

В К

ремле сильное задымление в головах.

- Дубчек прибыл. – прошептал Подгорный.

- Засранец. – сказал Брежнев.

Члены Политбюро проснулись и уставились на Подгорного.

- Я засранца не хочу видеть. За него отвечает Суслов.

Суслов встретил Дубчека у себя в кабнете.

- Нас беспокоит ваше желание выйти из Варшавского договора, из Совета Экономической Взаимопомощи, но самое главное – вы хотите вступить в НАТО.

- Чехословакия неизменно стремится к дружбе и добрососедству.

- вот текст совместного заявления. Прочти и подпиши.

- Мы не согласны с оценкой ситуации.

- Так и доложу. – Суслов оставил Дубчека и вернулся к членам Политбюро.

- Дубчек слабое звено. – доложил Суслов.

- Это эпидемия распиздяйства. – Брежнев стукнул ладонью. – Это кончится анархией и кровью. Ты напомнил ему Венгрию?!

- мы. Говорит, Европа.

- Жопа они!

- Из Варшавского договора они уйдут, как уходят на тот свет: в белых тапочках на босу ногу.

- Ананисты всех стран объединяйтесь! – Брежнев поднял стакан.

- Коммунисты. – поправил Суслов.

- А я шо сказал? - удивился Брежнев.

- Да, хуй с ним, что ты сказал. Мы их в задницу ебали и будем.

Подгорный неожиданно запел:

Дубчек-Дубчек, где ты бил?
Маму С папою пропил
А я сука, а я блядь.

- Пушкин! – Брежнев зааплодировал. – Я эту тварь не стану гноить на Лубянке. Облучить его и пускай через год сам подохнет.

Пушкинская площадь. Пятое декабря.

Первый снег подарился земле лишь третьего декабря, а пятого в день Сталинской конституции снег падал беспрерывно.

Вечером отщепенцы сошлись у бронзового Пушкина: Сахаров, Солженицын, Григоренко, Слепак, Орлов.

- Я прошу, - сказал Григоренко. – инутой молчания почтить память жертв сталинщины.

Десять мужчин сняли шапки. Ком снега полетел в высокий желтый лоб Сахарова. Колченогий юродивый, алюясь и матерясь, прорвался к памятнику.

- А-а! Сатана-а!

Мальчики в казенных шапках раскачивали толпу, и толпа, в конце концов выплеснулась на проезжую часть улицы.

- Что случилось? – споткнулся провинциал с авоськой колбасы.

- Человек выпал из окна, - улыбнулся мальчик и легонько толкнул мужика в затылок. – Давай-давай. Провалива .

- кто такие?

- Сионисты, отец, права качают.

- Нет на них Сталина.

Ленинград.

- Не права качать надо, а просто улететь, - сказал вдруг ленинградец Марк Дымшиц.

- Как? – удивился Бутман.

- Едем в Ереван и на АН-2 в воздухе заставляем пилота лететь в Турцию.

- А он откажется.

- Тогда самолет поведу я.- сказал Марк.

Все просто, ясно и страшно: Час ночи. Прошли последние автобусы. Запоздалые прохожие торопились, озираясь на странных парней за оградой детского сада: Гриша Вертлиб, Марк Дымшиц, Владик Могилевер, Толя Гольдфельд, Давид Черноглаз и Эдик Кузнецов.

- Для нас не имеет решающего значения, - сказал Бутман, - удастся бегство или нет. Главное: добиться свободы выезда для евреев. Мы сыграем нашу «Свадьбу». Пусть она прозвучит на весь мир.

Все ясно Эдику Кузнецову: вперед, без колебаний, без раздумий! Ясно и Давиду Черноглазу: назад, не раздумывая, мир осудит терроризм!

Сколько бы ты не ждал ареста, он всегда неожидан. Крошечный самолет АН-2 с бортовым номером 85534 был окружен автоматчиками соперника, группа захвата уже сидела в самолете… Арест и первый же вопрос Иосифу Менделевичу: «Знаете ли вы Бутмана?». Возможно, не доставало какого-то звена в их сценарии.

Пресса и радио громили «Свадьбу». Вдруг обнаружилось: до какой степени евреи одиноки. Но разве не каждый кузнец своего счастья? Лев Троцкий пришел из-за черты оседлости в революцию ради лучшего будущего для своего народа т для всего человечества; он превратил разбитые царские войска в победоносную Красную армию, подобно тому, как римско-еврейский космополит Павел обратил павших духом учеников Иисуса в воинствующую христианскую церковь. Павел был обезглавлен

Нероном, Троцкому проломил череп агент Сталина. Но если Павел для христиан – святой, на Троцком в России печать сталинского проклятия.

Пришедшие из-за черты оседлости много работали, много любили, разменяв веру отцов на газетный призыв; дети сапожников и лавочников заканчивали рабфаки и становились командирами «в буднях великих строек». Тем временем новый класс старательно «вычищал» вокруг себя «бывших» и «не наших». Класс, вскормленный на продуктах с закрытых распределителей, воспитанный на застольных разговорах а не на официальной трескотне, получил синекуры под крыльями номенклатурных отцов. И для русских маранов (Испанские евреи, принявшие христианство, позднее из Испании выгнанные) история сыграла спустя пятьсот лет испанский вариант. И вот, одни решили раз и навсегда ассимилироваться ради детей, другие ради детей – улететь. Первые стали тише воды и ниже травы, а для вторых алия звучала набатом.

Председателю Президиума Верховного Совета СССР
Н.В. Подгорному
Председателю Совета Министров СССР
А.Н. Косыгину
Копия: Комиссии по правам человека при ООН

Подписавшие это письмо вынуждены обратиться к Вам по вопросу, который тревожит и волнует десятки тысяч евреев – граждан СССР. Как известно, за последние месяц-два несколько сот еврейских семей после долгих мытарств, наконец-то получили разрешение на выезд в Израиль. Однако число выехавших ничтожно мало по сравнению с числом евреев, все еще ожидающих визы. Еще больше евреев – советских граждан – лишены даже возможности подать официальное заявление о выезде, т.к. у них нет родственников в Израиле, п. I Инструкции ОВИРа требует представить в качестве основания для подобного заявления приглашение от родственников, проживающих в данной стране…

По-прежнему мы вынуждены обивать пороги официальных учреждений, добиваясь получения характеристики с места работы или учебы.

Продолжаются внесудебные преследования евреев, изъявивших, желание выехать в Израиль, их увольняют с работы, отчисляют из высших учебных заведений, клеймят на общих собраниях как изменников родины и т.д. Более того, ряд евреев из тех, кто стремится в Израиль, арестованы и вот уже скоро год томятся в заключении без суда, а их товарищей, протестующих против этого беззакония, бросают в тюрьмы по обвинению в хулиганстве…

Мы хотели бы особо подчеркнуть тот факт, что, хотя у многих из нас в Израиле есть родственники, это не является основной причиной, заставляющей нас стремиться к выезду в эту страну. Так же ошибочно было бы предполагать, что государство Израиль – это всего лишь убежище для евреев, спасающихся от антисемитизма. Думать так может лишь тот, кто незнаком с многовековой историей еврейского изгнания.

…Должно быть ясно, поэтому, что наше желание выехать в Израиль – это стремление детей вернуться к матери-родине…

Цыпин Л.Б., Калик Михаил, Нашпиц Марк, Польская Елена, Польский Виктор, Слепак Владимир, Слепак Мария, Слепак Александр, Бегун И.З., Бабель М.. Чернявский В…

Всего тридцать две подписи. /письмо отказников от января-февраля 1971г./

К 20 февраля 1971 года 1185 евреев Прибалтики, Грузии, Ленинграда и Москвы подписали петицию к правительству Европы и ООН:

«Помогите нам уехать в Израиль!»

Дни первого в году тепла – ложные предвестники весны – за ними всегда наступало похолодание. Но десятого марта весна разом перетопила всю уйму снега и город голо и черно перешагнул зиму. В этот день 156 отказников из восьми городов столпились у Приемной Президиума Верховного Совета.

- Мы подали документы на выезд, - заявил Лунц в Приемной. – и остались без работы.

- Работы непочатый край, - патетично начал чиновник. – Идите на производство.

- Не берут! – выкрикнул Бегун. – В дворники не берут!

- Вы хотите скандала? – сказал чиновник.

На улице американский корреспондент Крымски окликнул Слепака:

- Ну?!

- Мы хотим привлечь внимание делегатов предстоящего съезда партии и международной общественности к положению отказников.

- Что вы намерены сделать, господа? – спросил Крымски.

- Завтра идем к Щелокову, - сказал Бегун.

На завтра, 11 марта, 60 отказников столпились во дворе МВД. Делегировали семерку.

- Нет, - сказали в министерстве. – Вас примут каждого в отдельности.

- Семерых или никого.

Николай Щелоков пил крепкий обэигающий чай с лимоном, дул в чашку и щурился. Семерых-так семерых. Главное, пришли к нему, а не в КГБ к Андропову. Нужно принять их, о нем заговорят «голоса». На своих газетчиков надежд мало, они пишут об успехах накануне съезда. Ну что ж, каждый рапортует как может.

30 марта 1971 года. На Субботней горке:

- Шахновский! Поди на минутку! Мы тебе ученика нашли!

- Сема, как на иврите гелс?

- Гверет.

- Вот, пожалуйста, мы за неделю язык выучили.

- поехали к Вагнеру читать Тору.

- Давай знакомиться: Илья Эссас. А где живет этот Вагнер?

- У Кольцевой дороги.

- Липавский, а ты едешь к Вагнеру?

- Мы с Саней атеисты, - усмехнулся китаевед Виталий Рубин, тонконогий и маленький, похожий на воробья.

- Нас и без этого того и гляди вот-вот посадят,- улыбнулся усатый импозантный Липавский.

- В дни съезда без дела не сажают, - сказал Рубин.

- А как это остаться «без дела»? – удивился Воронель. – Дело легко можно пришить. Поверьте моему опыту.

В синагоге коротконогий Шамес, бывший кавалерист-буденовец, вскарабкивался на кафедру и остервенело заколошматил по казенному молитвеннику.

- Зон зайн штил!

- Вус шрайст ду?! – кричали в ответ прихожане, и гвалт в зале усиливался.

На XXIV съезда КПСС:

Брежнев отпил глоток воды и с трибуны заявил:

- Директивы XXIII съезда успешно выполнены. (Аплодисменты).

Рашидов:

- Товарищи!.. С чувством радостного волнения, гордостью за родную партию слушали мы яркий и содержательный Отчетный доклад верного ленинца нашего дорого Генерального Секретаря нашей партии Леонида Ильича Брежнева!

(Аплодисменты).

- Компартия Узбекистана пришла к XXIV общепартийному форуму тесно сплоченными рядами. Государство получило небывалое, невиданное количество хлопка 4668 тыс.т. (аплодисменты).

15 инюя 1971 года первый день судебного процесса над Валерием Кукуевым в Свердловске. Судья – Шалаев, прокурор – Зырянов, общественный обвинитель – Добрынин, адвокат – Наумов. Предварительное следствие вел следователь Кирикин.

Обвинительное заключение:

«Распространяя в устной форме сведения, порочащие внешнюю и внутреннюю политику советского государства (жаловаться на отсутствие свободы слова). А так же в 1968 году перепечатывал и распространял антисоветскую литературу, переданную ему свидетелем Фельдманом (фигурирует одно название – «Собачье сердце» М. Булгакова) . И в третьих, распространял «антисоветские издания сионистского характера – передавал из свидетелю Пруткину».

В своем выступлении Кукуй виновным себя не признал. «Единственная моя цель – уехать в Израиль», - сказал он на суде.

Свидетель Мовшович на предварительном следствии показала, что кукуй охарактеризовал I-й Ленинградский процесс (самолетный) как провокацию советского государства против евреев. На суде Мовшович отказалась от своих слов.

Анатолий Кукуй, родной брат обвиняемого, заявил: «Валерий Кукуй ярый антисоветчик и злостный сионист, агитировал молодежь за выезд в Израиль, по вечерам слушал «Голос Израиля» и другие радиостанции, а потом пересказывал их содержание своим товарищам». Анатолий кукуй с 1964 года проживал отдельно и утверждал, что его показания даны со слов матери, жившей с Валерием. Мать Валерия на суде отрицала, что она что-либо говорила Анатолию о высказываниях Валерия.

В Днепродзержинский лагерь заключенных этапом Рейзу Палатник, осужденную за организацию «сионистской» общественной библиотеки в Одессе.

Из писем Рейзы Палатник.

07.10.1971 г.

.. Галочка тоже здесь, она меня встречала. Вчера мы успели с ней немного поболтать, она мне дала читать письма от Кати. Они мне очень понравились. Что это за слезы каждый день. Слезы еще никому не помогали. Нужно добиваться, а не плакать…

Папочка и мамочка, очень прошу вас – не переживайте. Куцка, сходи в тюрьму и узнай, выслали ли мне деньги? Пока я их не получу, не смогу здесь ничего купить. Куцка, дорогая моя, любимая сестричка! Поздравляю тебя с днем рождения! Извини, что из-за меня он будет такой нерадостный. Ты знаешь, что я ни в чем не виновна. И то, что случилось со мной, совсем не случайность. Глее Рут? Как ее здоровье?...

22.10.71 г.

… Вчера у меня был радостный день. Я получила сразу пять писем.. Куцка, если ты сейчас не успеешь дать телеграмму Рут и Сане, то в письме напиши им о том, что я с радостью и охотой буду считать Рут своей сестрой, что я желаю им большого счастья и хорошей счастливой жизни, тем более что Рут заплатила за эту жизнь своим здоровьем. Пусть ценят и любят свою Родину, где после стольких мучений они. Наконец, почувствуют себя настоящими людьми и равноправными гражданами…

Не курю и не собираюсь этим заниматься. Йидн здесь есть, но очень мало… Я стала плаксивая и иногда мне стоит большого труда не разреветься…

05.11.71 г.

… Я стараюсь ни на что не обращать внимания, и пока мне это удается. Тем более, что я сама являюсь здесь объектом пристального внимания. Здесь, так же как в Одессе, пытаются делать вид и внушить мне, что я преступница, и соответственно сочиняю всякие небылицы.

… Куця, разговариваешь ли ты с Сашей. Что он говорит? Не надоело ему ждать меня? И пожалуйста, не трогай папу, ему достаточно, что я в тюрьме. Жизнь в лагере первобытная. Топим печки, умываемся холодной водой, туалет во дворе, и по утрам там очередь, а чтобы постирать. Нужно подраться и у кого-то выдрать корыто.

(Рут Александрович – осужденная на Рижском процессе в 70 г на один год, после заключения выехала в Израиль.)

… С работай у меня не все в порядке, - пока не выработаю норму – 300 петель нужно обметать.

… Учебников французского языка здесь нет, так что учить ничего не могу.

… Письмо получилось длинное и безалаберное, но это пока единственная возможность поговорить с вами. До свидания, мои дорогие!

К МИРОВОЙ ПРОГРЕССИВНОЙ ОБЩЕСТВЕННОСТИ
В КОМИССИЮ ПРАВ ЧЕЛОВЕКА ООН
МЕЖПАРЛАМЕНТСКОМУ СОЮЗУ
(копия) КНЕССЕТУ ГОСУДАРСТВА ИЗРАИЛЬ.

Москва 6 декабря 1971 года.

… наше право на свободную и неограниченную репатриацию зиждется на двух фундаментальных правовых принципах цивилизованного человека: право на национальные формы существования и праве свободного выезда с их страны проживания. В том числе из своей собственной.

Но наши права грубо попираются и нуждаются в защите. После невиданного взрыва негодования мировой общественности на приговор Ленинградского суда в декабре 1970 года, советские власти разрешили выезд относительно небольшой части евреев из массы добивающихся этого права. Весьма вероятно, что это было связано с попыткой умиротворения общественного мнения накануне XXIV съезда КПСС.

Сразу после съезда стало очевидным возвращение к прежней тактике подавления и запугивания. Одним из узловых моментов этой тактики является серия «сионистских» судебных процессов, идущих сейчас в разных городах СССР. Официальная советская пропаганда пытается представить евреев, добивающихся своего права на выезд в Израиль, как агентов мировой реакции, людей, полностью лишенных моральных и этических принципов, способных на любое, самое гнусное преступление для достижения своих целей. Это вопиющая ложь и полная бессмыслица. Мы обычные люди, самых различных мирных профессий: рабочие, врачи, инженеры, научные работники, деятели искусства и большинство из нас не имеет ни склонностей, ни способностей к общественной деятельности. Нас объединяет лишь желание возвратиться к национальным формам существования.

Наше стремление возврата на историческую родину непреклонно.

«Пусть отсохнет моя правая рука, если я забуду тебя, Иерусалим!»

Алексей Тумерман, Иосиф Бегун, Михаил Бабель, Иосиф Локшин, Леонид Цыпин, Виктор Польский, Ида Биох, Арема Клара, Рува Лензе (всего 34 подписи).

Толя.

Подмосковная электричка выпустила на перрон толпу пассажиров. Жаркий ветер смахивал испарину, люди глотали воздух, шагая под землю в метро. Щаранский отлепил майку от взмокшей спины, улыбнулся ришедшему сравнению: толпа будто движущиеся на транспортере салаты, омлеты, котлеты; а вон те старушки в белом с зонтиками как грибы в сметане. Сам-то небось тоже хорошо – брюки сползли, голова гудит. Весь последующий путь в МФТИ Анатолий читал журнал «Шахматы». -198-

Корпуса института и пространство вокруг непривычно безлюдны. Асфальт таял даже в тени. Тень звенела насекомыми, трепетала листьями. Солнцепек. За входной дверью томилась вахтерша. Анатолий вдохнул ремонтный запах красок и струганного дерева. Какая стремительная смена декораций: вчера здесь царил бал дипломников, сегодня – пескоструили стены. Но поворот налево, в коридор. Трио играла походный марш: рассохшийся паркет, пронизанные солнцем витражи и, собственно сам он, переполненный надежд. Нескончаемый коридор.

Он вошел в деканат. Над полированным столом потела голова декана. Он улыбнулась и вдруг широко зевнула, превратившись в расколотый арбуз. В такую жару.

- Ты чего Щаранский, в лыжных ботинках?

- Туристских.

- Ну, туристских… и брюки-клеш. Купил бы джинсы, а-а?

- Почему меня не распределили на работу, как всех?

- Как всех?

- Почему не распределили в НИИ или в «ящик», или к черту на худой конец! Почему?

- Потому – голова оторвалась от полировки и запрокинулась на жирной короткой шее. – потому что потому, окончание на «у».

Жил себе мальчик и жил. Судьба баловала его и по сравнению с тринадцатым годом он жил счастливо. Сталина не помнил, дело «врачей убийц» прошло стороной.. Ни одного еврейского праздника, ни одного еврейского слова он не знал – все как у всех. Он был искренним пионером и всюду вожаком. Ну какое он лицо еврейской национальности? Разве, что озорные глаза, да большой лоб, да пухлые губы.

Щаранский родился в Донецке в 1948 году, отцу было сорок, матери – тридцать шесть. Очень старая и очень толстая докторша держала младенческую попку, словно две апельсиновые дольки.

- Я знала в Одессе одного папашу, так он получил сына в шестьдесят, чтоб я уже была жива здорова. Но у вас мальчик, невроко, чудо: не мальчик, а сберегательная книжка.

Назвали первенца в честь деда Натаном, по-русски – Толя.

- Не выделяйся. – учил отец.

А он в классе - ростом последний, у доски первый; на уроках труда – смех и грех, а по-английски читал почти с оксфордским акцентом. В 12 лет опубликовал свою шахматную задачу. Гонорар 5 рублей 35 копеек. Через два года Толя перворазрядник, в 15 лет – кандидат в мастера. Школа вручила ему аттестат и золотую медаль, МФТИ – диплом с отличием, и, казалось, перспективу научной работы.

Он взглянул на декана.

- Что делать-то?

- Да с твоей головой, Толя, можно где угодно устроиться. Цены тебе нет, дорогой.

- Цены нет и никто брать не хочет, - усмехнулся Толя и постучал пяткой о паркет.

- Эх, Щаранский, сказала бы я тебе, старик, да сказать нечего.

Голова декана плюхнулась на полировку. Щаранский вышел вон.

Зубоскалили витражи и хохотал паркет. Солнечная клоунада куралесила весь обратный путь. Там, где кончается Москва, начинается Россия – трехэтажки с деревянными лестницами, заборы, ставни на окнах и отторженность. Жизнь в провинции начиналась с поиска работы, с красным дипломом МФТИ в кармане.

За ужином отец прервал молчание.

- Не ты первый.

- На реках Вавилонских, - кивнул неприкаянный выпускник.

- Твой прадед, - сказала мать, - захотел на старости лет умереть в Палестине, а Мильгром если что решил!...

- Я первый раз слышу, - Анатолий улыбнулся матери.

Улыбка не ускользнула ни от отца, ни от младшего брата. И все облегченно вздохнули, какая-то неосознанная надежда прилетела к ним за стол. А какая жизнь без надежды? Без надежды хлеб не хлеб.

- Оставил дурень старый и жену и детей на Украине и уехал, - проговорила мать уже иным тоном, точно испугалась этой надежды. Любящие матери ранины даже к надеждам своих сыновей…

- И как хотел старый, так и случилось. Заплатил червонец градоначальнику и отчалил.

- Без характеристики «треугольника», без партсобраний, без профсобраний, - забалагурил отец, - Ай да Мильгром!

Анатолий с нескрываемым удивлением переводил взгляд с матери на отца.

- А через десять лет его внук захотел повторить фокус деда, - продолжала вспоминать мать, - так его посадили в тюрьму за сионизм.

Это было уже в двадцать третьем году.

- Цалик разве сидел? – спросил отец.

- Еще как! Но потом его выслали в Палестину. Тогда долго не держали.

- А что он там делал? – спросил младший сын.

- Он организовывал коммуну!

Родители в этот вечер много и долго вспоминали. Память – лучшее лекарство от отчаяния.

Толя вышел во двор. Ночной ветер читал стихи.

Я поверил что сердце –
Глубокий колодец свободы,
А в глубоких колодцах
Вода тяжела и темна.

Я готов дожидаться…
Мучительно плещутся воды
Я бадью опускаю
До самого черного дна!

Воронель.

- Человек полагает. А Господь располагает.

- Я бы с удовольствием погулял по первому снегу.

- Отличная идея.

- Сергей Капица предложил мне работу в физико-техническом институте, но каждый день кататься из Черноголовки в Москву – с ума сойти. – сказал Воронель.

- Слышал о Дымшице и Кузнецове?

- Жаль ребят. Но уж очень все глупо. Что известно об израильских физиках?

- По-моему у них в Демоне своя «Черноголовка» и они далеко продвинулись.

- Да, я тоже что-то слышал об этом. Хотелось бы знать больше.

- Какие наши годы. – Азбель слепил снег и запустил в березу. – мимо!

- К концу конференции сможешь попадать, - засмеялся Воронель.

У берегов Израиля потерпела бедствие советская паровая шхуна, ей более ста лет. Ураганный ветер выбросил ее на мель. Страна победившего ортодоксального иудаизма, накануне отвергнутая коммунистической Империей Зла, весело принялась за спасение советского судна.

- Вся шхуна затоплена, но откачиваем воду и попробуем отбуксировать ее в порт Хайфа.

- Я пришел посмотреть, как спасать будут, - сказал мальчик.

Спасенные предъявили пограничникам документы. И уже через час русскоязычные израильтяне и советские моряки сидели за одним столом.

- Наливай!

- Ну, понимаешь, за то, чтоб Кремль стоял.

- Файнберг, а вы еврей? Первый раз вижу советского моряка-еврея.

- Зато здесь все евреи-моряки, - засмеялся Файнберг.

- Ну, до новой встречи. Лехаим! – поднял стакан с вином израильский пограничник.

Жара.

Хайфские газеты писали о спасенной шхуне и о новом духовном лидере сефардов.

Овадия Иосеф во время субботней проповеди заявил:

«В иудаизме нет ничего случайного. Господь шлет нам новые испытания…»

Ему нравилось говорить, потому что никто не смел остановить его и он так раздухарился, что муху смахнул с бороды и вдруг ляпнул:

- Жертвы Шоа – это реинкарнированные грешники. Шесть миллионов евреев убитых нацистами, родились вновь, чтобы пострадать за прошлые грехи. И они пострадали!

Придурки самоотверженно кивали раву.

Брежнев.

Брежневу доложили:

- На Красную площадь вышли восемь человек с плакатом «Руки прочь от Чехословакии».

- Чьи руки?! – удивился Брежнев. – кто такие?!

- Гинзбург, Литвинов внук министра иностранных дел.

- Арестовать засранцев! Диссиденты ебанные!

Диссиденты были чернее овцы.

Глоток свободы.

Герои умирают, подлецы остаются.

Ветер косит столетье.

Иерусалим.

Американский писатель Зингер, раввины Овадия и Адин пили в крошечном иерусалимском ресторане на углу Меа Шеарим. Сюда не пускали женщин, а продукты были глад кошер.

- Евреи вот уже две тысячи лет живут среди гоим. – сказал Овадия.

- Какой же сухой остаток? – усмехнулся Зингер.

- Мы в плену у гоев.

- Ну, ты перегибаешь.

- Грань между человеком и животным размыта. Корова в прошлой жизни стала человеком в жизни этой.

Совершенно пьяный Адин выпал из ресторана. Он ударился головой о парапет.

Белокурая девушка подхватила его за локоть.

- Я всегда брезговал обезъянами. – сказал Адин.
- Триста шекелей, - сказал блондинка.
- Дорогая.
- Возьми меня прекрасный инопланетянин.
- Нет, ты меня оскверняешь. Мы раса господ… Обречена на погибель идея смешения рас. Ты коза – нельзя.
- Ну выпить с тобой можно? Пригласи меня в кафе.
- Выпить можно. Ты родом из России?
- Я из Чернобыля. Это Украина.
- Еврейство – это семья. – сказал Адин. – В семью можно войти, но из семьи нельзя выйти… Есть гои, которые учат еврейские дисциплины и все равно никогда не будут евреями, потому, что они не соотносятся с еврейством, у них нет резонансы с евреями.
- Может быть тебе больше не нужно пить?
- Это почему, дорогая?
- Потому что жара. Еще выпьешь что-нибудь не кошерное.
- Для еврея кушать не кошерное, все равно, что корову кормить селедкой. А что там сейчас в Чернобыле?
- Не знаю, я маленькой оттуда уехала.
- Выросла проституткой, - сказал раввин.
- Самая честная профессия.
- Ты говоришь как гойка. В книге пророка есть стих «Созвездия и звезды пусть сияют в небесах и гои пусть боятся их». – сказал Адин. – В талмуде сказано, то у евреев нет звезд, которые определяют их судьбу, а будущее зависит от свободного выбора и не может быть предопределено без его участия.
- Ты такой умный, такая милашка. Оставь своих друзей и пойдем со мной. Всего сто шекелей.
- Сто-о шекелей! В Чернобыле все такие?
- Самые красивые в мире!
- Ты мог бы быть там цадиком, а я была бы в твоем гареме.
- Сумасшедшая. Там все такие?
- Что ты заладил: такие-такие. Или ты импотент.
- Я хочу поехать в Чернобыль. Я построю там ешиву. Господа! – он обернулся к приятелям. – Это моя дпльня родственница из Чернобыля, Украина. Слышали о таком городе? Ну, не важно. Еще услышите. Мы едем к ее маме.

На улице он почесал и остановился. В голове завертелся отрывок Талмуда.такой длинный, что и конца не видно. А девушка терпеливо ждала, когда он кончит.

Москва.

По дороге в общежитие Лева попробовал вспомнить хоть что-нибудь о вечере у Канделя. Всплыл десяток слов, не способных сложиться ни в одну мало-мальски осысленную фразу, да еще чудом уцелевшие два стихотворения. Не полностью конечно.

В комнате-пещере его ждала Нина. Он сел рядом, он чувствовал на шее мимолетное прерывистое тепло ее дыхания.

- В следующий раз бери меня с собой. – прошептала она.

- В Следующий раз мы пойдем в синагогу,- ответил он тоже шепотом, чтобы связать их общей тайной.

Она улыбнулась. Лица ее он не видел, но понял, что улыбнулась. В этом было общение, что и сегодня, как два дня назад, они лягут в его постель и останутся одни в целом свете.

- Я согласна. Бог ведь один у нас с тобой.

Весь остаток недели Чернобельский приезжал со стройки в институт, работал в библиотеке. В субботу утром он встретил Нину на Белорусском вокзале и они пешком отправились в Марьину Рощу.

Синагога в Марьиной Роще, деревянный двухэтажный дом, стал убежищем для солодежи. Вагнер пришел с невестой Ирой. Эссас привел невесту Аню. Бегун и Абрамович были женаты и жен оставили дома.

На время молитвы женщин выгнали на балкон.

А мужчины в талитах стояли лицом к Арон-кодеш, вел молитву молодой физик Миша Шнайдер.

После службы все поднялись на второй этаж. Женщинам накрыли отдельный стол в углу. Здесь хозяйничали старые хасиды. Они к еде относились с большей серьезностью, чем к молитвам.

Старый хасид выставил две бутылки водки. Десять бутылок пива, принесли хлеб и шпроты.

- Идите мыть руки и потом благословение на водку и хлеб. Но это не касается женщин.

- Миша, но трапезничать им можно?

- Если они ответят, что такое хумаш.

- Еврей не знакомый с Торой не еврей! – сказал Эссас.

- Ты хочешь сказать, что выключенный телевизор не телевизор?

Водку разлили по стаканам. Старые хасиды умели пить на зависть молодняку, среди которых был студент музыкального училища Витя Эскин. У него мать украинка, он готовился к гиюру. Иврит он выучил и теперь учил псалмы Давида.

После второго стакана старики на идиш читали книгу «Тания».

Другая музыка у молодых.

- Талмуд состоит из 20 томов и 60 трактатов.

- И кто же все это может выучить?

- В ешиве всю жизнь учатся.

- А потом, значит, умирают.

- Авраам учил Тору в ешиве Эвера. Вот почему его называют Авраам эвэр (еврей), а потом и нас так стали называть.

- А разве не потому, что он перешел Иордан?

- Тору учи. Мудила! Давайте еще выпьем!

- Тора – единственное место, где Бог и человек могут встретиться.

- Бог – это все, это законы сущего, причина сущего. Все есть Бог.

- Тора написана Всевышним и другого способа встретиться с Ним нет.

- В Торе Всевышний записал себя, а потом дал пересказать человеку.

- Тора предшествовала сотворению мира, потому что Всевышний предшествовал миру.

- Тора это текст, который дает возможность познакомиться с Богом. О Боге мы ничего не знаем, хотя он рядом.

- У евреев никогда не было технологии.

- Чего у нас не было? У нас все было!

- Тора написана Всевышним и другого способа, как чтения Торы, встретиться со Всевышним нет.

- Давайте еще выпьем.

- До изгнания из рая рождение происходило за 24 часа.

- Девушки, слышите?

- Ничего мы не слышим! Мы на вас обижены.

- Реб Аврон, можно девушки сядут с нами за один стол?

- Нет.

- А им хочется знать. О чем мы говорим.

- Не их ума дело. Пусть они говорят о своем.

- как себя правильно вести в постели.

- А как правильно?

- А я не девушка, - захохотал старик.

- Давайте выпьем!

- В иудаизме воздержание от половой связи – грех. Если мужчина познает женщину – это самое высокое предназначение.

- Есть еврей, который живет с нееврейской, но брака нет, т.к. это не брак по закону Торы даже если есть дети. Закон Торы не признает смешанные браки.

- кто они – евреи? Семья?

- Сумасшедшие.

- Есть понятие «душа». С точки зрения иудаизма душа делится на оживляющую душу (скотская. Т.е. одушевленная) и Божественная, которая может быть получена как наследие в результате определенных процедур.

- Божественная душа – это планка ответственности, уровень обязательств и есть еврейская избранность. Мы избраны, чтобы служить Всевышнему, наделены функцией и в этом наша избранность в отличии от других.

- Например, запрещено сплетничать; нельзя сидеть на том месте, где сидят родители; нельзя им сказать: «Ты не прав», а только: «Ты меня учил иначе». Это планка и она устанавливается столь высоко, что надо иметь духовные силы. Чтобы ее достичь, это и есть еврейская душа.

- Давайте еще выпьем!

- У евреев ада нет, а есть только чистилище, где очищаются души.

- По этой жизни тело и душа шли вместе. Душа очищается, а за хорошее получает награду, тело остается червям и за хорошее свою награду не получает. Душа без тела беспомощна.

- В мире душ служение невозможно, только в наше материальном мире.

- Богом является все, потому. Что мы все являемся его формой реализации.

- с точки зрения иудаизма мы народ священники и работаем для всего мира.

- Почему не любят евреев?

- Потому, что мы избранный народ и это не нравится. И потому, что все гои в это верят.

- Давайте выпьем!

ПОДПОЛЬНАЯ ИЕШИВА.

Веня Грушко – студент МИФИ, Веня Богомольный – продавец книг, Гарик Авигдоров – таксист, Сеня Андурский – чертежник. Сиротами алии их называли, потому что их родители улетели в Израиль. Володю Вагнера выгнали из Плешки, из музыкальной школы изгнали Витя Эскина, уволили с работы Леву Годлина. Слетелись голуби в заснеженный день на Пролетарку. На Пролетарке звенели трамваи, кричали песни, и лаяли собаки.

Илья Эссас выучил иврит и арамейский, чтобы читать Тору с комментариями.

- Твой отец был раввин Малаховской синагоги?

- Отец мой был габай, - сказал Богомольный. – Он научил меня пить пейсаховку и закусывать мацой.

- Немало для смысла жизни.

- А смысл моей жизни, - удивился Веня Грушко, - закатанные джинсы, белый пиджак, белые туфли, копна пшеницы под кипой?

- Твои предки, - серьезно сказал Илья, - заключили Завет со Всевышним служить ему.

Грушко захохотал.

- Мой предок, секретарь райкома партии, сгноил дюжину раввинов.

Илья покраснел, вот-вот взорвется.

- Я имел ввиду тех, кто стоял у подножья горы Синай, - сказал он. – Они поклялись служить Всевышнему.

- Мы свое отслужили. – сказал демобилизованный Гарик, примирительно улыбаясь.

- Да, - сказал Илья, - один ноль, но не в вашу пользу. Эта служба не объединила вас с еврейством. Вы, как младенцы, взятые в плен, вы…

Краснобородый Эссас засунул руки в карманы брюк, плечи развернуты назад.

- Нельзя ли ближе к делу, ребе?

- Так, - сказал Илья. – Я принес десять книг «Хумаш». Призываю разориться на тридцать рублей и приобрести.

Илья достал из нагрудного кармана листок.

- Мы начинаем перед Пейсах. Многие начинали в такое время и им сопутствовала удача.

- Илья, - прервал его Авигдор Эскин, - тебе на Тору упал листок.

- - В данном случае, - Илья снял шпаргалку с книги, - я рассматриваю Хумаш как учебник, поэтому… но вообще…

И уже окрепшим голосом продолжал:

- По-разному учатся хасиды и митнагдим, то есть противостоящие. Здесь, я знаю, присутствуют потомки хасидов.

Урий покраснел и сдвинул шляпу на затылок.

- Я, - сказал Илья, - митнагдет. Но мы, надеюсь, будем прекрасно уживаться.

Хумаш и трапеза сблизили учеников. Стол был накрыт белой скатертью. Бутерброды с треской, яйца, брынзв, отварной картофель в мундирах.

- Пока накрывается стол, - говорил Илья, - я покажу, как надевать талит. Во время чтения Торы наматываются вот так цицит на указательный палец, целуется свиток Торы.

Илья первым надел талит, за ним остальные. Все смотрели на свечу, голубая капля выросла в светлый лепесток. Тишину нарушил Розенштейн. Маленький Гриша в зеленом берете.

- А во время чумы Тору целуют через свои цицит?

Илья аж глаза вытаращил.

- Я не знаю случая, чтобы от целования Торы кто-нибудь очумел.

- Целование икон идентично, - продолжал Розенштейн. – Мистические свойства иконы и Торы…

- При чем здесь иконы. Гриша!!? – вскипел Илья. – Я удивлен…

- Я сравнил их в том контексте, что…

- Я вообще не желаю обсуждать эту тему!

- И то и другое мистические эманации, - не сдавался Розенштейн.

Расходились за полночь в моросящий дождь. Гриша завелся с новой силой.

- А зонтик в субботу модно носить?

- Если он в виде трости, - ответил Илья.

Розенштейн нес дамский зонтик. Илья шел, опираясь на зонтик-трость.

- Ты веришь в существование Бога? – просил Гриша Богомольного.

- Верю.

- Но какие у тебя есть доказательства?

- Были в жизни случаи разные…

- Я могу возбуждать энергию, - доверительно сообщил Розенштейн. И мягкой ручкой закружил над Богомольным.

- Чувствуешь?

- Не-ет.

- А теперь?

- Не-ет.

Гриша перенес «мистический генератор» на собственную ладонь и тут же как ошпаренный отдернул руку.

- Как же так! Очень сильно!

- Лева, ты заметил, как вел себя Гарик? – спросил Богомольный, - не пел, кидуш не делал. Зачем он каждую субботу приходит на Горку? Он преподает атеизм в МГУ!

- Да ну?!

Многие из них выросли в ассимилированных семьях и на уроках Ильи они, естественно, обсуждали, кто они такие и чем отличаются от других. Всей компанией они ходили на Горку, к синагоге в праздники. Для них подчас культура – это Библия, Тора. Их искания были еврейские, но они интересовались всем.

Религиозные собрания Ильи явились спасительным островом в круговерти жизни. Раз в неделю, по четвергам, с Ильей пересекались судьбы его учеников. Три часа: парашат гашавуа, несколько слов о мезузе и дюжина вопросов про икву и профессии в Израиле…

- Шестидневная война, - начал Эссас, - перекинула мост от нас к Моисею. Опоры моста еликие: Давид, Соломон. При Соломоне страна расцвела. Иудейское царство разгромил Вавило, Израильское – ассирийцы. Иерусалим пал в руки язычников. Храм Соломона разрушен. Ничто не вечно. И вавилонцы, кстати, тоже. Их покорили персы. При персах евреи восстановили Храм. А на арену истории вышел Александр Македонский. Он не посягал на еврейские обычаи и законы. Но едва он умер, до власти дорвался Антиох. Он назначал первосвященниками продажных шкур, и те ради живота своего насаждали эллинизм…

Перед началом трапезы Илья предложил к следующему занятию выучить наизусть «Шма Исраэль»:

- Это не просьба. Это условие наших будущих встреч. И еще одно условие: традиционно Тору изучают активно, то есть хочу предупредить. Что каждый из вас будет делать доклады. А для этого нужно помимо Хумаша читать комментарии Раши. Ну, как, приятная новость?..

… Покончив с «парашат гашавуа» ,ученики выстроились у рукомойника за «натилат ядаим». На столе отварная картошка, консервная килька на черных ломтиках хлеба, тарелочка лука, соль и графин томатного сока. Браха на хлеб, и начинаются разговоры на тему дня.

- И услышал Картер от Бегина, что Израиль – это Эрец Исраэль.. и ничего ужасного не произошло. Уши Картера проглотили и это, как и то, что Бегин – религиозный челоек и что Хеврон – это Хеврон и нет границ красных, зеленых, а есть границы, данные Богом. Ну, и что же произошло после такого заявления Бегина? Ничего страшного. Наоборот ,все пошло наилучшим образом.

- Илья, - обратился к учителю Чернобельский, - я заметил: в Торе главные события связаны с водой. «Маим» встречается едва ли не на каждой странице. Ревеку встретил Исаак у колодца, Яков – Рахиль, и Моше у колодца встретил жену свою… Моисей ударил по скале – пошла вода…

- Да, это очень интересно, - сказал Илья. – Евреи как песок, а Тора делает их народом, как вода монолитит песок. Между прочим, я давно хотел обратить ваше внимание на одно странное место: освобождение евреев от рабства. Этот метод освобождения был непонятен самому Моисею. Прежде всего, когда еще из огня услышал Гашема: «Отпусти народ мой, дабы принесли они жертву мне». Но Моше сказал фараону другое: «Отпусти народ мой на службу мне», то есть народ будет служить творцу, а не рабу его фараону. И еще… Гашем сказал: «ужесточу я сердце фараона…», и этого Моисей не мог понять. Вся штука в том, что евреи считали бы фараона освободителем. Отпусти он их с ходу. Гашему нужно иное: признания не только от избранного народа, но и фараона. Пусть хозяин поймет, в чем дело.. А теперь попрошу Авигдора сделать небольшое сообщение.

- Приготовьте сидуры, - попросил Авигдор. – Мы вступили в эпоху Мессии… Шесть начальных дней создавался мир, седьмой день – суббота. Суббота – это намек на Мессию… две тысячи лет до получения Торы, две тысячи лет жизни на Эрец Исраэль, две тысячи галута. И вот идет седьмое тысячелетие… Мессия придет через двести – двести пятьдесят лет. Но вполне возможно, что и раньше. Мы можем приблизить ее своей праведностью. И первыми воскреснут те, кто лежит в земле Израиля. Лишь немногие праведники за границей воскреснут, но тела их будут продираться сквозь землю. От каждого человека – будь он захоронен или сожжен – останется некая косточка…

- А где она расположена, Авигдор? – нетерпеливо воскликнул Балашов.

- э-э… в районе шеи. Так вот. Мессия наступит, как наступает морской прилив…

Проголодавшиеся сотрапезники Авигдора наконец накинулись на бутерброды, и разговор на какое-то время разбился на тихие осколки. Никто не спорил с юным Авигдором, все хотели есть. И только под конец сеуды Володя Балашов, сильно волнуясь и заикаясь, громко сказал:

- А и-интересно, кто из антисемитов воскреснет? Я сам бы-ыл а-антисемитом, пока не стал е-е-вреем.

Взрыв хохота не обескуражил его. Он улыбнулся, поправил очки и продолжал:

- Я д-думаю, ч-что анти-исемитизм об-бъясняется тремя значит п-причинами: первая причина – это люди замечают, ч-что еврей очень легко и к-как бы смиряется с пе-переменой обстановки. Но это же не п-простое смирение. Это быстрое вживание в новую среду. Люди, не видя этого вживания, видят лишь смиренность… и думают с перзрением: «Да что за человек? Дрянь! Презираю». В-вторя причина: евреи пугают окружающих своей неприязнью любого гойского идола. Принять же невидимого еврейского Б-га они не могут.. Теперь еще…

Балашов отпил несколько глотков томатного сока.

- … теперь еще: люди назвали евреями много тысяч лет тому назад тех, кто пришел с другой стороны.. Что это за сторона? До их прихода на землю здесь были только растения и животные. Адам и Ева – евреи, которые принесли неведомую Земле цивилизацию. Среди животных был дикий человек… И эти первые миссионеры Адам и Ева им… диким людям, дали Тору…

- Ну. Балашов! – воскликнул Нудлер, улыбаясь и поправляя очки. – Ну, фантазер! По-твоему, мы инопланетяне?

Теперь уже смеялись все.

- Но отчего же евреи повсюду так резко выделяются?

- Да. Полно! – Нудлер снял очки и вытер слезы. – Моя бывшая теща кричала в пьяном угаре, что евреи самый грязный и неряшливый народ, что они не умываются и копят деньги, что они хуже татарского ига. Откуда она все это взяла? Но даже эта пьянь не додумалась до инопланетянства. Ты хоть гоим об этом не говори, а то нас начнут запускать в космос – мол, проваливайте, откуда пришли.

- Ну, сегодня им это не по зубам, - улыбнулся Илья.

- Мы здесь, по сути, все время говорим об истории, - сказал Чернобельский, - Интересно, конечно, что другие думают о тебе, но ведь гораздо важнее, что сами евреи знают о себе. А что мы знаем? То-то и оно.

- Чай пить будете, ребята?

Чаю обрадовались все.

- …Ву бэ эмха… не делай другому того, чего не хочешь, чтобы тебе делали. Вот еврейский подход к разрешению, казалось бы, неразрешимой, невыполнимой мицвы «люби ближнего, как самого себя». Именно этим нужно руководствоваться в повседневной жизни.

- В книге «Тания», - заметил Мишка Нудлер, - сказано, что в каждом человеке есть «Элохим», Божественная частица.

- Да-а, хмыкнул Илья без особого энтузиазма. – Общий знаменатель: любовь.

- Попробуй найди этот знаменатель у Амалика, - поддакнул Лева.

- А как сегодня отличить Амалека от не-Амалека? – высунулся Андурский.

- Я молчу, - заявил Ильи. – Специально умолчу.

Звонок в дверь прервал занятия. Милиционер и трое дружинников вошли следом за Семеном.

- Что у вас здесь происходит? – спросил капитан, глядя на молодых людей, сидевших за книгами в головных уборах.

- Это мои друзья. Мы беседуем о еврейской истории, потом собирались пить чай.

- Друзья, говоришь. Ну-ка приготовьте документы…

Через полгода «сироты алии» стали с Ильей ходить в синагогу на уроки Талмуда, общаться со стариками:реб Мотлом и реб Авромом, который объяснял, что каждый религиозный текст нужно понимать в контексте времени и эпохи, что Галаха меняется. Талмуд – это определенная эпоха. Не нужно быть фанатиком прочитанного текста, нужно еще и думать .

Постепенно они стали соблюдать заповеди. Религия стала их смыслом жизни.

Кровь из носа.

- Демонстрация состоится - кровь из носа. - Сказал Слепак. - Лозунг «Шелах этами!»

- Уже было, - заметила Ида Нудель.

-Ну, давайте придем к Мавзолею Ленина с бубенцами. Все равно пересажают. Так хоть с музыкой.

- Лунц, что скажешь?

- Можно прямо в Лефортовскую тюрьму, а можно погулять по Москве перед посадкой, но ведь холодно. - Лунц пожал костлявыми плечами.

- Здравствуй, жопа. - Новый год! - Слепак выбил табак из трубки. - Греться будешь в Хайфе, а завтра идем к Подгарному.

В понедельник у подъезда Президиума Верховного Совета сбились отказники, как стая птиц на снегу. У некоторых, кто был готов к посадке держали в руках толстенные портфели, где мялись рубашки и носки, вперемежку с бутербродами, таблетками аспирина и анальгина. Короче говоря, народ готов к аресту и посадке: Бегун, Абрамович, Престин, Браславичий, Слепак, Брайловский, Нудель, Кошаровский, Эдельштейн, Розенштейн...

Топтались в старине, на углу Манежа, стукачи Лазарь Хейфок, Левка, Попок, Сашка, Краснощеков, Азбель и Рубин прошли мимо парадной Президиума. У решеток университета встретили Эссаса, он тоже был с портфелем (талит, тфилин, Пятикнижние). На красном кончике большого большого носа дрожала большая капля, будто алмазная серьга.

- Уже все закончилось? - обрадовался Илья.

- Тебя встречаем.

Приемная ломилась от галдящих отказников. С секретарем Подгорного вели переговоры Слепак, Лунц, Лернер. Помощник Подгарного лысый очкарик Капица подошел к корреспонденту «Рейтер Патрику».

- Вы меня спрашивали об этих гражданах? Ну, вот, по мне так хоть сейчас заберите их всех. Эти люди нам не нужны.

- Так вы их отпускаете?

- А на кой они нам?

- Ну-ну. - Патрик даже расстроился.

Слепак вручил Капице коллективное письмо.

- Для Председателя Верховного Совета.

- Не для меня же, - усмехнулся Капица.

На улице метель. Редкий прохожий скользил в заснежье. Стукачи исчезли, снегом что ли занесло.

- Тебе обидно? - приставал Рубин к Канделю по дороге в метро.

- Что не арестовали? - щуплый Кандель то и дело, проваливался в сугробы.

- Что все труды наших предков пошли прахом в России?

- Оставайся и трудись дальше.

- Зря мы ушли. - Бегун догнал «китаиведа» Рубина и мультяшного Канделя. - Надо было устроить скандал.

- Невозможно препятствовать садиться в тюрьму тем, кто этого хочет, - раздельно сказал Рубин, - но не следует создавать ситуацию, при которой попадут в тюрьму те, кто этого не хочет.

Андрей Сахаров вышел из квартиры и подошел к лифту. Кнопка вызова светилась, а кабина, судя по болтающемуся шлангу, застряла на последнем этаже. Раздался щелчок дверного замка в квартире напротив. На лестничной площадке появился новый сосед, молодой человек с кейсом. Он выходит, когда Сахаров вызывает лифт.

- Андрей Дмитрич!

- Доброе утро!

- Пешком?

- Придется.

Они вышли из подъезда.

- Вон ваша, - сосед показал рукой на черную «Волгу». - Всего наилучшего.

Сахаров потоптался, дождался, когда сосед свернет за дом. Оглядевшись, встретился взглядом с дворником.

- Здорово, тезка.

- Здравствуйте, Андрей Дмитриевич.

Сахаров опустил своего водителя и пошел к «Форду» американского корреспондента Питера Осноса. В машине сидел Щаранский.

- Консул, Джеймс Хафф пригласил нас к одиннадцати на встречу с сенатором Бакли.

- Кто будет еще?

- Орлов, Рубин, Слепак, Лернер.

- Какие новости, Питер?

- Самая хорошая новость, что нет никаких новостей

- Вы самые пунктуальные, - приветствовал Хафф гостей. - Сенатор, позвольте представить Вам Андрея Сахарова.

- Только ради этой встречи стоило лететь сюда. - Бакли пожал руку академика.

- А, это тот самый Рубин, который представляет наибольшую угрозу безопасности СССР?

Рубин улыбнулся слишком откровенно.

- Я рад, что евреи и демократы выступают вместе за соблюдение прав человека, - сказал, как вызубрил, Бакли. - Мы предпримем шаги к свободе еврейской эмиграции.

- Позвольте заметить, - сказал Сахаров, - в некоторых выступлениях Президента и сенаторов содержится подмена общего вопроса о свободе выбора страны проживания более частным вопросом о еврейской эмиграции в Израиль. Я считаю такую подмену не только неточной, но и крайне вредной. При всем том, я нисколько не хочу умалить значения еврейской эмиграции в Израиль и ее трудностей.

- Мы стремимся строить и защищать свою новоотреченную родину. - Слепак достал трубку и табак.

- У многих евреев родственники за рубежом и мы требуем, - Рубин покраснел от волнения, - право на воссоединение с ними.

- А кто у вас в Израиле, от кого вы получили приглашение? - Бакли вытаращил глаза.

- От тети, - сказал Щаранский, не моргнув глазом.

- Наверное, вы ее очень любите. - Бакли забросил нога на ногу.

- Я знаю о трудностях, - сказал Сахаров, - с которыми встречается еврейская эмиграция, о сотне отказников, которые годами не могут добиться разрешения на выезд, о депрессиях и преследованиях.

- Позавчера суд вынес пять лет ссылки Нашпицу и Цытлетку, - за 15 секунд демонстрации на Красной площади.

- В Виннице осудили врача Штерна.

- Есть сведения о подготовке новых репрессий.

- Я позволю себе повторить, - сказал Сахаров, - сводить всю проблему к еврейской эмиграции - недопустимо... это дает возможность властям поддерживать традиционный антисемитизм и использовать его, в частности, против демократического движения. Я сожалею, что на этой встрече нет представителей русских немцев, позвольте господин сенатор передать Вам список 6000 немцев из Казахстана, они хотят эмигрировать в Германию.

- Брежнев подписал Хельсинское соглашение по правам человека. И нарушает!

- Кремль заявляет, что нарушений нет. Отказ получают из-за режима секретности.

- Мы можем доказать, что это ложь, – сказал Лернер.

- Пока это слова, – сказал Хафф. – Слово к делу не пришьешь, так говорят в России.

- Слово - это тоже дело. – Орлов прервал молчание. – В этой стране за слово дают больший срок, чем за иное дело.

- Да, конечно, в Библии сказано: «Сначала было слово». – Хафф решил поддержать москвичей.

- Это не точный перевод, – сказал Рубин.

Этот доходяга все испортил, Хафф оскорбленный в лучших чувствах махнул рукой и вдруг обратился к Лернеру.

- Вы г-н Лернер, мотор еврейского движения. Я хочу задать прямолинейный вопрос: Что мешает еврейскому движению объединиться с общим демократическим движением СССР?

- Еврейского, как и немецкого движения нет, - сказал Лернер. – Есть немцы и евреи, которые хотят уехать из этой страны.

- Но добиться этого в одиночку почти невозможно, – сказал Юрий Орлов.

- Человек предполагает, а Господь располагает. – Лернер запрокинул голову, как это делал перед мольбертом в миг вдохновения. – Мы готовы собрать свидетельства нарушений Кремля.

У Лернера кадровая анкета вдруг превратилась в обличителя Кремля: сто тысяч анкет. Господин Брежнев, у Вас на войну работает все народное хозяйство!

- Давайте начистоту, – сказал Марк Азбель, - Кремль боится потерять власть, ему угрожают демократы, поэтому их сажают.

- А до вас просто руки не дошли, – сказал Орлов.

Тебе жаль Сахарова, – улыбнулся Лернер, он сидел рядом с водителем и смотрел на Щаранского через зеркало.

- Вместо того, чтобы признаться: «Нам страшно», мы наговаривали на себя.

- Страх – это клапан безопасности, – усмехнулся Лернер. – впрочем, не всегда.

- Липавский и я хотим снять квартиру.

- Шоколадный мишка.

- Плюшевый.

- Шоколадный, такой красавчик. Откуда он взялся?

- Целая сага. Ташкент, арест его отца за махинации. Магаданский лагерь, затем расстрел. Семен поехал в Магадан. Такой вот редкий сын. Потом вот, Москва.

- Оставил отца.

- Что значит «оставил». Как виделись два раза в год, так и видятся. Ну, дорога длиннее.

- Возьметесь за программу «Анкета»? – спросил Лернер. – Рубин, ты, Липавский.

- Войны не будет?

- Трус ты или я?

Двухкомнатная квартира Липавского и Щаранского была в 10 минутах от Лернера. Воронель подарил им телевизор, польский – мебель. Славно получилось.

По вечерам у них собирались отказники, пили водку, закусывали «гуманитаркой», кошерными сладкими тефтельками. Все чаще приезжала в гости Натали. Щаранский познакомился с ней на курсах иврита у Слепака. Курсы вел Мика Членов.

В один из вечеров Липавский принес пачку анкет.

- На ксероксе размножил? – удивился Толя.

- Не от руки же, – усмехнулся Семен.

- Сбегаю за бутылкой, – предложил Толя.

- Уже в холодильнике.

- Я бы пожрал чего-нибудь, - оглянулся Толя.

- Чуешь запахи?! – Семен поднял руку.

- Я так никогда не женюсь, - засмеялся Толя.

- Но ты обещал Натали.

- Но она так не умеет готовить, - уверенно сказал Толя.

Семен и Толя сидели на кухне напротив друг друга; на подоконнике мигал транзисторный приемник, сквозь треск доносилось: «израильская экономика уверенно…»

- Очень вкусное ассорти из ягнят, - Толя навалился на сковороду.

- Оно же не кошерное, - усмехнулся Липавский.

- Потому и вкусное.

- Ты только Эссасу не говори.

- А пошел он!

- Сема, сделай пацанам «Справки» для автовождения.

- Нет проблем.

- Отлично, - Толя лег на диван и отключился.

Семен открыл окно. За окном прогремел трамвай, но приглушенно. Это из-за дождя. Скучный дождь без грома и молнии.

Городская жизнь всюду одинаково рукотворная: асфальт, бетон, стекло, резиновые колеса.

Как там отец его в магаданском лагере. Отец ради Семена делал возможное и невозможное, и вот страдают оба. Жизнь обула их в страдания.

Он допил остаток водки.

Ранняя зима сводила с ума. По гололеду сдирать морду о беду – вот и вся недолга. Снег ловит пересохший рот. Семинар «Культура» по четвергам вел Рубин на квартире Феликса Канделя.

В это время Бегун философствовал на Пролетарке, физик Азбель - на Ждановской, Лернер – на Ленинском проспекте, а Эссас, как и Рубин, где придется.

Квартира Канделя была у станции метро «Аэропорт». Здесь заново учились надеяться.

Рубин приехал с Липавским.

- Го-оспода, тема сегодня: «Перспективы русских евреев».

- Хреновые, - сразу заявил Эрнст Неизвестный.

- Эрнст, ты должен это говорить в финале, ты испортил всю нам обедню.

- Отсюда все уедут.

- Все?

- Кто еврей.

- Это демагогия.

Назревала буча.

Спасли сухари и чай.

- Судьба евреев в СССР второстепенна, - сказал Марк Азбель. – Стадо разрозненное еще какое-то время будет пастись на русских полях. Но центральной является судьба израильских евреев.

- Но это те же самые русские евреи, - сказал Слепак, - лишенные новогодней елочки и катанья на саночках с горочек.

- Не видишь смысла в алие? - усмехнулся Вагнер.

- Не Храм же строить, - парировал Слепак, - В Израиле вы захотите работать за границей, например, в СССР.

- Ни за что! – воскликнул Вагнер.

- Две тысячи долларов зарплата, в кармане израильский паспорт, и опять?

- Никогда!

Все засмеялись.

В квартиру вошли Мика Членов с учениками: с длинноногой красавицей Натали и маленьким Щаранским.

- Мы сбиваемся на частности и это потому, что нас СССР уже не интересует. Мы еще не там, но уже и не здесь. Мы в пути, - заметил Кандель, - Нас уже нет.

- Если нас нет, то зачем КГБэшники дежурят у твоего дома?

- В этом весь абсурд, - засмеялся Кандель.

- Мы то и дело бываем там, где нас уже нет, - сказал Рубин.

- Это одна из тайн иудаизма, - молниеносно среагировал Вагнер.

- А что-о, есть еще? – спросил Слепак.

- Надо у Эссаса спросить, - сказал Щаранский.

- Весь иудаизм - тайна, - ответил Эссас.

- Теперь понятно – раз плюнуть, - кивнул Рубин.

- Но мы держимся, - заметил Лева Чернобельский.

- Так ты говоришь: «проблемы и перспективы». С проблемами нет проблем, а где перспективы? – обратился Неизвестный к Рубину.

- Так мы для этого созываем симпозиум, - развел руками Рубин.

- Только не у меня на квартире, - воскликнул Кандель.

- В дурдоме на Кащенко, - предложил Щаранский.

- Напоминаем, идет запись, - Лунц показал на потолок.

- А почему бы КГБ не участвовать в семинаре?

- В машине удобней, правда Семен?

- Может быть, вернемся к сегодняшней теме?

- А что вам сказал министр Щелоков на встрече?

- Пацанов, - сказал он, - я еще понимаю, - но вы-то старики? Родина! А вы ее видели? Учить древний язык. Да вам так нужен древнееврейский, как мне лунное затмение.

- Завтра узнаешь, когда выгонят с работы.

- Увы, уже неоткуда. Почему-то перестали приходить письма, почему-то замолк мой телефон, даже знакомые перестали здороваться, - Рубин обескуражен.

- Но это все проблемы, а где перспективы? – не сдавался Слепак.

- Поговорим об арестах и допросах, - сказал Лунц.

- Наконец, о конкретных перспективах, - проснулся Володя Альбрехт. – Вы на допросе. Врать нельзя, а правду говорить – тем более. Так как вы считаете этот вопрос заданным по существу дела, то это освобождает меня от обязанности на него отвечать. Вопрос: "Вы писали поправку Джексону?" Ответ: "Ни от каких своих произведений я не отказываюсь, но если вам нужно меня преследовать, то в этом деле я с вами сотрудничать не намерен."

И вдруг, звонок в дверь. В дверях американцы, припорошенные снегом, в нахлобученных шапках с поднятыми воротниками.

- Где у вас спрятаны микрофоны?

- Не знаю, - сказал Кандель, - Самому интересно.

- Наверняка вас подслушивают.

- Мне это безразлично.

Американцы дружелюбно улыбались. Улыбку невозможно подслушать.

- Госдепу известно, что примерно триста тысяч получили "вызов", но сколько "отказов"? – спросили гости.

- У вас нет своего шпиона в ОВИРе?

- Нужны фамилии отказников, где учился, где работал. Такая анкета. Заполнил, подписал. Привет.

- Эта идея Александра Лернера реализовывается, но боюсь: выдохнется на второй сотне.

- Люди боятся: обвинят в шпионаже. Понимаете, человек работал в НИИЦвет. Цветы изучал. А его не отпускают.

- Что он испытывал на цветах?

- Никому нет дела, чем он поливал цветы. Это НИИ в военных списках значится? Нет! Тогда почему отказ? Что-то не сходятся концы с концами! Мы лишаем СССР благоприятствования в торговле, страну байкотирует Запад! Подавитесь своей нефтью!

Щаранский едва успевал переводить.

- Тогда они на нас отыграются по полной программе.

- Повторяю, это обыкновенная анкета отела кадров.

- Тогда зачем?

- Гласность – это спасение.

- А если я давал подписку о неразглашении?

- Пускай они ее засунут себе в задницу.

- Сначала они тебя туда засунут.

Липавский улыбнулся Натали. Сколько в ней эротики. Он мог бы трахать ее сутки через двое. И куда б она делась. Чутье подсказывало: он нравится ей. Он подмечал это. Ах если бы не Щаранский Толя, была б иная у Семена доля.

Липавский сидел в углу у окна, не проронив ни слова. Изредка бросал взгляд на балкон Чернобыльского. Очкарик ловил слова – так ловят бабочек в сачок. Придурок.

Чужой Липавский здесь. Один как чайник, как разведчик, который сторож брату своему.

В этой квартире заваривалась каша на много лет. Скорее передохнут все, чем смогут расхлебывать ее. Как бы выбраться живым, чтобы начать все по-новой, и к черту эту неоконченную жизнь. Где-нибудь в Магадане или в Караганде. Живут же люди в Караганде.

- Я подготовлю Анкету, - сказал Рубин. – Медведя надо загнать в берлогу.

- Заманить? – спросил Кандель.

- Нет, загнать, - указал крошечный Рубин. – Мир должен знать правду об СССР, где почти все работает на войну. Зачем помогать этому чудовищу? Природа безумия – захват пространства и подчинение всего живого.

- Ему хорошо, - пробубнил Вагнер, - у него нет детей и он болен туберкулезом. А если у кого есть дети?

Под конец вечера американцы предложили сфотографироваться. Семен тут же закурил и вышел на лестничную площадку с заядлыми курильщиками.

- Я с Натали домой, - шепнул на прощание Толя.

Липавский дождался Рубина.

- Есть повод выпить сегодня, - сказал Липавский, они ехали по Ленинградскому проспекту. – Богатый пациент меня отблагодарил тремя сотнями. В "Арагви" у меня знакомый официант.

Рубин задрал голову. Он по-птичьи осторожно изучал крупное лицо товарища. И вдруг на память пришли слова Канделя: "Этот Липавский слишком показушно мочит рога и вешает аксельбанты по веткам". Семка и впрямь неиссякаем на сюрпризы, и то, что для других запретно, ему было плевым делом. Рубин объяснил это талантом доктора.

- Во-он там два места свободных, - Липавский показал в конец зала.

- Отличная водка, - сказал Липавский, отодвинул стопку и закурил.

- Для полуночников, - усмехнулся Рубин. – Слушай, Сеня, что значит: "слишком показушно мочить рога?"

Липавский затянулся, недоуменно заглянул в серые зрачки Виталия и рассмеялся, так и не придумав, с какой стати Рубин спрашивает.

- Наверное, пыжиться.

- Ну, а "вешать аксельбанты по веткам"?

- Анкета для ЦРУ?

- Тест.

- Аксельбанты, говоришь?… Когда хотят сбить с толку всякой мишурой, известное дело, вешают по веткам аксельбанты.

- За меня заступился Крайский, - задумчиво произнес Рубин.

- Антисемит Крайский спасает сиониста Рубина.

- Люди часто бывают не логичны, - развел руками Рубин.

- А жаль.

- Напротив, к счастью, - Рубин выпил и набросился на салат.

- Не от того ли так много в жизни счастья, - усмехнулся Липавский.

- Сеня, завтра к вечеру будет готова моя анкета.

- У Толи и Лернера она уже сделана.

- Знаю – знаю, но так… Мой вариант, - Рубин вздохнул, - его нужно передать корреспонденту Крымски, ты с ним знаком. Ты мог бы передать ему?

- Постараюсь.

- Спасибо.

- Это тебе спасибо от всех евреев.

Стопка, занесенная ко рту, словно повисла в воздухе. Рубин. Липавский смел, Рубин не станет играть в партизанщину.

- Почерк мой ты разбираешь. Этого достаточно?

- Чтобы погореть – да.

- Почему – "погореть"? Мы не шпионы.

- Но шпионами могут оказаться они.

- Чепуха. Они интересуются жизнью своих русских соплеменников, и мы в этом оказываем посильную помощь. Наша информация вполне укладывается в рамки Хельсинской договоренности.

- Видишь ли, Виталий, - задумчиво сказал Липавский, - когда ветер меняет направление, солнце остается тем же, но погода уже другая.

- Пока не дует ветер.

- Постучи по дуреву.

Рубин постучал пальцами по голове.

- Лучшая порода, - сказал он. – Словно кедр… Так вот, поскольку Толик и Слепак вошли в группу Орлова, ты один остаешься за моего чрезвычайного и полномочного посла в этом мире.

- А платить чем будешь?

Приветом из Израиля. Устраивает?

Вполне. Если только мы не втравились в хреновую историю.

Что это значит? – искренне удивился Рубин.

Слово "хрен"?

Не темни, Сеня. Тебе что-то известно о Крымски? Двойной агент? – Рубин даже изменился в лице.

Тройной одеколон. – Липавский рассмеялся. – Лучше скажи, в какой мере мне помогут отсюда выбраться.

Во всех списках ты в первых рядах.

Он проснулся, словно кто-то ударил его. Ощущение липкого ужаса. Он закрыл глаза, мало ли какая безделица пригрезится в жару: возникла Ида Нудель. Черные глаза ее близко от него, что невольно потер пальцами веки. На часах – без десяти десять. Он выбросил тело с дивана, прошлепал вспотевшими пятками по паркету, снял трубку, набрал номер, чувствуя, как трясутся пальцы, дождался, пока на другом конце провода сняли трубку, шепнул еле слышно:

Лазарь, приезжайте в бассейн сейчас. Встреча была вчера, я все передал… Нет, не могу, я хочу сейчас поплавать. Вы понимаете меня?

Что случилось, Немес? – спросил Хейфец, натягивая зеленую плавательную шапочку. – Я работал до трех ночи. Что стряслось?

Не знаю, может быть, пока еще не стряслось. Приснилась Нудель. Говорит: "ШИНБЕТ С ТОБОЙ РАЗБЕРЕТСЯ".

Тебе?

Не знаю.

Ты сошел с ума.

Эта Нудель – ведьма.

А остальные еврейки, по-твоему, идиотки?

Вы же понимаете, что меня тревожит.

Ну, положим, она кое-о-чем догадывается. Положим. И что? А доказательств у нее никаких.

Как сказать… Я позволяю себе то, что другие – нет.

Например.

Ну, например, я устраиваю телефонные разговоры с Израилем для той же Нудель или Щаранскому, когда уже всем отключили телефоны.

Но ты звонишь не из своей квартиры, а от знакомых.

Да, но у меня их что-то подозрительно много.

Ничего. Еще немного терпения… Зато солидный гонорар…

Тридцать сребренников.

С завтрашнего дня за тобой будут ходить топтуны. Я сам напомню о себе. И с телефонами сделаем паузу. А на коктейль к Стесселу-младшему пойдешь непременно. Кого еще пригласил?

Щаранского, Слепака, Лернера.

Вот и чудненько.

Пространство медленно светлело, стеклянные деревья как волосы снега. Небо отражало тоску рубероидных крыш. И совсем не по-гоголю пролетит ворона, да чирикнет воробей. Холод на севере долог, так долог, что человеку хочется уснуть и не проснуться.

Не без исключений.

В журнале "Москва" опубликовали панегирик комиссару Соколову, чей сын иначе хозяйничал Елисеевским гастрономом. Тот был просто комиссар с наганом, а этот – князь коньячный Соколов-младший. Князь раскатал на даче в Серебряном бору обжираловку. У него была еще двухэтажная дача и Абрамцево, но кутить нравилось здесь, в городском парке. Чтоб толпа за забором шалела и всегда свежая девочка под рукой. Чудо!

Моссовет в лице товарища Промыслова подарил хозяйке бриллиантовый гарнитур, где одна заколка десять тысяч. Министр внутренних дел генерал армии Щелоков Коля привез конфискованное "ВИДЕО".

Цыгане из "Ромэн" наяривали страсти-мордасти. ЗА зеленым забором дети революции отдыхали от партийных речей, как отдыхают актеры от дурных ролей. За высоким забором партийцы упивались властью, судили-рядили людей.

Особняк Соколова обставлен с королевской роскошью.

Они чувствовали себя всесильными…

- Полетели ко мне, - предложил вдруг захмелевший Аскаров – первый секретарь Алмаатинского обкома партии. – У меня на Сары-Агач охотничий домик, озеро мое, лес – четырнадцать километров.

- Вре-ешь, - засмеялся Соколов-младший.

- Чтоб ты здох, - сказал Аскаров.

Он хотел сказать "чтоб я здох".

- Чтоб ты здох, - поправил аксакала министр внутренних дел.

- Чтоб я, чтоб я, - кивнул Аскаров.

Танцевали цыгане. На зеленой траве пенилось откупоренное шампанское.

- Девочку хочу, - заявил Аскаров. – Чтоб блондинка и пятнадцать лет.

Ночью Аскаров так распалился с пятнадцатилетней опытной блондинкой, что откусил ей нос. Хорошо, машина была на ходу и Серебряный бор в получасе от Склифосовского. Пришили крохе носик и курносил он даже лучше, чем раньше. А Герой Социалистического Труда Аскаров улетел на другой день на Сары-Агач.

Высоко вознеслись аскаровцы, но вот пойти в гости к послу, скажем США – тут кишка тонка.

А между тем, для американцев все люди советские одинаковы. Так казалось с первого взгляда.

Американский посол Уолтер Стессел-младший, как и его тринадцать предшественников, жил в Доме на Спасо. В трех шагах от Арбата – в старину главная дорога из Москвы на Запад. Церковь Спаса-на-песках дала название месту. Москвичи же переименовали его в "собачью площадку".

Уолтер Стессел-младший пригласил отказников на концерт Полины Айбиндер, исполнительницы народных песен и отцы Горки напялили на себя свадебные костюмы и под руки с супругами пришли на Собачью площадку. Щаранский явился в старомодных брюках и свитере.

Милиционеры в валенках топтались у ворот в резиденцию, как футболисты "стенки" перед штрафным ударом.

- Фамилия, имя, отчество, год рождения, место работы, должность. И лютый взгляд в придачу.

Справа кучка американцев приветливо улыбалась, мол, милости просим. Отказники проходили сквозь кордон и дальше – мимо изумрудной поляны, к белым колоннам. Дом построил купец Второв. Купеческие пропорции, будто гигантский кулич.

Прихожая тяжелой дверью отворилась. Лес алюминиевых вешалок-ветвей. За этой чащей звездный флаг, герб США и деревянная статуя индейца в натуральную величину. У зеркала раскрытая книга гостей. Липавский скинул Аляску и через три ступеньки поднялся в зал для гостей. Сияла люстра – полсотни лампочек на серебряных причудливых стволах – как будто елку подвесили у потолку. Сто лет назад ее создал Мишаков, серебряных дел мастер.

Мебель во французском стиле, но изготовлена в России.

- Хелло, Сеня,- приветствовал Липавского корреспондент Ассошиэйтед Пресс Крымски.

Липавский протянул книгу в старинном переплете.

- Спасибо. Насколько?

- Навсегда.

- Неделя?

- Навсегда – это немного больше.

Книголюб Крымски не удержался, глянул год издания книги «Еврейские летописи в России»: 1893.

- Спасибо, Семен. Я Вам обязан, право.

- Это я Вам обязан, Джек.

- Мне? Чем?

- Дружбой.

- «Обязан» приложимо к бизнесу. Вы подготовили анкеты отказников?

- Недели через две.

- Неделя – крайний срок. Через три недели Джексон выступает в Сенате.

- Опять брать неделю за свой счет.

- Что ж, это ответ мужчины.

Второй секретарь посольства подошел к Щаранскому, обнял его дружески, пошутил:

- Когда гора не идет к Магомету, тогда Будда играет в шахматы на пяти досках. Сегодня Ваш день?

Щаранский на мгновение отвернулся от партнеров-шахматистов.

- В трех партиях победа за нами.

- Люблю оптимистов. Меня замучили разговоры о несчастных евреях.

- До вас доходит лишь сотая доля правды.

- И этого слишком.

- Чтобы играть в пинг-понг?

- Пинг-понг? Почему? Что Вы имеете в виду?

- Я имею в виду дипломатию,- ответил Щаранский.- Помните такую?

- Игры Киссинджера?

… если февраль 75-го года в Иерусалиме напомнил измайловскую осень, то москвичи беспамятно тонули в сугробах. Отчаявшиеся собирали манатки. Тысячу лет прожили, а убегали за три дня – срок ОВИРа на сборы.

Врубеля 5. за версту видать – полон дом людьми. Хозяин – Феликс Дектор (тяжеловес, борода – дым клубится по черному свитеру, трещат потертые джинсы). Следы успеха: журнал «Юность» с повестью, книга рассказов. Но потом в нем родился редактор еврейского самиздата. Вдруг. Ни он, никто не знал, что поделать с этим. Убей его в себе – намекали (тогда все продолжалось бы по-старому). А он чудак – стал носиться с «Тарбутом» (такое имя дал самиздатовскому журналу).

Феликс распахнул окно в февраль. Февраль лютовал и снежился.

Паутина света упала на снег, на сад. Он еще вспомнит этот сад, деревья. Деревья, что приникли к старым рубленым стенам двухэтажного дома. Как выжил посреди железобетонных громадин, в трех шагах от станции метро «Сокол»? Дом выжил. Хозяин – нет.

Его детству аккомпанировала «кампания по борьбе против субботнего отдыха», «политические суды над хедэрами», синагоги передавались под клубы, миноры – на переплавку, сидуры и тфилин – в печку. Отреклись от себя с необычайной быстротой.

Еще вчера тысячи синагог сияли в свечах с аронкодешим. Сколько их сегодня? Меньше, чем на одной руке пальцев?

И, когда свистки Торы облаками поплыли над Россией и последний хасид Марьиной Рощи схватился за голову, внуки «революционеров» откопали алэф бэфт, скрутили из облаков свитки Торы, а талиты соткали из солнечных лучей.

Дверь распахивалась, мороз с присвистом хулиганил по ногам. А девушкам каково? Очкастая Лариса в крепдешине парапсихологически успокаивалась. – «Не холодно. Не холодно. Не холодно». Все равно зуб на зуб не попадал.

На кухне Щаранский ловил ртом воду из-под крана, а его неразлучный друг Сеня Липавский на подоконнике болтал ногой.

- Мы поравнялись,- рассказывал Липавский,- мент хап Слепака за руку! «Пройдемте!» Я мента, вот так, за локоть: «Сначала предъявите удостоверение!» И тут останавливаются два инкорра… как в кино!

Щаранский оторвался от крана, вытер ладонью рот. Засмеялся.

- Сеня чудо! Липавский везун, шикарен от носков до шевелюры и усов. Лысый маленький Щаранский никакой.

Толя был любому по плечу. Таких обожают. В школе всегда дает списать, в шахматах… ну, разве что в шахматах бескомпромиссен.

Снова распахнулась дверь. Паша Абрамович, Иосиф Бегун. Сзади сметал снег Престин.

Иосиф кинематографичен – вот вскрик, руки вскинуты – всех расцеловать, согреть. В такой февраль!

- Когда же будет музыка!? – воскликнула Женька Лапидус.- Му-за-ку!!

Лева часто встречал ее у Эссасов.

- Ну, Вы бы видели, как лажанулся корр из Рэйтера!..

- Жила-была девочка Женя. Евгения – не в этом суть. Ее готовили на экспорт. Усиленный английский, уроки музыки, курсы медсестер. Ей везло. Так говорят. Она родилась с нешуточным даром: с собственным достоинством.

Лапидус – «Мисс Алия-75».

Редкозубый Илья Рубин сбрил бороду, из асса самиздата «Евреи в СССР» превратился в зеленого юнца.

- Ну, Феликс!- обнял Дектора.- Думали, запетляем в Сибирь, а вон как вышло-то! Едешь, старик!

- Е-э-дем,- красные губы Дектора стали влажными.

К ним подошла синеглазая дама – жена нового директора ресторана «Ереван». Это он купил дом Дектора. И дом, и сад. До них Дектор отдавал избу академику Андрею Сахарову. В тот день Андрея Дмитрича и его тещу хозяин угощал чаем, а в Стокгольме объявили: «Нобелевская премия Мира присуждена Андрею Сахарову». Уже все «голоса» передавали эту весть в эфир. Но в избе было тихо, только звон чайных ложек. Дектор дом продавал академику. Моссовет встал на дыбы.

- Я приветствую евреев, которые уезжают из России,- улыбнулась синеглазая хозяйка дома и подняла руку с вином.

Люди стояли, прижавшись друг к другу.

В центре краснолицый мужчина в голубом свитере – в кулаке стакан –

напряженно всматривался в толпу. Рядом бомж низкорослый, в рваном пиджаке, накинутом прямо на майку – майка грязная. Он пил, задирая к потолку лицо, мычал. В одной руке стакан, другая – в салатнице. Из салатницы рука поднималась ко рту. Масло с кружками лука стекало по красным дрожащим пальцам, капало на торт и на мятый пиджак. Пропихнув сквозь седую бороду кусок селедки, голодно чавкал.

- Я скажу! – бормотал. – Я скажу-у!

- Кто это?

- Диссидент Гусаров… Он написал «Мой папа убил Михоэлса».

Женщины отворачивались. Видеть, как селедка падает на торт, как пальцы скачут с масла в пепельницу и с пепельницы в розетку с вареньем…

Вольвовский схватил Гусарова за локоть.

- Иди-иди! Люди стоят, а ты как свинья…

- Зачем вы так? – заступился мужчина в свитере.- Пусть делает, что ему хочется. Его ведь пригласили.

Вольвовский выволок Гусарова в прихожую и посадил на пол у батареи. На тонкой шее Гусарова висел солдатский магендавид, на голове – кепка-деголевка с пришитой пуговицей от генеральской шинели Григоренко.

Пел ансамбль Беллы Книжник «Сим шалом това у-враха…»

- Чернобельский, зайди к Алексею Михайловичу.

Бондаренко постучал мундштуком по голому столу.

- Собирайся в Чернобыль.

Сбылась мечта. Галя Жадик передала чертежи. Линия пожирала улицу Ветреную, вот и дом родной. Он водил пальцем по выселкам украинских мазанок. Все это подлежало сносу.

Чернобыль

В поезде Левушкина душа пела скорую встречу с родными и одноклассниками.

Геолог Володя Матросов читал за столиком, Гриша Бочаров громко зевал над кроссвордом, спала патлатая Баба-Яга Ида.

Лева забрался на верхнюю полку. Поезд укачивал. Закрыл глаза, стараясь представить родной дом «за жирной чертой». Хорошо было вдвоем с Нелей. Как его встретят?

Но во сне он увидел не завтрашний день, а далекое детство: сад и Тубэлэ, запах пригорелой мацы, ветер играет листьями вишни, а небо синее и солнце над головой.

Реб Зуся и сосед Юзек играют в шахматы на почерневшей скамейке.

- Левчик, иди, попробуй мацу!

- Нет! – оборачивается реб Зуся. – Только на седере!

Песах. Золотая виноградная пейсеховка и золотая теплая маца.

Эхад ми ядея,
Эхад ани ядэя.

Эхад Элогейну.
Элогейну, Элогейну
Элогейну, Элогейну
Эт гашамаим у ва-арец.

Фекла Ивановна угощает куличом и крашеными яйцами. Пасха.

В смысле вспахивать огород: копать, рыхлить, боронить, сеять семена и высаживать рассаду. Разговение Феклы Ивановны и пролетарская маевка. Семена.

Первое мая,
Курица хромая,
А петух инвалид,
Он по паспорту аид.
А потом день Победы.
Сикось-накось.

Первоклассники Витя Слинько, Толик Кутузов, Илья Либензон, Сашка Фалькнер, Лева Чернобельский, Боренька Харьков взобрались на каменный забор и закидывали камнями колонну колясок безногих инвалидов войны.

Артиллеристы!
Сталин дал приказ! –

выкрикивали маленькие негодяи.

Инвалиды сигналили, кричали проклятия.

Стук колес. Баю-баюшки-баю, Левчик. Поезд Москва-Киев пересекал Русь.

В Чернобыле они разместились в гостинице.

- Я койку освобождаю,- сказал Лева.- У меня родные в Чернобыле.

- Припять покажи – и свободен.

Река Припять облизывала окраину города за кладбищем тянулись дворы, не у всех обнесенные плетнем. Черная собака выскочила с лаем из корыта, кошка зацарапалась на дерево.

Солнце выглядывало из-за сытых облаков. Кругом спиленные осины вытянулись на земле, придавив траву и кустарники, на иных листья еще зеленые, но уже мертвые.

Лева вышел на улицу Ветреную, сердце сбилось с ритма. Из калитки выбежал босоногий Фимка.

- Ле-о-ва!

Мама Вера облаком обняла его.

- Сы-ы-но-очек!- мама Вера после смерти Тубэлэ стала на нее похожа.

Брод опирался на трость.

- Командировка.

- На АЭС,- с удовольствием ответил Лева.

- Все на АЭС,- смеялась Софа.- Муня бросил институт, теперь он сварщик; Ирка бросила музшколу – она нормировщица. Как с ума посходили. Брод шьет робы.

- Толик Кутузов был лесник, а сейчас бригадир лесоповала,- мама Вера еще больше косила.- Расхерачили Чернобыль.

- Кто платит,- сказал Брод,- тот и музыку заказывает. Пицюль Рублева пошла.

- Брод уже не знает, где ему прятать деньги,- усмехнулась Софа.- Все щели забил рублями.

- Ты еще про меня начни говорить,- покраснел Муня.- Так я по морде дам. Деньги – это будущее.

- На пепелище,- подсказала бесстрашная Софа.

Когда-нибудь она-таки схлопочет от любимого по морде.

- За погибель земли получаем рубли.

- Муня вступил в партию,- сказал Брод, разливая по стаканам вишневую наливку.- Коммунизм твой когда наступит?

- Не знаю,- на миг растерялся Муня.- Вот АЭС построим и объявим.

- В котловане что ль? В котловане ягоды не растут,- сказала Вера.

- Ты хочешь и денег кучу и все, как было.

- Вы хоть знаете, что такое АЭС? – со стаканом вишневой наливки из-за стола поднялся Лева.

- Атомная,- подсказала Софа.

«А знаете, что нашей улице скоро конец?»- хотел воскликнуть Лева. Но зачем портить счастье встречи. Вино реб Зуси ненадолго зажгло в них счастье. И он сказал другое:

- Лучше всего человеку в дороге.

На углу Ветреной в ржавой будке висел на цепи телефон.

- Неля!

- Ты?

- Неля.

- Ле-ова!

- Встретимся на Старом мосту.

- Его сломали зимой.

- Тогда на вокзале.

Они держались за руки, а вокруг – вокзальный хоровод. Пригрело солнце – окна нараспашку.

- Я тебя часто представляла.

- Я…

Коснулся дыханьем щеки ее, холодных плеч.

Вагон электрички, корзина воздушного шара; выбросили прошлое, как балласт, и начали подниматься в ослепительное небо.

На окраине леса, за Котлованом, они целовались.

- Расскажи мне о Боге.

Она подставляла шею под поцелуи.

- Это просто как солнце.

Он откупорил бутылку вина.

- Я начинаю с нуля,- шептала Неля. По тебе соскучилась. Я очень хочу тебя.

Школа любви. Это вызов к доске на уроке заповедей Господних. Рядом с Нелли присутствовал ангел. Нетрудно увидеть ангела тех, кого любишь.

Он увел ее в глубь леса, опустился на колени и прижался лицом к ее животу. Он слишком потрясен, чтобы говорить. Ей было немного стыдно, его поцелуи пронизывали все ее существо, и она испугалась от внезапной сладостной дрожи.

- Иди ко мне.

Их путешествие взаимопроникновения и слияния было чудесным. Ей хотелось, чтобы он никогда не покидал ее.

Прозрачные листья блестели на солнце, слабый гул железной дороги, уханье сваебойных молотов доносились откуда-то снизу, а здесь перекликались птицы.

- Ты хочешь меня еще?

Судьбе было угодно, чтобы она это сказала, и чтобы он повторил.

- Да, любовь моя.

Желтые ромашки вокруг ее головы.

И он вошел в нее, и это вновь повторилось.

Земля успела отвернуться от солнца и макушки деревьев поднялись выше солнца, багрового в полнеба. Птицы низко пролетали над ними, рассекая мошкару.

В электричке Неля уснула, голова ее согревала Левино плечо. За окном убегали экскаваторы, грузовики, вагоны с металлом, строители с чуждыми идеями и с чужими людьми, убивая жизнь леса и озер. Для надежного расщепления атомов, высокого напряжения и река превратится в пар высокого давления. А птичка умрет.

В другом мире он был отзывчивым и теплым. Мама. Вера, Брод, Софа, Муня, Фимка, родня по материнской и отцовской линии: Поля, Роза, Фрида, Ривва, их дети и внуки. Этот мир пришел в движение, как пассажиры отходящего поезда. Их соседи продавали дома, сады и уезжали в Израиль. А куда еще? Деньги на светлое будущее детей. В пересчете на доллары у самых прытких получалось не больше двух тысяч: месячная зарплата израильтянина, но они верили, что им этого хватит на всю оставшуюся жизнь.

И еще была Неля.

А мы улетаем в Израиль.

На втором этаже пили «Ркацители».

На втором этаже подводили итоги московской жизни те, кто завтра улетал в Израиль.

Их ненавидели, а они открывали законы физики, сочиняли стихи, воспитывали детей.

- Ну, акадэмаим! – воскликнул высокий мужчина с красным носом и заплаканными глазами,- не сделать ли нам лэхаим?

И Лазарис театрально поднял бутылку. Он склонился к Ане Эссас и, посмеиваясь, что-то шептал. Глаза ее сияли.

Тем временем, муж ее Илья, математик и преподаватель Торы, «распустил хвост» перед Аллой из Купавны.Он любопытен:любовь, смерть, женщины. Посадил любимую на спину и сугробами – к электричке. Любимая говорит: самый остроумный, веселый и сильный. Любимые знают.

Марк Азбель отпил из фужера глоток и вдруг по-старчески стал рассказывать, как он пришел в алию. Марк сидел на полу, скрестив ноги, сидел без пиджака, в рубашке с короткими рукавами.

- Явился я в МВД на прием, так, мол, и так, у меня нет справки от родителей, ОВИР не принимает документы. «Законно»,- отвечает мне полковник. Но ведь я не мальчик! «Да,- согласился полковник,- Вы не мальчик. А почему Вы хотите ехать в Израиль?» Противно, отвечаю, опротивело все. Полковник повеселел: о мифическом стремлении жить на «исторической родине» полковник сто раз слышал и никому не верил. А тут честное признание. Он смотрел на меня с неподдельным удивлением, как бы говоря: «Ну и что, что противно. Мне тоже противно, так что же, и мне бежать?!» «А каких у Вас нет справок еще?» - спросил он. Характеристики с места работы,- сказал я. «Но это абсолютно необходимо». Кому? «Нам»,- ответил полковник. «А я не почтальон. Я профессор».

Разговор на втором этаже вернулся к дневному докладу о еврейских общинах в мире. Докладчиком был физик Виктор Брайловский. Любой еврей готов поспорить о теории относительности или о релаксации, потому что в Торе «про все написано». Ну, а если разговор заходит «за еврейскую жизнь», тут даже мертвые захотят высказаться. Прибавьте ящик выпитого «Ркацители».

- Евреев объединяет Тора.

- Люди хотят друг другу зла,- вот что их объединяет,- усмехнулся Лазарис, поэт и циник.

- Ложь.- махнул рукой Иосиф Бегун, новоиспеченный кандидат технических наук, учитель иврита, душа всех тусовок диссидентов и отказников.

- Делайте, что хотите, я сказал вам правду.- Лазарис перед Аней решил держать марку.

- Слушай, старик,- Щаранский стоял между ними и снизу вверх смотрел то на одного, то на другого.- Мы все чем-то обязаны друг другу.

- Я всем обязан только самому себе.

- Это не еврейский подход,- вступил в разговор Илья Эссас.- Евреев объединяет прошлое.

- Вся эта мура происходит из-за того, что Витя Брайловский два часа говорил, но ничего не доказывал,- заявил Азбель.- А я за свою жизнь наслушался столько лозунгов. Твой доклад, Витя – это пирог без начинки. Кусаешь, кусаешь, и все время обман.

Азбель смеялся в рыжем клоке бороды.

- Марк любит статистику и забывает: никакие цифры о жизни евреев за границей нам недоступны.- заметил Витя Брайловский.

- Но ты умудрился растянуть доклад на два академических часа,- заметил Марк.

- Из которых час – это твои реплики и вопросы,- парировал Витя.

- Вот как? Я заведу шахматные часы.

- Хоть убейте меня,- подмигнул Азбелю Щаранский,- но я так и не понял из доклада Вити, какие евреи в Штатах консерваторы, а какие – реформаторы.

- Я могу ответить, но Марк опять прервет.

- Ну-ну, хорошо,- Азбель поднялся с пола.- Вперед, Витя. Все пошло вразнос. Так что вперед.

- Вообще американские евреи,- Брайловский будто продолжал доклад,- это отмирающая ветвь евреев.

- Это Ваша собственная мысль? – прервала его Аня Эссас.

- Это не мои мысли. Это сказал Бен Гурион, но я внутренне с ним согласен. Разве что еврейские женщины – одна надежда. Впрочем, женщины во всем мире таковы.

- Да,- кивнул Азбель,- мадам Тэтчер в Англии – символ времени.
- Но пока это не в пользу дела,- сказал Брайловский.
- Лягнул,- засмеялся Азбель.- Но попробуй, Витя, Роди ребенка.

… на первом этаже надрывались гитары, там стало еще теснее, а на пороге распахнутого дома ветер, снег, седобородый Слепак и Цыпин, лупоглазый очкарик с синими губами.

- О-о, Слепак! – заорал не своим голосом фотограф Кремень.- О-о-отец!

Владимир Слепак жил по соседству с Моссоветом и когда вывесел на своем балконе плакат «Шелах эт ами»,стал всемирно известным.

С тех пор он выпил цистерну коньяка с иностранцами, а сколько чая – не считал никто.

Люди прощались. До завтра,- говорили те, кто на следующий день встретятся в Шереметьево. Этот «завтрашний» день уже, собственно наступил.

Москва спала, погасив свет, приглушив репродукторы. А евреи шли и ехали, и была их дорога разноликой… не Авраамом ли первопроходцем она проложена? Пешеходная ли, санная, аэросверхзвуковая – она все та же. В этой дороге делятся мыслями, теряют любимых, справляют хуппэ, плодятся, плачут – независимо от способа передвижения.

А мы – в Америку!

- Там открыто, заходите!
- Шалом, Сема!

Семен Юзефович Браславский, сорок пять лет, вчерашний член партии и начальник отдела теплоснабжения Гипрорыбпрома, дочь заканчивала консерваторию, жена – стоматолог.

- Здорово, Лева! Что так поздно? Тут у меня такое творилось! Проходи, дорогой, вот вешалка. Смотри, как я похудел. Во-о, в штаны еще один Сема влезет. На четырнадцать килограмм похудел. Есть хочешь?

Они прошли в гостиную.

- Хорошо, что ты не пришел раньше. Тут завалились девки с работы – пол-отдела. Я прямо ахнул. Не побоялись!
- На кухне ревели,- улыбнулась полная блондинка.
- Ага. Я им говорю: «Та что вы меня живого оплакиваете?»

Семой всегда восхищались.

- Семен Юзефович! – обратился мужчина с черной бородкой.
- Ну, бицикер, бицикер! Но сначала скажите, куда Вы едете.
- Куда все – в Америку.

Зиночка, жена Семы, принесла чай.

- Новую мебель нельзя вывозить?
- Я дам адрес комиссионного магазина.
- Сколько тонн груза получилось у вас?
- Три.
- И сколько стоила отправка?

- Две с половиной тысячи.
- А серебро, гжель?..
- Я отправил федоскинские шкатулки и серебро.
- Иконы брали?
- Говорят, в Италии можно за икону машину получить.
- Иконы я не брал.
- Ну, икру черную, красную, шампанское…

… потом Лева и Семен стояли на кухне и смотрели на падающий снег.

- А ты собирался к сестре в Германию.

- Лева, мы долго совещались… Ты знаешь, как сестра в Германию попала? В самолете в унитаз опустила документы, а в Вене закатила истерику: «Мы – немцы!» Я так не смогу…

- Ну, и как она теперь живет в Германии?

- Как в сказке... как в сказке, Левочка.

- Я вспомнил, Сем, другую историю,- усмехнулся Лева.- Уехала некая Света с мужем. Светка – чистокровная немка с Поволжья. Так я недавно получил от нее письмо. И как ты думаешь, откуда? Из Хайфы.

- А как она очутилась там?

- Не пишет Светка об этом.

- Но они в Германию собирались?

- Так она же настоящая немка.

Пили водку, и Семен повторял одно и то же:

- Евреи выдают себя за немцев и селятся в Германии; немцам не верят, что они немцы, и отправляют в Израиль. С ума сойти можно.

- Сема, ты едешь в страну золотых обещаний.

- Да,- кивал захмелевший Семен,- Америка-а, золотые обещания ведут нас. Успеть бы только пока не закрылись ворота. И кто может закрыть? Наши евреи, возомнили себя пастухами, а нас баранами.

Те, кто одними из первых улетели в Израиль и превратились «в пастухов советских евреев» решили ужесточить правили бегства. Они хорошо помнили, как в начале 70-х невинные уступки американским миллионерам – отправить их родственников из Вены напрямую в США , прорвали загон для бегущих ноширим не в Израиль. «Пастухи» во главе, возомнившего себя «Моисеем»,

бывшего москвича Яши Кедми сделали так, чтобы евреи получали въездную визу только после того, как предъявляли билет на самолет через Бухарест или Будапешт, где сменить маршрут было практически невозможно. А эти визы выдавались после пяти часов вечера, когда Австрийское посольство уже не работало и у желающих попросить там транзитную визу не было возможности.

-Я встретился с австрийским консулом в Москве,- напишет позже Кедми,- и объяснил ему новый порядок выдачи въездных виз израильской консульской делегацией после определенной даты. Это происходит в сявзи с изменением нашей политики и новыми правилами, которые ввели американцы. Не вдаваясь в подробности, я попросил его, чтобы транзитные визы в Австрию не выдавались без наличия вьездной визы в Израиль, как того требует международный закон…Те, кто получил разрешения до этой даты, могли по- прежнему лететь через Вену, поскольку их американцы оттуда еще принимали…Это был драматический поворот. Мы намеревались направить в Израиль всех евреев, которые выезжали с израильскими визами, ипрекратить позор неширы. В моих руках появилась возможность прекратить ее раз и навсегда. Я знал, что еслидобьюсь успеха, эта политика изменит алию в Израиль, и более того – Израиль и его будущее.

Кедми и сотрудники Лишкат-а-кешер добились своего. Репатриантамобъявили: вопрос закрыт. Волнений, бунтов, призывов к мировой общественности не было.

Большинство предпочло бы в то время лететь в США, но теперь нужно было иметь там родственника первой степени, и даже при наличии родственника время ожидания в очереди могло занять годы.

В аэропорту.

Отрезвевшие, как стекла аэропорта, стояли евреи на последнем клочке России. Деловито шныряли таможенники. Буфетчицы разливали кофе.

Руки у Вагнера холодные и влажные.Ему бы москвичом по жизни быть, есть мясо, запивая пивом.А он с детства был папенькиным сынком –вегитарианец. Это чтоб кошер соблюдать, будь он неладен.Зачем-то стал хасидом и почти молился на Любавического Ребе. Он претерпел достаточно за упрямство в соблюдении иудаизма исключили из комсомола, института. Зато женился на «русской голдемеер» Ирке и она родила ему Мирьям.

Чернобельский толкнул его лбом в плечо. За спиной володин отец – седой, потерянный.

- Где твоя Ирка?

- Не приехала.

- Еще опоздает…

- Ну, так я один уеду. Пусть остается.- улыбнулся Володя.

Белла Книжник звала сына. Трехлетка развеселился, убежал мимо дверных милиционеров на улицу…

- Лэйбочка Лэйбочка! А-ну, вернись!

Это уже бабушка кинулась вдогонку. Малыш взлетел вверх на ее руках. А после она прижалась щекой к румяному личику, и на желтом морщинистом лице хулиганили непрошеные слезы, малыш их смахивал, а они хулиганили вновь.

Поэт Илья Рубин выставил на Шереметьевский стол бутылки с вином:

- Сделаем, евреи, лэхаим!

Таможенные носильщики, неодобрительно наблюдающие за «лэхаим» заметили, что двое в шляпах грустно стоят в стороне.

- Вон зовут всех ваших!- окликнули их носильщики.

Грустно стояли в стороне, в черных шляпах и осенних плащах два экс-чемпиона мира по шахматам Петросян и Смыслов. Они улетали в Штаты на турнир.

Но где Ирка? Уже десятый час. Вот-вот начнется регистрация вылета в Вену… Ни Ирки, ни маленькой Мирьям… Часовая стрелка разменивала последний русский час. И если Володя в шаге от таможенного барьера, то Ирэлэ с дочерью и мамой еще колесили улицы детства, улицы, онемевшие морозом.

Объявляется регистрация на самолет ТУ-134 рейсом «Москва-Вена», и тут же вкатываются в зал три толстушки – Ирка с дочерью и матерью.

Успели.

Там, на аэродроме, самолет заправлялся горючим. Здесь же горючие слезы текли с одного лица на другое. И тогда «книжники» вынули из чехлов гитары и скрипки. Пасхальная «Даейну».

Писатель и редактор самиздата Феликс Дектор стоял посреди музыки в распахнутом тулупе, в рубашке цвета зари и улыбался.

- Феликс, это тебе на память от нас.- Вольвовский протянул гитару.

-Спасибо, ребята! Тода́! Легитрао́т!

Феликс поднял гитару над головой.

В углу аэровокзала мать Ирки, раскрасневшаяся от горя и слез, все еще не отпускала дочь и внучку. Они похожи, как еврейские матрешки.

Дай-да-ейну
Дай-да-ейну
Дай-да-ейну
Дай-ейну – даейну!

Последнее прикосновение, последняя живая слеза родного человека... Все. Пора идти.

Ленинградская выставка

Одни евреи улетали из Москвы, а ленинградские художники приперлись выставляться. Ни больше, ни меньше.

Февральская пороша превратила Рождественский бульвар в ледогору, и старые московские дома съехали вниз, сбились в кучу на Трубной площади. И в куче той открылась выставка. «Здесь в гостях Первая Ленинградская выставка еврейских художников. Несколько художников-евреев Ленинграда вторично объединяются».

Манифест, приколотый к двери.

Пальто и шубы сбрасывались на пол. Картины притеснились всюду. Рисунки – те на шкафу лежали. На полированном столе – трофейная машинка со славянским шрифтом «УРАНИЯ»… рядом свеча и раскрытая книга стихов

Стукач – российская кукушка
Отмерит наперед судьбу.

Лежала Библия, два медных самовара блестели рядом, под люстрой. А на тахте звонко смеялись сероглазая Натали и Липавский. У него на коленях подпрыгивал черноглазый двухлетка.

- Чьи такие дети? Кто тебе губу разбил, Никита? Сам разбил?

- Дя-а…

Дя-а, Ба-а... ах, ты мой сладкий! – Натали притянула его к себе.

За трофейным сервантным стеклом фотография и листок с веселым поросенком «Парасенок Никита нам фсем надаьел. Он балшой ниряха. Он нас всех довел до усталости (Настю, дядю Васю, Любочку Кречкову и Катю)».

В одном углу художники обступили коллекционера Александра Глейзера, в другом – Кастаки. И там, и там участники выставки предлагали почти задарма свои картины. Коллекционеры крутили шеями, закатывали глаза.

Новый звонок в дверь.

- Хэлло! Ввэрр-рнисашш-ш?

- О-о, корреспондент ЮПИ!

- Хэлло! Вэлком! Вот наш Манифест.

- О,кэй, кто Алек Рапопорт?

- ОТКУДА вы меня знаете? Это я!

- Алек, кто был до меня?

- Этот… как его… Крафт из Рэйтер! Он на кухне, пьет чай.

- «Голос Америки» дал информацию о Вашей выставке. Это первая еврейская выставка?

На линялых обоях холст 1x1,5 м – земля с безнадежным небом. Из груды магендавидов пробился василек – цветок из породы репейников.

- Спрессованная ностальгия?

- Непобедимо синий завет.

«Горда была Юдифь, но печальна» - это окраина села, и жена Абезгауза в летнем яркоцветье. В правой руке – окровавленная коса, а в левой – чубатая казацкая голова – прикрытый глаз, усы, красный рот; и стоит Юдифь босая, в красном платье, прямая и умиротворенная, а вокруг солнечное лето…

«Ходил Исроэль по Руси и искал свое счастье» (картон, масло 74-75 гг.) – декоративное небо, светлое внизу и темное над церковью, сугробы по окна изб; и шагающий Исроэль, в фуражке и с кошелкой, покрытый красным платком. А навстречу идет по льду реки баба с пустым коромыслом.

Кастаки пожал плечами. Абезгауз ему не нравился. Глейзер же вертелся вокруг «Юдифь», как цыган перед гнедой кобылой.

- Манера близкая к Локтионову.

Маленький Александр Лернер обернулся, ба-а... да никак сам Глейзер.

Лернер пожал руку.

- Пора и Вам, Александр Яковлевич, выставляться.

- А у меня в Израиле постоянная выставка.

- Дайте пригласительный билет.

- Кто бы мне дал,- Лернер крутанул шеей.

- Ужасно тесно.

- Прекрасно тесно,- сказал Лернер.- Ну, а где же автор? Где Абезгауз?

Женя Абезгауз курил в коридоре и затравленно озирался в кругу москвичей.

- Женя, почему на ваших полотнах церквушки стали непременным атрибутом пейзажа?

Майкл из ЮПИ увел Липавского на кухню. Сеня тут же молча передал пачку анкет.

- Вы любите живописи?- спросил корреспондент Майкл.

- Потому…
- Ваши картины продаются?
- Здесь все продается. Деньги нужны на дорогу.
- В Израиль?
- Отсюда…

Самую большую картину намалевал самый шумный Алек Рапопорт – «Ужин» - скудный свет падает на стол, на лица одиннадцати мужчин. Глаза их – проемы разбитых окон. Темно-сиреневые тона, деформированность пространства.

- А еще ты выставлялся зимой,- вспомнил Лева Чернобельский,- на Садово-Кудринской. Там хозяйка стихи стучала одним пальцем на электрической машинке.

- Точно,- кивнул Рапопорт.- Было дело. Я тогда привез альбом рисунков. До двенадцати дня еще можно было попасть на выставку, а потом гэбэшники нагрянули, милиция. «Не уйдем, говорим, и все». Так они подъезд заблокировали. А пришел Евтушенко. «Вы знаете, кто я такой?» знаю, говорит милиционер, я Вас читал. «Тогда пропустите меня на выставку». «Нельзя». «А Вы не боитесь, что могут быть неприятности, как некогда досталось от Пушкина жандармерии?» «Мы Вам не жандармерия, а Вы нам – не Пушкин» - ответил тот. А Евтушенко был с бабой-иностранкой, неудобно сдаваться, но так и ушел ни с чем.

- А этот мыслитель сколько стоит? – кивнул Лева на рисунок.

- Двадцать пять. Вы хотите купить или академический интерес?

Лева покраснел и вышел в коридор. В дверном проеме торчала голова – шапка на затылке, пар изо рта.

- И хде я?
- Рождественский бульвар дом 2.
- К серту подробности! В каком я городе?!
- Это Арефьев,- воскликнул Рапопорт.
- А-алик! – обрадовался Арефьев и полез целоваться.

Александр Арефьев – художник, чьи картины висели в большом зале, рядом с картинами Рапопорта. И еще кипа рисунков его лежала россыпью на журнальном столе. Арефьев пережил блокаду Ленинграда, сталинские лагеря – все это стало темой его работ.

-А-алик, я по-освоню… хде еефон?.. друха обрадую… Алло! Алло! Дра-астуй! Дра-астуй! Усна-ал? Та… в Мосфе, на Рож-шш бульфаре. Ась?.. Можешь ты жену запереть в туалете? Ну ладно, нисего конфиденциального гофорить не буду, стоб не портить твою личную жизнь… я на бульфаре… выставка еврейских художников. И я…

Арефьев положил трубку, натолкнулся на брюхастенькую брюнетку. Она так и стукнулась затылком о стену.

- Свиняйте,- опомнился художник, прижался к «Счастью» Симы Островского. Уснул Арефьев стоя, как только умеют слоны и пьяницы…

И Таня Корнфельд спала. Спала на диване большого зала, в самой сутолоке выставки… на вытертом венском диване, и снилось ей, что продала она яблоки… набрала горсть красных листьев и полетела…

… ее полотна «Девочка», «Адам и Ева», «Девушка», «Суббота» - самые талантливые вещи на выставке. И уж точно, истинное чудо – краснокарандашный рисунок «Еврей». Старик сидит на земле, обхватив руками колени, будто заемной шар;

он одет в талит. В карандашных линиях Тани мелодия нежности и благодарности, хочется не только смотреть, но – прислушиваться к ним, будто к дождю.
Чернобельский воровски еще раз бросил взгляд на долготелую Таню – прикорнула на диване. Все же должна она быть счастливым человеком, а потому ли, что красивее собственных картин, а потому ли, что так щедро дарит праздник.

Технари.

Пора снегопадов и откровения. Лучшее время для подачи документов. Легко и радостно в такую пору обменять гололед запретов на своеволие души; и на лист, как на первый снег, ложатся строчки «прошу разрешить навсегда вас покинуть».

Не разрешали в интересах государства – брат на ящике, жена любовница чекиста, да и сам ты как-то пьяный спал в бомбоубежище. О каких только причинах отказа не поведала Горка – Устная антология устных отказов. На ветру посеянное слово – это всего лишь ветер.
Анатолий Щаранский вынырнул из метро на станции «Академическая» и шагал к Ленинскому проспекту, радуясь дню. Белый ветер трепал брюки, снег путался в ногах. Донкихотствующий Альбрехт прав: слово на бумаге – это чуть больше, чем слово на снегу. Анкету заполнят отказники Москвы, Ленинграда, Киева… это покажет миру нелепость отказов в праве улететь в Израиль тысячам евреев…

В сотне шагов от Ленинского проспекта взгромоздился кирпичный многоэтажный дом преподавателей МГУ. В пятикомнатной просторной квартире собирался по четвергам «инженерный семинар». Вчерашние конструкторы и технологи, физики и математики пытались продлить свою профессиональную жизнь. Нередко и инженерные семинары сбивались на отказные хлопоты – уволили с работы, смерть близких, объявить голодовку или написать письмо в ЦК, бывали и радостные вести – свадьбы, рождения детей.

Доклад Лернера «Автоматизация и этика». Гостиная отделана светлым деревом. На столике у пилястры поднос с бутербродами – белый хлеб с сыром.

Дверь входная не запиралась. Это правило семинаров. Скинул пальто на «мала-куча» и проходи в гостиную. Лернер выступал у доски с мелом (ах, как соскучился он по кафедре!) и, даже когда задымился чай в чашках и побежали по рукам бутерброды, Щаранский достал Анкету, ухватившись за пухлую губу.

- Я хочу спросить всех присутствующих: готовы ли они заявить о себе правду?- спросил Лернер.

- Всю правду?- удивился рыжий химик Гриша Розенштейн.

- Письменно.- сказал Щаранский.

- А кому наша правда нужна?- развел руками Розенштейн.

Странно было слышать это от нового лидера ХАБАД.

«… год рождения… образование… место работы…»
- А зачем место работы?
- А это военная тайна?- улыбнулся Щаранский.
- Разумеется, нет.
- И ни для кого не тайна, что рыбу ловят в море, а самолеты собирают на

заклепках. А нам за эти знания отказывают в выезде из страны.

- Но-о… если американцы узнают, что на автомобильном заводе, скажем, делают еще и моторы для танков,- то они перестанут нам поставлять оборудование.- усмехнулся Лунц.

- Конечно. Но это уже нас не касается.- выразительно хмыкнул Лернер.

В окно сыпануло снегом.

Зачем я здесь?- подумал Лева.

Как отказник, не разрушай мосты.
Пройдет исход –
на это не отвечу.
Но сердце, ожидающее встречу,
Прекрасно! И глаза твои чисты.
Иди! И не наводя на грех
Звенящую, восторженную душу,
Не пропусти в нее пальную стужу.
Будь терпеливым, в этом твой успех.
О, в часовых ли стрелках торжество!
На перекрестке шумном и забытом
Иди, притягивай магнитом
Робеющего брата своего.
Пусть над землей прольется добрый свет
Той правоты и веры несравненной.
На шумных перекрестках всей вселенной
Иди, и выполни Завет.
Всем циникам и скептикам в укор
Иди, светись великодушьем
… Твоим примером и твоим оружьем
И мы сильны. И живы до сих пор.

На перекрестке Загородного шоссе автомобильная пробка прижала «Волгу» Липавского к обочине. Взгляд уперся в зеркальное отражение – в глазах ожидание перемен. С примесью страха… за себя, за отца… На сиденье валялись анкеты.

Впереди завывала сирена «скорой помощи», и Семен высунулся наружу. Все равно не видно. Снежная круговерть. Откинулся на сиденье, опустил ветровое стекло. Музыка «скорой помощи» заставила едва ли не вслух рассуждать о том, о чем он так беспрестанно думал последнее время: спасти отца, любой ценой спасти.

Но делать-то что? Где выход-то?! Спасу отца – мне все простится. Да в сравнении с жизнью отца откровение, пусть даже его предательство – чушь собачья. Сколько было на Горке предательств! Было ведь! Ну, так одним больше. Никого ведь всерьез гэбэшники не сожрали. И на этот раз обойдется, ну, нагрянут с обысками, ну, отберут анкеты, да и дело с концом. Но каков Щаранский. Помесь безумия и упрямства.

Что-то серьезное стряслось там, на перекрестке. Вслед за первой «скорой помощью» сиреной расчищала себе путь – другая. Липавский вышел из машины. Метель навалилась с борцовской напористостью, и он, чтобы устоять на ногах, поднял воротник, облокотился о машину, прячась от снега и ветра. И как только закрыл глаза – нечто коричневое обваловало Семена и утопило… он приснился себе маленьким. Он катает по полу самоделковую автомашину, ловко выструганную отцом из деревянной чурки – с нарисованными радиатором и кабиной, с перламутровыми пуговками вместо фар, с пустыми катушками из-под ниток вместо колес. В кухне отец напевает

та-ри-ра-ти-ра-ти-ра
та-ра-ра-ра-там-ти-ра-ра

Он еще на свободе.

- Эй, шеф!

Липавский открыл глаза. Впереди стоящий «жигуленок» уже катился прочь. Он тоже поехал и весь оставшийся путь вспоминал только этот сон, точнее, «нечто коричневое», что обваловало его и утопило… «Если есть цвет ужаса, то он именно такой»,- подумал Липавский, будучи не в силах подавить внезапно возникший в душе страх.

Юридический семинар сегодня собрался у Гриши Розенштейна.

Белое небо, белая земля.

- Ау-у, люди! Или как вас – господа!

- Хаверим,- подсказал сидящий на полу Цыпин.

- Пустьтак. Хаверим! Я готов, чтобы меня слушали.

А хаверим шли и шли к многоэтажному дому на Юго-Западе, протискиваясь в квартиру, складывали на пол пальто. Альбрехт расположился в кресле, под настольной лампой. Он давно грозился высказаться о «Горке». На полу одиннадцатого этажа, как на полу мечети, сидели Маша Магарик, Толя Щаранский, Бегун, Липавский, Слепак, Лернер, Абрамович, Прести. Азбель и Брайловский только-только вошли.

- Лю-уди! – воскликнул Альбрехт.- Я вынужден начать в таком бедламе.

На нем войлочные ботинки, серая шерстянка, джинсы, закатанные нараз и распахнутый замшевый пиджак.

- Хаверим, я представляю вам не исследование, а просто отдельные истории, увиденные со стороны. Моя слабость – я не еврей. Вы узнаете, что о вас думают. А это всегда интересно. Итак, что такое алия и кто такие отказники? Отказник – еврей, умеющий объясниться на иврите и получивший отказ на выезд в Израиль. Ни больше, ни меньше. Я, например, не отказник, хотя в свое время мне отказали в визе в Бельгию на съезд представителей Эмнистиинтернейшенл. Алия – добровольное содружество отказников, и тех, кто подал документы на выезд в Израиль, для которых иврит – родной язык.

- А кто иврит не знает, засмеялся Щаранский,- тем визы не давать?

- Я не понял.- Альбрехт снял очки и теперь тонул в лучах лампы и хохота.- Ну черт его знает, может, я говорю ерунду. Но пусть меня поправят… Социализм и матушка Россия родили немало парадоксов, родили они и алию… Длительные взаимоотношения отказников невольно сложились в некую структуру организации со всеми присущими ей чертами: появились лидеры, секретари, комитеты, подкомитеты.

- Сейчас он нам припишет пару идей,- усмехнулся Липавский,- и уже никого отсюда не выпустят.

За дверью смежной комнаты заскулил экстерьер.

- Распределение финансовой и материальной помощи среди отказников, семинары и коллективные заявления, демонстрации солидарности – все говорит о живом организме алии. Но здоров ли организм?

Экстерьер завыл сильнее и жалобнее.

- Выпусти Отказника! – закричал шестилетний Ефремка Розенштейн, он сидел на спинке дивана и ногами упирался Чернобельскому в спину. В белой рубашке, белокурый, ангел кричал докладчику.- Выпусти Отказника!

Спех, аплодисменты.

Кресло Альбрехта упиралось в дверь.

- Я думаю, что в целом алия здорова.- Альбрехт платком протер очки, лоб…

- Володь, выпусти песика,- попросил уже Толя Щаранский.

- Отпусти! – крикнул «ангел» и замахнулся надгрызенным яблоком в Альбрехта.

Пришлось открыть спальню. Пес выбежал и первым делом лизнул в лоб сидящую на полу парапсихологичку Ларису. Ефремка спрыгнул с Чернобельского, пес и его поцеловал.

- Я, вообще, хотел начать с некой цитаты,- сказал Альбрехт дрогнувшим голосом,- но цитату забрали. Стоит что-то нацарапать, как тут же появляется некто и – цап-царап. Можно понять их любопытство, но к чему такая жадность? И ведь не возвращают прочитанное! На столе цитата древнего японца. Забрали. Не забывай, мол, где живешь. И, если у вас на руках уже есть израильский паспорт и вы давным-давно подали документы на выезд, вы все же здесь по самые уши… Долг отказника прежде всего: строжайше соблюдай законы этой страны. Писаные и неписаные. Они могут стареть и даже умирать. Не стареет разве что Галина Борисовна. Это тоже нужно помнить. Вот на прошлой неделе улетел Лунц. Многие его знают: феноменальная работоспособность, умница, великолепный организатор. Ну, не мне вам рассказывать. И вот, волею судьбы лидера алии Лунца знакомят с Галиной Борисовной. Беседуют, назначают свидания… «Нам хочет помогать один комитетчик,- сказал как-то Лунц,- информацию поставлять будет»: «Завтра обыск у Абрамовича». И действительно, наследующий день приехали с мешками к Павлу. «В пятницу арестуют Халуповича в Минске». В пятницу и арестовали. Ай-да Лунц! Да? Нашел нам осведомителя! Вы понимаете, у нас свой человек в ГБ. Смехота. И вот Лунц меня спрашивает: «Володя, какую бы информацию ты хотел получить от нашего человека?» я ему отвечаю: «Да пойми ты, чудак-человек, они с тобой играют. Ну хорошо, тебе нужны доказательства. Ну пусть он передаст текст клятвы, какую они дают». И, вы знаете, человек Лунца как в воду канул. В конце той клятвы есть слова – и пусть покарает меня меч, если я предам… Ну, вы понимаете, ГБ – такая же ортодоксальная, фанатичная и замкнутая система, как, скажем, баптисты. В своей игре человек Лунца не смог пересечь определенные рамки. Да, они очень щедрые, но и объегорить могут самого шаха Ирана. Они Лунцу уступали в мелочах, а он заплатил дорогой ценой: дискредитировался в глазах алии… Ну, хорошо, поговорим о более приятных вещах. Что есть личное в алии, что – общественное? Книги, магнитофоны, пишущие машинки держать под кроватью аморально и увозить – тоже. Спрашиваю как-то на проводах: «И магнитофон берешь?» «Та-а, понимаешь, он ведь ломанный-переломанный. Чего его оставлять! Возьму». Та подавись ты, думаю, как подавились те пятеро ленинградцев, что изуродовали друг друга из-за японских магнитофонов. Помните: пять отказников, три магнитофона и – кулачный бой. Увы, это не первый публичный позор алии. Ему положили начало отцы алии, когда на них посыпались посылки и сертификаты. Скорее бы уж эти сертификаты кончились!

Нервный смех владельцев сертификатов. Альбрехт угодил в яблочко.

- Магнитофон он мне не оставил. Мораль этого отъезжанта, сами понимаете, на уровне того дяди, который за рубежом на государственные деньги покупает друзьям шариковые ручки, а дорогой подарок везет себе лично. Нужно быть щедрым. Алийцы на виду. Причем у активистов алии меньше прав, чем у обыкновенного отказника.

- Что значит «права»?- выкрикнул Цыпин.

- Право это выбор добра и зла. Хорошему человеку можно не изучать законы, ведь он, по существу, по ним живет. Вообще, законы надо уважать.

- Как можно уважать то, что никто не уважает? – засмеялся Бегун.

- Вы знаете,- обратился к нему Альбрехт,- вы правы. Я ведь здесь высказываю свое неверное мнение. Жить по законам, конечно, трудно, но в этом - искусство жить. Алиец, хочет он того или нет, является представителем своего народа, и люди так на него смотрят. И если некий весьма известный алиец покупает своей любовнице подарок за двести рублей, причем все знают, что он нигде не работает, то это наводит на грустные размышления. Представьте себе некий город Х. Кто жил в провинциальном городе, тот знает, как трудно там алийцам. Они все время на виду. Они знают всех, и все о них все знают. «Чем ты лучше нас? Мы, значит, остаемся, а ты почему-то улепетываешь». Алийцы окружены отчуждением. Ведь урюпинцы друг друга боятся. Был 71 год - год, когда сотрудники клеймили коллег-отъезжантов. Поменять социализм на ад капитализма. Ну, вы меня понимаете. И вот, в число подавантов попадает некто Владимир Ильич Левин... «Прошу выдать характеристику на постоянное место жительства в гос-ство Израиль...» И подпись Владимира Ильича. Вам это интересно? Ну хорошо. Так вот, затюкали Владимира Ильича, и он заболел. А тут собрание института. Что делать? Понимаете? В общем, извечный русский вопрос. На собрание явилась жена его.

«Почему Владимир Ильич уезжает в Израиль?» - спросили там ее.

«Мы просто умираем от голода».

«Голода?... Вы получаете двести, муж ваш - доктор наук – четыреста».

«Да, но уехал наш резник, а мы привыкли есть только трефное»

На этом месте рассказ Альбрехта прервал гомерический хохот Иосифа Бегуна.

- Кошерное,- поправил он Альбрехта, смахивая слезы.

- Кошерное,- подхватил Альбрехт и продолжал.- Они ели только кошерное. Ее ответ шокировал их... Понимаете, в России ценят метко сказанное слово. И вот вам еще пример: в том же Урюпинске отказники хотят выразить недовольство, но так, чтобы их не посадили. А в это самое время в газетах появились статьи, разоблачающие ожиревших бюрократов.

«Знаете,- говорю я урюпчанам,- вы хотите протестовать, а за это бьют. Но желание у вас столь сильно, что не остановить вас. Так станьте у валютного магазина с плакатом: «Мы поддерживаем решение правительства ликвидировать сертификаты и «Березки», если это не для того, чтобы уморить нас голодом».

- Ну и как? - Пошли они на это?

- Не захотели. А надо вам сказать, дельное предложение.

- А вот ты сам,- спросил Липавский,- стал бы у "Березки"?

- Ну, если я сам буду все делать, что мне в голову приходит, меня не хватит.

- Слава Богу,- Липавский аплодировал.

- В Урюпинске гастролировал московский артист. Сократа он играл, беседовал. Говорил: «До конца верить нельзя никому». Урюпчане холодели от ужаса. Ну, короче говоря; базар. Вот я и предложил своим старым знакомым купить цветы и с магендавидами на груди выйти на сцену. Представляете, вы поворачиваетесь на сцене лицом в зал, а на груди у вас магендавид, а в зале сидит начальник ОВИРа с женой, начальник милиции с любовницей и т.д... а в зале аплодисменты... Представляете?.. И местный начальник КГБ аплодирует... и на это не решились. Кандидат технаук сказал: «Вы знаете, Володя, я не могу, надо посоветоваться». Потом понес какую-то чепуху про антисемитизм. А то, сидим мы в кафе с тремя отказниками, обсуждаем очередные мои идеи. Ну, вы представляете: лето, пух тополиный в воздухе, кофе с двойным сахаром... Вдруг один из отказников говорит:

- У меня идея.

- Ну, говори.

- Нужно что-то делать,

- Это у них не юмор, это жизнь.

- Выразите,- говорю,- открытым письмом свою признательность польскому правительству за отмену повышения цен, но – нет, пух с носов сдувают, молчат. Приходит четвертый отказник, тот самый кандидат наук. В руках у него израильская эстрадная пластинка.

- Меняю на песни из Сопота.

- Такие вещи не обменивают,- сказал я.- Тебе же израильскую подарили.

Он меня не понял. Обиделся.

- Конечно, она принадлежит тебе, и ты вправе ее обменять на что хочешь. Но другие люди вправе не подавать тебе руки... Вообще, я тебе на это письменно отвечу.

- Не надо,- говорит.

- Ну, тем более.

Вы поймите, этот алиец впитал в себя партийную этику. Но давайте вернемся к нашим безработным алийцам. Здесь не должно быть двух мнений: все должны работать.

- Ты где работаешь?

- Я работаю на нас.

Понимаете?.. Двое детей, жена... а он «на нас работает» и живет на зарубежную помощь.

- Да пойми ты, что они в любой момент могут тебя обвинить, что ты иждивенец ЦРУ, и вся твоя «работа на нас» пойдет прахом... Вот Иосиф. Нигде не работает, самоусовершенствуется. И только. Но и это опасно, Учитель иудаизма прикрылся справкой, что он-де ассистент профессора истории, платит пять рублей налог и все шито-крыто. Верят ему или нет - вопрос другой. Важно: он обманывает. Отказник должен быть чист, как слеза. Не забывайте: окружение не только враждебно, но и агрессивно, и в один прекрасный момент они используют тот факт, что вы живете нахлебниками их врагов. Помощь из-за границы предназначена для голодающих. Голодающий имеет право на такую помощь, но при этом нельзя ничего делать. Иначе слово «помощь» заменится на слово «финансирование» той самой деятельности. Вы должны помнить: лидер алии - это человек, по которому судят о том, кого он представляет. Но когда лидер перерождается в монарха, он уже не представляет никого. В нашем алийском государстве уже есть свои монархи. Им присылают деньги и посылки только за то, что они живут. Наш монарх уже давно ничего не делает, просто живет как монумент. Его заслуга в том, что он выпил цистерну чая почти со всеми сенаторами Америки.

Бегун переглянулся Щаранским, оба засмеялись, взглянув на посапывающего у притолки Слепака.

- Ну Бог с ним,- продолжал Альбрехт,- с монархом. Есть ведь еще такие, кто «на. нас работает». Работай, хаве́р, но бесплатно. Вот если бы мне платили за эту лекцию, то я не смог бы сейчас вам ее читать. А если на мне джинсы, то потому что штаны порвались, и хороший человек подарил джинсы. И все-таки они мне жгут задницу.

- Но активист еврейский не аскет,- воскликнул Липавский.- У активиста есть семья. Так ли уж необходимо лишать его помощи из-за рубежа?

- Лишать? Он просто не возьмет ни от кого помощь, потому что он лидер алии, он хороший человек, во-от такой парень. Вы, быть может, и сами не замечаете, как жизнь на подачках сковывает инициативу. Холуй есть холуй... получает ли он полтинники или сертификаты. В России, господа, праведник должен ходить без штанов.

- Это не в твою пользу! - засмеялся Щаранский.

- Вы все забываете,- сказал Эссас,- что в еврейской традиции помогать друг другу. И вовсе не обязательно оглядываться на гоим, как они это истолковывают.

- Ты прав,- кивнул Альбрехт.- Но когда вас спрашивают: «На что вы живете?» Вы почему-то молчите. Та самая «работа на нас» на самом деле работа на экспорт. У вас нет самиздата как такового. «Евреи в СССР» предназначен на экспорт. Кто читал или даже видел хотя бы один номер этого журнала? Кстати о самиздате. Он возник у демократов и был предназначен исключительно для внутренних нужд. Они ведь не собираются уезжать. Я вообще не представляю, как можно возрождать здесь национальную культуру с чемоданами в руках?

- А мы ничего возрождать здесь не собираемся,- выкрикнул Цыпин.

- Я вам верю,- усмехнулся Альбрехт.- Все, что можно делать с чемоданами в руках, так это уносить ноги. Тут все зависит от темперамента. Это русским понятно. А вот как учить иврит, Тору, разучивать песни, танцы с чемоданами в руках?! Во-от, тут уже фокус. А в России фокусы любят только в цирке. Вам со дня подачи документов кажется, что вы уже там. Но, как я уже говорил, вы на самом деле, еще здесь и по самые уши... Я говорил о самиздате. Самиздат - это целая эпоха: от первых ленинских декретов до магнитофонных мемуаров Хрущева. Самиздатовский бум продолжается. Пишущих машинок навалом, бумага есть, а на работе – один черт нечего делать - ну и сочиняет каждый свой город-солнце. В Москве интеллигент готов раскошелиться - лишь бы вкусить запретного. В 69 году я знал одного типа, так он собрал на 29 тысяч рублей самиздатовской литературы. Этого хватило бы на три Колумбийских университета, а Галина Борисовна пришла и хапнула все разом, за один вечер. ГБ, господа, не Колумбийский университет. Печь растопили и «гори-гори, моя звезда». Беда - печь маловата, но я полагаю, где одна печь, там и другую сварганить можно. Эх, нам бы их заботы! Я считаю, самиздат должен опираться на самокритичность. Самокритичность - это очень важно. Нужно немного посмеяться над собой. В то же время, журналы, издаваемые на пишущих машинках - не место для самореклам! Меня коробит, когда половина номера пестрит одной и той же фамилией, пусть даже гения. Читаю еврейские пословицы, а над ними: «Составил такой-то». Опять эта фамилия. Ну, поймите, это уже ни в какие ворота. А как вам нравится такой случай: на допросе спрашивают:

«Почему ваша фамилия на обложке журнала?»

«Не имею понятия»,- ответил главный редактор журнала.

- Когда мне это рассказал этот человек, я сказал: «По-твоему, нужно создать международную организацию по выяснению причин появления твоей фамилии на обложке?» Если тебе доверили быть редактором, то почему ты должен врать? Врать некрасиво. Говори остроумно. Здесь любят остроумие. «Вы полагаете, В. Лазарис это я?» Наверное, следователь опешит сначала «А вы разве не Лазарис?» «Нет, отчего же, я тоже Лазарис». Улавливаете юмор? Следователь, я думаю, тоже оценил бы такой ответ.

Снова Альбрехт хохотал со своими слушателями, а с ними вместе - и сам Володя Лазарис.

- А насчет остроумия я позволю себе привести еще несколько примеров, Это сидит зэк в камере и курит. Входит надзиратель:

«Прекратите курить, вы портите свое здоровье». «Ну, Дзержинский тоже курил». «Так ты себя что-о... с Дзержинским равняешь?» «Но он тоже сидел». Или из той же «оперы»: «Меня осудили ни за что». «У нас ни за что не сажают». «Но как же Тухачевский?» «Ну Вы себя равняете с Тухачевским?»... Это интересно? - Альбрехт улыбнулся, удовлетворенно тряхнул гривой волос.- Я ведь только высказываю свои неверные представления. Вы не устали?

- Нет, нет, интересно!

- Тогда еще один нетипичный случал. Очень люблю нетипичные случаи. Работал в Урюпинске доцент Кобзон. Его уважали, и он уважал. Однажды вечером слушал хлопец Би-Би-Си. И вдруг узнает: его коллега Кантарович попросил политическое убежище. А у Кобзона хранился портфель Кантаровича. В портфеле, как вы догадываетесь, хранились открытки с голыми женщинами. Кобзон решил для начала отнести портфель на вокзал, в камеру хранения. Так и сделал. А на четвертый день вернулся к своему ящику, ящик открыл и тут же его «накрыли»: портфельчик откройте! Короче, Кобзон во всем сознался и пошла «телега» на работу. И вот собрание по поводу Кобзона-Канторовича.

- Почему вы скрывали портфель предателя?

- Каюсь.

- Откуда он у вас?

- Он дал картинки посмотреть.

- Мы знали, что Кобзон слушал Би-Би-Си,- оправдывался парторг,- но он всегда делал правильные выводы... Понимаете... они все слушали Би-Би-Си, но они не выпали из трамвая, а Кобзон вывалился. Ну и выгнали его из института. Подал он документы на выезд в Израиль я вошел в число великомучеников. Вы обратите внимание, в каких пастельных тонах я выражаюсь. Нынче пошла мода на мучеников. В Америке на каждом перекрестке плакат «Свободу Рабиновичу - отцу русской алии». И что примечательно: об его отцовстве американцы знают исключительно со слов самого Рабиновича. Тем американцам нужен символ алии. И вот он - мученик - герой! А он так... ну ничего... жив-здоров. Вы меня поняли?

- Поняли! - крикнул маленький Ефремка.- А когда спать?

Альбрехт взглянул на часы. До закрытия метро полчаса...

- Ты как к Альбрехту относишься? - спросил Элиягу уже на улице Чернобельского.

- Таких парней в деревнях кормят бесплатно.

Они засмеялись.

Это все танго. Удивительное чувство ритма Натали. Семен танцевал с ней в полупустом ресторане «Арагви». Толя, Рубин, Слепак пили за столом и обсуждали завтрашнюю демонстрацию перед центральным ОВИРом.

Звучал голос Лучано Паваротти. Звучала музыка. Семен вдыхал запахи Натали и с удивлением почувствовал дрожь, будто пол под ним закачался.

- Ты классный – руки ее сплелись на его шее. Он чувствовал ее всю.

- Ты отвезешь меня?

Блаженный страх, желание взять ее в машине. Вот оно – свершение. В среду. Но тут же, в тот же самый миг, его расчетливый ум подсказал ему, что этот день ему не принадлежит. В среду с самого утра он, Щаранский и Слепак встречаются с американской рабочей группой сената. Если он придет, если связь с Натали откроется Щаранскому, то конец всему: и карьере, всем усилиям по спасению отца. Никогда уже не получить обещание властей помочь его отцу. Он останется ни с чем. Но если Натали не услышит от него радостного «да», он потеряет, быть может, единственное свидание с ней.

Вот она слегка отстранилась от него, едва уловимое движение, ее насмешливый рот вдруг прикоснулся к его губам. Как горячо ее дыхание.

- Да, Натали.

Он не помнил, как очутился за столом, где не прекращался разговор.

- Американцы не гэбэшники? – спросил он нарочито громко.

Слепак удивленно посмотрел на него.

- Не бойся, они настоящие.

Липавскому вдруг почудилась пустыня, они сидят на камнях, лицами к закату и каменному безлюдью. И вдруг огромная жаба, белесая, серо-коричневая, как и пустыня, а, может быть, черепаха, ползла к ним. Странное наваждение – голова человечья с выпученными глазами. Надо встать и уйти. Чего же они сидят?

Вдруг Натали заговорила, и тотчас же исчезло наваждение.

- У меня такое чувство, что я завтра получу разрешение на выезд в Израиль.

Влюбленный Щаранский побледнел.

- Ты хочешь бросить нас? – засмеялся Слепак. – Или ты хочешь казаться счастливей, чем ты есть?

- Не болтай глупостей,- вспылил Щаранский.- Если Бог есть, то он спасет Натали первой. Ты самая лучшая из нас.

В этот вечер Липавский уехал загород, к семье. В дороге мучился: Щаранский привез Натали в квартиру на Академической?

- Ты где?! – грянул громом полковник.

- Вот я,- Лазарь побелел.

- Иосиф Бегун – что это?

- Ну, это…

- Что это за говно?! Призвал мировое сообщество Олимпийский комитет СССР бойкотировать. Где эта падла работает?

- Он преподаватель иврита.

- Сука он! Говно! И иврит его говно. И ты засранец, если упустил его. Упустили! Посадить Бегуна за тунеядство, а потом – на Колыму сослать. Все руки до евреев не доходили, но они перешли грань, наше терпение лопнуло. Сажать будем! А что это за птица – Рубин Виталий? Тоже преподаватель иврита? Вот сколько на него накопилось! Сажать.

- Рубин туберкулезник. Помрет еще до суда,- Лазарь захрустел потными пальцами.- И он фронтовик, и он ученый с мировым именем. Такое начнется!

Полковник с интересом взглянул на Лазаря.

- Знаю, что фронтовик.

- Ну, а Лернер?

- Лернер – профессор МГУ. По-моему, он еще член-корр.

- Его же выгнали из МГУ! По-моему! По-моему, тебя тоже гнать пора. Ты с его делом знаком? Какой он, к черту, член-корр?! Бардак, Щаранский тоже член-корр?

- Щаранский – пацан.

- Остается Щаранский. Ему один хер, где играть в шахматы. Ты понял?

- Ну, понятно.

- Вести к посадке Бегуна и Щаранского.

- Слушаюсь.

Мелкая нервотрепка… не бой.

У Хейфеца болела голова – выпивать стал чекист. А ведь привык и ко взглядам, и с зеркалом договорился. Короче, весело - нет, жизнь устаканилась, но вот попивать стал. Луна лезла в окно, как раскормленный вурдалак. Хейфец смотрел телерепортаж визита Брежнева в Финляндию. Бровастый лихо подмахнул Договор о соблюдении прав человека. Ну, не дурак?! Загубит страну, скотина! Хейфец выпил под огурчик малосольный. Хроника из Лаоса, лагерь боевиков. Снова Европа. Демонстрация Французских евреев с требованием эмиграции из СССР. Хейфец засадил полный стакан.

- Я вам покажу эмиграцию! Мы будем бороться за страну до последнего бойца!

Жуткий ветер ломал ветки деревьев, на миг поднимая уже оторванные и истрепанные, вновь ронял их на землю, катал по жухлой траве и топил в лужах. Лева смотрел на обезумевшие березы. Внезапно одна крупная ветка с резким стоном отломилась от ствола, подскочила в воздухе и упала к его ногам.

Правила дворовой игры подсказывали ему, что, раз все подают документы на выезд в Израиль, он должен тоже подать их, то есть сделать то, чего он сделать больше всего боится. Страх к перемене мест был всегда для него столь сильный, что чуть ли не еженочно приходил во сне один и тот же эпизод: бабушка Тубэлэ ведет за руки Софку и его по чужой безлюдной улице.

Июльский зной затопил столицу, ходили марева над тающим асфальтом, окна распахнуты настежь, в жидкой тени изнемогающих деревьев плавились старухи. Солнце зависло и просверливало квартиру навылет.

Кандель закрыл окно, наглухо задернул тяжелую желтую штору, потом подтянул трусы, прошлепал босыми ногами к столу. Было начало третьего; вечером у него соберутся «тарбутники» - пора заглянуть в редакционный портфель.

В зеркале мелькнуло собственное отражение - этакий мини-Дон Кихот в черных трусах. Плевать. Интересно, что там, в кофейнике В кофейнике на дне сверкнула темная гуща. Может быть, зря он отпустил жену с пацанами в Одессу? А, как-нибудь продержится. Зато к нему могут целой оравой приходить сумасшедшие: эти бывшие писатели, режиссеры от кино и прочие новоявленные борцы за еврейскую культуру. Они тиражировались в своих «творческих союзах» тысячами экземпляров, а что «Тарбут»? Два десятка машинописных экземпляров - из них треть ляжет на стол ЕОГу (еврейский отдел ГБ). Сумасшедшие!

Кандель расставил по полкам мытую посуду, он вытирал руки, когда его вдруг осенило, совсем как вчера, он сначала не поверил:

- Подожди-ка, подожди,- ...- лихорадочно бормотал он.- Они меня исключат из Союза кинематографистов, едва прочтут мое заявление на выезд в Израиль, а я должен их опередить, и прежде чем стать отвергнутым, я сам отрекусь от всего.

Кандель запустил пальцы в бородку и яростно зачесался, прошлепал к столу, уселся и взял шариковый карандаш. Та-ак... Отодвинул ящик и достал отпечатанный киносценарий мультфильма «Ну, заяц, погоди!». Великолепная троица: Хайт, Курляндский и Камов (он же Кандель) распадется... Кандель бросил папку в корзину и на чистом листе вывел: «Я отключаюсь». Ото всего и ото всех. Ай да Кандель!

Задребезжал телефон, Феликс зарычал, потом упал на тахту и сорвал трубку.

- Да!

- Феликс?

- Да...

- Не узнаешь, Заяц?! - это был Щаранский.

- Толян!

- Где купить противогаз, а? Сдохнуть можно. Ты почему долго к телефону не подходил?

- Работаю,- сказал Кандель.

- Работаешь... Щаранский засопел.- Нетленку, значит, лепишь... Над чем работаешь?

Кандель обалдел. Он знал Тольку Щаранского уже больше года, и сроду Щаранский никакой канделевкой не интересовался. Тем более но телефону.

- Над чем я работаю? - переспросил Феликс со злорадством.- Изволь, могу рассказать во всех подробностях, тебе это будет страшно интересно. Вчера я, наконец, слез с мертвой точки...

Я отключаюсь.

Щаранский не перебивал. На секунду Канделю даже показалось, что их разъединили.

- Ты меня слушаешь? - спросил он.

- Да-да, слушаю очень внимательно.

- Может быть, ты даже меня понимаешь?

- Секу помаленьку,- бодро сказал Щаранский и тут Кандель в первый раз подумал, какой у него странный голос, он даже испугался.

- Толька, случилось что-нибудь?

- Где? - спросил Щаранский, помедлив опять.

- Где... У тебя, естественно. Я же слышу, что ты какой-то.

- Это определенно. Феликс, если одно зерно риса - это рис, то горсть его разве что-нибудь меняет?

- Горсть ничего не меняет...- ответил Феликс.- У тебя что-нибудь случилось?

- Да что ты, отец, кол баседер. Ладно. Жара замучила. Стоят два еврея, подходит третий. Я, говорит, не знаю, о чем вы разговариваете, но ехать надо.

Кандель и Щаранский одновременно захихикали.

- Феликс, я тоже, кажется, слез с мертвой точки. Такое вот совпадение, только я наоборот - включаюсь. И всерьез.

Липавский полежал на спине, не спеша, очухиваясь, под окном уже во всю грохотали прицепы. А в квартире было тихо, от вчерашнего лернеровского семинара остался бедлам в голове, металлический привкус во рту и какая-то неприятная заноза в душе или в сердце, или Бог знает еще где. Он стал разбираться, что за заноза, но тут раздался осторожный звонок в дверь. А, это Щаранский деньги одалживать, сообразил он, и соскочил с постели.

По дороге через прихожую мельком отметил, что на кухонном столе неубранная тарелка. Пока он возился с замком, звонок снова деликатно звякнул.

- Сейчас, сейчас... - сиплым со сна голосом проговорил он.- Одну минуточку, Толян.

Однако это оказался вовсе не Щаранский. У порога стоял незнакомый мужчина в костюме тренера, прямо-таки Тихонов из ЦСКА, а в глубине лестничной площадки, возле лифта, маячили еще трое, но ему сразу стало не до них, потому что первый произнес вдруг:

- Из Комитета госбезопасности,- и протянул Липавскому какую-то книжечку, в развернутом виде.

- Очень мило! - пронеслось у Липавского в голове.- Все ясно, этого и следовало ожидать.

Чувства его были расстроены, он тупо смотрел в раскрытую книжечку - там была фотография, печати, надписи...

- Да-да...- пролепетал он,- конечно, прошу. А в чем дело?

- Здравствуйте,- произнес молодой человек,- Вы Семен Александрович Липавский?

- Я...

- Несколько вопросов с вашего разрешения.

- Пожалуйста, пожалуйста...- сказал Липавский,- подождите, здесь у меня не убрано... только что встал... Может быть, на кухню?.. Нет, там сейчас солнце... ладно, заходите сюда, я сейчас уберу.

Молодой человек прошел в большую комнату и скромно остановился посередине, откровенно озираясь, а Липавский кое-как убрал постель, накинул рубашку, натянул джинсы и бросился раздергивать шторы и открывать окно.

- Вы садитесь вот сюда, вот кресло... или вам удобнее за стол? А что, собственно случилось?

Молодой человек уселся в кресло.

- Кто еще здесь живет?

- Жена... сын... Но их сейчас нет. Они сейчас в Одессе... в отпуске...

- Давайте познакомимся,- сказал гость.- Александр Васильевич.

- Очень приятно,- кивнул Липавский.

Тут ему в голову пришло, что он, черт возьми, врач и кандидат медицинских наук, и не мальчишка, между прочим, он закинул ногу на ногу, уселся поудобнее и сказал сухо:

- Слушаю вас.

Александр Васильевич спросил:

- Вы Рубина и Щаранского знаете?

Липавского этот вопрос врасплох не застал. Почему-то ему и самому не было ясно, почему-то так и ждал, что спрашивать его будут сейчас либо про Лернера, либо про Толика или Рубина, поэтому он по-прежнему сухо ответил:

- Да, с лингвистом Рубиным и шахматистом Щаранским я знаком.

- А откуда вам известно, что он шахматист - немедленно поинтересовался Александр Васильевич.

- Ну-у... как вам сказать...- проговорил Липавский уклончиво,- все-таки мы знакомы давно....

- Как дав но?

- Н-ну.. год, полтора.

- А при каких обстоятельствах вы познакомились? Липавский стал вспоминать, действительно, при каких обстоятельствах? Ч-черт... Когда играли в шахматы на полянке Лунца.

- Гм... сказал он, снял ногу с ноги и поскреб в затылке,- Вы знаете, не помню, то ли летом на Пахре за шахматами...

- И с тех пор вы, значит, подружились?

- Н-ну, что значит - подружились? Он заходит к нам иногда, встречаемся у общих знакомых.

- Например, у Лернера.

- И у Лернера.

- В прошедший четверг,- подсказал Александр Васильевич.- Зимой Щаранский посеял в умах идею составления анкеты шпионского характера, а сейчас плод созрел. И в прошедший четверг уже урожай начали собирать.

- В прошедший четверг я...

Он еще не успел договорить, как его обдало холодом, то есть какого еще там шпионского характера?

Но тут Александр Васильевич стремительным движением фехтовальщика выбросил в сторону руку и выхватил у него из-под носа листок.

- А это откуда у вас? - спросил он резко и мирное лицо его вдруг хищно застегнулось.- Откуда у вас вот это?

- По... позвольте,- проговорил Липавский, приподнимаясь.

- Сидите,- прикрикнул Александр Васильевич,- Как к вам попала эта анкета?

- Это...

- Это сделано по заданию ЦРУ,- объявил Александр Васильевич.

Липавский потерял дар речи, а Александр Васильевич, брезгливо оттопырив губы, продолжал:

- Хотите лишить Россию благоприятствования нации в торговле с Америкой?

Кишка тонка. Знаем, чья это идея. А Щаранский действует как последняя сявка...

Липавский обалдело переводил взгляд с анкеты на его лицо и обратно, это не лезло ни в какие ворота, то есть до такой степени не лезло, что не имело смысла ни говорить, ни кричать, ни молчать, собственно, в этой ситуации следовало бы попросту проснуться.

- Ну, а жена Ваша в хороших отношениях с Щаранским? - спросил Александр Васильевич прежним вежливым голосом.

- В хороших,- сказал Липавский тупо.

- Она с ним на «ты»?

- Послушайте,- сказал Липавский,- что это такое, в самом деле?

- Это шанс, какого, между прочим, Вы ждали.

- Шанс?

- Да. Последний шанс Вашего отца в этой жизни, ну и Ваш шанс спасти его.

Липавский вдруг все понял и густо покраснел.

- Но...- проговорил Липавский, приподнимаясь.

- Сидите! - прикрикнул Александр Васильевич, взгляд сизых его глаз бегал по лицу Липавского.- Как к Вам попали эти анкеты?

- Анкеты...- прошептал Липавский.

- Даже зашифровать толком не сумели. Хотите засветить мозг нашей обороны,- Александр Васильевич откинулся на спинку кресла, Если откровенно - дело Ваше дрянь. Папаша влип по шею, это уж как пять дать! Да и Вам из-за этих листочков крупные неприятности гарантирую...

Александр Васильевич ввинтил сигарету в рот.

- Я-то здесь прячем?

- Готовы ли Вы чем-нибудь помочь своему отцу? - сказал Александр Васильевич вместо ответа.- Ответьте искренне и сразу.- Да или нет?

- Да...- ответил Липавский, чувствуя, что колени у него дрожат, ч-черт, нервы сдали.

- Ну и отлично,- Александр Васильевич закурил.

Щаранский снимал комнату в Центре.

- Слушай, отец! - возбужденно закричал он, увидев Липавского.- Где ты пропадал?

В комнате с голыми стенами, за квадратным столом сидел учитель иврита Иосиф Бегун. Щеки его пылали, серые глаза блестели. Видно было, что они уже сделали субботнее лэхаим. Как-никак субботу встречали.

- Мы для них пчелы. Мед соберем, а они загребут всех,- сказал Бегун.

Липавский слышал и не слышал его, вязкая дурнота подкатывала к горлу, захотелось заткнуть уши, уйти, лечь, вытянуться, завалить голову подушкой. Это был страх, и не просто страх, а черный страх.

- Чушь собачья,- сказал он.

- Почему – чушь?

- Потому что это сказочка...- голос у него сделался хриплый, и он откашлялся,- Для детей старшего возраста.

Тут Бегун налился кровью, ударил кулаком по столу и заорал что Липавский, черт возьми, должен верить, что если они, черт возьми, друг другу не будут верить, тогда вообще все к черту пойдет. У тех гадов, может быть, весь расчет на то, что они .друг другу не будут верить, что они с ними окажутся каждый сам по себе, и они будут из них веревки вить как захотят!...

Он так бешено орал и брызгался, что Липавский даже перепугался, он даже про черный страх как-то забыл.

Наоравшись, Бегун вскочил, вытащил из холодильника бутылку минеральной воды, зубами сорвал колпачок и присосался прямо из горлышка. Пузырящаяся вода текла по его щетинистым щекам и мгновенно проступала потом на лбу.

-Я ведь, собственно, что имел в виду? - сказал Липавский примирительно.- Никому не нужны мы...

Щаранский, глубоко затягиваясь и выпуская дым, энергично сказал:

- Нам предстоит драка. Их орудие - тайна, следовательно, наше орудие - гласность. Что мы должны сделали в первую очередь. Показать всему миру, кто мы и кто они. Так кто мы? Мы - военнопленные. И мы должны апеллировать к тем, от кого так или иначе зависит Кремль. Лично я беру на себя попытку убедить нескольких крупных ученых-отказников заполнить анкеты. А потом я познакомлю с анкетами американских сенаторов.

Щаранский необычайно оживился и все говорил и говорил, и говорил. Он называл имена, должности, звания, он очень четко определил, к кому должен обратиться тот, к кому - этот, к кому - Бегун, а к кому - Липавский. Можно было подумать, что он уже несколько дней сидел над составлением подробного плана действий. Но чем больше он говорил, тем большее уныние охватывало Липавского. И, когда Щаранский с каким-то совсем уже неприличным пылом перешел ко второй части своей программы, к апофеозу, в котором объединенное русское еврейство дает отпор мировому антисемитизму, - тут уж Липавский почувствовал, что с него хватит. Видно, Толя тоже здорово чем-то напуган. Но чем? Да-а, Толя, это тебе не в шахматы играть. А вообще-то они все сами виноваты: Щаранский то, Щаранский се, Щаранский банка.

Щаранский – просто человек, умный человек, но не более того. Пока речь идет об абстракциях – он силен, а вот только жизнь-матушка подопрет… Обидно только, что он почему-то сразу принял сторону Бегуна… Уж не воображает ли Щаранский, что имеет дело с полными идиотами? Может быть, у него, у Щаранского, и есть в запасе пара авторитетных и, в то же время, полезных ученых, которые после полубанки способны заполнить Анкеты с энтузиазмом? Лично у него, Липавского, есть пациенты с кашлем, радикулитом и популярным теперь в Москве склерозом желудка.

- Подожди, Толя! – сказал Липавский с раздражением.- Нет, старик, честное слово, я тебя просто не узнаю! Ведь нас тут же пересажают! Рожки да ножки останутся от нашего реноме. А потом, черт побери, если даже предположить, что нам удалось бы найти одного - двух сочувствующих из Капитолия, ну, как они договорятся с Кремлем? Чихал на них Кремль со своей колокольни. Это же черт знает, как Кремль должно прожечь, чтобы он на это пошел – на свободную алию.- Липавский махнул рукой и глянул на Бегуна и Щаранского.- … Гласность… гласность – это, знаете ли, палка о двух концах… - и он принялся шумно пить чай, то и дело проводя волосатой рукой по мокрым пышным усам.

- Ну, Толь, тебе еще налить? – спросил Бегун.

На Липавского он старался не смотреть. И чего этого Саню так обожают Слепак,

Рубин, Нудель, Бейлина… А вот Веньке Файну он даром не нужен. Не зря Веня друг Иосифа. Иосифу Липавский тоже, как попу гармонь.

Щаранский сказал:

- Понимаешь, Саня, все твои предложения небезосновательны, но мы не должны сидеть сложа руки и ждать, когда дядя нас выкупит, выпустит, выведет. Если не я за себя, то кто за меня; если на сейчас, то когда?

- Именно, кивнул Бегун.

Все помолчали, прихлебывая чай.

- Чай прелесть, давно такого не пил,- сказал Липавский.- Да-да, конечно, вы нравы... кто-то должен стать рельсами алии.

Завтра утром он ответил Александру Васильевичу - согласен сотрудничать.

Уже поздно вечером, когда Бегун собрался на квартиру своей новой жены Аллы, Щаранский спросил Липавского:

- Может быть, хочешь переночевать у меня?

Липавский курил на кухне и обдумывал это предложение. Вообще-то после всех сегодняшних событий и разговоров оставаться одному Липавскому было как-то не в жилу, а, с другой стороны, воспользоваться гостеприимством того, кого намерен принести в жертву - пусть ради отца - тяжело, да и он терпеть не мог ночевать в чужих домах, даже у друзей.

Он докурил и вернулся в комнату. Щаранский сидел уже за столом и листал «Ньюсвик».

Липавский сел напротив и на какое-то время они смотрели друг другу в глаза, и во взглядах не было ни напряжения, ни натужного бесстрашия, ни самоотречения.

Липавский первым опустил глаза.

.... Заснуть не мог. Собственно, было уже утро, светло даже в комнате, несмотря на задернутые шторы. Некоторое время Липавский лежал неподвижно и слышал тихое, ровное дыхание Толика. Казалось, не было на свете таких неприятностей, которые могли бы вызвать у него бессонницу.

Тошное, маятное оцепенение навалилось на Липавского, оно не покидало его, все мускулы сведены словно судорогой, и внутри, и в груди и в животе делал холодный ком, иногда этот ком принимался ворочаться и тогда его начинала бить дрожь.

Ни с того ни с сего ему представился расстрел отца - как он идет по внутреннему тюремному двору в чем-то полосатом и вдруг падает с запекшейся дырой в большом черепе.

Что ж, этого не случится, если Сеня подружит с ЕОГом. Заковыка в том - зачем ЕОГу он нужен. Доносить? Но при современной технике это можно делать без Сени. Значит он им нужен вовсе не для этого. Им нужна его преданность - качество в наше время более редкое, чем все остальное. И за эго даруется жизнь отцу. Ну, а Толик... Ну, а что Толик? Толик преувеличивает значение анкет. Никчемные листочки, как впрочем и все эти коллективные письма в ООН. Больших неприятностей Толику не светит. Вообще-то неприятности неприятностям рознь. Бывают неприятности такие, что с ними становится как-то неясно. Тут какая-то чушь получается. В тебя бьют как в бубен, а ты не понимаешь за что.

Пахра провожала поэта.
Что делать в Израиле?

Слова рифмовать.

Солнце сквозь лазейку в листве ударило в стакан Камянова. Не выдержав редкой для себя торжественности, схватился за бороду, засмеялся. На траве раскатали рулоны бумаги и томились – кто б скомандовал выпить.

За деревьями полоснула белая волга Липавского. Камянов раскрутил шампанское.

- Александр Яковлевич, Толя! Сеня! Пристраивайся. Левка, да не сусоль ты огарок, пальцы обожжешь!

Самиздатовцы подставляли кружки.

- Ну, будь!

- За встречу!

- Лешана габао би'Ерушалаим!

- А гэбэшники по кустам стоят.

- Ну и хрен с ними.

- Читай, Камянов.

И поднялся Боря – крепыш черноглазый – куст бороды во все лицо:

Судьба права: не нас, из крови взятому,
Средь суеты открыто бытие
И мне ль Камянову порхатому
Надеяться на слепоту ее.
Спасибо ей за крылья ненадежные,
За боль в плечах, за белизну в пыли.
В Обетованную лечу, как новорожденный.
Дай Бог, чтоб крылья донести смогли.

- Ну, зараза! Ну, черт лохматый!

- Поэт хренов, на кого ты нас покидаешь?!

- Глохни, дура, ты уже хорош.

- А и то – закусывать травой.

- Оставь что-нибудь на память, Борода.

Один французский аристократ дорогой на эшафот попросил бумагу и перо. Дали. Записку ведь всегда можно уничтожить, если она кому-нибудь адресована. Но ничего подобного. Оказалось, это просто заметка для самого себя. Два слова «На память».

Накрапывал дождь.

Под окном стояли прижавшись Лернер и Щаранский, трезвые и грустные.

В субботу Слепака затащили в Опорный пункт, едва он вышел из подъезда дома своего. Молодого математика Туфельда достали из-под простыни тепленького. Асса втолкнули в «черного ворона», а там – куча мала. Вон Борька Чернобыльский. Э, да радости мало, когда увозят в неизвестное.

Розенштейна застукали в телефонной будке. Бегуна и Абрамовича выдернули из трамвая. Отдемонстрировались.

Эссас размахивал портфелем дорогой к станции «Сокол».

- Я вышел на перехват, - крикнул Хейфец по рации.

- Не гони картину, - ответил Билич.- Если он в Купавну, черт с ним.

Тем временем, с другого конца Москвы, к той же автобусной стоянке пританцовывал Альбрехт с «Плодом» (путеводитель на допросах и обысках).

- Чего это обоих потянуло в Купавну? – испугался Билич .
- Баба там. Вишенка налитая. Я бы…
- Слышь, танкист, ты мне брось. Тоже мне, сперматозоид! Альбрехта брать с «Плодом».
Они проводили Эссаса на автобус Москва – Купавна. Что до Альбрехта и Хейфеца, то они успели на экспресс и через сорок минут уже топали подмосковьем. Между тем, Илья застрял надолго посреди дороги – то ли бензин кончился, то ли двигатель автобуса приказал долго жить. Альбрехт Илью опередил. Лена Губская – «вишенка налитая» усадила Володю у окна, сама пристроилась с мольбертом на диване.
- Объект позирует бабе, - вел репортаж с дерева Хейфец.
Болельщиком на другом конце Москвы был Тихонов. Передатчик трещал и к тому же Хейфец шамкал вставной челюстью.
Ну, пусть она его нарисует и тогда бери, - приказал Тихонов. – Да портфель не забудь.
- А сколько баба его рисовать будет? То-то и оно. Это можно и пива попить и поесть чего-нибудь горяченького. - И Хейфец попылил на станцию. В буфете потягивал пиво. Тихонов вдруг вышел на связь.
- Слышь, Хейфец, брать его будешь не ты, а участковый. Сбегай в ихнее отделение и скомандуй.
- А мне что делать?
- В отделении встретишь писателя.
- Сбе-егай!
- Сбегаю.
И заказал еще шесть кружек «Жигулевского». Тем временем, Альбрехт перепачкался собственным изображением – масло и холст.
- На сегодня все, - улыбнулась. – Приезжай на неделе…
- Не надо, ладно… - согласился Альберт.
Когда Хейфец допивал шестую кружку, мимо прошел с холодным пирожком Альбрехт, но танкист наш обалдел от криков, толкотни и дыма вокзального буфета.
Эссас примчался в Купавну после пожара.
- Ну вот, сразу и целоваться? Ты не умеешь. Надо вот так…
- Уче-еная.
И вдруг звонок в дверь. Дверь сотрясалась, как обманутая супруга. Вошли участковый и понятые.
- Предъявите, - сказал мент голому бородачу, - документ.
- А в чем дело?
- Где золото?
- Что случилось?
- Вы ограбили ювелирный магазин. Пройдемте со мной и портфель захватите.
В милиции Хейфец потерял дар речи. Ну и Альбрехт! Бороду наклеил, портфель заменил, а главное – уменьшился в росте.

Тем временем в синагоге раскручивали свитки, киддушничались водкой. Пели и танцевали старики в обнимку с молодежью! Так радуются женихи. То-то и оно! Здесь все женихи! А невеста одна – Тора. Одна, но как солнце щедрая для всех.

- Ая-яяя-ая!

- Я-а-а-а-а!

А что на улице? Сотворение народа заново. Штормовое море.

И только жены арестованных демонстрантов-отказников выбирались из этой свадьбы. Нет, губы их в улыбке «Хаг-самэах!». Но глаза выдавали с головой.

- Ну, мэшарэр, - сказала Чернобельскому Наталья Розенштейн, - теперь тебе есть о чем писать.

- Где Гришанька?

- На «Матросской тишине», в тюрьме. Двадцать восемь уголовников и мой ненаглядный.

- Ненаглядный твой политический.

- Я, мэшарэр, сама сутки сидела в вытрезвителе.

- Не довелось.

- Ну ты свое не упустишь. Гриша в камере проводит сионистскую пропаганду. Один уголовник вышел на волю и сказал: «Я сидел с политическим!»

- Наташа! – обратилась Галя Гуревич. – Вы в какое время были у Гриши?

- В одиннадцать.

- А мы у Арона после обеда: я передала теплые вещи и записку.

- И надзирательница вняла?

- Я ее спрятала в карман брюк. Надзирательница обнаружила записку: «За такие вещи мы лишаем передач». И разорвала. Но передачу приняла.

Галя Гуревич – беленькая и синеглазая, в пестром цыганском платке.

Поднялась на горку Аня Эссас.

- Ты моего Илью не видел?

- А ты откуда такая загорелая?

- Из Сухуми. Там еще лето.

- По Илье не сказать: был в Сухуми.

- Он не загорал. Где же он?.. Ты смотрел фильм «Конформист»?

- Я читал роман. А что, фильм интересный?

- Говорят интересный. Он идет, кстати, в «Зарядье».

- Лева опустил голову, ударил ногой по камушку.

- Аня! – окликнул Венька Богомольный, - тебя ищут. Познакомьтесь.

- Григорий Гольдштейн, - представился.

- Аня.

Гольдштейн открыл сумку и вынул для Ани несколько свертков с зарубежным барахлом.

- И еще вот этот магнитофон.

За Аней и Гольдштейном внимательно наблюдал Тихонов. И во взгляде его было что-то охотничье.

Аня так и нашла Илью. Уж не арестован ли? Спросила бы Хейфеца. Он следом за Ильей и Леной поднялся на Горку.

Чернобельский познакомился с Губской Леной, когда они вместе по просьбе Ильи переписывали каракули Альбрехта.

Можно было б только посмеяться над советами «плода», если бы, конечно, сил достало.

У железных ворот Илью окликнули.

- А ты разве не за решеткой?

- Я отказался участвовать в демонстрации.

- Это уже безделье, Илья, - трясся дедушка в штанах Чарли Чаплина. – Раз большинство поддержало Слепака…

- Меня такая философия никогда не устраивала.

- Но ничегонеделанье это ничегонеделанье.

- Я не такой болван как Щаранский.

- Ну, голубчик, у вас все дураки.

- Увы, их действительно больше, чем хотелось мне.

Аня Эссас взяла у Мишки Кремня фотографию, где Илья в обнимку с миллионером Брофманом, Вольвовская передала для Ильи презент, Марк Азбель – научный журнал. И Аня как пчелка порхала, а в голове ревнивая заноза: «Где мой Илья!»

«Где мой Илья?» - интересовало Лену Губскую.

- Лева, - сказала она, - покажи мне жену Ильи. Нет, нет, стой, стой здесь. Я не хочу, чтобы меня здесь увидел один человек.

- За тобой «хвост»?

- Этого человека ты знаешь. Так где его Аня?

- Во-он, в светлом пальто стянутым поясом, в очках и черных завитушках.

- Значит Илья не солгал, - сказала Лена.

- Ты хочешь подняться в синагогу?

- Я ненавижу духоту.

- Тебе бы там понравилось.

- Проводи меня к метро. Как все надоело здесь. Илья обещал: летом мне дадут разрешение. Он мой пророк… Я тебе расскажу… мы с Ильей… он приезжает компьютер мне регулярно… Он из тех мужчин, кто способен ездить из Москвы так далеко.

Она засмеялась. Они спустились на Полянку и завернули к метро.

- Теперь ты понимаешь, почему я редко здесь появляюсь. Илюша обо всем рассказывает. И потом… он не хочет, чтобы я здесь бывала. «Вдруг, - говорит, - мы с тобой не совладаем и кинемся друг другу в объятия». Он очень осторожный… с женой он не живет… он ее… «Терпеть не могу ее, - сказал, - ненавижу»… А она симпатичная, не правда ли?

- Я его всегда представлял себе с Талмудом под мышкой.

- О-о, ты его совсем не знаешь! Это такая прелесть! Я его так люблю! Он удивительно остроумный и веселый. Зимой провожала его через лес к электричке. Вдруг он схватил меня: «Давай я тебя на спине покатаю». И понес! Я соскальзываю, потом ка-ак грохнемся вместе. О-о, с ним всегда интересно. Я помню, шли мимо нашего клуба, а на стене объявления висят. Ну, объявления и объявления. Кто гардероб срочно продает, кто квартиру разменивает. А Илья там такое усмотрел – обхохочешься. И за границей о нем много пишут… Он рассказывал… До него у меня был студент-болгарин. Ну, это вообще – чудо. Правда, Илья тоже поразительный иногда… Однажды пять часов ждал у подъезда. Подружился с моими детьми. За ужином мы иногда вчетвером мечтаем, как будем жить в Америке. «Автомобиль будешь водить ты, -

сказал как-то Илья. – Я люблю в дороге думать»

- Он собирается жить в Америке?

- Он обоснуется с семьей в Израиле, а жить будет в Нью-Йорке.

- Я влюблен в твою Танечку.

- Был бы ты на десять лет моложе. Мы часто вспоминаем, как ты нам читал рассказы.

- Ну, я вернусь на Горку. До свидания.

- Дай я тебя, Лева, поцелую.

Она ушла, опьянив его по-женски щедро и празднично.

На лестнице англичанин Питер Калмс и его восемнадцатилетняя дочь раздаривали подарки сиротам алии. Не мудрено. Калмс возглавлял издательство «Шамир». Достал из-за голенища брошюрку. «Если не я за себя, то кто за меня? Если только для себя, то чего я стою?» Сказано вавилонским евреем, совершившим алю, Гилелем, кто однажды на вопрос: как перейти в иудейство, ответил: «Не делай другому того, что тебе самому не приятно. Все остальное является лишь пояснением к этому правилу. Так что иди и изучай остальное…».

Калмс жаловался:

…борьба за советское еврейство на западе поражена недугом… утратила вдохновенность… русские алие столкнулись с враждебностью бюрократии, бегут в Америку… поганят доброе имя Израиля и ваше… Эти жулики и негодяи презрели все, что создали наши братья на израильской земле. Они вбили себе в голову, что в Америке под ногами золото. Стыд и срам! В Америке от них воняет… как шакалы бегают за работой…

Подошел Сема Андурский. Калмс замолчал.

- Зис из рефьюзник Андурский, - сказал Лева.

- О-о, рефьюзник? – Калмс протянул ладонь. – Шалом!

- Расскажи, Сема, ему о демонстрации. Он журналист.

- Ну, собралось нас сначала полсотни в Приемной Верховного Совета, ждали-ждали встречи… потом кто-то говорит: «Идемте в Приемную ЦК»… И надели на рукава во-от такие желтые звезды. Один из черной «Волги» крикнул: «Эх, автоматы бы сейчас!» Ну во-от. В Приемной нас встретил Золотухин. Перепуганный, аж весь трясется. К каждому подходил в лицо заглядывал. «Скоро ханука», - сказал мне. А я отвернулся. Противно.

«Ну что же вы, Андурский, нацепили желтые звезды, столицу позорите. Ай-я-яй… Вот с польским Виктором Гершевичем мы могли разговаривать… На рожон лезете? Найдем управу на вас…»

- Ша! Ну, Сема, продолжай.

- А что продолжать? В Приемной ЦК хуже, чем в Приемной Верховного Совета. Даже туалета нет. Мне, как назло, невтерпеж. Вышел я на улицу, один со своей желтой звездой. Иду – думаю, как бы ненароком не побили. И шагает по Старой площади Захар. И спрашивает: «Где наши?» Идем, - говорю, проводишь меня в клозет, а потом вместе вернемся. Будешь идти сзади меня, как дружинник. Чуть что, скажешь: «Этот со мной. С арестованным не разговаривать».

В толпе засмеялись, представив маленького Сему с желтой звездой под конвоем верзилы Захара.

- Давай дальше, - сказали из толпы.

- Ну мы торчали-торчали, а в конце дня стали нас гнать вон. Одни ушли, а мы остались. Стоим-стоим, откуда не возьмись рота штатских окружила нас и – под ручки к автобусу, и повезли за город.

- Это мы уже слышали по «Голосу Америки»!

- Вас били?

- Никто никого не бил, - ответили за Семена из толпы.

- А сломанный нос Захара?! - крикнула женщина.

- Захару выбили нос, так он его тут же поставил на место, - сказал толстяк. – И все.

- Ничего себе «и все» - возмутилась женщина. - Дать бы тебе по носу.

- А кому руку вывихнули?

- Не знаю, - сказал Семен.

- Он ничего не знает! – сказал толстяк. – А чего же ты пошел туда? Оно тебе надо было?

- Солидарность, - сказал Семен.

- Да что ты перед ним оправдываешься? – сказала женщина. – Вы что-о, гражданин, при исполнении служебных обязанностей? Какое у вас звание? Во-он ваши коллеги в шляпах стоят себе скромно.

- Но-но, полегче, - сказал толстяк. – Я такой же еврей.

- Такой же как Вергелис.

Питер Калмс не чаял как выбраться из толпы и поговорить с кем-нибудь по-английски или на иврите. Русского он не знал. И когда он пересек улицу, двое в казенных шляпах проследовали за ним.

Тем временем Эссас с учениками спустились в метро по дороге к ешибботнику Яше Рыклину, вернувшемуся из США, где он по гостевой визе балдел год у брата.

- Про этого Рыклина «Голос Америки» передавал…

- Меня не волнует, что говорит «Голос Америки», - оборвал Леву Илья. Мы идем слушать Тору.

В проходной квартире светло. Яша раскуривал трубку у клавесина. Яшу обрамляли джинсовая голубая жилетка, красные штаны, красная рубаха и голубая ермолка.

Для «Тарбута» он выложил пять рассказов: Минха. Объявление. Веревочки. Шлоймс. Суббота.

- Познакомьтесь, - Илья оглянулся на Чернобельского. – Ваши рассказы будут в следующем номере журнала.

Ладонь Яши сухая и с ильная. Он смеялся, не вынимал изо рта трубку.

Глядели со стен графические иллюстрации к Шолом-Алейхему, Бабелю, репродукции Модильяни… Портрет обнаженной в зеленых чулках стоял на полу у клавесина. Напротив этой картины курила сигарету студентка с рыжей челкой, длинноногая и улыбающаяся.

- Лева, чай хочешь? – выглянул из кухни Андурский. – Хочешь чай, а-а? Одна ложка такого варенья прибавляет десять лет жизни.

На кухне еще теснее, чем в комнате и накурено круче.

- Три дня назад, - сказал Яша, - пришел компьютер мне один пожилой еврей. Его интересовало, что написано в Торе о продлении жизни. Так вот, он и принес мне эту баночку варенья.

Лева Глотал черную смородину и читал настенное «Социалистическое обязательство»:

Пить молоко по утрам. Ходить за молоком Саше (Цирилину) и заодно выносить мусор.

Отвезти в тюрьму к Туфельду талес и кошерный кубик (!)

Изъять джинсы у Гали побыстрее.

Кому-нибудь напакостить.

Обязать еврейскую общественность устроить тунеядца (злостного) Цирилина на гешефтную работу (через Райисполком).

Мыть грязную посуду самим, а не заставлять делать это приходящих в гости дам (и не намекать на отсутствие в доме женского глаза. Замечаю, что после этого дамы начинают не только мыть посуду, но и готовить обед и пр.).

Обязать Цирилина самому покупать бинты и синтомициновую мазь для перевязки некоего органа. А так же полоскать сей орган.

На такси в булочную не ездить.

Потирать рубашки.

Цирилину денег на такси не давать.

Когда был выпит чай, когда квартира стала похожей на автобус в час пик, наступила пора читать Тору. Яша надел очки и взял в руки Хумаш.

Во всех уголках земли сегодня евреи заканчивают главу…

Глава.
От станции метро «Аэропорт»

От станции метро «Аэропорт», в переулке, на седьмом этаже, в квартире Феликса Канделя, по четвергам устраивались семинары еврейской культуры.

- Сегодня выступал Толя Щаранский.

- Работай, шекет! - призывал Кандель.

- Помните ленинградское дело? – начал Толя. – Кажется, оно всех напугало. Ну. Напугало. Но ведь знали, публикация суда вызовет брожение толпы… могли умолчать о попытке евреев захватить самолет. Мало ли в стране случается неудачных попыток… Но спектакль разыгран. Двести миллионов зрителей разделились на «любимые команды». И началось.

- Разрешишь перебивать тебя? – сказал Бегун.

- Валяй, Иосиф, раз уж перебил.

- Я всегда считал, что «началось» пятьдесят лет назад.

- Если не до этого, усмехнулся историк Май.

- Вы мне дадите продолжать? Так вот, и началось. Кремль задумался над вопросом эмиграции. Конечно, они начинали не на пустом месте. Штирлицы уходили с белогвардейцами, рассеивались по белому свету, включались в эмигрантскую жизнь. Ежели на то пошло, так когда в 21-ом был создан Иностранный отдел ЧК и его начальник, старый большевик Меир Трилиссер принялся за разработку белой эмиграции, то опирался он, надо полагать, не только на опыт гражданской войны и агентуру, засланную в ряды белой армии. Он располагал еще и архивами царской охранки. Вот, скажем, Слепак…

Щаранский сделал паузу и выразительно посмотрел на «клевавшего носом» Володю. Все засмеялись и Слепак поднял голову.

- Володя, ответь пожалуйста, если не секрет, как сформулирован тебе отказ?

- Не секрет, - сказал Слепак. – «Ваш отъезд не в интересах государства».

- Слышали? Это классическая формула отказа. Десятки тысяч евреев боятся упустить момент, не опоздать, не быть шляпой, принять необратимое решение сжечь корабли, поломать устоявшуюся, постылую, но надежную жизнь. Можно уехать! И мне терзали душу страх перед неизвестностью и предвкушением новизны. То были первые колебания, первое жизненно важное решение, первые серьезные тревоги.

Щаранский поднялся, теперь стекло балконной двери давало ему возможность видеть улицу. А на улице падал снег, первый снег в этом году. Припарковался «жигуленок», вышли трое мужчин. Толя перевел взгляд на сидящих: круглолицый физик Файн, безбровый Азбель, вечно чем-то обеспокоенный Саня Липавский… пожалуй, только Альбрехт слушал с нескрываемым любопытством. Ну, вот. Надо все же продолжать, сесть в кресло и больше не смотреть в окно.

- Толя, тебе графин с водой поставить? – засмеялся Кандель.

- Можно даже графин вина, - сказал Толя усаживаясь. – Итак, еще полагая, что власти и впрямь озабочены искренностью нашего намерения «воссоединиться с родственниками», а так же чистотой нашей еврейской крови, мы тратим уйму выдумки и душевных сил на сочинение связной биографии, про дядю уехавшего перед войной, а оттуда в Израиль.

- Или про тетю.

- Или про тетю, - кивнул Щаранский. – А мне один человек рассказывал, что ему в «компетентных органах» дали чистые бланки «вызова», при нем запомнили и выпихнули Александра Васильевича в Израиль, так сказать, «на общих основаниях». Кто из нас не делился с друзьями решением уехать? А текст шептали дальше. Мы не в вакууме. «Кому надо» тоже знали, небось, раньше, нежели наши паспортные данные прибывали в Израиль. Я не вижу серьезных причин, мешающих властям на этом уже этапе пресечь стремление уехать. А ну, вызовите «смельчака» и скажите ему: никуда, сучий сын, не поедешь. И он, глядишь, отказался бы от своей затеи.

Но этого почти никогда не происходило.

- А на что Гашем? – улыбнулся Илья Эссас, отпустивший рыжую бороду. – На все его воля.

Щаранский развел руками.

- Я не исключаю и это. Но вот вы подали документы в ОВИР, подали с чувством совершенного подвига и отчаянного противостояния обществу. Нам и мысль не приходит, что власти уже давно решили избавиться, по меньшей мере, от полумиллиона евреев и что вас выпихнут не мытьем так катаньем. А вы умирали от страха.

- Тогда зачем весь этот цирк? – искренне удивился хозяин квартиры Кандель. -

Он держал на руках болонку. – Выдавали бы комсомольские путевки.

- Выдавали, - заметил Слепак. – В сорок восьмом Сталин отправил партию советских офицеров в Израиль. И сейчас ОВИРу наплевать на вашу легенду программное обеспечение тетю в Тель-Авиве.

- Это все твои домыслы, Володя, - заметил Липавский. – Поди проверь тебя, если война сожгла архивы.

- Ну, хорошо, - сказал Щаранский, - это володины домыслы. Вернемся все же к ОВИРу. Вы отдали в ОВИР заявление, характеристику с места работы, справку с места жительства, справку из военкомата, вызов, квитанцию из банка об уплате первого взноса за визу. Что происходит тогда? На вас заводится ДОПР. Что это? Это Дело Оперативной Проверки. Проверили. Как говорится, в России дело чтоб начать, нужна бумага и печать. Начинается проверка по линии МВД – не их ли вы агент, были или нет судимы. Во-от…

- Между прочим, - сказал Бегун, - мне в Минске рассказывал Давидович, что делается «агентурно-оперативная установка»: собирают сведения о ближайших родственниках, опрашивают соседей, сослуживцев.

- Возможно, - согласился Толя. – Наконец, материалы собраны. О вас известно как будто все. Конец? Фиг с два. Теперь за вас берется КГБ. Шутки в сторону. Все всерьез. Нет ли родственников за границей, переписка с заграницей. Все? Разумеется, нет. Ваше дело, наконец, отправляется в выездную комиссию ЦК партии. И она-то и решит окончательно, насколько вас отъезд «целесообразен» и соответствует интересам государства. И если он ничуть этим интересам не соответствует, то вы никуда не уедете.

- Ну, старик, ты и обрадовал, - шумно вздохнул Мишка Кремень, фотолетописец алии, выпивоха и балагур.

- Такие дела, Миша, - улыбнулся Толя. – Условия отъезда – это не только сам отъезд и пример в назидание другим. Это еще подчас и решение будущей судьбы человека на Западе. Да-да… У всем известного Столяра за два часа до отлета отобрали визу. Сообщила ему об этом, инспектор ОВИРа Маргарита Кошелева

- В смысле Эльза Кох, - весело перебил Бегун.

- Да, в этом смысле, так она ему сказала: «И без эксцессов. Все погранпосты предупреждены». И сидит наш Столяр уже год. Так-то.

- Сидит-сидит, но большинство подавантов уехали.

- Счастливчики уехали, - сказал Щаранский. – Судьба одних занесла в Австралию, других в Штаты, третьих в Израиль… Есть подозрение, что примерно у шестидесяти процентов уехавших в деле еще лежит письменное обещание честно сотрудничать с советскими органами разведки. Но это пустяк, безделица. Они уехали в свободный мир, и никто их не может заставить… Разумеется, бумажка – это простая проверка перед расставанием. Последний психологический тест. Но когда уехавший в Тель-Авив к тете и оказавшийся в Нью-Йорке бывший советский гражданин будет на таком месте, где он может пригодится, и сотрудник, которому поручат просмотреть его дело, сможет написать в справке для местной резидентуры: «поддается вербовке», то дальше уже дело местного работника: грозить или платить.

- Толя! Давайте сделаем перерыв! – воскликнул Паша Слепак. – Ты так запугал.

- Давайте, - обрадовался докладчик. – У кого есть сигареты?

После перерыва взял слово Файн.

- Мысль Щаранского, что нами манипулируют, меня коробит. Я включился в алию самостоятельно и свободно решал свою судьбу. Мне надоело здесь и я хочу уехать. Таких большинство. При выезде десятков и сотен тысяч вступает закон больших чисел. При такой большой массе же число интеллектуалов, жуликов, стукачей, одноногих, грудных младенцев и лиц с незаконченным средним образованием, сколько их в любом большом советском городе. Вот что я хотел сказать.

- Наверное это так, - кивнул Толя. – Но между прочим, в многомиллионных вооруженных силах военкоматы, манипулируя личными делами призывников, все же умудряются свести к минимуму число кормящих матерей, одноногих, грудных младенцев и долгожителей старше ста лет. Когда человеческая масса формируется не стихийно, а подчинена отбору с самого начала, закон больших чисел не столь уж не умолим.

- Избавляясь от неугодной этнической группы и создавая за границей хорошо известную, изученную в деталях, с личным досье на каждого, власти извлекают выгоды: сам процесс выезда позволяет более гибко воздействовать на направление и состояние инакомыслия в стране. Уже не обязательно ограничиваться репрессиями диссидента, можно заставить его уехать в Израиль. И потом, выезжая легально, мы, в отличие от беженцев прошлых лет, сохраняем связи с оставшимися в Союзе родственниками, друзьями, знакомыми. И смываются грани. Благодаря нашему потоку проходят незамеченными вещи, которые еще недавно бросились бы всем в глаза. Виктор Луи превратился в массовое явление. На этом позвольте закончить. Вопросы есть?

- Вопросов целая торба, - улыбнулся Бегун. – Но что с тебя возьмешь, если все это твои домыслы.

- Да , это все мои домыслы. Спите спокойно, товарищи.

- Нет, я еще хочу выступить, - поднялся долговязый Альбрехт. – Вам, Толя, не кажется, что наша эмиграция изменила умонастроения либеральной интеллигенции на Западе?

- Я там не был, - захохотал Щаранский. - Пошлите меня туда в командировку, я вам сделаю еще доклад.

- Согласен, - сказал Альбрехт. – Сегодня в Штатах раздаются голоса, что братья-евреи из СССР – плохие евреи. Их выписывали затем, чтобы они ехали в Израиль, а они норовят приехать в США и сесть на шею. Их вызволяли как евреев, стремящихся жить еврейской культурной жизнью, а среди них почти не найдешь человека, знающего идиш. Их вызволяли как людей, хотевших и при социализме оставаться евреями, а они и при капитализме не хотят ими быть. Кроме того они буржуазны и алчны.

- Володя, ты антисемит, - засмеялся Бегун.

- Даже без спекулянтов Остии и Одесса-бич, без торговцев иконами и без налетчиков Мюнхена среди нас слишком много просто бездельников, любителей жить ничего не делая, - яростно продолжал Альбрехт. – У привыкших вкалывать западных людей это вряд ли может иметь длительный успех. Я, Боже упаси, не сообщаю! Я говорю не обо всех. Все это только отдельные, кое-где имеющиеся, нетипичные случаи.

- Да что же это твориться! – ахнул Кандель. – Мы собрались культурно провести вечер, а нам один за другим устраивают массовую порку.

- Так на какого черта мы вообще нужны! – вконец растерялся мужчина, сосед Чернобельского.

На евреях оттачивается инстинкт власти, - улыбнулся Лева. – В этом наша заслуга перед Россией.

В субботу после освобождения.

В субботу после освобождения двадцати двух (Чернобыльского и Асса оставили в следственной тюрьме) Горка собрала рефьюзников у забора. Липавский в обнимку с Щаранским, Гуревич рядом с Абрамовичем, Брайловский плечом к плечу с Канделем, Слепак улыбался Цыпину...

- А тебе 15 суток пошли на пользу.

Слепак размахивал телеграммой от Джимми Картера, кандидата в президенты.

- Хаверим, Картер солидарен с нами! Я отдаю свой голос за Картера. - Кандель танцующей походкой (это после пятнадцати суток в камере) пересек улицу, взял под руку Чернобельского.

- Почти.

Несколько листов сложенных вчетверо.

- Прямо здесь?

Баллада в прозе: смерть, рождение, откровение...

- Ты это написал в тюряге?

Нет, - засмеялся. – На 40 копеек в сутки не напишешь. К Розенштейнам едешь?

Гриша торчал еще в камере, а Наташка уже рассылала приглашения на его доклад: «Мистицизм в еврейской религии».

Белый пес и черный рояль встречали гостей. Гриша похудел, лицо отражало тюремные стены. Он больше всех обрадовался приходу гостей. Уже в роли балабуса потребовал напоить всех чаем.

- Я умираю от жажды, - притворничал Андурский.

- Гриша, как ты сидел?

- Расскажи мешореру, - кивнула Наташка в сторону Левы, - расскажи для истории.

- А ты, - Гриша весело посмотрел на Чернобельского, - только правду пишешь? Он смотрел из-под чашки.

- Правду.

- Вы знаете, в камере уйма интересных людей. Мой сосед по нарам отсидел уже восемнадцать лет и эти 15 суток, что ему дали за пьянку, он принимал как каникулы после года вольнонаемного труда на заводе.

Вошли Бегун и Алла.

- Мы опоздали? Гриша, шалом!

- Меня смущает одна вещь... я все время думаю... не могу отвертеться от мысли, что Жозик и Чернобыльский сидят... как-то они сели нехорошо.

- Не за себя сели, - кивнул Иосиф, прихлебывая дымящийся чай.

- Они случайные жертвы.

- Жозик был абсолютно подавлен… задумчиво проговорил Гриша. – Он ведь еще раньше считал, что мы зашли слишком далеко.

- Он маялся последние тридцать минут. Вообще, это безобразие. Или провокация или глупость. Но как мы на нее клюнули?

- Да-да, - Гриша спрятался за чашку, слышно глотал чай.

- Когда закрывается магазин, нужно уходить, - обронил Иосиф – мы остались, то есть мы с Абрамовичем ушли, а вы остались. А это хулиганство.

- Да-да… я тоже хотел уйти, но если все останутся, решил я, то и я останусь тогда.

- Ну, ладно-ладно, - вздохнула Наташка, - расскажи всем, что вы ели.

- Давай-давай, - сказал Иосиф. – Это интересно. НА сколько вас кормили.

- На 38 копеек в сутки.

- О-о, это хуже, чем нас в прошлом году.

- 450 грамм хлеба. Хлеб специальный из Бутырки.

- А нам по 600. Ну, что еще бывало?

- Бывал Рыбкин суп, вполне густой, если со дна. Еще на обед полуторасуточные щи из капусты и, на второе капуста, но капуста ярко красного цвета. Там даже песню сложили:

Не стыдись ты, пьяница
Носа своего.
Он с нашим красным знаменем
Цвета одного.

- Гриша хохотнул в чай.

- Ну-ка – ну-ка, повтори!

- А о чем говорили в камере? – сощурилась близорукая парапсихолог Лариса.

- Обычно там говорят про женщин и еще – о нацменьшинствах.

- Антисемиты?

- Из двадцати восьми никто меня не тронул ни пальцем, ни словом, - Гриша отодвинул чашку и улыбнулся. – Так я, знаете, сам говорю: давайте про евреев поговорим. Я нарочно предложил. Я им прочел доклад.

Вновь балабуса прервал резкий звонок в дверь. Наташка вздрогнула и пролила чай Грише на голубые байковые шаровары. Он вскочил ошпаренный. А в дверном проеме – очередная толпа с Горки.

- Гри-иша-а! Ура-а! Шалом! Как здорово, Гриша!? А ты молодец! Гулять водили?

- Гулять водили на час, - объяснял в дверях Гриша, прикрывая мокрое большое пятно впереди на байковых голубых шароварах.

- Бледный ты какой? Всего на час? Дай я тебя поцелую.

- Проходите на кухню пить чай. Начальник тюрьмы мне как-то сказал: «Ну зачем вы так рветесь в Израиль? Что там, что здесь – один хер».

- Жаль Борю и Жозика.

Из кухни все прошли в комнату, где на стене школьная доска, а обои изрисованы «Пиркей Авот» на иврите.

- «Роль мистицизма в еврейской истории» - объявил балабус, усаживаясь в кресло. - … Хаверим, вообще мистицизм – это тайна… в основе религии, если хотите…

Тут отворилась дверь, и вошел эрдельтерьер и лизнул Ларисе коленку. Старая дева порозовела. Гришка взял кобеля за шиворот и, не отрывая его от паркета, поволок за дверь.

- Что же такое: мистицизм? Вот у меня в руках Библия… - и он ее залистал и глаза его что-то там выискивали. – Пророк Иезикиль описывает свое видение. Ну, я уверен, что все читали Иезикиля. Но я прочту кусочек. Ну, вот, пожалуйста… где же у нас И-е-зеки-иль … Иезеки-иль!!.. Что же это такое… Я хочу привести вам пример чистой мистики… Дело в том… Пророки были яснослышащими и ясновидящими… Но где же все-таки наш Иезекиль? Кстати, мистики говорят, что если всмотреться в начертания букв, то можно познать вселенную.

- И мистики могут предсказывать, - добавила Лариса.

- Могут, - согласился Гриша.

- Асса и Чернобыльский будут судить? – в упор спросил Миша Магарик (Мишка магарик жил в Москве с глухонемой матерью на проспекте Мира в двухкомнатной квартире, у него был новый спортивный велосипед, горные лыжи и домашняя химическая лаборатория – так он любил химию. Вскоре он получит разрешение и улетит в Израиль, где станет студентом, а чуть позже покончит жизнь самоубийством по неизвестным автору обстоятельствам).

На минутку Гриша закатил глаза к потолку и стал похож на цадика. Он закатил глаза и почесал одну голую ногу об другую.

- Суд будет.

- Боже мой, - вздохнула Лариса.

Гриша достал Библию. Не было Иезикиля, как корова языком слизала, а в дверь опять просунули морду эрдельтерьер, за ним следом – курчавая голова Ефремки в желтой ермолке. Наташа поднялась и бесцеремонно выпихнула непрошеных гостей за дверь.

- … мистицизм, - бедняга смахивал капли пота со лба, - … это если хотите, сообщение отдельных людей с духовными явлениями… Когда пророчествовал Иова… кажется Иова… Ну, не важно… важно отметить, что во всех пророчествах существует Божий промысел…

- Гриша, каждый пророк это мистик? – спросил Бегун.

- Да. Но не каждый мистик – пророк.

- Раввин – это пример мистика, - заявила жена докладчика.

- Э-э… московский? – захихикал Бегун.

Всеобщий смех.

Только Грише нынче не до смеха. Он так и не встретил в Библии Иезекиля и, кстати, Иова тоже.

- … во-от… - вздыхал он, - но о чем же я хочу вам рассказать? У евреев вся мистическая сторона религии глубоко скрыта. Это такая традиция.

Наташа по-бабьи нежно смотрела на своего исхудавшего в тюрьме мужа. Уложить бы его сейчас в постель, напоить горячим молоком, укрыть потеплее… - Она сидела босая, в черных ситцевых шароварах, в полосатой кофточке; волосы торчали на голове как можжевельник в осень.

Опять высунул голову Ефремка и опять приполз пес.

- Ну-ну, ничего, - сказал Бегун, - пусть и пес послушает, он же еврейский пес.

- Некоторые мистические достижения были коллективными, - молвил

Розенштейн. Так, четыре лица в коллективном восхождении, оставаясь среди живых людей на земле, дошли до ворот рая. Правда, только Аккива вернулся оттуда невредимым. Так что же такое… мистическое достижение… оно…

Между тем, Наташа легла на паркет, просунула руку под кресло за песиком, и докладчик зачарованно уставился на знакомый зад.

- … оно… это мистическое достижение… оно на самом деле, как говорил Фима Аквинский… это экспериментальное сознание Б-га. Поэтому историк Герц не прав в своем взгляде на нашу историю.

И тут Гриша прервал свой доклад и боком, как голливудский каскадер, выпрыгнул из кресла и ухватился за хвост собаки. Он поднял ее на руки и усадил себе на колени, а жена сделала то же самое с Ефремкой.

- Я думаю, - сказал Гриша и запустил руку в собачью шерсть, - я полагаю: в нашем положении нужно переосмыслить историю с мистической точки зрения. Вот хасид Бешт углубился в Каббалу, общался даже с архангелом Михаилом. Так вот, нужны необщественные лидеры, не субботние сборища на Горке, а нужны мистики. Вся наша история показывает, что в сущности, когда евреям очень плохо, на помощь приходят цадики… Вот сейчас нам очень плохо, а где наши цадики? То-то и оно. Был один, понимаешь, в Кишиневе, но он уехал.

- В Израиль?

- Не знаю. Мы потеряли силу и надежность мистической связи с Б-гом. Нужны усилия отдельных людей… Маразм разъел еврейство.

Эрдельтерьер почуял, что хозяин увлекся и спрыгнул с его худых колен. Собака лизнула Ларисе коленку.

- Нужны мистики? – спросила она, покраснев.

- Нужны, - кивнул Гриша и прыжком бросился на собачку.

Тем временем на квартире Марка Азбеля собрались члены только что созданного Комитета по освобождению Асса и Чернобыльского. В комитет вошли: Левич, Лернер, Файн, Бейлина, Слепак, Нудель, Щаранский.

- Мы обратимся в Международный трибунал, где среди прочих заседает американская коммунистка Анджелла Дэвис.

- Если уж бить, - сказал Азбель, - то наверняка.

-... Борис Чернобельский, как и Лева Чернобельский обязаны своей фамилией Чернобылю Киевской губернии, что в ста двадцати верстах на север от Киева. Пришельцы потусторонние, евреи здесь были уже в 1127, когда князь киевский Мстислав, сын Мономаха, послал Всеволода Ольговича против кривичей к Борисову через Стрежнев. Стрежнев – ноги Полоцкого княжества. Летопись 1193 года именует Стрежнев Чернобылем «князь Вышегородский и Туровский, Ростислав – сын великого киевского Рюриха «Еха с ловом от Чернобыля в Троицкий».

В конце XVII века Чернобыль достался поляку Ходкевичу, а в 1794 году 26-летняя красавица Розалия Любомирская-Ходкевич гильотинирована в Париже ревтрибуналом. Розалия из Чернобыля...

Погромы, гражданские войны, гитлеризм сталинщина вконец разорили еврейское гнездо в Чернобыле. Последний миньян в 1971 году изгнало секретное строительство атомной электростанции. Разбрелись гонимые дети Чернобыля и некому было за них слово сказать...

- Ассы откуда в России? Неведомо автору...

Минуло две недели. Дело Асса и Чернобельского прекратили за недостаточностью улик. Асс поднялся на Горку.

- Теперь тебе дадут разрешение, - сказал московский Чарли-Чаплин, касаясь старыми дрожащими пальцами пальто Асса. Ты теперь известный на весь мир.

Лицо Асса светилось смущением и счастьем. Он стоял среди своих, рядом жена и трехлетняя дочь. Девочка надела на пуговицу папиного пальто веточку.

- Па-апа! Па-апа! – тянула она за рукав.

- Что, чудненькая моя? – тонкие губя Асса обнажили беззубый рот.

- А где мама?

- Вот стоит мама. Иди к маме. Для дочки, - сказал Жозик, - я был в Киеве.

- А как с тобой разговаривал Тихонов?

- Очень вежливо. Мне ведь не нужно было ничего придумывать. Я сразу признался.

- В чем? А что ты сделал?

- В автобусе дружинник дал мне по шее.

- Это мы слышали по «Голосу Израиля»! Он стукнул тебя ребром ладони по шее.

- Да, ребром, ну я кулаком дал ему сдачу. Но я ткнул, сидя, в плечо... А потом неделю никаких допросов и вдруг вызывает к Тихонову. Вхожу. Сидит один и что-то пишет. Я сел напротив. Жду. Поднимается и объявляет постановление об освобождении. Да...

- Легко стало, а-а? Тормошил Асса южный мужчина с тонкими усиками и запахом крепкого одеколона. – Это чудо! Кто бы мог подумать!

- Да, - согласился Асс. – Хотя в чудеса я все-таки не верю.

24 ноября Чернобельский заехал к Эссасам возвратить «Израиль сегодня», где редактор Дектор, а член редакционной коллегии – Володька Вагнер.

На кухне и в коридоре сохло белье и окна запотели от варки. На руках у Ани малышка Эська, в ногах – шестилетний Оська, а в животе уже зрел третий потомок Эссасов.

- Ося, ты узнал, кто пришел к нам?

- Дядя Лева. Мама! Я тигр! Р-рр!

- Лева, ну как твои дела? Не подал еще документы на выезд?

- Нет.

- А когда собираешься?

- Не знаю.

- Ну-ну.

Ему вдруг захотелось снять с нее очки, чтобы увидеть глаза. Он бы сделал это не дотрагиваясь до ее висков, бережно, как оптик. Она стояла в своей кухоньке, обе руки заняты. Она беззащитна. Цвет ее глаз: антрацит под водой. Стены кухни были опоясаны книжными полками. Даже на кухне книги. Некоторое время Лева рассматривал картинки кухонных книг. Он знал, что в обществе Ани он скучен. О литературе он в последние дни болтал достаточно, хотя и не с Аней, но повторяться не хотелось.

- Ты умеешь готовить?

- Жареную картошку.

- Ты голоден? – ее волосы, длинные и распущенные, мешают, когда она наклоняется, чтобы достать сливки из холодильника.

Зазвонил телефон. Прижатая щека Ани к трубке внезапно залилась краской.

- Обыск? Ничего не слышу: Рива! Это ты? У кого? У Вольвовского?! А кто тебе позвонил? А-га...

Даже Леве теперь слышен захлебывающийся женский крик:

- Нас обложили!

- Рива!

- Аня! Передай Илье, что у Лени обыск!

- Аня опустила трубку.

- Возможно, связано с предстоящим симпозиумом по культуре, – сказал Лева.

- Тогда обыски не только у него, - испугалась Аня.

- Так ответил министр культуры на приглашение участвовать в работе симпозиума.

- Это все ГБ, - сказала Аня.

- Понятно. Хотя в мире очень мало понятного.

- Спрячешь несколько книг и журналов.

- Давай.

- Боюсь, и к нам придут с обыском...

- Лева выглянул в окно. На детской площадке мерз мужчина в желтых перчатках.

- Давно этот кавалер стынет?

- Я его первый раз вижу.

- За тобой еще курсанты не ухаживают? – он попытался шуткой осветлить атмосферу.

- Когда я училась в МВТУ, за мной действительно ухаживал один гэбэшник, но я его быстро отшила.

- А балкон у вас низко над землей?

Аня упаковала коричневый баул письмами, журналами, книгами. Они прошли на другую половину квартиры, открыли балконную дверь. Лева высунул голову, по-собачьи внюхиваясь и вглядываясь.

- Ну, иди. Звони, хорошо?

- Шалом...

- Шалом.

Он нес тяжелую сумку, сумка билась по ногам. Главное – это поскорее добраться к автобусной остановке и чтобы там никого не было, чтобы он один сел в автобус. Еще лучше, сначала поехать одну-две остановки в обратную сторону, а потом уже – домой.

В метро Лева раскрыл молитвенник и прочел с упоением молитву «Шма Исроэль»

Слушай Израиль, Господь наш Б-г
Господь один.
И ты возлюби Всевышнего, Б-га твоего,
Всем сердцем твоим и всей душою,
И всей крепостью твоей.
И да будут слова эти, что получил сегодня,
В сердце твоем.

И научи им детей твоих и говори о них,
Сидя в доме, идя в пути, ложась и вставая.
И повяжи знаком на руке,
Как тефилий меж глазами,
И напиши их на косяке двери
Дома твоего и врат твоих.

...Он пришел домой – Андрея нет. Нет и Ленки. И если малыш явился в восемь вечера, то его мама заявилась в двенадцатом часу ночи – время эмансипированных женщин. У нее домашние туфли на деревянной подошве и без пятки. Она клацала ими как японка.

- Лен, у тебя есть сигареты?
- Пора бы свои иметь.
- Начались обыски. Ты не отнесешь Валентине мои рассказы? И еще кое-что.
- Что?
- «Тарбут», статьи по симпозиуму.
- А где ты взял все это?
- Анька просила спрятать.
- Отнесу на работу.
- Это рискованно.
- Хуже чем было, не будет. Вы ужинали?
- Мы ужинали, а ты?
- Я не голодна.

На Ленке длинная юбка, и вся она другая, не его. И он сейчас не верил, что вчера обнимал ее и был, возможно, на какой-то миг любим ею.

- Почему ты злая?
- А почему мне быть доброй?
- А почему нет?
- Ты относишься ко мне, как к половой тряпке... Ты дал мне самый грустный опыт, который может дать мужчина женщине. Опыт унижения...
- Ты это кого декламируешь? В театре была?
- Смеешься? Я и не хочу такого второго. Я так много страдала с тобой, что у меня даже образовался условный рефлекс. Вот я вижу тебя и мне хочется плакать. Знаешь, бывают сломанные замки, в которых проворачивается ключ. Ты стоишь и думаешь: вот сейчас отопрешь, сейчас... А ключ все проворачивается, и ты стоишь на улице и не можешь попасть в дом. Это с ума можно сойти.

Они долго молчали.

- Ты влюбилась?
- Да.
- Кто он?
- Мальчик.
- Слава Б-гу, не девочка.
- Он очень молодой.
- А где ты его взяла?
- Начальник подарил.
- Это с которым ты ездила в командировку?
- Не твое дело.

- А как его зовут?
- Никак.
- Ты сошла с ума.
- Я влюбилась.
- Поклянись, что все это правда.
- Еще чего!
- Ты все выдумала?
- Выдумала- выдумала... Успокойся...
- Ты стала чужой...
- Да.
- Почему?
- Не спрашивай. Ну, я пошла спасть. Может быть, ляжешь в кресле?
- Почему?
- Ну, я лягу в кресле.
- Я уже постелил нам на софе.

Она опустила голову, словно приговоренная к плахе.

Утром Лева помог ей донести до работы подпольную литературу. В последующие три недели написал рассказ «Была старая вишня». Он принес его Феликсу Канделю.

- Идем, Левчик, на кухню чай пить.

А там вся сборная: Абрамович, Престин и Файн были приглашены на сегодня в голландское посольство, но милиционеры их не пропустили.

- Так это они тебе пиджак разорвали? – Кандель ощупывал Престина.
- Это жена не отпускала его, - усмехнулся Абрамович.
- Но ты бы, Феликс, видел, как Файн разговаривал с послом, как глава с главою.
- А он и есть министр культуры алии. Ну, что вам удалось?
- Одно письмо мы передали для королевы Юлианы, а другое для президента Кацира.
- Это относительно симпозиума?
- И симпозиума тоже, - вздохнул Престин. – Этот симпозиум у меня во-от где! Все забросил, все стоит.
- А что стоит? – покраснел Файн - Что бы ты хотел сделать?
- Один раз выспаться.

Но когда было спать, если уже канун пятого декабря – дня сталинской конституции, а теперь с легкой руки Буковского – дня памяти жертв сталинизма.

Пятое декабря.

Пятое декабря. Снег полонил Москву. На Пушкинской площади воздух гудел напряжением. Все вокруг тонуло в людском море.

Петр Григоренко, опираясь на палку, в сопровождении двух женщин, подошел к памятнику Пушкину, пожал руку Андрею Сахарову. В руках Сахарова гвоздики.

- Давайте, - сказал Григоренко, - снимая шапки и минутой молчания помянем жертвы сталинизма...

Люди окаменели, обнажив головы декабрю. Казалось, даже бронзовый поэт присоединился...

-... тех, кто жил по совести, - говорил Сахаров, - и для кого свобода и справедливость были превыше всего...

В такой огромный лоб попасть несложно. Снег с грязью попали в висок Сахарова и по-крысиному побежали по лицу. Андрей Дмитриевич наклонил голову, заботливая женская рука вытерла его лицо. Он продолжал говорить:

-... Наша память о тех, кто страдал и о тех, кто мучал...

Блестали капли снега на лице академика, и на бронзовых кудрях поэта в лучах фонарей.

Корреспондент Крымски вскинул фотоаппарат. И тотчас удар в плечо.

Уж на что Крымски здоровяк, а едва устоял.

Коротконогий андрополог повис на Крымски.

Лицо инкорра обволакивало недоумение, но сбоку высокий парень заломил господину руку за спину. Крымски подталкивали прочь их толпы.

Белый плащ распахнулся и глаза за стеклами очков увеличивались как под лупой.

- Это моя работа! Не сметь трогать!

Какое там «не сметь»... радуйся, хлопец, что родился в Америке...

- Слово Григоренко.

- Мы солидаризуемся с узниками совести... Я хочу напомнить вам имя человека, который открыл эту традицию, устроил демонстрацию на Красной площади... Владимир Буковский... Свободу Буковскому!...

- Несколько голосов повторили: «Свободу Буковскому».

- Все... Закончено... – генерал опустил голову, оперся на палку и сразу стал очень старым и очень уставшим. – Разойдемся...

Толпа заколыхалась; шеренги молодчиков пытались разделить людей.

- Спокойно, друзья, - обращался Сахаров. – Это провокация, спокойно.

Слепака и Щаранского (они шли рядом с Сахаровым) оттерли.

- Только без рук! – Слепак ударил по волосатой руке.

Неожиданно под ноги Сахарова выкатился грязный старый горбун. Седые клоки волос торчали из-под кепки. Кепка с надорванным козырьком.

- Помните?! – закричал горбун и ударил о снег шапку свою. – Поминай да наших знай! Опросто-о-оволо-осились! И-ись!

Он загоготал, замотал головой, затрясся, пузырчатая слюна сползла со старого личика на снег.

Девочка шла за руку с мужчиной.

- Что здесь делают? – спросила она.

- Стихи читают.

- Что случилось – обратился мужчина с авоськой колбасы.

- Антисоветчики антисоветчину разводят.

- И-ишь ты, нашли время какое.

- Да уж нашли, сволочи.

Людей гнали к гостинице «Минск», целью выстроились андропологи.

Разгоном командировал мужчина в светлой дубленке, сапоги отточены мехом и белый свитер окольцовывал горло. Венчала его белая фетровая шляпа. Он не спускал с Сахарова взгляд.

- Что случилось? – прохожий разинул варежку.

- Человек упал из окна, - ухмыльнулся маршал разгона.

- Ой-ей-ей!

Людская волна ширилась, захлестнула улицу Горького, забрызгала дома и переулки выкриками. Бешено работали локтями разъяренные андропологи.

Лена и Лева очутились на противоположной стороне Горького. Они потеряли Семена, натолкнулись на Лазариса. На нем коричневое длинное кожаное пальто.

Лева на твоих рассказах лежит какой-то рок. Стоит их дать кому-то прочесть - тут как тут обыск.

У тебя был обыск?

- Вообще это анекдот. Они нашли два номера «Евреи в СССР».

- Откуда у вас эти .журналы?

- Мне их передал Лунц.

- А где он проживает?"

- Ну и что ты ответил?

- В Израиле, говорю. «А зачем он вам: их передал?» Понятия не имею.

- Надо бы записать все это.

- А-а,- Лазарис махнул.- Единственное, кто передает такое это «Свобода», но ее глушат.

Чернобельский оставался «добровольным отказником». Жалость к сыну, страх ли перед новой жизнью или привязанность к прошлому лишала сил перешагнуть рубикон.

- Кто я? Что я? Зачем?

- Кто? Что? Зачем?

- Кто? Что? Зачем?

- Зачем?

Человеку же дано понять. Пока мал, дурят голову, повторяя: вырастешь - узнаешь! Но когда двадцать, уже опутан, привязан, посажен на цепь своих собственных желаний, а значит, под колпаком у жизни. Спорт, учеба, мода, музыка, наконец, просто бесцельное слоняние улицами... пьянство в подворотнях...

Как только человека уговорили вырасти, с ним становится легко. Почти всегда легко. Каждый раз, когда он попытается задуматься, жизнь с легкостью уведет в сторону, накинет червонец к зарплате, поманит квартирой или комнатой, должностью или званием, бросит кость в виде турпоездки за границу - словом, кому что надо! Жизнь не откажет в мелочах, в том, что ничего не стоит! Она всегда сумеет заткнуть вам рот леденцом, чтоб помалкивал. Разве способен теперь спросить: кто я? что я? зачем? Нет. Занят очередным леденцом… Зачем? А в ответ бесконечный снегопад.

Родился, чтобы работать? Ради чего родился? Что изменится, если один человек умрет? Если именно я умру? Ничего не изменится. Все так же будут зеленеть весной деревья, кукушка куковать, ворона каркать. В ноябре снег покроет землю. Разве что-нибудь изменится, если меня не станет? Ничего не изменится. Мне ничего не дано. Появилась на свет помимо своей воли, я влачу существование, следуя по заранее намеченному пути, заканчивающемуся на кладбище. За меня все решено, будто я камень, дерево, червь. Судьбы своей я не в состоянии изменить, что бы ни предпринял...

В понедельник Чернобельский добрался от работы до дома за тридцать восемь минут. Личный рекорд.

Он чистил картофель на кухне и напевал «Аль нагорет Бавел», на полу игрались Андрей и соседский Владик. Дверь в прихожую распахнулась. Ксения Стефановна. Дети поздоровались из-под стола. Не ответила. Бросила на стол авоську с капустой, краденным «Шампанским».

- Хватит балаболить! Раз вошел в русскую семью, забудь свой язык.

- Что еще?

- Чтоб я больше не слышала еврейской болтовни!

- Все?

- Езжай в Израиль. Там и передушат вас!

- Кого вас?

- Всех.

- Фашистка.

- Что-о?!

- Фашистка!

- Мало Гитлер вас в землю закопал!

- Кого вас?

- Да всех! Евреев! Татар! Грузин! Все гады, сволочи! А русские все равно победят. Победим! Победам! Победим!

- Алкоголичка!

- Забирай своего жидка и ослобони квартиру!

- Закуси дулей!

- Издеваешься! - у нее изо рта сползла пена.

Когда лифт вновь загрохотал и вошла Лена, Ксения Стефановна с новой силой воскликнула:

- Во! Дожила я! Издевается гад надо мной. Фашистка я! С балкона хотел сбросить. Убить хочет бабку! Я как просила тебя: не выходи за еврея замуж, и все родственники просили тебя. А теперь он туг хозяин! Я тебе покажу хозяина! Ты у меня будешь по одной половице ходить, носа из конуры не высунешь! Убирайте телевизор из коридора, а не то я его вышвырну. В моих стенах живет и издевается! Я тебе покажу! Живешь, гад, в русской семье, так забудь кем родился.

- Ну что ты плетешь?- сказала Лена.- Вот уж язык без костей. Он свое и гак получит.

- Зачем выходила за еврея?! - аж глаза закатила,- Сука!

- Не твое дело.

- Ну-ну, пляшешь, сука, под его дудку.

- Вы как-будто только что из берлоги вылезли.

- Гад ползучий, жидовская морда! - завопила Ксения, в остекленелых глазах ее искрилось безумие.

Она бросила об пол тарелку, потом - другую, поскользнулась и грохнулась затылком о кухонный стол,

Андрей разрыдался, началась рвота. Лена одела на него курточку и мокрые (успели просохнуть) ботинки. Девять вечера, моросил дождь... Вчетвером они вышли из квартиры.

- До свидания,- сказал Владик и побежал через школьный стадион домой.

Над Горкой тучи.

Когда над Горкой тучи, отказники держались парами. Вот и Розенштейн пришел с Наташкой. А Кандель явился один. Феликс последнее время страдал от перебоев сердца. Наташка заглянула ему в глаза.

- Шизофрении у тебя нет.

- Шизофрении нет,- согласился редактор «Тарбута».

- Нервы-нервы,- захихикал Гриша,

- Уж ты-то психованный! - оборвала Наташка,- Молчал бы!

- За тобой, Феликс, ходят чекисты?

- С утра до вечера, Гриша, Но я же пустой! Голый! У меня дома как в морге.

- Чего ж у тебя бессонница? - вздохнула Наташка,- А еще сионист.

- А это ты зря, мать,- захихикал Гриша,- За это тоже сажают.

К ним прильнул краснолицый от холода Иосиф Бегун.

- А за мной *ходит* "дама",- похвастался он.

- На тебе сохнутовская шуба.

Да,- сказал Бегун.- Но не греет.

- А твоя "дама"?

- У нее другие задачи. За вами всеми мужики ходят, как за гомосеками, а меня на Лубянке принимают за нормального мужчину и теперь всюду со мной "дама".

- Вот когда, Иосиф, женишься, и за тобой ходить перестанут "дамы". Что лучше, жена дома или "дама" на улице?- рассмеялся Феликс.

- Жена дома-а? Уж лучше, братцы, "дама" на улице. От нее хоть под одеяло сбежать можно.

- Да им просто завидно, Иосиф,- сказала Наташка.

Она обернулась и бесцеремонно разглядывала крупную толстозадую женщину с ярко крашеными губами, с редикюлем и зелеными немигающей глазами.

Легко ложился снег в угоду декабрю и Горка доверяла грядущему вторнику (во вторник намечалось открытие симпозиума по еврейской культуре) свои надеты. Ну, а если вместо докладов - допросы? Так ведь, не привыкать, не первый раз брать в кожу, как ожог, внимание андропологов. В этот день Москва подарила каждому докладчику по опорному пункту. Русская щедрость ни с чем не сравнима...

Во вторник на Горку поднялся Андрей Сахаров.

Из желтого «оппеля» вышел с Крымски. На Сахарове темно-серое пальто и пыжиковая шапка. Он выглядел приподнято.

Тихонов стоял на углу редакции "Советский спорт", потирал уши. Мороз к добру. Отщепенцы замерзнут и разойдутся, не солоно нахлебавшись.

Но произошло непредвиденное. Май, Наташка Розенштейн и Чернобельский принесли доклады арестованных (у Чернобельского за пазухой доклады Эссаса и Бегуна). Наташка сказала:

- Приезжайте на симпозиум ко мне.

Автобус № 226 привез всех к длинному многоэтажному дому. Сахаров и Крымски приехали на "оппеле".

- Позвольте,- сказал Май,- симпозиум по еврейской культуре в СССР считать открытым. Я зачитаю заявление членов Организационного комитета. Оно сделано на случай их ареста...

В дверь начали назойливо звонить. Кремень отключил звонок. Тогда забарабанили ногами. Дверь ахала, трещала, но не поддавалась. Наташа крикнула:

- Сейчас же перестаньте хулиганить, иначе вызову милицию.

Маленький Ефремка, ее сын, заглянул в замочную скважину и с удивлением воскликнул:

- Мама, а там милиционер!

Тем временем на опорном пункте Пролетарского района андропологи беседовали с Иосифом Бегуном.

- А зачем вы пришли 5-го декабря на Пушкинскую площадь? Вы же собрались в Израиль. Какое вам дело до диссидентов?

- Мне до всего дело. Такой уж я.

- Напрасно. Ладно уж, пеклись бы об евреях, а то во все суетесь.

- Такой характер.

- Да прекратите! Вам бы при Сталине поставили к станке и баста. Был еврей и - нету. А теперь, понимаете ли, пользуетесь нашими гуманными законами. Тут и без вас тошно, а вы лезете то с. симпозиумами, то кружки, то семинары... С ума сойти....

И так было едва ли не в каждом районе Москвы, ибо много расплодилось активистов алии и много понастроили опорных пунктов.

А в полночь всю эту братию выпустили. Вернее сказать, доставили по месту прописки. И например, Эссас хочешь - не хочешь очутился в постели жены, а Бегун - в холостяцкой холодной комнате, а не на пуховой перине своей Аллочки.

Кремль.

Юрий Андропов выступил перед членами Политбюро: «Комитетом госбезопасности получены сведения о том,что Русский отдел МИД Израиля в декабре 1978 года внес в правительство предложение об использовании Олимпийских игр в Москве для ведения сионистской пропаганды на территории СССР, разжигания националистических настроений среди граждан еврейской национальности.В этих целях предполагается максимально использовать олимпийского атташе, а также спортивную делегацию и туристические группы зраиля, в состав которых планируется включить представителей израильских спецслужб и лиц, известных своей антисоветской деятельностью, которые должны будут организовать встречи с националистически настроенными лицами, собирать тендециозную информацию, передавать инструкции, деньги, литературу и проводить иные враждебные акции…

- К каждому еврею сотрудника не приставишь.- почесал в затылке Понаморев.- Отпустить их к чертовой матери, как Гомулка.

- Миллион отпусти, а за ним три потянется.- сказал Андропов.

Анкеты и отказники.

В воскресенье освобожденные устремились на квартиру к Азбелю. В метро столкнулись Бегун, Илья, Чернобельский. Обрадовались. Вагон наполовину пуст, стояла в дверях топтуниха Иосифа.

- Иосиф, что ж ты так с дамой обращаешься,- сам развалился на сиденье, а даму заставляешь стоять в карауле.

- Ей сидеть не положено. Она на работе. А за тобой, мешорер, девочки еще не бегают?

- Мне далеко до тебя.

- И мне тоже,- прохрипел Илья,- Я охрип. Это не инфекционно. Потерял голосовые связки.

- Оберегали тебя оберегали! Или в камере на сквозняке сидел?

Илья довольный захрипел - так он теперь смеялся.

- А читали "Известия"? Статья по-существу ответ на мой доклад об ивритских кружках и о семинарах. Даже терминологию мою использовали. Значит, я на верном пути. Их задел мой доклад. На удары головой о стенку они ее отвечают.

В доме Азбеля ремонт: подъезд ободран, лестница и известке, двери в шпаклевке, двадцать докладчиков симпозиума по еврейской культуре в СССР собрались-таки. Азбель в белой безрукавке, рыжую бороденку отпустил в камере, делала его похожим на разгоряченного быка.

- Итак, объявляю доклад Председателя оргкомитета симпозиума профессора Вениамина Файна, а для нас Вени Файна, в память, так сказать, 24 декабря.

Файн сосал палец. Одет торжественно: коричневый пиджак с израильским флажком на лацкане, желтая рубашка и вишневого цвета галстук. Седая редеющая шевелюра окаймляла лоб и пухлые щеки.

Марк сел в единственное кресло и с удовольствием вытянул ноги - благо для ног еще оставалось место.

- Я хочу сообщить,- Файн взял мел с грифельной доски,- я хочу сообщить, что доклад «Экспериментальные исследования психологических характеристик евреев» подготовлен мной в соавторстве с Эль-Мелина.

- Это что-о, псевдоним?

- Докладчика не перебивать,- потребовал Азбель,- Веня продолжай.

- Псевдоним?! - не унимался товарищ с подоконника.

- Продолжай, Веня.

Евреи обладают рядом особенностей, обусловленных их традициями и механизмом наследственности. Каждая нация имеет свой генофонд, хотя отсюда нельзя считать, что кто-то лучше другого. И все же, например, эстетическое воспитание у итальянцев выше, чем у других народов... Эйнштейн отмечал фанатическую тягу к справедливости у евреев, в отличие от других наций... Сперва рассмотрим ряд тестов, которые выявляют антисемитов. «Действительно ли евреи в этой стране забрали слишком много власти?» Типичный ответ антисемитов: «Да».. На основании анализа ответов букет антисемитизма сплетался из таких цветов: отвращение к поэзии, науке, пессимизм, отсутствие уверенности в себе, агрессивность, жалобы на справедливость, отсутствие друзей.. Мы проанализировали ответы двух групп: 18 евреев и 18 русских в возрасте 30 - 39 лет, все они с высшим образованием. Они ответили на 500 вопросов... Дальше пошли разочарования... мы проверили валидность места и начали применять этот тест снова к русским и евреям, и убедившись, что он русских не дискриминирует. Затем моя лаборантка и я подготовили новый тест на 100 вопросов и взяли две группы: 51 еврея и 41 русского. Мы оставляли только те вопроси, где ответы евреев занимали крайнее положение…

В ногах у докладчика, на полу, Иосиф Бегун с портативным магнитофоном. Рядом его тринадцатилетний сын Боря.

- Учитывался ли ответ предыдущих людей на новые тесты?- спросил он.

Файн объяснил.

- Теперь вам ясен механизм сортировки вопросов?

- Понятен,- ответил мальчик.

- Настолько понятен,- улыбнулся Абрамович,- что даже дети все понимают.

- Зачем обижать детей!- воскликнул Азбель.- Просто они настолько способные дети, что даже они понимают.

Файн продолжал:

- Вот несколько примеров из вопросов и ответов нашей работы:

1. Меня влечет к лицам противоположного пола. «Да» у евреев 90% у русских 75%.

2. Я пытаюсь поправлять людей. 35% у евреев, 50% у русских.

- Меня не так легко задеть. У евреев 37%, у русских 80%.

- Я часто прошу у людей совета....

- В детстве я был в такой компании, где все стояли друг за друга.

- У евреев 25%, у русских 70%.

6. Я верю в силу закона... (здесь евреи тоже проигрывают русским) Файн весело оглядел присутствующих:

Среди отказников это четко.

- Это жульничество,- Марк Азбель вскочил с места,- Разве отказники представляет все слои евреев? Это жульничество.

- Возможно, заголовок моей работы нужно сделать скромнее,- согласился Файн,- но отказники такие же граждане, и они подчиняются законам....

- Веня, продолжай доклад, нам очень он нравится.

- 7. Было бы лучше, если вы все законы отменили. Нет.

- 8. Я не осуждаю человека за обман тех, кого легко обманывать

(опять большинство евреев сказали "нет")

- 9. Безопаснее никому не доверять... (нет).

- А скажите, пожалуйста,- Боря Бегун вновь поднял руку,- на вопросы нужно было отвечать сразу или давалось время на обдумывание.

- Предполагается, что люди отвечают поверхностно и тотчас, - сказал Азбель. Иначе хана. Чуть подумаешь и сразу видишь всю глупость вопросов.

- Да,- согласился Файн,- люди отвечали не рассуждая, иначе действительно хана. Ну, я продолжу.

- Слушаете Файн, где вы нашли своих святых, которые отвечали на ваши вопросы?

- Эти святые действительно отвечали так. Но среди них были и такие, кто в жизни делал подлости. Ну, я продолжу:

- Я уверен, что есть одно понимание смысла жизни. (Нет).

- Думаю, что мне понравится работа парикмахера (Нет). Лесничего (нет), охотника (нет); я люблю собирать цветы (нет); я хочу быть автогонщиком (нет)...

- бедные евреи! Они ничего не хотят.

- Вопросы есть? - Азбель поднялся с кресла.- У меня ко всем такая просьба: задавать вопросы, а не выступать.

- Но Марк, это невозможно,- сказал Соломон Альпер, плотный, с круглым открытым лицом.- Сначала ты с Файном сделали нас соучастниками этого доклада, а теперь лишают слова. Я так не могу.

- Сколько тебе нужно минут для "слова"?

- А сколько дадите?

- Семь минут.

В этот день трехкомнатная квартира Азбеля представляла собой жуткое зрелище: выгоревшие обои изодраны, как шерсть на шальной собаки, пятиплафонная люстра висела не только без плафонов, но и без лампочек. Но... но молодая хозяйка квартиры прекрасна, как солнечное утро и Марка Азбеля можно понять, почему ему не нужно электричество... Она вынесла гостям и участникам симпозиума чай, бутерброда с сыром и овсяное печенье.

Тем временем, на другом конце Москвы молодая женщина вошла в квартиру Гинзбурга.

- Вы родственница Питера Осноса?

- Я его жена.

- А где же сам Питер?

- Петр ставит машину.

- Ага, ну, проходите. Пожалуйста проходите. Сколько время?

В квартире Гинзбурга столпотворение. В шесть часов вечера, когда обыски шли еще полным ходом, иностранные корреспонденты получили сообщение ТАСС, что изъятые у Гинзбурга материалы «неопровержимо доказывают» причастность его и Орлова к НКТС. А за спиной НТС стоят инразведки, почему-то действующие из Парижа. Ну, вот. А теперь все собрались у Гинсбурга. Переосмыслить случившееся. Куда там, едва Оснос ввалился в квартиру, как спросил:

- Где нашли валюту, Саша, у вас?

- Ее нашли в стенном шкафу в уборной.

Начался типичный московский балаган. Инкорры столпились у открытой двери вонючки и Арина показала им, как следователь, стоя к ней спиной и закрывал собой шкаф, вытащил оттуда доллары.

- А ну-ка, повторите еще раз,- попросил близорукий француз.

- Орлова обвиняют в причастности к НТС,- сказал француз из «Пари-матч».- Почему к НТС?

- У него нашли книги Гроссмана и Максимова, изданные в «Посеве»,- сказала Алексеева.

Щаранский рассмеялся:

- Елки-палки! Так ведь у него в квартире кипа советских газет. И «Правда», между прочим. Почему же не отметили его связи с ЦК КПСС?

- А где Орлов?

- Его взяли на улице в пять вечера, на Калининском проспекте. Я была с ним,- сказала Алексеева,- Но, кажется, отпустили.

Пресс-конференция уже закончилась, когда вошел Орлов.

- Что случилось?

- Я отказался отвечать гебистам и заявил протест против преследований людей из Хельсинской группы.

- Вам угрожали?

- Это самое безобидное, что они пока делают,- улыбнулся Орлов

От Гинзбургов Орлов и Щаранский возвращались вместе. Все вдруг заметили за окном снегопад.

- Они расспрашивали о тебе,- сказал Орлов,- Следователь сказал: «Ну, мне понятно, почему Щаранский так лез из кожи, чтобы Америка лишала Россию благоприятствования в торговле. Но вы же, Юрий Федорович, русский человек, а за одно с Гинзбургами и Щаранским".

- А ты что?

- А я ответил: "Потому-то я с ними и заодно, что русский".

- Они решили ликвидировать группу.

- У Саши забрали картотеку, а как ее теперь восстановишь?

Декабрь, меж тем, сгребал сугробы в баррикады.

Декабрь, меж тем, сгребал сугробы в баррикады. Алик Гинзбург схватил воспаление легких и Сахаровы забрали его к себе.

Орлов починил выломанную во время обыска входную дверь. На улицу не выходил и поглядывал из окна на топтунов.

14 января, на девять утра назначена пресс-конференция о положении месхов, об обысках и о сорванном властями международном симпозиуме по еврейской культуре.

Кремль.

В двенадцать дня они спустились в бомбоубежище Кремля. Последний Суслов. Калоши на туфлях, серый плащ поверх серого костюма и серая шляпа первосвященника коммунизма.

Бомбо-
убежище -
Храм!
Ебана - ебана - ебана!
На работу шагает страна.
А кто поперек,
Уберем с дорог
Ебана - ебана - ебана!

- Я папа всех, кто верит в коммунизм, и вот я обращаюсь к вам, кто принимает судьбоносные решения. Это великое заседание велит советским воинам освободить

Афганистан от американского империализма, и воин наш омоет сапоги в Индийском океане.

Суслов говорил - глаза его - колеса, а рот - фонтан. Его недельная проповедь Брежнева не вдохновляла, но Мишу боялись все, великого рава Торы коммунизма, верховного рава.

- Учите коммунизм! - заклинал первосвященник. - Учите его утром и его учите вечером. Это свет жизни. Учеба приближает коммунистическое завтра. Так удостоимся его мы и братский Афганистан. Священный огонь пронесем по Земле!

Так он говорил и говорил, пока Брежнев не объявил перерыв.

- Бабрак Кармаль и мы готовы, - доложил председатель КГБ Андропов.

- Мы давно готовы, - кивнул Суслов. - А для американцев будет сюрприз.

- А зачем нам это? - Брежнев словно пришел в себя.

-Чтоб не почивать на лаврах, - проснулся министр обороны Устинов. - Армии нужен спарринг-партнер, вооружению нужны реальные условия войны.

- Это в плюсе, - оборвал министра Брежнев, - а что в минусе?

- А что в минусе? - Устинов опешил и, онемев, вытаращил глаза.

Как всегда нашелся Андропов.

- Дороги и дураки.

- А что наши дураки надумали делать с электростанцией? - Брежнев запустил руку в шевелюру. - Это же бомба.

- Александров голову дает на отсечение, - премьер Косыгин провел ладонью по шее.

- Да на хера мне его голова!? - заорал Брежнев. - Он расхерачит пол-Украины!

- Александров - академик, - доложил Суслов.

- Ты тоже академик! - Брежнев был вне себя. - Мы все академики на толчке.

После заседания Брежнев примиряющее окликнул Суслова.

- Знаешь, Миша, я себя так херово чувствую. Хочется бросит все к ебене матери, давай махнем на охоту в Чернобыльские леса, а какая рыбалка на реке Рось!

- Речку Рось в трубу запрятали, - сказал Суслов, а лес вырубили под АЭС. А ты хочешь и рыбку съесть, и... это. Пойду чай попью.

Суслов бросил суровый взгляд на Брежнева. Как только двери закрылись за первосвященником. Брежнев снял туфель и запустил вслед.

- Га-адина! Собака! Туберкулезник сраный!

Дверь отворилась и появилась голова помощника.

- Будем есть кашку?

Пацаны отдыхали на дюне.

Москвичи поехали купаться на Припять, а вода ледяная. Этот запах талой воды, хочется тянуть его, раздувая ноздри.

Еще неделю назад плавало сало. Весна припозднилась. По чернобыльским садам, среди пожухлой, ржавой травы только начинали проклевываться из холодной земли зеленые головки тюльпанов. Чернобыльские сады еще спали. Но тополя за спинами парей уже выкинули зелень, потому что вчера пришло тепло, сегодня уже очень тепло - скоро все брызнет, ударится в рост.

От реки Припять тянуло прохладой, а на солнечной стороне дюны было хорошо; воздух трепетал от восходящих потоков.

Пахло талой водой и землей.

Весенний гвалт грачей на тополиной рощей у дюны.

Из-за шубы грачевников тополя приобрели знак святости. Черные, лоснящиеся грачи сновали в гуще своих грачевников, кричали, занятые весенней суетою.

- Эй, вы, охломоны! - крикнул Лева геодезистам, которые разбрелись по дюне в разные стороны.

Огромная, спокойная, сильная Припять катила воды мимо берегов Чернобыля, под мостом у Белой Сороки; дышала Припять как странное живое существо.

За Копачами на пустой дороге их нагнала автобетономешалка. Это была одиночка, и водитель дал себе волю. Затормозил у Совской столовой, переоборудованной в кафе "Дорожное". В меню: суп-харчо и пирожки с картошкой. Первым за столом оказался водитель с казацкими усами.

И снова Припять.

Белый песок промылся дождями талыми стоками. По этой буро-прозрачной воде старицы когда-то проплывали лодки чернобыльских рыбаков.

В ожидании машины москвичи кидали камушки в Припять. Спокойная, мощная Припять вязко тащила свою поверхность. Вокруг них ни души. А дальний берег был необитаем: вереск, рыжий цвет прошлогодних трав, рощица... утки пролетели растопыркой.

Парням надоело кидать камни вразнобой, спорить, кто кинул дальше. Самый слабый бросок у Левы. Обидно - это же его река! В деревне Лубянка родились мама Вера и бабушка Таня. Никакими силами род их не смогли выковырять с родной земли.

Старики правы: жить и умирать надо на родной земле: на этом белом песке, среди кустов тальника, под тополями и голубым небом.

Жизнь.

Аист поднялся выше, сделал круг, опустился за тополями, там его гнездо. В Чернобыле Леве были известны два аистиных гнезда. Одно, куда опускался аист, неподалеку от пристани. На тополиные ветви, высоко, кто-то уложил деревянную площадку - аисты и угнездились. Это было молодое гнездо, плоское по виду, всего-то, наверное, лет десять ему. Оно, возможно, не очень удобное - рядом протекала Припять, ветер с реки должен был мешать.

А другое гнездо находилось на окраине Чернобыля, на уютной улочке, утекающей среди садов и домиков к окраине, с холма.

На соседней улице кинотеатрик с крашеными полами, фанерками откидных стульев, занавесом, открывающимся со скрипом роликов... вовсю нес дух провинциального, забытого на обочине городка.

Только это вовсе и неплохо, - думал Лева, когда шел на улицу Ветреную. - Может быть, этой шелковице лучше жить без столичной суеты. Между деревом и домом под ногами брусчатка, - камушек за камушком положил кто-то двести лет назад. Положил - порадовался: это тоже счастье - положить такую на век дорогу к своему дому. А ореховое дерево это? Кто посадил тебя, на счастье роду своему?

- Интересно, доплывет бутылка до Киева? - поинтересовался Матросов. - Сколько туда по течению?

- Припять кончается через десять километров, дальше обводной канал, будет Киевское море, а там, внизу, уже строится плотина.

- Значит, не доплывет.

- Видишь, какой паводок, может, и доплывет со всякой дрянью.

- А где будет строиться ЧАЭС?

- А вот там, на холме, во-он домик покосился и сарай, две яблони. На крыше железный флюгер, петух. Это дом Ицхака-шойхета, за ним и начинается собственно ЧАЭС. Завтра все увидите.

К Леве на рукав села божья коровка, и он обрадовался красному в крапинку жучку.

Божья коровка, улети на небо
Там твои детки кушают котлетки

Наконец Лева возвратился с ними к гостинице "Киевская", что на улице Киевская. Главная выездная улица; когда-то по ее брусчатке грохотали телеги еврейских биндюжников:

- Молоко! Творог!! Сметана!!!

- Ве-еодра починяя-аем!

Или прогулочная с женихом и невестой. Хуппа!

Еврейское местечко здесь, в центре земли русской. Сто километров - Чернигов и дуб Соловья Разбойника, сто километров в другую сторону - Киев, где крестили Русь. А там - Коростень - это его сожгла своими голубями княгиня Ольга.

И до речки Рось, имя давшей русским, отсюда не так далече.

У самого входа в гостиницу чудом сохранился огромный тополь, неподалеку от него от него стоял молодой каштан с зелеными шишечками.

Лева распрощался с геодезистами. Теперь к родным.

Он уже увидел свой перекресток: от дуги Киевской улицы утекал вниз прямой лучик,. Дальше магазинчик, за ним еще сто шагов, и на столбе - гнездо.

И аисты были в нем.

Одна из птиц стояла на длинных ногах, в гнезде, с краю. Голова другой поднималась на белой шее, тела не было видно, птица лежала. Аисты увидели Леву. И вторая птица встала в гнезде, а первая замахала крыльями, пробуя воздух.

Лева остановился.

Неля и Лева миновали последний, уже стоящий на отшибе дворик и вышли на луг.

Тут, в низине, весенняя сырость ощущалась гораздо сильнее. Но Чернобыль стоит на песчаных почвах, и, обходя болотца, идти можно было посуху. Кое-где от тронутого башмаками ржавого мха и от сухой травы даже поднималась дымка пыли. И тогда особо пахло высохшей травой.

Возле речки-старицы опять дохнуло камышовым болотом, довольно скоро они вышли к ней и увидели шедшую вверх по течению рыбу. Серебряные ладони подлещиков в тальнике. А потом и россыпи рыбы на траве. Они шли в сторону большой реки, переступая между рыбин. А неподалеку от них - холмиком белых садов и домиков поднимался Чернобыль.

ЧАЭС.

Маленький уютный городишко. Здесь рождались, умирали и были счастливы или не очень счастливы - кто как, каждый по-разному.

Бум из-за строительства ЧАЭС.

Холм поднимающегося Чернобыля: россыпь домиков - черепичные, шиферные крыши, кровельное железо меж цветущих садов.

На базаре

Ведро яблок	полтора рубля
ведро сливы	два с полтиной
ведро вишни	шесть рублей

Дом с соломенной крышей и земляным полом.

Улица Сична прямо под церковью, на склоне начинается.

- Заправить машину.

- У хозяйственного магазина.

У хозяйственного магазина встретили дедушку-продавца, он продавал гвозди и всякое разное.

- Бензин нужен, - и протянул сторублевку.

Дедушка взял ведро и с Левой пошел во двор магазинчика. На траве стояли огромные бочки. Дед налил из крана в ведро, Лева взял ведро, пошел к машине - она перед магазинчиком - и перелил. Потом второе ведро.

Москва

На снежной повязке Горки чернела толпа. Сбились в кучу отказники, подбадривали друг друга.

- Ма шломхэ рабби Элиягу? - Чернобельский приперся с рассказом.

- Кол баседер, - улыбнулся морэ. - Никаких свиней.

Сын его Оська болел "свинкой" и заразил домашних, в том числе Илью, но он пока не знал.

- В Афганистане погиб от взрыва мой одноклассник, - Чернобельский поставил на снег портфель.

- Лева, ты мой ученик, нехорошо в субботу приходить с портфелем.

- Здесь шахматные часы.

- Тем более.

- Но в понедельник институтские соревнования.

- Суббота и соревнования. Ты в своем уме?

- Мой одноклассник Витя Слинько погиб в Афгане.

- Война не спрашивает адреса и время, - сказал Илья.

Их окружила толпа отказников.

- Лева, приводи своего Андрея в воскресную школу, - сказал Арон Гуревич.

- Арон, он и в обычную школу ходит из-под палки.

- Ну, ты принес свой рассказ? - прохрипел Кандель. - Саболел я. Еле дысу, а хлотать - так слезы на гласах. Анхина. Ты принес?

- Только не исправляй ничего, - сказал Лева.

- Конесно-конесно.

И в это время подошел Гриша Розенштейн.

- Здравствуйте. - рука высунулась из варежки. Маленькая влажная ладонь.

- При-ифет, - откликнулся Кандель.

- Как поживаем? - оглянулся Гриша.

- Та вот хорло, - Феликс провел по шее. - Я к фам фсе сопирался... к Натасе, стобы мне в хласа похлятела, полесила.

Гриша заглянул в лицо Феликсу.

- А ты не смотри, - Феликс захихикал.

Глаза у них как две капли воды - только Феликс чуть косит. Володя Альбрехт перебжал проезую часть прямо перед носом белой "Волги. Спасли длинные ноги. Он столкнулся с тезкой - Лазарисом. На Лазарисе кожаное пальто времен нэпа, газета под мышкой. Ходит, как ревизор на базаре. Язва та еще!

Не пора ли в часовую мастерскую? Уже шестнадцать-тридцать.

- Семен! Поехали со мной - в мастерскую шахматных часов.

- Я по субботам никуда не езжу.

- А сюда?

- Сюда можно.

- Ну проводите меня с Димой, - сказал Лева.

Втроем спустились в вестибюль метро. Дежурная и милиционер переговаривались у входа на эскалатор.

- Хочешь, - сказал Семен, - мигом отремонтирую.

- Ты?

- Это же просто будильник.

- Давай-давай, - поддакнул Дима. Сема уже один раз чинил магнитофон. На нем теперь гвозди выпрямляют.

- Ну, Левик, где они, дохлые часики?

Три еврея с Горки колдовали над белым пластмассовым пакетом.

- О-о, пустяк, - сказал Сема. - Такое не взрывается. Во-он проволочка прогнулась. Нужна булавка.

- Нет, - сказал Дима, - здесь что-то с маятником.

И он ткнул перочинным ножиком в часы.

- Не идут.

- А ты часики завел?

- Заведены они до предела.

- Давно купил?

- Месткомовские.

- Что? - Семен отпрянул. - Я деньги твои пожалел, а раз месткомовские - забирай!

- Погоди, - Дима еще раз ткнул часы ножиком.

- Вы мне их совсем доломаете, - сказал Лева. - Не хотите, сам поеду на Первомайскую.

Лева сунул часы в портфель и ступил на эскалатор. Люди плыли вверх и вниз по-рождественски празднично. Рождество выпало на субботу. В электричке он открыл учебник "Элеф милим". Напротив стояла девушка в сером пальто, глядела на Леву, как на инопланетянина. За окнами станция "Измайловский парк" - гаражи-жестянки, блочные пятиэтажки. Впереди раздался хлопок, запах горящей резины. Пассажиры вдыхали его и беременели страхом. Переглядывались. Уже грохотал туннель, когда второй взрыв-хлопок заставил многих вскочить со своих мест. Густой желтый дым потянулся над головами. Третий хлопок - и поезд выехал на платформу. Толпились пассажиры. Из вагона вышел мужчина с девочкой на руках, ее лицо было окровавлено, а голова мужчины и плечи были обсыпаны белой трухой обшивки вагонов. Вагон стоял с выбитыми стеклами, черный изнутри.

Нужно заглянуть вовнутрь, - убеждал себя Чернобельский, - там мог быть и я.

Каждый мог оказаться.

Посреди вагона поднялся русоволосый парень и потащил туловище мужчины. За этим туловищем поползла девочка лет четырех. Она была в пальто, колготки - в крови, а лицо белое-белое.

- Помогите!

Лева поднял девочку на руки.

На перроне спокойно. Ужасен вагон. Оттуда выплескивались стоны, истерический смех. Смеялась полная женщина, сброшена на пол между сиденьями, она лежала с оторванной ногой. Нога в сапоге валялась перед ней, и она... смеялась...

Два подвыпивших школьника бродили между колоннами. По перрону пробежали машинисты состава. Им кричали:

- Где "скорая"?

на краю платформы лежала раненая женщина. Пьяный мужчина с папиросой остановился и вдруг лег с ней рядом.

- Уйди.

В другом месте рассказывал спасенный пассажирам другого вагона.

- Хлопнуло, я пальто на голову. Так и ехал...

- Почему нет врачей?

- Люди умирают!

Показались два милиционера.

- Сво-о-олочи, люди умирают!

- Что-о?

- То-о! Только пьяных умеете забирать!

В понедельник на всех этажах ГРОБА уже знали о случившемся с Чернобельским.

- Рад слышать твой голос!.. Ну, ты родился в рубашке! Счастливчик! А мне сказали, что подрывники погибли.

- Взял я на работе шахматные часы...

- Как тебе удалось подорвать поезд?

- Это дело рук сионистов.

- Это таксисты, чтоб люди ездили только на такси.

- Но зачем же простых людей?.. Тех бы главных и подрывали.

- А поди к ним подберись.

- Диверсия. Все ж при Сталине было лучше. Больше порядка.

- Шпана. Фильмов насмотрелись, неуловимые мстители.

- Это сионисты мстят за Буковского...

- Илии афганские духи.

В следующую субботу с замиранием сердца поднимался Лева на Горку. Во-он они... диссиденты отказники... Слепак, Файн, Бегун. Голова Бегуна перебинтована. Ничего себе - на лыжах.

- Иди-иди, герой ты наш! Расскажи, как ты метро подорвал?

- Здесь?

- А ты хочешь по первой программе телевидения? Н-ну, не ломайся, диверсант.

- Это он взорвал метро? - удивился Лазарис. - Теперь можешь писать рассказ для моего журнала.

И Лева вытянул шею, закатил глаза и начал: Выписал я в месткоме шахматные часы...

На лестнице синагоги прихожане дубасили сумасшедшего, а он брызжит слюной и визжит:

- Жиды! Расстрелять! Они даже метро не смогли подорвать!

По улице поднимался Альбрехт. В красной куртке, красной вязаной шапочке, голубые джинсы, желтые ботинки.

- На меня завели дело по взрыву в метро, - сказал Альбрехт.

- Еще один соискатель, - усмехнулся Брайловский.

- Сижу на курсах шоферов, и вдруг:

- Альбрехт Владимир Янович?

-Я за него.

-Захватите свои вещи. – приказал мужик похожий на снеговика.

-А в чем дело?- Уже в коридоре спросил Альбрехт.

-8-го января имел место взрыв в метро.- снеговик взял Альбрехта за пуговицу куртки.- Где вы были в четыре дня?

-Это что за день?

-Суббота.

-Суббота,- засмеялся Альбрехт, отвел руку снеговика от своей пуговицы,- прекрасный день.Я был в Центре.

- В центре чего вы были?

-Детского мира.

-Купили что-нибудь?

-Нет, а что собственно, вы от меня хотите? Кто вы такие?

-Неважно. –сказал снеговик.

-Важно для меня. Может я подозреваюсь во взрыве?

-Допустим.- усмехнулся, потирая нос снеговик.- Что вы на это скажете?

-Мое метро. Хочу взрываю, хочу - нет.

-Ты, гад, что-о, издеваешься!?- снеговик глаза вытаращил.- Там стколько людей погибло!

И вдруг резким движением руку Альбрехта р-раз и за спину закрутил. Повел в кабинет директора школы. У директора от страха подбородок затрясся. Вывернул снеговик наизнанку портфель Альбрехта.

-Вот полюбуйтесь, чем у вас занимаются!- и тычет директору рукопись "В поисках сути".

Директор полистал-полистал.

-Здесь, кажется, КГБ ругают.

-Р-ругают, - передразнил его снеговик. - А вы тут спите. Садитесь, Альбрехт, и пишите объяснение.

-Кому?

- Ну-у, на 128-е отделение милиции.

-А почему: ну-у, на 128-е? Вы милиционер?

-Да.

-Как ваша фамилия?

-Неважно.

-Или говорите фамилию или я прекращаю писать.

- Еще чего! Пиши, а то хуже будет.- раскраснелся снеговик, вот-вот расстает.

Альбрехт начал писать:

«Объяснение. В связи с обвинением во взрыве в метро по требованию сотрудника неизвестно какой организации и неизвестно какой фамилии..».

Снеговик заглянул через его плечо.

-Ну, Альбрехт мы вам мозги вправим.

Альбрехт продолжал писать : «постоянно мне угрожали...»

Снеговик вырвал листок - и в клочья.

-Сними, Альбрехт, очки, я дам тебе по морде!

Владимир Янрвич показал ему дулю.

- Чем кончилось, Володя?- спросил Паша Абрамович.

- Ушел. Вы понимаете, куда клонят наши друзья? Диссиденты подрывают метро.

В Москве только и разговоры о повышении цен и о взрывах.

- В Химках накрыли сионистов, только у одного украинская фамилия.

- Повесить их сразу, чтоб все видели.

- На площади. Сделать виселицы вдоль улиц и всех их разом.

- Я не могу избавиться от ощущения, - сказал 14 января Андрей Сахаров, - что взрыв в московском метро и трагическая гибель людей - самая опасная за последние годы провокация репрессивных органов.

Он сказал это на пресс-конференции для инкорров. Было четырнадцатое января.

- Диссиденты относятся к взрывам и террору с негодованием, - заявил Орлов.

Щаранский представил новых членов Хельсинской группы: физика Юрия Мнюха и математика Наума Неймана.

Лидия Алексеевна передала корреспондентам очередные документы с 1-го по 14 января.

- К вам проявляет огромный интерес Запад и лично Картер, - сказал американец Оснос. - Надеюсь, здесь ограничатся очередными обысками.

На Старый новый год друзья Орловых собралась в их осажденной квартире. Стукачи, мерзнущие под окнами, слышали музыку и хохот.

- На Старый год, - сказала Алексеева, - принято гадать. Я раздобыла английские гадальные карты. Алик, тебе погадать?

- Не-ет, - усмехнулся Гинзбург. - Я пасс.

- Ну, погадай мне, - сказал Щаранский.

Выпала "дальняя дорога".

- Наташе и тебе следующий год в Иерусалиме!

Полые губы его лоснились счастьем.

- И мне погадайте, - улыбнулся Орлов.

А между тем, осада дома снята и, вообще, в последующие дни всех оставили в покое, кроме Щаранского. За ним по-прежнему следовали две-три машины - это человек двенадцать свиты. Зато "бесхвостые" переживали светлое чувство легкости, освобождения.

- Теперь нас, по крайней мере, до окончания Белградской конференции оставят в покое - прогнозировали Орлов и Гинзбург.

Но второго февраля в "Литературке" опубликовал статью Петр Агатов, бывший политзэк и сокамерник Алика Гинзбурга. Статья "Лжецы и фарисеи" заявляла, что доллары, найденные у Гинзбурга во время обыска, малая доля инвалюты. Упомянул Агатов и Орлова и сокрушался по поводу его "аморальности и тщеславности".

Пресс-конференция. Заплаканное лицо Арины Гинзбург. Оцепеневшая, с потухшим взглядом Людмила Ильинишна, мать Алика. Сам он держался как обычно, начал с заявления: ввиду скорости ареста он сделает отчет о работе Фонда помощи политзаключенным и объявит фамилии своих преемников по Фонду.

Арестовали Алика на следующий день, 3 февраля. Он все еще температурил после воспаления легких. Вышел лишь на минутку позвонить по автомату: в Рязани начат процесс над баптисткой, ей грозило лишение родительских прав за религиозное воспитание детей; надо было найти человека для поездки на процесс. Алик вышел, накинув на плечи куртку - и не вернулся. Арина бросилась на розыски. Вместе с друзьями объехала отделения милиции. Еще теплилась надежда, что это очередной привод из-за прописки. Но следы сыскались в приемной КГБ. "Да, задержан нашими сотрудниками из Калуги", - сказали ей там.

В тот же вечер милиционер принес повестку на допрос Орлову. Вызвали в прокуратуру и Андрея Сахарова.

В Заявлении по поводу ареста Гинзбурга Сахаров и Шафаревич написали: "Есть все основания опасаться, что арест Александра Гинзбурга - звено в цепи репрессий, запланированных навстречу Белградскому совещанию. Как далеко пойдет эта волна, где она на этот раз остановится - это зависит от реакции советской и мировой общественности".

Орлов уехал в подмосковную деревню, где прошло его детство. А в Москве не показывался. За его женой и близкими друзьями повсюду ходили кагебисты - надеялись, что те выведут на него. Но он сам не выдержал неопределенности положения и 9 февраля вернулся в Москву, но не к себе на квартиру, а к Лидии Алексеевой. Приехали к Алексеевой Турчин и Щаранский. Очередная пресс-конференция. Инкорры спросили Орлова: скрывается ли он?

- Нет, - сказал он, но идти к ним добровольно сам тоже не намерен.

Через пятнадцать минут к дому Алексеевой подкатила "андроповка", и как только гости покинули дом Алексеевой, раздался звонок в дверь.

- Милиция.

- Впустите их, - сказал Юрий Федорович.

- Это что, обыск? - задохнулась Алексеева.

- Нет, у нас есть сведения, что вас посещают ваши единомышленники.

Штатский открыл стенной шкаф в коридоре.

- Я не разрешаю осматривать квартиру, без ордера на обыск.

- Ну что же вы нас держите в передней, пригласите в комнату.

Штатский распахнул дверь и увидел Орлова.

- Вот кто нам нужен. Предъявите документы.

Орлов достал паспорт.

- Одевайтесь.

Орлов вышел в прихожую и оказался в кольце мужчин. Он медленно надел куртку. Оглянулся, и Алексеева, приподнявшись на носки, помахала ему рукой из-за их спин.

Они увели его.

Альбрехт.

На перекрестке шоссе автомобильная пробка. Взгляд уперся в зеркальное отражение - в глазах ожидание перемен. С примесью страха.

Впереди завыла сирена "скорой помощи" и Семен высунулся наружу. Все равно не видно, задохнулся от снежной круговерти и откинулся на сиденье, опустил ветровое стекло. Музыка "скорой помощи" заставила едва ли не вслух рассуждать о том, о чем он так беспрестанно думал в последнее время: он спасет отца, любой ценой. Ну, а если гэбэшники его обманут? Но что делать-то? Где выход-то?! Если он ничего не сделает сейчас для отца,.... Он до конца своей жизни будет мучаться, с ума сойдет. "Спасу его - мне все простится".

Что-то серьезное стряслось там, на перекрестке шоссе. Вслед за "первой скорой помощью" сиреной расчищала путь - другая. Липавский вышел из машины в метель. Метель навалилась с борцовской напористостью и он, чтобы устоять на ногах, облокотился на машину, прячась от ветра. И как только закрыл глаза - нечто коричневое обваловало его; привиделся себе маленьким: катает по полу самодельный грузовик, ловко выструганный отцом из деревянной чурки - с нарисованными радиатором и кабиной, с перламутровыми пуговками вместо фар, с пустыми катушками из-под ниток вместо колес.

- Эй, шеф!

Липавский открыл глаза. Впереди стоявший "жигуленок" прыгнул в метель. Семен поспешил следом и весь оставшийся пут вспоминал "нечто коричневое", что обваловало его. "Если есть цвет ужаса, то он такой", - подумал он, будучи не в силах подавить внезапно возникший в душе страх.

Альбрехт открыл дверь начальника 128-го отделения милиции.

- У вас работает Сидоров?

- А что?

- Я хочу сделать заявление по поводу 8-го января.

- А что это такое? - удивился толстый и очень коротконогий начальник.

- Взрыв в метро.

- Вз-зрыв?! - тот выкатился из-за стола. - Вот листок. Ручка нужна?

Альбрехт написал: "Я ... сидел в классе автобазы, когда вошел Снеговик..."

Толстяк посмотрел на Володю.

- Мне такое заявление не нужно. Вы же ничего не пишете про взрыв.
- А вы меня допросите.
- Насчет чего?
- Ну, по этому делу, но с соблюдением всех формальностей.
- Не знаю.
- То есть?
- Ладно, ждите.

Через час возник интеллигент в вечернем костюме. Альбрехт давай все сначала.

- Никакого Сидорова вашего в природе не существует,- сказал мужчина в вечернем костюме.- Но мы в курсе. Так что вы хотите нам сообщить?
- А с кем я, простите, разговариваю?
- Я сотрудник КГБ Потапенко. Ну что вам известно?
- То, что я рассказал.
- Но вы еще ничего не рассказали- улыбнулся Потаренко.
- А вы допросите.
- В своем заявлении вы частично признали свою вину.
- Не частично, а определенно. В некоторой степени есть и моя и ваша вина.
- Мне не понятен ход вашей мысли.-Потапенко аж расширил зрачки.
- Но раз пришли органы в школу, значит, были основания.
- Почему?
- Потому что наши органы не ошибаются.
- А почему вы учитесь на шофера? У вас есть машина?
- Мне не удалось стать хорошим математиком, и я пошел в шоферы. Если не получится с баранкой, вернусь к математике.
- Вы ведь русский по-национальности, вы что-о собрались в Израиль?
- Мне трудно отвечать на ваш вопрос, поскольку я не несу ответственности за свои слова.
-Нет, вы несете ответственность за свои слова.
- Тогда позвольте, я дам подписку об ответственности за ложные показания. Это все-таки допрос или беседа?
- Я должен вас предупредить и взять подписку об ответственности по статье 184 УК за разглашение материалов, представляющих тайну следствия.

Ну, дадите показания?

- Напишите свой вопрос в протокол и я на него отвечу.
- Я знаю, что вы напишите:»Не имеет отношения к делу»
-Правильно, так и напишу.

Альбрехт вышел из отделения милиции - улицы окутал вечер. В метро было малолюдно. Пьяный рабочий в вагоне на остановке поднял голову.

- Сионистов нет? - огляделся он.- Ну, тогда не взорвемся.

Закрыл глаза и опустил голову.

Андропов обвинил во взрывах армянских сепаратистов.

Визит американца.

Американец в демисезонном пальто и белой вязаной шапочек спрашивал:

- Ху из Авигдаров?

Нашли ему Гарика Авигдарова.

- Дую спик оф идиш?

- А-биселе. Ата медабер иврит? Дую андерстенд иврит?

- Кен-кен.

- Ай эм Богомольный,- сказал Венька Богомольный, оттеснив Гарика.- Ай эм Богомольный Анд май мазе лив из Израэль, бат ай эм рефьюзник. Бо-го-мольный,- записал американец и подарил Веньке ментоловые жвачки.- Анд ху из Авигдаров?

- Зис из Авигдаров.- Сеня Андурский ткнул пальцем в Гарика.- Гурништ экзодус. Фате рве мутер ин Сруэль, абер (тут Андурский опять ткнул в Гарика) хи по рефьзнык. Эр гэмомт мин армия, зол зи бребен. Ферштейст?

- Е-е,- кивнул американец.- Ху из Авигдаров?

Тогда Андурский вытолкнул Гарика в центр.

- Шалом!- несказанно обрадовался американец и, взяв Гарика под руку, он увел его к металлическому забору и передал сумку со жратвой и шмотками.

- Вен уи гоу ту израэль?- спросил его американец.

- Унзере мелиха лост нит фурен,- ответид Гарик, приятно ощущая тяжесть в руке от сумки.

- Форвус?

Гарик пожал плечами. Американец в Иерусалиме познакомился с его родителями, и они передали "привет" сыну. Потом американец вынул портмоне с фотографией, где он стоит с женой и детьми на израильском пляже.

А здесь Горка скрипела тридцатиградусным морозом. Вечером всех ожидал сюрприз - телефильм "Скупщики душ". Мелькнули Шаранский, Лернер, Слепак, Бегун, Нудель, Брайловский. Ничего не было сказано о самой Горке, а ведь на ней обменивали "Экзодус" на "Шулхан Арух", "Хронику текущих событий" на "Архипелаг Кулаг", статьи Сахарова на свежие американские газеты. Здесь собирали деньги в пользу политзаключенных.

Семинар Альбрехта.

В квартире отказника Фурмана яблоку негде упасть да и не была яблок в Москве этой зимой.

-В любой интеллигентной семье должно быть что-то такое, что можно конфисковать,- сказал Альбрехт.- Всегда, господа,надо быть просто самим

собой – вот мой главный совет. Конечно, всякое бывает. И пусть вы уже уехали в Израиль, и все происходящее здесь вас нисколько не волнует, вы никогда не вспомните об этой стране, никогда. Никогда? А ведь это и есть, наверное, ложь. Плохая страна – именно та, где только лишь думающих, что она плохая, сажают в тюрьму. А только почему плохую страну всегда любят больше, чем хорошую? Почему? Не знаю. Знаете, говоря о других, я в основном, все-таки имею ввиду самого себя. Но, по всей вероятности. Я не счел бы возможным всегда поступать так, как советую другим. Да.

Так о чем я? В каждой интеллигентной семье должно быть что-то такое, что можно конфисковать, потому что люди не любят уходить с пустыми руками.

Фурман хранил собрание самиздата. Фурман жил с дочерью, женой и тещей в четырехкомнатной квартире, неподалеку от ВДНХ. Год назад эстонская художник Вийманэ передала ему дюжину натюрмортов - цветы, бабочки. Предполагалось, интуристы купят. Но не покупали.

Фурман сидел в кресле, нога на ногу и поигрывал тапочком.

- Хаверим!- сказал Альбрехт.- Я сегодня провожу заключительное заседание на этой территории, чему я, честно говоря, рад... Наш докладчик - гость из Питера… э-э...

- Шура Богуславский,- подсказал Фурман.

- Да, Шу-ура. Из разговора с ним я понял, что он представит нелицеприятные вещи, но надеюсь, если надо мы дадим ему бой.

Шура Богуславский - 50 лет, близорукий, худой, герой ленинградского самолетного побега. На том процессе Богуславский будто раскаивался... Сегодня сидел, закинув нога на ногу, выглядывали зеленые носки и белые кальсоны.

- Тема моего доклада,- начал он,- "Политические партии Израиля". В течение многих лет я слежу за политической жизнью страны, куда мы все стремимся. Мой идеал Бен-Гурион. Взлеты и падения последующих лидеров. Голда, Рабин, Кацир, деградация, маразм, зазнайство, желание во что бы то ни стало удержать в руках власть, разочарование.

- Куда же мы едем?- ахнул Розенштейн.

- Мы-то пока сидим,- пожал плечами Кандель.

- А я теперь знаю в какую вступить партию,- сказал Фурман.

- Ну мне тебя жаль,- усмехнулся Илья,- руководствоваться этим докладом...

Шура Богуславский по-петушиному взглянул на Илью. Назревал скандал.

- Шура! Израиль обретет внутренне единство?

- Я не гадалка. Я не вижу пути к единству, да и зачем оно?

- А вот сможем ли мы найти общий язык с арабами?

- Война неизбежна.

Фурман потер нос.

- Я выдвину свою кандидатуру в Кнессет и назло "неизбежности" предотвращу войну. Петя утверждает....

Фурман почему-то называл Богуславского Петей.

Народ перестал грызть баранки и захихикал.

- И если Петя...

- Не Петя, а Шура!- воскликнула дочь Фурмана, и Фурман вздрогнул. Аж тапочек слетел с ноги.

- ну ничего-ничего,- под общий смех улыбнулся Шура Богуславский.- пусть он меня называет Петей. Назови хоть горшком, только в печь не ставь.

А ведь вся штука фурмановских семинаров в том, что непременно кого-то Володя "ставил в печь"...

"Известия":

"Клеветник предупрежден. 25 января в прокуратуру СССР был вызван А.Д.Сахаров. Заместитель Генерального прокурора СССР государственный советник юстиции 1-го класса Гусев предупредил его в том, что сделанное им провокационное заявление - клевета на советские органы."

Володя Альбрехт:

- трое неизвестных взяли меня на улице и привезли в 128-е отделение милиции. Вхожу к начальнику, а там оперативное совещание.

- Здравствуйте,- говорю.- Я Альбрехт. Прибыл, видимо, на допрос.

Все повернули головы, а начальник рукой машет.

- Ну заходи-заходи.

- Я б заходил, но ты меня не приглашаешь.

- А что это ты на "ты"?- возмутился начальник.

- Ну, вы меня на "ты" и я на "ты". Но лучше бы, конечно, на "вы".

Все засмеялись. Начальник покраснел.

- По-отеха,- говорит и улыбается через силу, а глаза озверелые.- Ну, побеседуем.

- На беседу,- говорю,- приглашают, а не привозят.

- Мы имеем право вызывать на беседы.

- Но где указано, что я обязан отвечать на вопросы при такой беседе?

- Вот,- он потряс книгой УК РСФСР.

- Покажите.

Начальник покраснел еще пуще, послюнявил палец и начал рыться в книге. Дело-то безнадежное, а тишина гробовая. Но ладно, я могу и подождать.

- Ну, считайте, что мы вас пригласили,- сказал он, захлопывая УК.

- Пригласили на допрос?

- Да, на допрос.

- На допрос вызывают.

- Ну, значит, мы вас вызвали, черт возьми.

- Тогда пишите протокол, а копию - мне.

- Ну хорошо, давайте просто побеседуем. Присаживайтесь. Ну, где живешь?

- В паспорте указано.

- А с кем?

- С женой и ребенком.

- Ну как живешь с женой?

- А ты как с женой?

Ну, сами понимаете, базар. Потом он бросает этак мимоходом:

- Ну что вы хотели сказать по поводу взрыва. Что вы на этот счет думаете?

- Я думаю вот что... Этот взрыв и вся эта история используется для дискредитации тех, кто пропагандирует уважение к закону.

Альбрехт умолк и откинулся на спинку стула. Коммуналка Бегуна переполнена. Иосиф и его друзья сидели на полу.

- Володя,- расскажите про обыски,- попросила Ида Нудель, маленькая усатая старая дева.

- Обыск это изнасилование. Представьте вас насилуют... Видите ли, все действия органов имеют воспитательный характер кроме обыска. Поэтом я всегда предлагаю хранить что-нибудь для обыска. Когда они приходят, а у вас ничего нет - это неприлично. Вы же интеллигентный человек. Они, скажем, пришли за "Архипелагом

ГУЛАГ", а у вас, простите, кроме "Му-му" ничего нет. Выходит они зря пришли. Они, значит, были о вас другого мнения. В разное время интеллигенты держали разные настольные книги. Раньше, например, у многих для обыска лежал "Реквием" Ахматовой. А вот я держу дома вещи, которые неприятно было бы забирать. Например, портрет Ильича с телефонами демократов. Одно дело, когда они забирают записную книжку, а другое дело - пишут в протоколе, что у тебя конфисковали портрет такого дорогого человека...

- Ну, а права у обыскиваемого существуют?- Ида Нудель привстала.

- Я же вам сказал: вас насилуют.

Нудель покраснела.

- Можно еще поделиться опытом?- вышел на середину Бегун в черной косоворотке.- Недавно, в одном закрытом учреждении я микрофильмировал "Архипелаг". И вот, выхожу на улицу, иду к метро, как вдруг подъезжает к обочине тротуара легковушка. "Марк Аронович! Садитесь с нами". И показывают книжечку.

- А что случилось:- спрашиваю.

- Микрофильм не потеряли?

- Да я собственно...

- Мы вас еще вызовем.

Ну, я бегом к друзьям консультироваться. Ведь грозило до семи лет лагерей. За такое же дело осудили Ковалева.

Альбрехт захохотал и руками всплеснул.

- Ну, Иосиф, миленький, ну ты, во-первых, не Ковалев. Тебя они не посадят. Но продолжай, если это интересно публике. Это интересно?

- Да-да! Давай, Иосиф, дальше!

- Так вот я, на втором допросе учудил... сказал, что фотографировал Архипелаг ГУЛаг, чтобы ознакомиться и раскритиковать, тем более, что я, действительно, с некоторыми выводами Солженицина не согласен.

Тут Альбрехт вновь вскинул руками и затрясся от смеха, да так заразительно, что уже зубоскалили все.

Но Бегун мужественно закончил:

- Смейтесь до упаду, но они там проглотили мой довод.

- Иосиф, дорогой, у них отличные желудки. Уж что-что, а заглатывать они научились. Но это, дорогой мой, не в вашу пользу.

- Почему?

- Об этом потом. Вы хотите еще что-то рассказать?

- Поведение следователя для меня осталось загадкой. Например, на первом допросе он сказал прощаясь: Иосиф, вы бы в следующий раз захватили какую-нибудь интересную книжку, а то читать нечего". "Ну, какую?"- спрашиваю. "Ну, типа Континент". Он это сказал очень искренне.

Иосиф вопросительно взглянул на Альбрехта.

- Понимаешь, Иосиф, они могли с тобой играть, но между прочим, сами начитавшись "гулагов", они уже ни во что не верят. Так что ж ты, Иосиф, принес ему "Континент"?

- Я пришел с Литературкой.

Альбрехт засмеялся.

- Милый мой, твое поведение больше располагало к тому, чтобы тебя посадить. Ты испугался и решил говорить, что фотографировал "Архипелаг ГУЛаг" якобы для отрицательной рецензии. Это тянет на фельетон.

Альбрехт поднялся и опустил руку на плечо Иосифа Бегуна.

- Они поняли, что с тобой можно работать. Они тебя вызывают, ты приходишь с газеткой подмышкой и ведешь себя по заранее намеченному плану... "Я к Солженицыну плохо отношусь, поэтому фотографировал его книгу". Они, батенька, не любят когда их принимают за дураков. Так ведь они и вправду не дураки. КГБ - это я вам скажу - фирма.

- Гавно!

- Ну, хорошо. О чем они еще спрашивали?

- О знакомых. "По-нашему подсчету,- сказал следователь,- у вас сто знакомых". А зачем, говорю, мне вам их называть? Нет, не буду. "А заниматься антисоветчиной будете?" Нет. "Тогда подпишитесь под заявлением".

- И ты подписал, что больше не будешь?! - Альбрехт вскочил и расставив ноги уставился на Иосифа Бегуна как на шкодливого ученика.

- А что я такое сделал?

- Ты подписал или нет?! - громовержил Альбрехт.

- Это была формальная беседа,- Иосиф был близок к обмороку.

- Подписал или нет?! - требовали слушатели.

Но тут Бегун вспомнил, что на кухне уже давно свистит чайник.

Ожидался доклад совершенно сенсационный: Володя Престин "Теория конфликтов". Уже давно на Горке знали, что команда Лернера смеется над командой Абрамовича. Но что это за "смех" и с чем его едят мало кто знал. И вот, сторонник Абрамовича Престин решил открыть глаза непосвященным.

- В самом начале существования московской алии, когда еще не было ярко выраженных лидеров, начала поступать денежная помощь. Одни получали во-от столько, а другие ничего. Лидерами одной группы были трое, лидерами другой пятеро. Каждую субботу встречались на Горке, но конфликт перерос в ненависть, втянул в свое болото уже десятки людей и что самое потрясающее - почти все уже забыли из-за чего возник конфликт. Скандал из-за дележа даровых денег выплеснулся на страницы американских газет, и вчерашние герои русской алии предстали в постыдном виде. Этот конфликт можно было погасить, если бы мы не вступали в разговоры, то есть не пытались решить конфликт устно. Я считаю, нужно было нам, пятерым, написать тем трем письма. Гласность, документирование, уважение - вот наиболее эффективные пути к разрешению конфликтов... Или вот другой пример. На одном семинаре, во время перерыва, ко мне подошла девушка и заявила: "Володя, еще многие говорят, что ты всем рассказываешь, будто я сотрудничаю с Галиной Борисовной" "Кто сказал?" "Неважно". Кругом полно народу, коридор узкий, говоришь одному, а слышат все. Так я и не добился от нее ответа. А через два дня я написал ей примитивное письмо, мол, я такой-то, никогда никому ничего подобного про нее не говорил и прошу мне верить.

- Ну и она тебе поверила? - спросили слушатели.

- Дорогие мои,- сказал Альбрехт,- главное здесь то, что Престину удалось погасить конфликт.

- Что же получается,- сказала горбунья,- писанина панацея от всех бед?

- Это брандспойт против конфликтов,- ответил Престин и снова стал похож на поэта Евтушенко.

Здравствуй, Лева - новый год.

- Лев Семенович? С вами говорит старший лейтенант КГБ Симоненко Валерий Владимирович.

- Да...

- Я вам звоню по поводу событий 8-го января. Вы ехали в поезде метро.

- А..., так ведь уже приходил один... Я собственно ничего не видел...

- Это был товарищ из уголовного розыска, а мы из КГБ. Когда вы можете к нам подъехать?

- А когда нужно?

- Давайте условимся на завтра, на десять утра. Запишите наш адрес: Малая Лубянка, дом 12-а, телефон 224-47-11. И захватите какой-нибудь документ, чтобы я выписал пропуск.

Малая Лубянка - тени зданий перекрывали друг друга, легковые автомашины припаркованы нос к носу, вдоль высокой крашеной стены.

Узкая филенчатая дверь и - два пограничника в тулупах, как два снежных перевала, и сразу чувствуешь себя маленьким и заблудившимся. По внутреннему телефону Лева попросил Симоненко. Мимо часовых на выход из здания шли обыкновеннейшие тетки и дядьки с сумками, авоськами, портфелями просто так. Таких встречаешь в трамваях, в магазинных очередях и никогда не подумаешь, что у них в кармане грозная книжечка КГБ.

Лейтенант провел Чернобельского на второй этаж.

- Раздевайтесь. Вот вешалка.

Свежевыбеленная комнатушка в десять квадратных метров, два стола, четыре стула.

- Садитесь вот сюда. Ой, может стул заменить? Он не надежный.

Леве все казалось сейчас ненадежным - голос лейтенанта, свет за окном, если хотите - само существование.

- Нужно, чтобы вы более подробно рассказали, что знаете о случившемся. Вспомните ту субботу. Конечно, прошло много времени. Вы ехали в третьем вагоне?

- Да, в третьем.

Белобрысый, гладколицый. Открыл книжный шкаф.

- Это ваше объяснение в день происшествия.

- Мне казалась та бумажка измятой.

Лейтенант рассмеялся.

- Ну-у, выгладилась. Она и сейчас не идеально гладкая.

Во время Левиного рассказа лейтенант его прерывал:

- Да-да, это было... Как он выглядел тот мужчина?

- Крупный.

- Лицо запомнили?

- Нет, конечно.

- пальто, шапку, воротник? Мы его никак не можем разыскать. А вообще, вы заметили что-нибудь подозрительное?

- Нет.

Пауза затянулась, лейтенант смотрел на Чернобельского холодно, дохнуло ужасом... он влип в ужасную историю... если это провокация, то либо уберут свидетелей, либо из свидетеля сделают преступника. Вдруг лейтенант резко выдвинул ящик стола, мелькнула синь материи.

- Где вы видели эту сумку?

- Никогда нигде не видел,- ответил ошарашенный Чернобельский.- Это заграничная?

- С-советская,- процедил следователь.- на каждой странице протокола допроса поставьте свою подпись, а вот здесь два раза распишитесь.

- Я прочту протокол.

- Конечно. Если есть замечания или дополнения - пожалуйста.

Почерк у лейтенанта ровный и четкий.

- Вы написали, что я не запомнил, когда из вагона вышла девушка в сером пальто. Она вышла на Первомайской.

- Ну пожалуйста. Но это ведь неважно. Не девушка же взорвала вагон.

- Конечно. А кто?

- Тот ехал в третьем вагоне,- лейтенант снова холодно и пристально посмотрел Леве в лицо.

Вот сейчас он добавит: "с шахматными часами" и мне,- подумал Лева,- конец.

Лейтенант отвернулся и спрятал протокол в ящик стола. Лева поднялся.

- Говорят, еще было два взрыва.

- Говорят? А где же были?

- Да где-то у вас под боком, в гастрономе и еще у архитектурного института. Да?

- Да.

- Поймали преступников?

Лейтенант улыбнулся.

- Вы не читали в газете "Ведется расследование". Будет суд, вас вызовут как свидетеля.

Уж лучше распрощались бы навсегда. Андрей после обеда загадочно улыбался и, наконец, переборов себя, протянул отцу листок, отпечатанный на Левиной машинке.

Рассказы и письма.

Рассказ Левиного сына Андрея, записанный мальчиком на папиной машинке: "Я взял мамины деньги и отправился к друзьям пировать. Я взял пятнадцать копеек. А что интересно взял Владик? А в кошельке у Владика целый рубль. Ух, заживем, радовался Стасик. И мы отправились в кафе. Но сегодня там свадьба и мы стали ненужными и наши деньги тоже".

Письмо мамы Веры "... день и ночь только о Фимочке и думаем. Мое сердце все время обливается кровью, когда я о нем думаю. За что только Бог его так обидел... Пересылаю тебе письмо Фимочки."

Письмо Фимки "... стараюсь быть жизнерадостным, читаю книги, газеты, журналы. Стараюсь быть в курсе основных событий на земном шаре... Я очень горжусь своим народом... надеюсь, что мои молитвы дойдут до Отца нашего и он не оставит нас детей своих. Вчера меня вызвал пастух (отрядный) и сообщил мне об отказе на помилование. Я не расстраиваюсь, я этого ожидал. Левочка, вышли заказным письмом объемную красивую открытку. Как там малый Андрей? Открытки, если сможешь, вышли. Я буду очень ждать, но только заказным письмом".

Пурим Дины Бейлиной.

Праздник Пурим встречали на квартире Дины Бейлиной. И хотя предназначался он детям, взрослых больше. Дочери Жозика Асса звонкоголосые, в одинаковых желтых передниках гонялись за Ефремкой Розенштейном, а тот опрокидывал все, что стояло на его пути.

Представление "пурим-шпиль" готовил Вольвовский. Айбиндер объявила о начале представления.

Стройная, в длинном розовом пледе, Полина похожа на павлина.

- Кто поет в хоре, дети?

Миша и Таня жевали конфеты и хохотали над картинками детской книги.

- Ду ю спик инглиш?- обратилась молодая американка к Бегуну.

Иосиф пришел с сыном.

- Ес вй ду... э-э... Ат мэвина иврит?

- Кэн,- заулыбалась та.- Ани ломэдэт иврит ба университа.

Пурим-шпиль не начинался потому что "заболел" внезапно Веня Богомольный, играющий Мордехая. И вот Леня Вольвовский и Арон Гуревич (директор неофициальной детской воскресной школы) решали головоломку.

- Я сыграю Мордехая,- сказал Вольвовский.- А ты Амана, он такой же длинный и худой.

- Но у тебя нет бороды! Мордехай имел бороду.

- Эйндавар, Арон! Ты представь, я сейчас стану детям рассказывать о Пурим и после этого буду играть роль злодея?!

- Я тоже, между прочим, директор детской школы.

Полина решила спор.

- Арон, примерь халат Мордехая.

- Я не буду Аманом,- сказал Вольвовский.

- Я за Амана,- сказала Полина.

Она была тут за всех. Детский хор собран и теперь торжественно каменел в углу.

- Дорогие дети! - захрипел Вольвовский.- Вот вы собрались, как собирались евреи уже тысячу раз, чтобы праздновать Пурим. В древние времена...

Вольвовский внезапно обернулся к Арону.

- Ты нашел удлинитель?

Арон в халате Мордехая убежал в соседнюю комнату.

Так вот, дети, в давние времена царь Ахаверош дошел до того, что разрешил негодяю Аману погубить евреев. И если бы не храбрая Эстер...

Тут он опять смолк и обернулся к Бейлиной.

- Дина, занавесь окна, мы будем показывать фильм.

- А как же наше представление?

- Не захотели, чтобы я был Мордехаем, так смотрите диафильм.

Между тем, главное представление переместилось на кухню. Команда Слепака в полном составе разыгрывала Алия-шпиль с американцами: Нудель, Щаранский, Брайловский.

- Заявление симпозиума по еврейской культуре.

- Был такой симпозиум?- удивились американцы.

- В заочной форме.

Ни в этот ни на следующий день Иосифа не забрали. В субботу вечером, ученики его собрались на окончание Пурим. Приехал к отцу Борька (он жил с матерью). Нет только Иосифа. Гости стыли в ожидании. Вдруг дверь распахнулась. Вошел он, за его спиной маячили милиционеры.

- Шалом, друзья,- сказал Иосиф.- Я немного подкачал. Сема!

Он наклонился и прошептал:

- В углу мои папки, забери к себе. Если не вернусь, ключ от комнаты - у тебя.

Подошел к сыну.

- Одевайся, Боря. Они мне обещали тебя отвезти к маме.

- Вы не волнуйтесь, Иосиф Зэйликович,- сказал милиционер,- доставим мальчика.

Увезли Иосифа с Борей, а гости все еще растерянные, бессловесные. На столе израильское вино, гументаш и раскрытая "Мегилат Эстер".

- А где Липавский?- спросил Годлин.- Я принес книгу.

Великолепный дореволюционный фолиант. "Российские Указы относительно евреев".

Лева Годлин, долговязый малый с цыганской бородой, вошел в редакцию "Гарбута" одновременно с Эссасом, Сашей Большим и Чернобельским.

- Говорят за Липавским хвост...

"... Софа писала, что поедет отдыхать в Закарпатье. Может заедет ко мне? Четыре часа! Жду пока пройдет май и кончатся разговоры про амнистию. Я а нее не верю!!! Дни здесь очень похожие. Разница только в пище - сегодня пшено, а там сочка и т.п. Софа! Кто эта женщина, с которой ты ругалась из-за меня? Пошли ей от меня ряд "красивейших" пожеланий. Напиши обязательно! Интересно, кто там так злорадствует. Я очень благодарен Левочке за письма и за "объемные" открытки. Японки тут всех покорили... Сегодня идем на просмотр фильма "Как вас теперь называть". А я его еще на свободе видел.

Фима".

Началось…

Липавский проснулся, Темнота не отозвалась ни единым звуком. Он заложил руки за голову, представляя себе то седобородого Слепака, то разгневанную Нудель, то коротышку Лернера. Все равно он не смог бы им ничего объяснить. У него и слов таких нет. Конечно, он знал, что так получится. И лубянка наверняка знала.

В комнату вплыл рассвет. Щаранский спал, одна рука сползла с раскладушки и лежала на книге, тут же на полу "Нью-Йорк таймс" с фотографией Натальи Штиглик.

Липавский огляделся: на подоконнике банка с кофе, сигареты, надломленная плитка шоколада. На шахматной доске сваленные фигуры и недопитые стопки. Все это некогда Липавского восхищало, нынче - мучило. Скорее бы уж навсегда сбежать от этой запрограммированной жизни. Если это вообще возможно.

В кабинете,- что высоко вознесся над бронзовым Феликсом звонил телефон.

Зверев рывком снял трубку.

Плохо. Непедагогично. Лейтенант, наверняка, заметил. Спокойнее должен быть генерал.

- Докладываю,- голос Хейфеца.- Щаранский вошел автобус.

- Что у него в руках?

- "Нью-Йорк таймс".

- Присмотрись внимательно.

- Айн момент, оттерла бабка с авоськами.

Зверев включил видеопост Горки.

На экране толпа евреев... один экран показывал людей крупным планом, один - вид сверху. С интересом генерал наблюдал жизнь субботней Горки.

- У-ух ты!- по-детски ахнул он.- Как много новеньких! Мадам Эссас опять беременна? А говорят: отказная жизнь тяжелая!

- А вы взгляните на штаны ее мужа! - воскликнул лейтенант.

- А что?- встревожился генерал.

- Супер лайф.

- Ну, этого добра хватает.

- Так что ж вы его с нами равняете,- обиженно пробормотал лейтенант.

- В субботу, перед синагогой Слепак стоит без головного убора и пишет. За это и сослать в Сибирь не грех.

Они рассмеялись.

- Сын ушиб ногу, - послышался голос Брайловского.- А когда встреча?..

- Завтра в час дня,- голос Лазариса.- Портфель совершенно пустой.

Шелест блокнота.

- Они перешли на письмо,- сообщил звукооператор.

- Не слепые,- ответил Зверев.- ты, Михеев, не принимай нас за идиотов.

В это время на Горке появилась шумная толпа американцев - туристов.

- Они что-о, все евреи?- ахнул Зверев.

- Они из Нью-Йорка, побратимы Слепака.

- пусть он сначала станет набожным евреем,- усмехнулся Зверев,- а там посмотри: дарить нам его Калифорнии или на Урал отправим раввином.

На экране женщины.

-... я нарезаю лук кружочками и заливаю майонезом.

-... а я жарю без лука. Беру мясной фарш...

-... девочки в Сокольниках продавались трусики.

Генерал махнул рукой.

- Отведи их в сторону. Ну их на х... с их трусиками.

Телеглаз поднялся на уровень крыши синагоги. Видно: самая большая толпа собралась вокруг американцев. Александр Лернер под руку с женой раскланивается

Маю, а вон и сам Анатолий Шаранский, рядом мужчина в телогрейке и шапке, какие носят крестьяне.

- Опять ходоки из Ильинки? Удивился генерал.

- Исаак Ильин. Этим-то чего не сидится. Они ведь русские, воронежские.

- Если б я все знал,- вздохнул генерал,- я был бы господь бог. Следи за Шаранским в оба.

Видно, как вся Горка повернулась лицом к Толику.

- Сейчас фотографироваться начнут.

- Обрати внимание,- сказал Зверев,- американцы ставят в центр Лернера и Щаранского. Работа ЦРУ.

- Я так понимаю,- сказал Лейтенант,- кое для кого это последняя фотография.

- В принципе, да,- ухмыльнулся Зверев.

В пять вечера Шаранский и Слепак шли к метро.

Зверев вызвал Хейфеца.

- Ну что у тебя, Лазарь?

- Спускаются эскалатором.

- Я должен слышать каждое слово на пресс-конференции.

- А может мы пригласим к вам в кабинет?

- ну-ну, шутник.

- А что, у вас просторнее.

Пресс-конференция, посвященная проблеме выезда евреев из Союза, состоялась на квартире у Слепака. Шаранский зачитал анкеты отказников, заявление крестьян из села Ильинка. Он бледен, нервничал, но голос приветливый, негромкий. У Толи открытая мужская повадка - он подходил к вам прямо и вплотную, точно убрав с дороги все мешавшее, и вникал в вас с живым интересом.

На экране Зверева гостиная Слепака, вместившая полста людей. Слышимость прекрасная. Лернер нервно покашливал и сморкался в клетчатый платок.

- Ну что будем делать?- задумчиво спросил Зверев.

- Как что? - удивился Хейфец.- Брать.

- Кого?

- Всех и брать. Еще б к хоккею успели.

- Они заметили тебя?

- Они уже привыкли ко мне.

- Не понял.

- Крымски приехал. Надо брать,- простонал Хейфец.

- На виду у Крымски?

- Его тоже возьмем.

- А он заявит, что мы нарушили его иммунитет.

- Да я его маму видел вдвоем с иммунитетом!

- Маму его вы не трогайте,- сказал зверев.

Хуппа.

Натан Щаранский влюбился в красавицу Наташу Штиглиц на курсах иврита. Это на площади Долгорукого, в квартире Слепака. Был стимул изучать язык. После занятия бродили по Тверской.

- Мне будет жутко не хватать тебя, - сказала Наташа. Полгода назад она подала документы на выезд в Израиль. А в начале января получила разрешение на выезд.

Очередное занятие ивритом срывалось. Слепак выставил водку и вино. Членов безуспешно пытался учительским голосом восстановить порядок. Но кто его сейчас будет слушать. Все радовались, за исключением Щаранского, он терял первую свою любовь.

- Я предлагаю тебе на мне жениться, - улыбнулась Наташа. – Идем завтра в ЗАГС. Так мне будет легче за тебя бороться на Западе.

Они шли по морозной Тверской. Он взял ее за руку, она крепко сжимала ее.

- Оглянись, - сказал Толя.

Она обернулась. Двое тренированных андропоидов плелись сзади.

- Меня арестуют при входе в ЗАГС.

- Мы уже муж и жена перед Богом и перед людьми.

- Госпожа Штиглиц, я предлагаю вам хупу.

- Я согласна, у меня есть семь дней до отъезда. Что нужно для Хупы?

- Ктуба, грамотный невредный еврей и бутылка вина. Ах да, еще кольцо.

- Или кольца?

- Только кольцо для невесты.

- Несправедливо.

- Как раввин скажет, так и будет.

Последовавшие за этим вечером шесть дней, шесть бесполезных дней не принесли удачи. Как только набожный еврей узнавал, что жених – Анатолий Щаранский, он накладывал в штаны. Оставался иешиботник Хаим-Меер, он же сторож синагоги, он же переписчик Торы. Ему было 30 лет, с красными кудрями и всклокоченной бородой, синие глаза его выглядывали будто из огня.

- Ктубу нужно писать на арамейском, - сказад Хаим-Меер.

- А вы не умете… - подсказала Наташа.

- Умею. Но я не знаю, зачем.

- Я заплачу, - сказал Щаранский. - Хупа должна быть завтра.

- Арамейский, срочность, это вам выйдет в двести рублей. Но я вам говорю: нет.

- Завтра, в шесть утра. В Кривоколенном переулке. Это рядом, - сказал Щаранский.

- Нет.

- У меня самолет в три часа дня, - сказала Наташа.

- Вы оба евреи по маме? Как ваша фамилия?

- Щаранский.

Иешиботник внимательно посмотрел на Толю.

- Где-то я вас видел. Точно, по телику.

- Набавить вам за риск? – усмехнулся Толя.

- Я уже двадцать раз сказал: нет.

- Там еще будут зарубежные фотокорреспонденты.

- Нет, нет и нет!

- Пятьсот рублей.

- Как вы сказали: Кривоколенный переулок? Дом номер?

Утром следующего дня восемь мужчин, не считая иешиботника, собрались в Кривоколенном переулке на пятом этаже. – Нужен еще один еврей, - сказал Хаим-Меер, платок его был надушен жутким одеколоном ,он то и дело прикладывал платок к лицу.

- У нас нет лишнего еврея. Ни лишнего еврея, ни лишнего времени, Хаим. – сказал Слепак. – Вперед, или мы набьем твою прыщавую морду. У моей Маруси есть для тебя мазь. Ну, начинай.

- Я без миньяна не начну.

- Но это же не молитва. – сказал Липавский. – Для Хупы достаточно два свидетеля.

- Сначала будет молитва, - сказал Хаим-Меер.

- Ты уверен? – спросил Щаранский.

- Я написал ктубу. Где ваши свидетели?

И приготовь кольцо, Щаранский.

На столе лежали в трубочку свернутая ктуба и талит, стояли бутылка с бокалом.

Слепак с бородой ресторанного швейцара и Абрамович вышли на двадцатиградусный мороз ловить еврея. Слепое от солнца небо.

- Нам нужен еврей для молитвы, - остановил Абрамович старика с болонкой на поводке.

- Фас его! – приказал старикашка. Болонка залаяла овчаркой.

И вдруг из-за угла выбежал в распахнутом тулупе пограничника майор КГБ Лазарь Хейфец. Он потерял в метро Слепака.

- О! – воскликнул Слепак. – На ловца и зверь бежит!

- Кто зверь? – запыхавшись, остановился Лазарь.

- С нами пойдешь, раз в жизни послужишь по прямому назначению.

- Обрезание будете делать?

- А уж это как будешь себя вести, товарищ майор.

Под ослепительно-белым талитом стояли Толя и Наташа, а иешиботник Хаим-Меер освящал их любовь, которой было суждено столкнуться со звериной силой КГБ. Толя взял ее руку, надел кольцо и повторил на арамейском за Хаимом-Меером:

- Гарей ат мекудешет ли бетабаат зу кедат Мошев е Исраэль.

Такая нежная рука у нее, но она уже далеко и вся она от неизбежного. От неизбежного его печаль. Для нее тоже эта свадьба больше похожа была на Йом Кипур. Они переживали первый опыт расставания. Он знал, что суждено быть арестованным, но молил сейчас Господа пережить эту хупу, а потом и проводы любви, быть может, навсегда.

Липавский ловко откупоривал шампанское, но Хаим-Меер предусмотрительно принес прошлогоднюю пейсаховку для жениха и невесты.

Через час белая «Волга» Липавского доставила молодоженов в Шереметьево. Они шли в окружении друзей к невидимой грани разлуки. Для тех, кто оставался, - мороз, ветер и безлюдье. Всеобщий обморок одиночек…

Липавский парился в бане, голый лейтенант лил кипяток на раскаленные камни, майор Хейфец чесал свое потное волосатое тело. Полковник Зверев вошел в простыне, как римский прокуратор.

- Завтра арестуем Щаранского.

Липавский взял запотевшую кружку с пивом и выпил залпом, как застрелился.

Эта суббота, как Йом Кипур, - так тревожно на сердце у пришедших сегодня на Горку. Лернер и Щаранский пришли в окружении иностранных корреспондентов. Слепак привел большую группу американских туристов.

- Я не выполнял поручения ЦРУ, - говорил Щаранский. – Я не верю, что Липавский – автор письма в «Известиях». Меня беспокоит арест моих друзей Бегуна, Гинзбурга, Орлова. Я член Московской хельсинкской группы. Кремль нарушает Хельсинкские договоренности, и Запад не имеет права молчать. Речь идет о миллионе евреев. Я всего лишь один из них. В связи с письмом в «Известиях» я опасаюсь ареста, но знаете, мы, как велосипедисты на канате, - ни остановиться, ни дать задний ход. Делай, что должно, и будь что будет.

Майор Хейфец вошел в синагогу и позвонил на работу. – В Сокольниках женские трусики дают. Посторонний голос. Он вновь набрал номер Пятого отдела КГБ.

- Брать по моей команде, - сказал Зверев. – Как только прокурор выдаст санкцию на арест, так Кочерга и загребет его.

- Лернера? – уточнил Хейфец.

- А ты не лезь в это дело, оборвал Зверев. – Лучше расскажи, что из окна видно.

- У каждого в руках «Известия», не Горка, а читальный зал. Эссас без газеты, он с беременной женой пришел.

- Опять беременна? - удивился Зверев.

- Красиво жить не запретишь, товарищ полковник.

- У нее отец в нашей системе работает, - сказал Зверев. – Ты его в синагоге не встречал? От Комитета новую квартиру получил для дочери-сионистки.

Вновь женский голос на линии:

- Я нарезаю лук кружочками и заливаю майонезом.

- А я жарю без лука. Беру мясной фарш…

Тем временем Лернер говорил толпе: «Я от этих передряг стал себя прекрасно чувствовать. Все болячки мои пропали. Я, оказывается, люблю драчку. Мне надо было боксом заниматься, а не кибернетикой. Мне в отличие от Толи чуждо то, что идя вместе с демократами, я невольно соглашался с ними, что чисто еврейская проблема не существует. Но для меня эта проблема существует, и только она была моим делом, делом, за которое я готов страдать и за которое я готов отдать жизнь, и это ужасное письмо в «Известиях», и эти преследования активистов алии только укрепляют меня в своей правоте».

- Хотите – я вас укушу? – высунулся из толпы сумасшедший нищий.

Щаранский, окруженный американскими туристами, рассказывал о важности Московской хельсинкской группы, о том, что он уже год как работает переводчиком

Андрея Сахарова, о субботниках села Ильинки. Но американцев интересовал Липавский.

- Для меня Липавский не был загадкой. Он не предатель. Он ненавидит предательство, он не предал своего отца, когда тому грозила смерть. Липавский не мог написать такое письмо. Он сидит в тюрьме и не знает обо всем этом. Натерпелся он от своего начальства. Я как-то сказал ему: «Пожалуйся на них». Он ответил: «Я и мухи не могу обидеть». Липавский всегда вел себя с большим достоинством.

- Ну, идемте фотографироваться. Американцы нас ждут на лестнице синагоги, - призывал Слепак.

Американцы не раз выходили на митинги и демонстрации в защиту советских евреев, и этот приход на Горку – важное событие в их жизни.

Сумасшедший нищий забрался на парапет синагоги, стал на четвереньки и по-собачьи залаял. А ведь раньше он тихо стоял под дубом в ожидании милостыни.

Предпасхальный Иерусалим. Дурманящие запахи весны. Перистые облака на синем небе. Новоприбывшим не хватало квартиры, машины, телефона.

Сегодня служба «Натив» устроила Виталию Рубину телефонный сеанс с Лернером и Щаранским.

- Что нового, Александр Яковлевич? – кричал Рубин.

- Ничего! – кричал Лернер.

- Как самочувствие?

И странно, вместо того чтобы плюнуть и повесить трубку, старик стал подробно рассказывать о семье, о погоде, о творческих планах. Так ведут себя счастливые люди.

- Я чувствую себя прекрасно. Уж было помирать собрался, и вдруг все болячки как рукой сняло. Опять же охраняют меня трое молодцов из КГБ, ходят за мной по пятам аж до самой двери. Никакие воры не страшны.

- Где Толя? – закричал Рубин.

- Я здесь. Привет Иерусалиму! У нас тут вовсю идут зимние игры по слежке и прессингу. За мной ходят восемь агентов. Это абсолютный рекорд после генсека, конечно. Такая честь.

- Вы молодцы, - кричал Рубин, - За вас борются мощные силы в конгрессе США, сенаторы Джексон и Веник, президент Картер. Мы здесь думаем, что с каждым днем опасность вашего ареста уменьшается.

- Я тоже так думаю. Даже обидно: так хорошо подготовились.

- Вы еще не утратили чувства юмора.

- Ну что вы, мы все время смеемся, - сказал Щаранский.

В Президиум Верховного Совета СССР
Копия: В Конгресс США
Копия: В Организацию Объединенных Наций

ОТКРЫТОЕ ПИСЬМО
гражданина СССР, кандидата медицинских наук С.Л.Липавского

Мне нелегко было взяться за него, но после долгих мучительных раздумий я пришел к выводу, что должен это сделать. Может быть, это открытое письмо раскроет глаза тем, кто еще заблуждается, кого обманывает западная пропаганда, кричащая на все голоса о преследовании в СССР "инакомыслящих", и которая раздувает так называемый вопрос о "правах человека".

Начиная с 1972 года я связал свою судьбу с лицами, которые по определенным, основанным на существующем законодательстве мотивам, было отказано в выезде за границу и которые крикливо начали спекулировать на вопросе о гражданских правах. Хотя у этих лиц были различные взгляды на формы и методы действий, у них была единая платформа - и единый руководитель - американская разведка и зарубежные антисоветские организации. Они систематически получали по неофициальным каналам инструкции... Их деятельностью руководил Д.Азбель, А.Лернер, В.Рубин. Поскольку я оказался своеобразным секретарем В.Рубина и хранителем архива, то был в курсе всех планов и намечавшихся акций, которые, как я понял потом, имели цель нанести ущерб интересам СССР... ими руководило желание подогреть эмиграцию из СССР и стремление подрывать устои Советской власти. Всвязи с этим выдвигались идеи по проведению в Москве незаконных, а по существу провокационных мероприятий в виде созыва "международной конференции физиков", "международной конференции по еврейской культуре" и т.п. ... А.Лернер предложил организовать негласный сбор информации о тех советских учреждениях и предприятиях, которые работают на оборону, с тем, чтобы убедить западные фирмы под этим предлогом прервать поставку технического оборудования в СССР. В.Рубин должен был после отъезда из СССР провести в США соответствующие консультации по этому вопросу и известить А.Лернера... И хотя были возражения против сбора таких сведений, поскольку это уже являлось явным шпионажем, А.Лернер тем не менее поручил А.Щаранскому и другим организовать получение такой информации и переправить ее за границу... Я убедился также в том, что под личиной борцов за "права человека" маскируются авантюристы, стяжатели, главная цель которых состоит в том, чтобы за счет устраиваемых провокаций... создать себе рекламу. Я был свидетелем постоянной грызни за лидерство и распределение средств, получаемых из-за рубежа, между А.Лунцем, М.Азбелем, А.Лернером. Я все более убеждался, что деятельность этих прихвостней ничего кроме вреда, советским людям не приносит, и это не могло не тревожить меня.

Я публично отрекаюсь от ранее подавшего заявления о выезде из СССР в Израиль, так как считаю, что единственная Родина для меня - это Советский Союз.

С глубоким уважением

С.Липавский.

Когда Щаранский подходил к подъезду Лернера, у дверей уже дежурила "черная волга".

Толя и Лернер сделали заявление на магнитофонной кассете: "Мы не занимались шпионской деятельностью и не сотрудничали с ЦРУ. И вообще, ив ли Липавский?".

Между тем, Липавский парился в бане, голый лейтенант лил кипяток на раскаленные камни, Хейфец чесал свое потное волосатое тело. Зверев вошел в простыне, как римский прокуратор.

- Завтра арестуем Щаранского.

Липавский взял запотевшую кружку с пивом и выпил залпом, как застрелился.

На Горке сироты алии собирали подписи в защиту Сабурова, того Сабурова, на суд которого собирался лететь Липавский.

Слепак трепался в окружении туристов. Он заметил Лернера и Толика и замахал - сюда мол. Взгляды толпы. Это раздражало. Они заставляли тебя улыбаться. Фотообъективы ловили бледные лица героев.

- Они хотят с нами сфотографироваться.

- Шалом! Шаббат шалом!

Середина улицы. Лернер, Слепак, Толя. Американцы - полукругом. Фотографируем! Улыбайтесь! Даже если это ваша последняя фотография на Горке?

Корреспондент "Нью-Йорк Таймс" протянул магнитофон.

- Ну что ж, сделаю заявление сейчас, а может быть поздно,- сказал Шаранский.- Я не шпион и никогда не выполнял никаких поручений ЦРУ или других аналогичных организаций... Что до Липавского, я не верю, что это его письмо в "Известиях".

- Что вы думаете по поводу освобождения Штерна?- спросили Слепака.

- Это жест перед Белградским совещанием.

- Какие перемены, Анатоль?

- Меня преследуют по пятам

В полночь Щаранского втолкнули в "жигуленок", при выходе из дома, где жил Крымски. Было темно безлюдно и тихо. Свидетель Слепак.

В двенадцать следующего дня Марк Азбель краснолицый, с розовой плешью и седым пушком за ушами открыл, как обычно, семинар.

- Так! Наверное, для смеха ради начнем; хоть сейчас и не до смеха. Здесь есть журналы, которые можно не только читать, но и сидеть.

- Вернее не только сидеть, но и иногда читать,- улыбнулся Брайловский.

- Уже лягнул меня, пока я стирал с доски... Итак, современная физика - это философия плюс априорность решений... Вот аксиома... неважно, что она противоречит здравому смыслу... аксиоматизм является возвратом к первоначальным догмам религии... В конце концов мы поняли, что миром правит красота.

- Через симметрию,- подсказал Брайловский.

- Да, через симметрию,- кивнул Азбель.

- Не мог же Эйнштейн создать теорию относительности без знаний теории эквивалентности!- заметил Файн.

- Я попросил бы сосредоточиться,- сказал Азбель,- ... создавать красивейшую теорию, не будучи ничем побуждаемым... достаточно знать о существовании электрона, чтобы создать теорию элементарных частиц... Я утверждаю, что современная наука априорна... Меня долго учили благоглупости... Например, Кеплер, ввел эллипс - высшая гармония.

Азбель начертил солнечную систему.

- Но только солнце не в центре,- заметил с улыбкой Файн.

- Всё знает сукин сын,- засмеялся Марк и перечеркнул солнце.- Предтечей квантовой механики был индуизм, а не иудаизм, как ни больно говорить... До квантовой механики все было бесконечно ясно, а потом происходит вот что: теория относительности ограничила скорость света... В чем я сегодня убежден? Уловить красоту, гармонию, симметрию в природе - это значит сделать открытие. По-существу, Эвликид (???) построил свою геометрию, когда увидел: свойства треугольника одинаковы, несмотря на то, где мы измеряем и как поворачиваем. Эвликид открыл симметрию пространства... Галилей, Кеплер, Ньютон открыли человечеству симметрии пространства-времени, то есть как меняются законы физики, когда тело движется. Еще более красивую симметрию подарил человечеству Лоренц... Кстати, кроме электрических зарядов в природе существует еще целый ряд зарядов и последним трем даны удивительные имена: Странность, Очарование и Красота.

- Марк, почему применяют обычные слова к абстрактным понятиям?

- Так уж наша жизнь устроена.

- Нам не дано предугадать как слово в сердце отзовется,- с улыбкой процитировал Виктор Брайловский.

Марк уже заканчивал выступление, когда пришли гости. Они терпеливо слушали непонятный спор на русском языке. Гости - это супружеская пара из Канады, другая - из Штатов. Канадцы молоды, улыбчивы. Американец Хаим Гунар дымил из трубки, он профессор Массачузского и Тель-Авивского университетов.

Марк позвонил в колокольчик.

- Так, наверное, продолжим. Как здесь поется "молодым везде у нас дорога",- так что сначала слово Стиву из Канады.

Канадец - профессор иудаики. Синий пиджак с серебряными пуговицами топорщился и выглядывала красная подкладка.

- Я прошу извинения, что не смог прибыть на свой доклад в среду. Была нелетная погода и самолет аэрофлота продержал нас сутки в аэропорту Монреаля. Когда мы спросили в Шереметьево продлят ли нам на сутки туристическую поездку, нам ответили: аэрофлот не несет ответственности за действия Б-га. Я расскажу какими путями изучали Танах с древнейших времен по наши дни... Начнем с момента, когда библия была завершена... История интерпретации Библии - это интеллектуальная история евреев... Вот книга "Юбилеи", она охватывает время, начиная от сотворения мира до Откровения. Книгу "Юбилеи" написали на иврите, арамейском и на эфиопском. Сохранилась же она лишь на эфиопском языке. В этой книга Моисей упоминается, как человек, которому Б-г сразу дал Тору... Предполагается, что записывали Тору не на том иврите, на котором Гашем диктовал Моисею, а на более современном, чтобы народу понятна была Тора... Эллинисты смеялись: "Что вы обрезаетесь? Ведь нигде не сказано, что Моисей был обрезан". Или, скажем, Давид...

Тогда евреи записали в талмуде: если о Моисее сказано: "тов", значит, он обрезан... На самом деле, возможно, талмуд сознательно подчищал своих героев. Например из Библии известно, что царь Давид влюбился в Версавию (вероятно, Вирсавия), а она была замужем. Брать замужнюю - грех. Тогда Давид отправил ее мужа на войну, на верную гибель, а Бат-Шеву сделал наложницей. И это был тяжкий грех. И в дальнейшем Давид, величайший герой еврейского народа, был наказан. И опять эллинисты посмеивались: что это за народный герой, грешник он. И вот уже Талмуд спешит объяснить: когда муж Версавии шел на войну, он по-тогдашнему обычаю развелся с Версавией и потому-де Давид мог смело ее хапать.

Стив говорил битый час и под конец поделился своими впечатлениями о поездке в Сирию.

- Мы обнаружили там синагогу с такими внутренними росписями стен и потолков, какие сегодня видим в церквях.

- А может это была церковь?- спросил Брайловский.

- Насколько я знаю,- ответил профессор,- такого вопроса ни у кого не возникало.

- Будут еще вопросы?- спросил Марк Азбель.- Тогда не ставьте гостю подножки. Это не гостеприимно. Пусть прет дальше. Пли-из-з!

Стив не заставил себя ждать.

- Важным этапом истории иудаики явилось "Руководство для сомневающихся" Маймоница, затем появились Мидрашим, комментарии Раши. Это уже средние века. Книга "Зогар" - мистическое истолкование Библии, начало шестнадцатого века, а ведь были еще караи(е)мы, кто истолковывал Тору по-своему. Четвертый период изучения еврейской Библии продолжается по сей день. Опять пишутся комментарии к Пятикнижью, публикуются философские работы. В настоящее время существует два направления изучения иудаики: мистическое, то есть последователи Зогар и рационалистическое, где Бог не отрицается, но это и не теистические книги в строгом смысле этого слова. А теперь коротко скажу ради чего я прилетел сюда из Монреаля и два с половиной часа вас мучаю. Тора - это глина в том смысле, что ей можно придавать какие угодно формы, но нельзя что-то сделать из нее другое - например сталь. Каждое поколение придает этой глине свою форму. Но если прекратится эта работа над глиной, то она либо засохнет и превратится в кирпич-идол либо развеется пылью по ветру. Наилучший способ изучать устную Тору - это самому добавлять нечто новое. Важно, чтобы человек не стоял на лестнице, а поднимался вверх. И для каждого из вас есть свой верх и свой низ. Где верх и где низ - это зависит от человека.

В наступившей тишине стали различимы голоса только что вошедших в квартиру Слепака Бейлиной и Нудель.

- Где Липавский?- спросил Азбель.

- Звонили домой к нему,- ответила Бейлина,- сказали, что он в командировке и будет через две недели.

- Теперь через две недели,- прохрипел Слепак.- Вчера говорили: на два дня.

- Ну вот, как ответили так я и передаю.

- разве он не сидит?- неуверенно спросил Файн.

- Что вы все о нем да о нем?!- воскликнула Ида Нудель,- какое нам дело до Липавского? Жив он или убит - нас он больше не интересует.

- Уверена, что он автор письма в "Известиях"?- спросил Азбель.

- господи, я сегодня ночью поняла, как мы любим верить в то, что нам приятно. Ну, почему - когда за телефонные разговоры всем без исключения отключили аппараты, когда каждого из нас выволакивали с переговорных пунктов, не дав сказать "шалом" тому, что на проводе в Иерусалиме - почему Липавский с легкостью необыкновенной устраивал такие разговоры? Откуда он брал столько квартир с телефонами и без хозяев? Нам было удобно и мы закрывали глаза на его фиктивные справки кому попало, мы пользовались его "волгой", его каналом для передачи в Израиль редких книг, его вездесущим блатом. Мы передавали через него реликвии, и ни разу никто не поинтересовался - куда все это девалось. Ерунда всякая доходила до адресата, а вот "Свод российских указов относительно евреев" и свиток Торы XVI века в Тель-Авив так и не попали. Разве не так?

Слепак открыл окно. Азбель вышел на кухню и вернулся с двумя табуретками: одну себе, другую Дине Бейлиной.

- Понимаете,- сказала Бейлина,- случись что с Брайловским, например, так Ирка его тотчас бы прибежала к нам: "Спасите Витю!", а жена Липавского никому ничего не говорит.

- Ну это зависит от характера человека,- заметил Брайловский.

- А может ее запугали?- простодушный Файн все еще недоумевал.

- Липавские не стоят того, чтобы на них тратить время,- оборвала Нудель,- давайте решим, что делать для Толика?

- Ну-у, профессор,- Слепак обернулся к Азбелю.- дай идею.

- Сейчас, сейчас, Дина, что было сделано до ареста Толика?

- Александр Лазаревич и толя записали на кассету заявление, что никаких заданий от ЦРУ не получали и никогда никакой шпионской деятельностью не занимались. Они заявили, что согласны предстать перед судом, но только международным.

- Та-ак, что еще? Что сделано вами?- Азбель повернулся к Бейлиной.

- Мы звонили в Амстердам. Просили , чтобы не распускали пока Международный трибунал,- сказала Дина.

- Безусловно,- улыбнулся Азбель.- А почему вы взяли интервью только у Толи и Лернера и, насколько я знаю, у Володи Слепака? Липавский выбрал этих людей и вы - тоже. Ведь статья в "Известиях" - это пока единственное обвинение и там не только эти фамилии фигурируют...

- Ну-у, так получилось, Марк,- сказала Дина.

- Так это-таки очень плохо,- Азбель раскраснелся.- Ну, хорошо, не время обижаться. Мы, кажется, обдумываем "Что нам делать?" Что-то конечно делать надо.

Борис Чернобельский, на груди пластмассовая звезда Давида, по-школьному поднял руку. (Он недавно пришел на Горку и прославился во время похода в Приемную ЦК партии, когда его и врача Асса арестовали). Лицо-мрамор и улыбка.

- То, в чем обвиняют Толю,- сказал Чернобельский (было "е"),- могут швырнуть в каждого из нас. Нужно написать Заявление, что мы все такие же "шпионы", как Шаранский.

- Ну и что?- сказал Азбель.- Завтра в прессе будет сообщение, что двести евреев признались в шпионской деятельности.

- Марк!- Файн возмущенно поднялся.- Что ты сразу перебиваешь! Пусть Боря выскажет свою мысль до конца. Так нельзя, Марк!

- Так ведь чушь!- не сдержался Марк.

- Марк!

- Ну хорошо-хорошо.

- Что хорошего, профессор?- у Володи Слепака слово "профессор" звучало как ругательство.- Ты-то что предлагаешь?

- Не нужно торопиться. Ведь мы не знаем, в чем конкретно обвиняется Толя.

- Боря Чернобельский высказал интересную мысль,- сказал Брайловский.- несколько человек смогут подписаться? Помните "Ленинградское дело"? тогда на суде Шура Богуславский заявил: "Я такой же, как и они". И тут же из свидетелей перешел на скамью подсудимых и получил три года. Но одно дело, когда такое заявляет один и другое дело, если сразу заявит двести человек. Двести они не посадят. В то же время нельзя ждать, пока они выдернут еще кого-нибудь из наших рядов.

- Я не слышу конкретных предложений.- Слепак закурил, глубоко затягиваясь, шумно выдыхая струйки дыма из трубки.- Что мы все охаем да ахаем, давайте создадим Комитет.

- Комитет,- сказал Азбель,- это уже старо. Когда возникло дело Асса и Чернобыльского, мы создали комитет. И это был серьезный прецедент. На фоне ерундового дела наш Комитет выглядел очень солидно. И власти растерялись. Теперь прецедента не будет и что самое главное: дело Шаранского - это и демократическое и еврейское дело и еще, быть может, дело государственной важности. Так по крайней мере, заявляют власти... Арестованы Гинзбург и Орлов.

- Шаранский это чисто еврейское дело,- сказала Ида, и не нужно объединять его с демократами.

- Но демократы,- возразила Бейлина,- рассматривают Толю, как пострадавшего за общее дело, а не только за евреев. Мы должны сейчас решить: за одного Щаранского поднимать кампанию или за всех троих.

- Понимаете ли,- Брайловский обхватил бородку, на мгновение показалось, что она бутафорская, и он ее сейчас оторвет,- понимаете-ли дело-то какое... если мы хотим обращаться к нашим традиционным адресата и, по сути, единственным защитникам, я имею ввиду еврейские общины, то видимо, нужно ограничиться одним Щаранским.

- Просить нужно за всех,- сказал Слепак.

- Конечно, лучше ограничиться Щаранским,- сказала Ида.- Толику предъявлено совсем другое обвинение, чем Орлову и Гинзбургу. Толю обвиняют в шпионаже.

- Разве ему уже предъявили обвинение?- спросил Азбель.- Какое? Кто узнавал?

- Но если этим занимается КГБ! Он сидит в Лефортово. Еврея, а не кого другого туда упрятали!- Ида Нудель почти кричала.

- Я знаю,- дрогнувшим голосом сказал Слепак,- что Андрей Дмитриевич Сахаров вошел бы в комитет по защите всех троих. Если мы выделим Толика от остальных, Сахаров нас не поймет.

- А кстати, Гинзбург тоже еврей,- усмехнулся с горечью Файн.

Файн был сейчас на стороне Слепака, что бывало с Веней крайне редко.

- Давайте прекратим эти еврейские штучки,- Азбель раздраженно барабанил рукой колено.- Еврей не еврей! Это чушь! Я полагаю, что сегодня еще не следует торопиться с "комитетами" или призывами. Костер еще не разложен. У нас есть время.

- Я не согласен,- возразил Файн,- необходимо перечислить то позитивное, что мы принимаем безусловно. Это прежде всего: идея Международного трибунала. Им будет кого выслушать, ведь большинство действующих лиц письма Липавского уже за границей... Рубин, Лунц, Крымски.

- кстати,- сказал Слепак,- Рубин выступил в Тель-Авиве на пресс-конференции и заявил, что хочет увидеть Липавского по телевидению.

- Хорошая идея,- раздался радостный голос из угла гостиной. Это был алийский фотограф Мишка Кремень.

- А передачу "А ну-ка девушки!" Рубин увидеть не хочет?

- Что еще?- Слепак переводил взгляд с Файна на Азбеля.

- На днях приезжает Вэнс,- вспомнил Чернобельский.- Нужно это как-то использовать.

- Попытаться с ним встретиться,- подсказал Слепак.

- Та нужен ты ему очень,- фыркнула Ида.- Картер заявил, что он не смешивает разоружение с "правами человека".

- И все-таки попытаться встретиться с Вэнсом нужно.

- Ты хочешь, чтобы вас всех снова пересажали на пятнадцать суток?- улыбнулась Дина.

- А что-о, это был бы неплохой подарок Вэнсу,- ответил с широченной улыбкой Слепак.

Уж кто-то, а он на такие подарки не был жадный.

- Мы забыли про Иосифа Бегуна,- сказал Файн.

- Но Иосифу больше года не дадут,- опустив глаза тихо заметила Бейлина.

- Да, но сидеть этот год придется не кому-нибудь, а Иосифу,- резонно заметил Файн.- Это его год.

- И все же, главное сейчас: Толик,- вернула Ида все на круги своя.

- В следующее воскресенье,- сказал Марк,- просьба ко всем обязательно прийти... Мы намерены отметить наш юбилей чтением докладов. Это не секрет. Разосланы приглашения... Но многое от нас не зависит. Мы находимся между двумя силами, и каково будет наше статус-кво трудно сказать. Поэтому нет смысла называть сейчас доклады или фамилии докладчиков. Они вообще могут не дойти до места выступления. Вообще же у нас может быть несколько предельных состояний: мы собираемся здесь одни и все будет, как всегда; другой вариант - приедут гости, тогда возможно придется читать доклады на английском. Ну и третье предельное состояние, когда здесь никого не окажется...

- А если гости прилетят позже?- спросил Брайловский.

- Мы готовы любить кого угодно,- усмехнулся Азбель.- Но свадьбу гуляют один раз. Кто опоздает... Ну что ж, мы им, конечно, харчи вынесем во двор, но тут уж чем богаты, тем и рады.

Настенные часы отбили десять вечера и слушатели азбелевского семинара ринулись к вешалке. Иностранцы влазили в дубленки, записывали адреса и телефоны семинаристов-отказников. Физик Файн оживленно беседовал с коллегой и Массачузского университета.

- Не расходитесь,- взывал Азбель.

Но школьная привычка брала свое, и семинаристы удирали прочь. Осталась беспризорная Лариса, пучеглазый Цыпин, Чернобельский, еще несколько послушных человек да вновь прибывшие (Слепак, Нудель, Бейлина). Дина Бейлина стояла в дверном проеме и рылась в потертой кожаной сумке. Ворох бумаг и бумажек пенился под руками. Лицо ее по-бабьи озабоченное. Вдруг Дина оглянулась.

- Где Веня? Фа-айн! Тебя все ждут! Мы же для чего-то сюда приехали!

А он продолжал трепаться с иностранным гостем.

- Ве-еня! Мы собрались не ради того, чтобы ты вел научные беседы.

Пухлые щеки Файна заалели, но он продолжал сидеть на стопке журналов с Хаимом Гунаром, профессором Массачузского и Тель-Авивского университетов.

- Давайте не терять время,- предложил оставшимся Марк Азбель.- Дина, что слышно у Толика?

Слепак - он сидел на облучке дивана в сером пиджаке и клетчатой рубахе нараспашку - хриплым голосом сказал?

- Приняли от нас передачу для Толика. Потом нас принял Тихонов, он сказал, что им сейчас занимается КГБ и что он находится под подозрением в совершении государственного преступления.

Феликс Кандкль отпечатал на машинке:

К КАЖДОМУ ЕВРЕЮ В МИРЕ

Братья и сестры,

московскому еврею Анатолия Щаранскому, 29-ти лет, угрожают долгие годы тюрьмы или смертная казнь.

Следствие по его делу ведет Комитет Государственной безопасности, следствие ведется тайно и без участия адвоката.

Через средства массовой информации агенты КГБ распространяют сведения о том, что Анатолий Щаранский и другие евреи-отказники - агенты американской разведки.

Эти сообщения так же абсурдны и общественно опасны как сталинская ложь о евреях-космополитах в 1949 году или о врачах-отравителях в 1953 году.

Евреев снова пытаются принести в жертву темным инстинктам толпы и эгоизму отдельных личностей. Снова надеются парализовать ужасом сотни тысяч еврейских душ, перед которыми открылась дорога к воссоединению со своими братьями и своим Б-гом.

Братья и сестры,

дело Щаранского - не ошибка и не дополнительный трюк, как можно было надеяться еще недавно.

Это - очередной этап эскалации и ненависти.

Это - смертельная угроза для каждого, угроза лишения свободы сотен, угроза деморализации и утраты национального достоинства для миллионов советских евреев.

Братья и сестры,

среди евреев не может быть равнодушных.

Ибо и тебя, и меня вывел Б-г из Египта,

Это твоя кровь и моя кипела в печах Майданека.

Это и твои волосы и мои поседели в Энтеббе.

Ты и я вместе с узниками Сиона валим лес в Архипелаге.

Ты и я сегодня в камере московской тюрьмы КГБ, рядом с Анатолием Щаранским.

Братья и сестры,

в нашем еврейском доме - снова беда.

Снова наши гонители "изыскивают неправду, делают расследование за расследованием даже до внутренней жизни человека и до глубины сердца" (пс.64,7).

Как бы ни было велико зло Б-г больше его.

Он дал нам терпение Иова, он даст нам и дух рабби Акивы.

Г.Розенштейн, В.Файн, Д.Бейлина, С.Альпер, А.Лернер, И.Нудель, В.Слепак, И.Гольдштейн, А.Май, В.Елистратов, М.Кремень, Ф.Кандель.

На горке появился самиздат "Мой сын, Щаранский" Феликс Кандель.

"Евреи!

Поглядим правде в глаза, евреи!

Один раз только поглядим...

А где она наша правда? Где она, где?

Как ее отыскать в ворохе чужих полуправд?

А правда наша - старики наши.

Вот и поглядим в глаза старикам нашим. Битым и ломаным. Нуганым и задавленным. Приспособившимся к невозможному. Убежавшим от неизбежного.

Позабывшим незабываемое.

Поглядим в глаза - не зажмуримся.

Поглядим - не откажемся.

Поглядим - примерим на свой счет...

Он сказал мне однажды, молодой еще музыкант, скрипач из хорошего оркестра:

- Я теперь спокоен,- сказал он,- у меня появился запасной выход. Если они меня выкинут с работы, я всегда смогу уехать.

Его выкинули...

Покрутился, повертелся, с трудом и по знакомству устроился в оркестрик похуже.

Вчера я его опять встретил:

- Я спокоен,- сказал он, позабыв про первый наш разговор.- У меня есть запасной выход. Если меня они выкинут...

Евреи!

Поглядим совести в глаза, евреи!

Один только раз поглядим...

А где она - наша совесть? Где он, где?!

А совесть наша - дети наши.

Вот и поглядим в глаза нашим, не сытым еще - не зажравшимся. Не трусливым еще - не продавшимся. Гордым еще и добрым, нерасчетливым и наивным.

Дети наши - это прошлое наше.

Старики - наше будущее.

Все наоборот, навыворот, наизнанку... Все перелицовано трижды и пятижды.

Так как же нам вывернуться на нашу естественную сторону? Как же нам, как?

и надо ли?

и можно ли?

и не опасно ли?

и где она, где она - наша естественная сторона?..
Чтобы старики наши стали нашим прошлым. Дети - нашим будущим.
И вот мы уже выворачиваемся.
Вот мы кряхтим и стонем. Пыхтим и надрываемся. Страдаем сами и сучаем других.
Выворачиваемся, братцы, выворачиваемся!
Но какой дорогой ценой.

ПРЕДСЕДАТЕЛЮ ПРЕЗИДИУМА ВЕРХОВНОГО СОВЕТА СССР ОТ МИЛЬГРОМ И.П.

Мой сын, Щаранский Анатолий, был арестован
15 марта 1977 года...

Его прадед захотел умереть в Палестине.

Захотел и захотел.

Были такие чудаки во все времена.

Что делал еврей в подобном случае?

А что он мог делать? Шел в канцелярию градоначальника, писал заявление, платил 10 рублей - и через две недели получал заграничный паспорт.

Его прадед так и сделал. Пошел, написал, заплатил - и уехал в Палестину.

И жил там. И умер там.

А дети остались на Украине. И внуки остались. И правнуки.

Это был год тысяча девятьсот тринадцатый.

С этим годом долгое время у нас любили сравнивать разные показатели.

Сколько нефти в тринадцатом году и сколько теперь. Сколько угля.

Чугуна. Стали. Всякого прочего добра...

Сравним и мы.

И тоже с тысяча девятьсот тринадцатым...

Его дядя сидел за сионизм в тюрьме.

Сидел себе и сидел.

Были такие чудаки во все времена.

Было такое веселое время, когда за это сажали и объявляли открыто, что сажают за сионизм, а не за паразитический, будто бы, образ жизни; не за шпионаж и хулиганство. Нравы тогда были попроще.

Оглядки на запад поменьше.

В тюрьме дяде предложили:

- Или подпиши, что не будешь заниматься сионистской пропагандой, или высылка.

Дядя предпочел высылку. И уехал на пароходе. Через Турцию в Хайфу.

А братья остались на Украине. И сестры. И племянники уже родившиеся и еще нет.

Это был год тысяча девятьсот двадцать второй.

Опыта у властей еще не было. Традиции не сложились. Профессионализмом и не пахло. Но уже проклевывались первые ростки. Робкие, но многообещающие.

В порту, у трапа парохода, провожающих фотографировали.

Так и представляешь неуклюжий аппарат на треноге,- маг-чародей из ЧК под черным покрывалом, вспышка дымного магния...

Это вам не теперешняя электроника!

Это вам не микрофон в горошине. Не фотоаппарат в пуговице. Не радиоактивные изотопы. По сравнению с двадцать вторым годом мы давно уже взлетели в заоблачные высоты.

А по сравнению с тринадцатым!..

ПРЕДСЕДАТЕЛЮ ПРЕЗИДИУМА ВЕРХОВНОГО СОВЕТА СССР
ОТ МИЛЬГРОМ И.П.

> Мой сын, Щаранский Анатолий, родился в городе
> Донецке в 1948 году...

Украина, Украина!

Сколько детей еврейских родила ты, Украина!

Сколько выкормила - выпестовала - соединила - оженила - похоронила!

Сколько забила насмерть!

Топот казачий, посвист гайдамачий, мат-перемат петлюровский, кованая поступь полицая...

Что же случилось на твоей земле, Украина, после тринадцатого года? Что случилось, Украина? Страшно вспомнить.

По всему миру, Украина, рассеяны пасынки твои - евреи. По странам и материкам: у кого дедушка, у кого бабушка, а кто и сам с Украины, едут к тебе - к могилам с пепелищами. Едут к тебе - к детству оборванному. Едут к тебе - едут к себе.

Вспоминают тебя, проклинают тебя, благословляют тебя, Украина. Хаты беленые, вишни в цветении, доброту с пирогами да галушками, злобу с кольями да нагайками...

Узел на тебе завязан, Украина. Плотный, тугой узел, что не разодрать и зубами.

Бегут от тебя и тоскуют по тебе.

Цепляются за тебя и мечтают о побеге.

Украина, Украина!

Как нам с тобой повезло, Украина!

Как на не повезло с тобой...

ПРЕДСЕДАТЕЛЮ ПРЕЗИДИУМА ВЕРХОВНОГО СОВЕТА СССР
ОТ МИЛЬГРОМ И.П.

> Мой сын, Щаранский Анатолий, в 1972 году
> закончил московский физикотехнический
> институт...

Поздние дети - нежданные дети.

Когда не ждешь уже, не надеешься, примирился навечно с невозможным, с привычной горечью глядишь на беременных девочек, на отцов с колясками, на бабушек с внучками, на годы свои уходящие, на старость впереди нехлопотливую, на бесцельность привычную... и вдруг - нежданно-негаданно - подарок тебе, откровение, чудо, не просто рождение - знак неразгаданный.

Поздние дети - ненаглядные дети.

Над которым дрожишь и удивляешься, радуешься и гордишься: не знаешь, кого и благодарить.

А они с братом были поздние.

Мать родила их уже под сорок.

Когда и не чаяла.

И стал жить мальчик.

Мальчик как мальчик.

Жил себе и жил.

В школу ходил, книжки читал, кино смотрел, реи слушал, сам потом выступал. Все, как у всех. Только ростом оказался поменьше да задумчивостью побольше. Да еще не всякого до себя допускал, долго держал за стеночкой, приглядывался-присматривался, стоит ли этому человеку дверцу открыть. В футбол играть не любил. Гвозди забивать не умел.

Любил математику. Любил шахматы.

В 12 лет напечатал в газете шахматную задачку собственного изобретения. Заплатили за это 5 рублей 35 копеек. С вычетом за бездетность.

В 14 лет - первый разряд по шахматам.

В 15 - кандидат в мастера.

Так и хранятся в семье вырезки из тех старых газет с упоминанием фамилии дарования, да еще квиточек денежного перевода на 5 рублей 35 копеек. И фотографии хранятся. И разные мелочи, несущественные для постороннего.

Поздние дети - особые дети...

А дорога для него расстилалась ровная, гладкая, будто под горку: катись не споткнешься. Школа с золотой медалью - институтский диплом на отлично - работа научная, перспективная.

Жизнь открывалась прекрасная!

Судьба баловала сверх меры!

По сравнению с тринадцатым годом разве может быть хоть какое-нибудь сравнение?!

Войны не знал, Сталина не помнил, дело "врачей-убийц" обошло стороной, в младенчестве... Еврейское свое не ощущал, традиций не имел, истории не знал, песен не слышал: все как у всех, все, как для всех.

Само время освободило от необходимости знать и помнить. Само время услужливо подсунуло оправдание с отговорками.

И везде он был активистом. Всегда и везде. В школе. В институте. На работе.

Ах, евреи, евреи! Сколько вы наработали на других, евреи. В веках. В странах. Мозги свои отдавали. Мускулы свои. Идеи и эмоции. Энергию и страстность. Самих себя на удобрение.

Ах, евреи, евреи! Не пора ли, евреи, поработать на себя? Землю свою удобрить. Горе свое помыкать. Радость свою испить. Свою - не чужую.

Не пора ли, евреи?..

ПРЕДСЕДАТЕЛЮ ПРЕЗИДИУМА ВЕРХОВНОГО СОВЕТА СССР
ОТ МИЛЬГРОМ И.П.

Мой сын, Щаранский Анатолий, в 1973 году
подал заявление на выезд в Израиль...

Как мы приходим к этому?

Кто знает - как?

Что толкает нас? Что заставляет нас? Что сидит в нас до поры до срока, чтобы пробудиться неожиданно и врасплох?

Во все времена евреи срывались с насиженного места, во все времена.

У одних - флаг на мачте, ветер в паруса. У других - прыщ на седалище: не усидеть. У третьих - тоска едучая, от которой бегут всю жизнь - не убежать.

Но главное не это.

Веками повторяемое, веками ожидаемое заклинанием, верой неистовой, надежной невозможной, вздохом каждым и каждым выдохом: "В будущем году...", "В будущем году...", "В будущем..."

Ниточка малая, невесомая.

Через моря и страны.

Ниточка, которую не ощущаешь долго, до первого ее натяжения.

А натяжение слабое, прерывистое: не всякий и уловит это натяжение, не всякий и поймет, не всякий и захочет...

"Рабами были мы в земле египетской"

Рабами были мы. Рабами стали мы. Рабами со всеми удобствами.

Какое у нас, граждане, обеспеченное рабство! Какая упоительная возможность заложить ненужную душу в обмен на добавочное тело!

В Киеве было землетрясение. Дома качались, как деревья в бурю. Народ сыпался вниз по лестницам напуганный и полуодетый.

Одна дама выскочила на улицу с двумя хрустальными вазами в обнимку. Вазу - они могут разбиться. Хрусталь - он нынче подорожал. Она отдышалась на ветерке, огляделась вокруг себя и закричала вдруг в ужасе и смятении:

- Лорочка! Где Лорочка?! Я забыла про Лорочку!..

А ниточка тянет. Тянет ниточка. Тянет и на ком-то обрывается, перегруженная добром нахватанным, страхом накопленным, самодовольством и безразличием...

Сегодня мы голосуем ответственно: да - нет. Сегодня мы решаем и за себя и за потомков своих: да - нет. Сегодня мы не можем отговориться незнанием и воздержаться: да - нет. Сегодня мы уже умудрены опытом прошлых лет, когда неожиданно, врасплох, закрылись на десятилетия выпускные двери: да - нет. Сегодня мы понимаем, что двери могут закрыться еще раз, по расчету или по прихоти: да - нет. Сегодня мы не имеем возможности сослаться на спасительное "завтра".

Сегодня - это значит сейчас. Завтра - может быть, никогда.

Это вам не тринадцатый год... Это вам не канцелярия градоначальника.

Можно спрятать голову под подушку, можно отогнать от себя эти дурацкие, навязчивые мысли, можно что ни год продлевать вызов из Израиля - да - нет, евреи, да - нет!

Как ни называйте это, как ни оплевывайте, как ни бегите прочь - заложено в нас странничество, тяга, вечное движение по чужим землям в ту, свою, единственную... А потери - ну и что же, что потери? - потери бывают на всяком пути. Вон и теперь: многие выехали, да не поехали, выехали, да проехали мимо, продлили странничество свое по окольным путям. И на потомков своих переложили они это последнее, единственное решение; через века веков вернуться на родину.

Ниточка тянет. Ниточка утягивает...

Вера неистовая. Надежда невозможная. Вдох с выдохом...

В разгаре очередного спора тихий, задумчивый мужчина с осанкой патриарха, с лицом праведника, со взглядом пророка спросил, вдруг, заинтересованно:

- А те, кто остается, будут как-то отмечены? Что они получат за это, те, кто остается?

ПРЕДСЕДАТЕЛЮ ПРЕЗИДИУМА ВЕРХОВНОГО СОВЕТА СССР
ОТ МИЛЬГРОМ И.П.

> Мой сын, Щаранский Анатолий, только начал жить, он хочет быть математиком, его первые шаги в науке - многообещающие. Но он желает остаться евреем, жить в своей стране, со своим народом...

Почему мы не хвалим друг друга?

Почему не охраняем - не бережем?

Почему мы такие скупые на слова и эмоции?

Надо умереть, чтобы помянули тебя добрым словом.

Надо сесть в тюрьму, чтобы перечислили твои заслуги.

Вот он стоит перед нами, малого роста, лысый с молодости, большелобый и пухлогубый, белозубый и веселоглазый.

Малого роста и лысый с молодости - кому от этого было хорошо?

Ему.

У кого не проявлялись комплексы - удавкой за горло?

У него.

И другие вокруг не чувствовали его обделенности. Недаром же он сумел покорить красавицу!

А что? Так и должно быть? Жена? Конечно, красавица. Дела? Конечно, большие. Работа - лучшая. Успехи - грандиозные. Судьба - счастливая.

Щаранские - они все оптимисты.

Это у них семейное.

"Анатолий Щаранский - человек абсолютно бескорыстный, честный, добрый, благожелательный к другим людям,- пишет друг его детства,- утверждаю это, ибо знаю Толю еще со школьных лет, тех лет, когда формируется личность человека, и на протяжении всего нашего знакомства у меня ни разу не было оснований усомниться в добрых качествах его души".

Вот он стоит перед нами: добрый и мягкий, спокойный и благоразумный, четкий и обязательный.

Цепкий ум: все понимает с полуслова.

Шахматист: просчитает вперед на много ходов - личные дела, работу, жизнь.

Бессребреник: ничего не надо. "Один свитер есть, так зачем второй?! Два сразу не наденешь".

Неловкий в быту: все разбивает, все проливает, ломает, опрокидывает, теряет. Но не в делах, не в работе.

Сладкоежка.

"Умный, рассудительный, лишенный какой-либо агрессивности, Анатолий никогда не действовал под влиянием порыва или давлением чужого авторитета. Он всегда стремился разобраться в ситуации, вынести свое суждение, не придя к какому-то выводу, отметал безразличие и страх и делал так, как велела его совесть".

Вот он стоит перед нами:

- Я голоден, накормите меня.

Дай Б-г, чтобы у вас были такие друзья, которые могут постучаться в вашу дверь.

"Будучи человеком общественным по своей природе, смелым и требовательным, он вступается и за других людей, оказавшихся в таком положении.

Еврей, беспокоящийся о евреях.

Еврей, беспокоящийся о неевреях.

Когда страдают люди, им надо помогать, не спрашивая о национальности. Это в наших традициях. В крови нашей...

Вот он стоит перед нами: оптимист, жизнелюб, с улыбкой от уха до уха.

Уверенный в себе и в других. Сосредоточенный на надеждах, а не на страхе. Принимающий плохие прогнозы, как временные. Хорошие - навсегда.

Щаранские - они все оптимисты.

Это у них наследственное...

Но уже не на шахматной доске зашевелилась странная фигура, тихая, незаметная пешка, помаленьку проползавшая в ферзи,- Сеня Липавский.

Это был их сюрприз.

Как говорят, домашняя заготовка.

Заранее не угадать...

Ах, Сеня, Сеня, ласковый ты наш теленочек!

Ах, Сеня, Сеня, мурлычащее создание!

Откуда же ты взялся, дорогой?

Как же ты влез в самую нашу серединку, в души наши, стал нужным и незаменимым, услужливым и участливым.

Вот гляжу на фото, где мы все. И ты. И я. И другие. И хозяин дома, нежный твой друг, которого ты теперь оплевываешь. И Толя Щаранский, преданный твой товарищ, которого ты сдал в тюрьму, с рук на руки.

Что же тебя заставило, Сеня, что?

Чем они тебя взяли? На что купили? На испуг или на деньги?

И когда ты был до конца искренним? Тогда - с нами? Или теперь - в газете?..

"Мне нелегко было взяться за перо, но после долгих и мучительных раздумий я пришел к выводу, что должен это сделать..."

Не было, Сеня, у тебя "мучительных раздумий". Не было у тебя такого периода, когда ты мог бы задуматься, одуматься, отойти от нас, понять свою "трагическую ошибку". Еще за пару дней до статьи в газете ты все так же улыбался, лизался, целовался со всеми. Еще за пару дней до статьи в газете ты намеревался более активно включиться в работу.

В какую "работу", Сеня?

"Я хотел бы заявить, что приложу все свои силы в разоблачении враждебной деятельности отщепенцев и изменников родины, которые продались ЦРУ...".

Еще за пару дней до статьи ты хотел приложить все свои силы для выезда в Израиль. Еще за пару дней до статьи ты снял в городе комнату, чтобы можно было задерживаться по делам, не ехать ночью домой, за город. Что ты готовил, Сеня, в этой комнате, какие ловушки? Каким шпиговал ее оборудованием для подслушивания и подглядывания? Нет, на было у тебя "мучительных раздумий", Сеня Липавский, а просто дернули наверху за веревочку, и ты сработал, ты исполнил свой номер, свой трюк, свою коротенькую игру - пляшущий человечек, однодневка... Недаром ты так нервничал в тот последний день, все ждал какого-то звонка, ждал команды. И дождался.

"Я бы хотел посвятить себя борьбе за идеалы мира, дружбы народов, за социализм..."

Борьбе? Какой еще борьбе ты хочешь себя посвятить? С кем собираешься бороться, Сеня, с какими еще друзьями?

Несчастны те народы, которые нуждаются в помощи такого человека.

Назавтра после твоей статьи в "Известиях" я показал наше общее фото двум разным людям, которые не знали тебя, которые никого не знали на этом снимке. Я попросил их угадать, кто же тут Сеня Липавский.

Оба указали на тебя, Сеня.

Оба, не сговариваюсь.

Случайность?

Наверное, случайность. Ошеломляющее совпадение, от которого становится погано на душе.

Как же я тогда проглядел тебя, Сеня Липавский? Как же мы все?...

Случайность? Может быть случайность.

Но не случайно их выбор пал на тебя, Сеня, нет, не случайно.

Все мы под надзором. Все мы под микроскопом. К каждому из нас приглядываются, прицениваются, прикидывают, на что можно взять: на корысть или на испуг. В каждом из нас отыскивают изъяны, дефекты, гнильцу душ наших, чтобы удалить в слабое, незащищенное место. А там уж как Б-г пошлет: выдержим мы или согнемся... Ну почему все-гаки они выбирают одних и пропускают других?

Почему?

Вот о чем неплохо бы подумать!

Поглядим в зеркало, евреи, в глаза свои поглядим. Нет ли и там запрятавшегося до времени ласкового теленочка? Нет ли и там усатого, мурлыкающего создания, которое продаст всех, начинай с самого себя? Нет ли и там трещины, дефекта, изъяна, - помощника тем, кто улавливает наши души?

А Липавский, - ну и что же, что Липавский? По сравнению с тридцатым годом ничего особенного не произошло. Такие бывали во все времена. Такие есть и теперь. Такие будут. И нам жить около них. Нам - работать. Нам - доверять. И расплачиваться - также нам... Нет у нас никаких тайн. Нет секретов. Нечем нам торговать на шпионском рынке. Все это чушь собачья!

Одно у нас - громко и открыто - наше желание выехать отсюда.

Выехать. Выехать!

А Сеню... Сеню можно только пожалеть.

Если он и вправду мечтал уехать - теперь не уедет.

Если он и вправду пришел к нам по заданию - потерял бездарно многие годы.

А ведь ему жить еще, - и долго жить, - работать, растить сына, заводить новых друзей, потом их предавать - тоже ему...

Теперь они от него не отцепятся!

Вот нам и урок, евреи!

Какой нам прекрасный урок.

И что же потом? Что потом? Сразу, после статьи в газете о шпионе Щаранском?

Психическая атака. Десятисуточное непрерывное давление.

День и ночь. Машины у подъезда. Агенты у квартирной двери. Он ехал в лифте - и они с ним. Он шел по улице - и они рядом. Он стоял у синагоги - и они стояли. По пять, по восемь сразу.

Давление. Наглое, непрерывное давление. Когда не знаешь, что будет с тобой через минуту. Когда выходишь на улицу, в булочную, за газетой, надев предварительно теплое белье, прихватив с собой зубную щетку, гребешок, прочие предметы, которые понадобятся в тюрьме. И так десять дней. Демонстрация силы и власти. Чтобы

сбить, поколебать, запугать.

А он пока что учил иврит, ходил на семинар, решал шахматные задачки, писал письмо. Приходили к нему родители, натыкались на агентов у двери, пугались. А он их успокаивал. Он их убеждал, что это нестрашно. Ерунда. Простой спектакль.

И они верили. Они хотели верить. Они не могли не верить, потому, что он их сын. Поздний ребенок.

Щаранские - они все оптимисты.

Это у них наследственное.

Десять дней непрерывного давления. Десять дней ожиданий: возьмут или не возьмут. Давление было огромно. Каково же оно теперь? В камере, без друзей и близких. Под нависшей угрозой сурового приговора....

Как им хотелось тогда сломать его!

Как им теперь этого хочется!...

14 марта, вечером, он включил радио, слушал музыку .Мягкое кресло. Чай с конфетами. Тишина и покой.

- Я успокоился, - сказал. - Прошло десять дней. Вряд ли теперь возьмут...

Назавтра его взяли.

Будто прослушивали они квартиру, будто ждали только момента, когда расслабится, чтобы схватить врасплох...

В тот день, 15 марта, узнали об освобождении из тюрьмы доктора Штерна. Обрадовались. Выпили по такому поводу. Побежали на улицу, к телефону, обзванивать кого только можно.

Двое втиснулись за ними в лифт.

Внизу они оттерли его попутчиков.

Резко толкнули в спину.

Выбросили на улицу, в ловкие руки.

Запихнули в машину.

Освободили Штерна - посадили Щаранского.

Как мы боялись этого!

Как нам это знакомо!

По сравнению с тринадцатым годом такой накопили опыт - врагам не пожелаешь!...

ПРЕДСЕДАТЕЛЮ ПРЕЗИДИУМА ВЕРХОВНОГО СОВЕТА СССР

от Мильгром И.П.

Я обращаюсь к вам с просьбой проявить гуманность и разрешить моему сыну, Щаранскому Анатолию, выехать в Израиль, воссоединиться с женой, а нам, престарелым родителям, потерявшим за это время покой и здоровье, вы дадите возможность спокойно дожить те немногие годы, которые нам отведены...

И вот уже предъявлено обвинение.

Официально.

По уголовному кодексу Российской Федерации.

Статья 64а: от 10 лет тюрьмы до расстрела.

Что же такое у нас измена Родине?

Если вы хотите покинуть эту страну, вы уже изменили.

Если вы не согласны хоть с чем-нибудь, вы уже диссидент.

Если вы настаиваете на своем, вы сумасшедший...

Его прадед захотел умереть в Палестине.

Захотел - и уехал.

Он захотел жить в Израиле.

Захотел - и сел в тюрьму.

Такова, видно, доля наша:
одних провожаем на взлет,
других провожаем на срок...

И сравнивать нам теперь уже не надо с тринадцатым патриархальным годом.

Есть у нас теперь для этого страшный и жестокий - пятьдесят третий.

Там были "евреи-отравители".

Тут - "еврей-шпион"...

С пятьдесят третьего по семьдесят шестой как-то обходились без этого.

В семьдесят седьмом, видно, не обойтись...

За полгода до ареста он решил сделать обрезание.

За неделю до ареста он попросил называть себя не Толя, а Натан.

Так замыкаемся круг.

Так мы возвращаемся назад. к себе, к своим, к прадедам и к праотцам.

Возвращаемся, граждане, возвращаемся!
Но какой дорогой ценой...
Мы верим в тебя, Щаранский, Анатолий!
Мы будем ждать тебя, Щаранский Натан!
В будущем году мы встретим тебя в Иерусалиме.
Или ты встретишь нас...
Евреи - мы все оптимисты.
Это у нас наследственное....
1977 год, март - июнь

СИМПОЗИУМ.

- Господа! Прошу тишины, - по-учительски кричал Азбель. – Вы все-таки на семинаре физиков, господа лирики.

- Дорогие гости.

- Да, дорогие и любимые. Но, тем не менее, я хочу дать слово профессору Вениамину Файну. Вперед, Веня.

Пухлощекий Файн сосал палец. Он в светлых брюках, желтая рубашка и вишневого цвета галстук, коричневый пиджак с израильским флажком на лацкане. Седая редеющая шевелюра окаймляет лоб.

- В декабре состоится симпозиум по еврейской культуре.

- Это приговор? – Азбель стоял у доски и тряпкой стирал формулы. – Или только идея?

- На сегодня свое участие подтвердили отказники Ленинграда, Риги, Вильнюса, Минска, Киева, Тбилиси.

- Будут гости из-за рубежа? – спросил Липавский.

- А для кого тогда симпозиум! – рассмеялся Слепак. – Нас СССР уже не интересует.

- Согласие дали Эли Визель, главный раввин Англии Якубович.

- Зря ты называешь имена. – Лунц выразительно посмотрел на потолок.

- Ну, Бог с ними, с иностранцами, - Азбель продолжал стоять у доски. – Будет раввин – хорошо, нет – все равно свадьба состоится.

- Господа, - поднялся долговязый Альбрехт, - все докладчики – кандидаты на посадку.

- Всех не пересажают, - сказал Файн. – И не симпозиум главное, а подготовка к нему.

- Браво, Веня! – Азбель хлопнул себя по розовой лысине. – Вот что значит физик. Главное – движение.

- проблемы и перспективы, - прочел вслух Азбель. – Через 20 лет.

- Господа, - Виталий Рубин поднял руку, он один из немногих сидел в кресле, - наши перспективы.

- Хреновые, - сразу заявил Галич.

- Алик! – воскликнул Азбель. – Ты должен это говорить в конце, ты испортил нам всю обедню.

- Мы еще не там, но уже не здесь, - Галич барабанил пальцами по гитаре.

- Зачем тогда кэгэбэшники дежурят у моего дома? – улыбнулся Азбель.

- В этом весь абсурд, - Галич отстранил гитару. – Мы то и дело бываем там, где нас уже нет.

- Это одна из тайн иудаизма, - сказал Эссас.

- А что-то есть еще? – спросил Брайловский.

- Весь иудаизм – тайна.

- На этом можно неплохо зарабатывать, - съехидничал Брайловский.

- Ну, хорошо. – Азбель похлопал. – Господа! Вернемся к предложению Файна. «Проблемы и перспективы еврейской культуры в СССР». С проблемами, как говорится, нет проблем, а где «перспективы», Веня?

- Так мы для этого и собираем симпозиум, - сказал Файн.

- Только не у меня на квартире, - выкрикнул Кандель.

- Напоминаю, - Лунц показал на потолок. – Идет запись.

- А почему бы КГБ не участвовать в симпозиуме? Им виднее наши перспективы, - усмехнулся Слепак.

- Судя по тому, что за многими из нас усиливается слежка, нам осталось недолго гулять по Москве, - сказал Файн. – Но вызов времени: нужны импульсы для возрождения национального самосознания, и наша миссия .и мы должны…

- Мы? – перебил его Брайловский. – Но так уж много людей, составляющих это «мы»?

- Достаточно десяти человек.

- Чтобы произвести кадиш, - парировал Брайловский.

- Витя, прекрати Веню перебивать! – прикрикнул Азбель. – Веня, продолжай.

- Моя лаборантка и я подготовили тест из 100 вопросов и взяли две группы: 51 еврея и 41 русского.

В ногах у Файна, на полу расположился Иосиф Бегун с портативным магнитофоном, рядом – его тринадцатилетний сын Боря.

- Итак, вот несколько примеров, - сказал Файн:

1. Меня влечет к лицам противоположного пола. «Да» - у евреев 90 %, у русских 75 %.

2. Я пытаюсь поправлять людей. «Да» - у евреев 45 %, у русских 50 %.

3. Меня не так легко задеть. «Да» - у евреев 37 %, у русских 80 %.

4. Я часто прошу у людей совета. «Да» - евреев 40 %, у русских 50 %.

5. В детстве я был в такой компании, где все стояли друг за друга. «Да» - евреев 25 %, у русских 70 %.

6. Я верю в силу закона. Здесь евреи тоже проигрывают русским. Среди отказников это четко.

Файн весело оглядел присутствующих.

- Это все жульничество, - воскликнул Азбель. – Разве отказники представляют все слои евреев? Это жульничество.

- Возможно, заголовок моей работы нужно сделать скромнее, - согласился Файн, - но отказники такие же граждане. Так вот, можно продолжить?

- Веня продолжай, очень интересно, - сказал Бегун.

7. Я не осуждаю человека за обман тех, кого легко обманывать. «Да» - у евреев 20 %, у русских 10 %.

8. Безопаснее никому не доверять. «Да» - у евреев 60 %, у русских 26 %.

- А скажите пожалуйста, - тринадцатилетний Боря Бегун поднял руку, - на вопросы нужно было отвечать сразу или давалось время на обдумывание?

- Предполагается, что люди отвечают тотчас, - сказал Азбель. – Иначе хана. Чуть подумаешь и сразу видишь всю глупость вопросов.

- Да, - согласился Файн, - люди отвечали, не рассуждая, иначе действительно хана.

- У русских евреев нет своей земли. Наш богатство люди, наше богатство в сохранении различий: ашкеназские евреи, сефардские, городские, бухарские, грузинские, даты; все течения иудаизма, в том числе и ортодоксальные. Терпимость есть всего лишь бережливость хозяина, который осознал права собственности в отношении своего достояния. Если бы канон составлял фанатик Пятикнижия, буквально понимающий каждое слово, врядли мы узнали бы об Исайе, Иеремии и наверняка бы лишились Экклезиаста и песни Песней. Библейский текст несет ортодоксальную еврейскую идею вместе с ее реформистскими вариантами, с философскими ересями.

К ханукие подошел сухопарый седой Май.

- Историк профессор Май, - представил Азбель.

- канон составлялся уже после реформации иудаизма к началу новой эры, - заметил Май.

- Евреи гетто за одно столетие стали цветом человечества, солью земли, - сказал Файн.

- Я думаю, что невероятно бурное развитие еврейского народа – кажущееся! Изменились не евреи, а окружающий их мир, - парировал Май.

- Умные часто весьма непрактичны, но зато равнодушны к жизненным благам и живут, как чертополох, без воды и пищи. Это – тоже форма приспособления, - сказал Файн.

- полная свобода была благом лишь до тех пор, пока она была доступна только меньшинству, то есть пока действовали факторы отбора. Свобода стала все чаще оборачиваться злом, когда преодоление трудностей взяло на себя общество и бунт стал бунтовщику дорого стоить. Может быть, это путь к гибели. Развод лучше убийства, и, если можно развестись, то совместная жизнь переносится легче, - сказал Май.

На глазах у всех рождался еще один лидер.

Накануне симпозиума по культуре прокатились аресты докладчиков. Эли Визелю дали визу на Междунароный женский день 8 марта, главного раввина Англии лорда Якубовича перехватили сотрудники Совета по делам религии, и он читал доклад загорским семинаристам «Иудаизм и аборты».

24 декабря 1976 года.

Легко ложился снег в угоду декабрю. Вчера арестовали всех докладчиков. Каждому по Опорному пункту. На углу редакции «Советский спорт» потирал уши Лазарь Хейфец.

Золотистый «Опель» американского корреспондента Крымски подкатил к толпе женщин. Это жены арестованных участников симпозиума по культуре.

Из машины вышел Андрей Сахаров.

- Симпозиум сегодня состоится. – сказала Наташа Розенштейн. = Тогда Андропов освободит арестованных.

- Логично, - поддержал Сахаров. – куда ехать?

- Ко мне на квартиру.

Через час на Юго-Западе Москвы, в квартире, переполненной детьми и женщинами, Наташа Розенштейн объявила:

- Симпозиум по еврейской культуре в СССР. Открыт. Я зачитаю Заявление членов Оргкомитета. Оно сделано на случай их ареста.

В дверь начали назойливо звонить. Маша Слепак отключила звонок. Тогда забарабанили ногами. Дверь ахала, но не поддавалась.

- Сейчас же перестаньте хулиганить, иначе вызову милицию.

Семилетний Ефремка, ее сын, заглянул в замочную скважину и с удивлением воскликнул:

- Мама, а там милиционер!

Тем временем в Шереметьеве добровольно сдавались аэропорту другие евреи, отрезвевшие, как стекла. Деловито шныряли таможенники, буфетчицы заваривали кофе, разливали пиво, варили в чанах некошерные сардельки, которые были нарасхват.

- Гжель, матрешки, мотоцикл, иконы, фотоаппарат «Зенит».

- Ты знаешь, как сестра в Германию попала? В самолете в унитаз опустила документы, а в Вене закатила истерику: «Мы – немцы!» Я так не смогу…

- Весь контейнер забил посудой, идиот.

- Где твоя Ирка? Еще опоздает.

- Ну. Так я один улечу.

- Моль в Израиле летает по квартире, как ласточка, от наших шуб.

Белла Книжник звала сына. Трехлетка развеселился, убежал мимо дверных милиционеров на улицу.

- Лейбочка, Лейбочка, а ну вернись! – бабушка кинулась вдогонку. Малыш взлетел на ее руках, она прижалась щекой к румному личику, и на ее морщинистом лице захулиганили слезы, малыш их смахивал с нее.

- Там воду из-под крана пить нельзя. Водку пей, она там дешевая.

Грустно стояли в стороне, в черных шляпах и осенних плащах два экс-чемпиона мира по шахматам – Петров и Смыслов. Они улетали в Америку на турнир. Виталий Рубин давал последние распоряжения Сане Липавскому, своему секретарю, то есть своему второму я.

Лунц неподвижно смотрел перед собой невидящим взглядом.

Основатель журнала «Тарбут» Дектор стоял в кругу молодежи, распахнув тулуп, в красной рубашке без галстука.

- Феликс, это тебе на память, - Вольвовский протянул гитару. Дектор поднял гитару над толпой.

- Там летом 60 в тени. Но сейчас, слава Богу, декабрь.

В буфете, посреди бутылок пива и провожатых, на салфетке строкой наискосок мелким бисером лепил слова Борис Камянов:

Я сам себя навеки провожаю.
Прощай, Россия – горькая любовь!
Симпозиум московский по культуре,
Навечно, увеличит алию…
А Зюня Коган приложился к политуре
И пьет ее, как я уже не пью.

Бегство.

Закат солнца в Иерусалиме – это всегда бегство. Рубин в ночи то представлял себя в Москве – промозглую слякоть, допросы в маленькой комнате за крошечным столом, то он выступает на митинге у Стены Плача, то ужин в Старом городе при свечах, то вновь Москва, и ужас не отпускал его. Это он, Рубин, познакомил Липавского с сотрудниками американского посольства в доме посла на Собачьей площадке. Это он, Рубин, представил Липавского второму секретарю посольства Стиву. Ему передавал Липавский анкеты, документы, книги и прочее. А если Стив – сотрудник ЦРУ? Рубин завербовал Липавского для ЦРУ – такое вот было бы обвинение в камере Лефортова.

Если бы Липавского раскрыли на полгода раньше, он выдал бы Рубина, и его посадили бы лет на десять. Все самое заветное он доверил Липавскому – проекты, заявления, документы. О, если бы он знал, что это самое потаенное он отдавал агенту КГБ! И за ним бы вот так, как за Толей, ходили агенты. Но он в Израиле, теперь он недосягаем и свободен…

Через три дня Анатолия Щаранского арестовали.

Что происходит с «Ваяавдуни»? Я повторяюсь, я наглым образом сдираю, как последний двоешник, биографии своих героев. Все вышло из-под контроля. Но я бессилен этому сопротивляться. «Ваяавдуни», словно удивительная спираль, возвращает меня в прошлое, чтобы подробнее рассказать о нечто очень важном. И если это так важно, я смиренно беру грех на себя.

Это было начало черного периода в жизни Марка Азбеля, а также и в жизни другого физика-отказника – Вениамина Файна, хотя с тех пор как профессор отказался давать показания, чекисты отстали от него. Но день за днем Виктор Брайловский и Марк уходили из дома в восемь утра – точно так же, как люди, собирающиеся на работу, - чтобы прибыть в Лефортово к девяти. Домой они возвращались к полуночи, настолько усталые, что не могли говорить. За их квартирами велось наблюдение; за ними следовали везде. В воскресенье в квартиру Азбеля на семинар по еврейской культуре привезли журнал «Евреи в СССР». На квартире тут же был устроен обыск, а все присутствовавшие подверглись личному досмотру. У Марка забрали его блокнот – самый ценный предмет, которым он владел. И, разумеется, все копии журнала «Евреи в СССР»№.

Вскоре послед этого допросы в КГБ заменили Азбелю на допросы в Московской прокуратуре на Новокузнецкой улице. Эти допросы по сравнению с лефортовскими казались Марку почти отдыхом. Его не запирали, да и место не было связано с тюрьмой. Хотя бы территориально. Возможно, эти допросы должны были увеличить напряженность, но они возымели обратный эффект: Марку они казались передышкой после долгих сидений в кабинетах Лефортово.

-Вы догадываетесь, почему вас вызвали?

-Да, но лучше будет, если вы скажите.

-Почему лучше?

-В противном случае получается, что вам стыдно сказать…

Так шли дни, а вместе с ними – череда угроз и предупреждений то одного, то другого рода. Стало почти невозможно выглядеть жизнерадостным, когда он к ночи попадал домой. Ради чего страдали Люся и особенно дочь Юля?

- Так больше не может продолжаться, - сказал Марк жене. – Люся, ты должна подать на отдельное приглашение в Израиль. Не жди больше. Юле надо покинуть эту страну. Мы не можем обрекать ребенка на такую жизнь. Вы с Юлей похожи на людей, живущих под проклятьем.

- Без тебя мы не уедем! – твердо сказала Люся, оставляя невысказанной мысль о том, что если бы они на самом деле сумели получить визы и уехать раньше, чем Марк, то могли больше никогда друг друга не увидеть. – Все обязательно будет хорошо! Тебя поддерживают столько людей!

Незадолго до этого они узнали про демонстрации «Спасите Азбеля!» в американских университетах, особенно заметными среди них были акции в Университете Пенсильвании, и действия Комитета «За Азбеля, Лернера и Левича» в Массачусетском технологическом институте.

Прошло много времени, прежде чем Марку удалось-таки заставить Люсю сказать, что если его ситуация к осени не изменится, она по крайней мере отправит просьбу о приглашении в Израиль. Ему удалось убедить ее вывезти их дочь навестить друзей в Коктебель. После того, как Люся с Юлей уехали, Марку стало намного легче возвращаться домой после ужасного «рабочего дня»: не надо было улыбаться и тратить последние силы, изобретая какой-нибудь способ уменьшить страх, написанный у них на лицах. Единственный, с кем он в то время много общался, был Виктор Брайловский.

По истечении трех недель Азбелю опять вручили повестку на допрос. Снова ехать на Кузнецкий мост. На этот раз следователь занял «отеческую» позицию.

- Марк Яковлевич! Я подумал над тем, о чем мы говорили, когда виделись в прошлый раз, и знаете, я почти готов признать, что вы были правы. Я даже обратился в высшие инстанции с предложением выдать вам визу на выезд. Они соглашаются, но единственное что им надо – ваши показания на Анатолия Щаранского, перед тем. Как вы уедете.

Он дал минуту на обдумывание этой информации, заем продолжил:

- Смотрите, чего они просят? Все лишь незначительные детали. Небольшие простые вещи, которые ни для кого ничего не значат! Но вы ведете себя как наш враг. Вы не хотите отвечать на эти вопросы. Не хотите сотрудничать даже в самых обычных делах.

Пока следователь говорил, Марка посетила мысль, что те, кто сделались предателями, попались именно в такую ловушку. Они совершили маленький шаг на пути, который вел – не к свободе, за которую они так долго боролись, - а к моральному самоубийству.

Разрешение на выезд было так близко – прямо перед носом! Чтобы получить его, нужно было сделать только одну крошечную уступку. Вот только за ней последует еще одна, потом еще – и в конце ты обнаруживаешь себя в роли доносчика КГБ.

Следователь выдвинул новый аргумент:

- Вы знаете. Что обвинение и расследование независимы друг от друга. Я не могу отдавать им приказы: никто не может, даже власти, - следователь улыбнулся. – Я не могу отпустить вас, если только вы не дадите мне показания. А они, – следователь неопределенно повел головой, - уже начинают сомневаться. Говорят, что если вы такой упертый и открытый враг… - следователь оставил предложение незаконченным. – Они не могут позволить врагу уехать на Запад. Ну почему вы не станете немножко сговорчивей?

Азбель вновь повторил те самые объяснения, на которые столько раз опирался раньше:

- Я был бы рад дать любые показания. Все, что в моих силах! Но я не хочу врать. Я понимаю, что это звучит неправдоподобно, будто у меня такая плохая память, но что я могу поделать? Моя память всегда была блестящей во всем, что касалось физики, но наука вытеснила все остальное, и на вещи, о которых вы меня спрашиваете, памяти у меня уже просто не оставалось.

- Я вам не верю.

- Зачем я буду врать? – протестовал Марк. – Если я начну врать, говорить, что помню то или это, я потеряюсь. Очень скоро мне придется изобретать новые и новые детали, и после этого меня поймают – будет очевидно, что я вру. Я стану открытым для обвинения в даче ложных показаний. Вот в этом я буду действительно виноват. У меня не останется выхода. Как вы сказали, наши суды от властей не зависят. И вместо того, чтобы получить визу, я получу приговор. Поэтому я не могу поменять своего мнения.

- Ну что, что вас так беспокоит, дорогой Марк Яковлевич?

- Что меня беспокоит, - немедленно отозвался Азбель, - так это то, что эти расследования не проходят гладко. Что в них что-то не то, знаете. Я очень обеспокоен давлением, которое оказывается на меня во время допроса. Что я подвергаюсь угрозам! И я не понимаю, в чем тут проблема. Вы очень хорошо знаете, что ни я, ни Виктор Брайловский не могут дать информацию про Щаранского. Мы знаем его, но никогда не были его близкими друзьями. Брайловскому год назад сказали, что он может получить разрешение на выезд. Он недавно еще раз обратился, но ответа не получил. Поэтому я и говорю: что-то идет не так.

На этот раз следователь ответил довольно грубо:

- Если Брайловский даст правильные показания по делу Щаранского, он получит визу. Если нет, то нет. То же самое касается и вас!

Затем его голос вновь стал по-отечески доброжелательным:

- Вы так близки к своей цели, к выезду! Зачем же вы его откладываете? Кто знает, как долго вас могут продержать, если вы даже не можете вспомнить пару незначительных фактов?

Следующий допрос проводил Черных – начальник отдела этих самых допросов. Ждать его Азбелю пришлось довольно долго. Наконец, Черных появился – небольшого роста крепкий мужчина с угольно-черными глазами.

- Дело в том, что Анатолий Щаранский попросил о встрече со мной. – деловито начал он, - и конечно, человек попавший в беду, должен быть выслушан первым. Поэтому мне пришлось поговорить с ним, перед тем, как встретиться с вами, вот почему вам пришлось ждать. Еще раз примите мои извинения. Может, вы желаете чашку кофе, раз уж вы столько ждали?

- Нет, спасибо.

- Сначала я хочу вас спросить, есть ли у вас жалобы на то, как проходили допросы? Как начальник отдела допросов, я должен проверять методы работы своих подчиненных. Я должен быть уверен, что они соблюдают все требования советского закона.

- Есть жалоба: не было границы между отношением к свидетелю и подозреваемому.

- Мне очень грустно это слышать, - сказал Черных. – Конечно, многие из этих людей еще молоды и неопытны, но они научатся. В методиках расследования в последние годы произошло много изменений. Мы больше не поддерживаем негативных отношений между следователями и свидетелями. И даже между нами и подследственными.

Говоря это ,Черных внимательно изучал Марка, пытаясь понять, о чем тот думает и насколько нервничает. В два часа он отпустил Азбеля на обед, игнорируя его предложение, что для экономии времени они могли бы пропустить перерыв. Когда Азбель вернулся, допрос продолжился. Но он отличался от того, что Азбель проходил раньше. Не было ни угроз, ни давления. Черных спокойно смотрел, как Марк пишет: «Я не знаю» или «Я не помню», и переходил к следующему вопросу. Спустя какое-то время он сказал, что Азбель может просто написать одно предложение, где будет сказано, что он не может вспомнить, подписывал ли он какие-либо документы вместе с Щаранским. Азбель написал это на чистом бланке и подписал.

Черных поставил свою подпись на его листке, и на этом допрос был окончен. Азбелю не вручили новую повестку, но Черных вежливо посоветовал ему не уезжать из городана выходные.

Почему-то Марк был почти уверен, что на этом с допросами – все. К понедельнику они решат, получит он визу или его посадят по каким-нибудь обвинениям. Словом, у него вполне неясное будущее.

Можно было ничего не говорить, но Марк все равно рассказал все об этом допросе всем своим друзьям, но только Виктору Брайловскому сказал:

- Я уверен, что решение властей уже близко.

В воскресенье Азбель вернулся домой и обнаружил почтовую открытку из Визового отдела. Почтовая карточка всегда означала отказ. Никто из тех активистов, которых он знал и кто получил разрешение, не уведомлялись по почте. Это мог быть окончательный отказ. Однако на карточке было написано «Позвонить СРОЧНО».

Всю ночь он не мог сомкнуть глаз. Разрешение или отказ?

Он уже был уверен, что они разрешат ему уехать, но через минуту приходила мысль, что они ни за что этого не сделают. И так до самого утра.

Ровно в девять Марк был в телефонной будке – набирал номер, указанный на карточке.

- Инспектор, с которой вы желаете поговорить, сейчас отсутствует. Она задержитс сегодня утром.

Он не мог дозвониться до 11-ти. Это были самые долгие два часа в его жизни.

- Я должен был позвонить вам, - назвался Азбель, - в чем проблема?

- Ну, ваша проблема решена, - сказала инспектор.

- И под этим вы подразумеваете?...

- Вам разрешено покинуть Советский Союз.

ДОПРОСЫ, ВОПРОСЫ.

Повестка на допрос в Лефортово стала визитной карточкой отказника. Получили повестки Гарик Авигдоров и его жена Маринка.

Вдоль пруда прогуливались Гарик и Лева Чернобельский.

- Заморозки в марток. Не спасут и семь порток, - сказал Лева.

- Кого не выпустят, того посадят, - отозвался Гарик.

- Андропов, галахический еврей, приговаривает к расстрелу Толика Щаранского, зная, что он никакой не шпион! – возмущался Лева.

- В Лефортово послезавтра, - ахал Гарик. – Это где Толик сидит. Твою-то мать, вот уж не думал, что когда-нибудь буду на допросе в Лефортово…

В понедельник Гарик Авигдоров сидел в кабинете полковника Зверева и давал показания. Коленки дрожали, пальцы танцевали гопачок по столу.

-Какой допрос вас, Авигдаров,больше устроит, короткий или длинный?

-Конечно, короткий. А какой устроит вас?

-Тоже короткий. У меня мало времени и много вопросов. Нужны ваши свидетельские показания по делу Анатолия Щаранского, арестованного 15 марта 1977 года.

- Я не знаю такого дела, - вздрогнул Гарик.

- Ему предъявлено обвинение в совершении тяжкого государственного преступления. Вы с ним знакомы?

- Видел на Горке, разговаривал…

- Что вам известно о его связях? – Зверев почесал бровь.

- Ничего…

- Вот письмо к сенаторам Джексону и Джавитсу. Это ваша подпись?

- Это как-то относится к делу Щаранского? – Гарик вытер пот со лба.

- Что относится к делу, а что нет, решаю я. Ваша подпись?

- Не знаю, - смахнул холодные капли с носа.

- Ну, тогда с вашего разрешения я сниму пиджак. – Зверев разгладил прическу. Теперь и следователь, и Гарик были в одинаковых рубашках сиреневого цвета.

- Как отчество Щаранского? – спросил Зверев.

- Простите, я думал: вы будете вести допрос с протоколом.

- Допрос с протоколом, - улыбнулся тот. – Как зовут жену Щаранского?

- Не знаю. Я ее никогда не видел.

- Вы подписывали письма за свою жену?

- Когда?

- Здесь ваша подпись. Узнаете почерк?

- Знаете ли, почерк меняется.

- А вы жене говорили, что подписывались за нее?

- В общем, да.

- Вот данные о вашей семье. Вы их давали Щаранскому?

- Не-ет.

- Как они попали сюда?

- Мои родители живут в Израиле, они могли дать.

- Значит не давали. А это письмо подписывали?

Это был призыв к ООН о воссоединении семей.

- Да, подписал. Простите, у вас с туалетом сложно?

- Дверь в конце коридора.

Из туалета виден асфальтированный двор для прогулки арестованных.

Его жену Маринку вызвали на допрос часом позже. Воспитатель детского сада. Рост 180, вес 100. Высокая и очень громкая, полная, разбуженный вулкан.

- Авигдорова? Идемте за мной.

Ей достался маленький, косолапый украинец. Он пытался открыть дверь. Не получалось.

- Ну! – нетерпеливо подстегнула Марина. – Час продержали, как дуру, в прихожей, а теперь не в ту дверь ломитесь? Оторвали меня от детей непонятно зачем.

- Ничего-ничего. Бывает.

- А мне знаете сколько ехать? Два часа на электричке и еще черт знает сколько пешком до дачи.

- Бывает.

Он суетился. Не отпиралась дверь. Наваждение!

- А кто за меня будет детям задницы подмывать!? – гремела Маринка на все Лефортово. – У меня их сорок в группе!

Им уступили комнату выбежавшие на крик двое коллег-украинцев.

- Садитесь.

Маринка закурила. От жары крошечная комната мгновенно наполнилась густым дымом.

- Послушайте, вы не курить можете? У меня еще целый день работы.

- Могу, - погасила сигарету. – А вы не валять дурака можете?

- Это почему же дурака?

- А будто не знаете, что я и в глаза Щаранского не видела! И в синагоге раз-два была. А вы меня в тюрьму заманили.

- Я?

- Тут изнасиловать женщину раз плюнуть. А зачем еще привели? Вы меня хоть раз видели со Щаранским?!

- По-омилуйте, я … Подпишите протокол и свободны вы.

- Вот запишите в протоколе, что будешь со мной сегодня стирать детское белье на даче.

- Я с вашего разрешения налью стакан водички.

- Я прошу вас не ходить вокруг, не пугать, не повышать голос, не торопить с ответом; словом, не оказывать на меня давление.

- На вас никто не оказывает давление.

-А я не говорю «оказывает», я лишь прошу «не оказывать».

-А кто оказывает?!

-Вот видите, кричите. Это и есть «оказывать давление». У меня может молоко пропасть.

- Знаете…не припомните ли вы, э-э…

-Не припомню.

-Но вы же не знаете, о чем я спрошу.

-Неважно, я честная девушка и обязана говорить правду.

-Ну, мы-то с вами,конечно, понимаем…

-Нет, представьте, не понимаю.

- Имейте в виду, ваш муж совершил опрометчивые поступки.

- Значит, я должен с ним развестись?

-Нет-нет, мы не разрушаем семьи. Вы неправильно поняли.

Ее отпустили в рекордно короткий срок.

В конце рабочего дня Чернобельского вызвали в спецчасть.

- Лева… это Антонина Яковлевна. Зайди, пожалуйста.

Сменил темные очки на светлые, в туалете причесался. В большой комнате спецчасти у окна стоял молодой блондин. Другой, меньшего роста, чернявый и сухой лет тридцати пяти.

- Лева, - сказала Антонина Яковлевна, - с вами хотят поговорить. – И вышла.

- Думали. Мы вас не найдем?.. За гарницей печатаетесь.. Роман пишете? – Чекист улыбнулся. – Пересылали роман за границу? Мы ведь с вами можем и в другой обстановке разговаривать. Так, да, это проходило не через мои руки. Вот… В «Евреях в СССР» печатались…против журнала возбуждено уголовное дело. Знали? А все ж дали туда рассказ. «Долгожданное свидание». Читал. Кто рассказал вам эту историю?

- Рассказали…

- Дали бы что-нибудь почитать.. С возвратом. Конечно.

- Да ладно вам…

- Я вам обещаю, что обыска у вас не будет. А то чего доброго придете домой и уничтожите свои труды.

Рука Чернобельского плясала по столу. Блондин давно уже с любопытством следил за ней.

- Напишите про алию. Вы же для этого ходите на Горку. У нас вот собран богатый материал…

- Еще чего!

- Вы знаете, что редактором этого вашего журнала «Тарбут» теперь будет Илья Эссас?

- Да? – притворился Лева.

- А то вы не знаете, - улыбнулся чернявый.

- Илью я знаю.

- Престина знаете?

- Ну, видел на Горке.

- А с культурной установкой Престина знакомы?

- Нет.

- Ну как же?! Как же вы хотите писать о Горке? Ну, а последнюю новость слышали: жена Давыдовича просится обратно.

- А что случилось?

- Плохо там. Но почему-то в письмах мало кто об этом пишет, даже перед родными и друзьями двурушничают.

- У вас что, есть доказательства?

- Сколько угодно. Вся Горка и вы к ней в придачу.

- Я о себе другого мнения. Это, конечно, нескромно…

- Ну-у, вряд ли вам есть, чем похвастать. Вся откровенность ваших товарищей – в заявлении на выезд в Израиль, а в остальном они ведут себя подло. Ида Нудель, например, в дни сессии Верховного Совета на балконе вывесила израильский флаг. Ну, для чего? Чтобы нам праздник испортить? Разве не подло?

- Ну и что, флаг так и висит?

- Сняли, конечно. Но с ее стороны это подлость. Зачем она сделал? Сессия принимает Новую Конституцию, а она флаг вывешивает. Зачем?

- Не знаю.

- Ладно. Я вас еще навещу. Меня зовут Александр Васильевич. И вот что, если будете распространяться о нашей встрече, то можете себе повредить. У вас еще будет время рассказать.

Лева сидел перед Александром Васильевичем.

- Мы получили экземпляр вашей книги.

- Не видел.

- Ну, он пока на размножении… Ваш статус нас не устраивает. И у вас, как говорится ,три выхода. Первый: отойти от алии и от всего ,что с ней связано. Второй – вы сотрудничаете с нами, и тогда мы разрешаем вам посещать все, что хотите. И наконец, третий – уезжаете в Израиль. День-два подумайте…

- А что думать? Второе меня не устраивает.

- Будьте добры тогда не контачить с лидерами алии и забудьте дорогу на семинары и в «Тарбут»…

Они остановились и посмотрели друг другу в глаза.

- Что ж теперь, в стол писать станете?

- Мне не привыкать.

- Если вы уйдете с Горки, где же темы-то брать будете?

- Но и стукачом я не стану.

- Значит, в разведчики идти не хотите.

- Не хочу.

- Удобная позиция. Моя хата с краю. А вкалывает пусть Александр Васильевич. Да вы знаете, сколько страдает в Израиле советских евреев?! Мы уже другая организация. Вы о нас думаете, будто сегодня 38-й год. А знаете ли вы, что в процентном отношении чекисты пострадали больше всего? .. На сегодняшний день мы за девять лет алии никого из ваших не осудили. А захоти – и всех пересажали бы. Ведь верно? Нам что от вас нужно? Пару новеньких фамилий, кто пришел к Эссасу на семинар. Мы их не арестуем. Если бы вы мне, скажем, вчера сообщили фамилию, а сегодня его арестовали, то вы вправе плюнуть мне в лицо, а мы как? Поговорим с этим человеком, и глядишь – отойдет. Потом еще спасибо скажет. Мы почему против семинаров? Потому что девяносто процентов тех, кто их посещает, уезжают в Израиль. Хлебнут лиха – и в слезы. Но поздно. Нам нужна постоянная информация, чтобы мы аргументировано боролись с такими ,как Слепак, Престин, Эссас.

- А что Эссас? – удивился Чернобельский.

- Эссас многих совратил. Агитировал и агитирует уезжать.

- Я ни разу не слышал.

- Ну, он же не идиот ,чтобы на семинаре во всеуслышанье такое сказать. Это делается тет-а-тет. Его друг Файнгольд все время звонит и спрашивает: «Ну, почему Марк не едет?»…

- Александр Васильевич, я доносить не буду. Ни одного слова о других.

- Да вы нам ничего нового не скажете. Если что умолчите или не так скажете, мы вас поправим.

- Не уговаривайте. Уж лучше я брошу семинару и «Тарбут», чем вести двойную жизнь. Все, что я считаю возможным, я пишу в рассказах.

- Ну-ну. Посмотрим, до чего вы допишетесь.

Письмо от Фимки Брод:

"Очки привезите. Книгу, сигареты и все остальное - по возможности. До свидания 21 день. Хочется надеяться, что все, как я задумал, так и будет. Спасибо, братик, за Гэйне "Принцессу..."

Так у меня все по-старому. Смотрел аргентинский фильм "Улыбка матери", за весь срок такой фильм вижу впервые. А так, по вечерам сижу и читаю прессу, слушаю, когда работает радио.

Как вы поживаете? Что у вас новенького?

Вообще, пиши обо всем, что творится на свободе. Мне осталось 5 лет 2 месяца 20 дней. А всего дней - 1908, по здешним меркам это ерунда, а для меня кажется вечностью. Мне сейчас кажется, что свобода и все остальное я видел во сне. Вот какая ерунда.»

С болью на душе Лева Чернобельский читал письмо брата.

Файна уже третий раз вызывали в Лефортово.

- Мне прислали повестку и равно в три я был там. Кстати, встретил Брайловского, - рассказывал он у лестницы в синагогу.

- Вас один и тот же следователь допрашивал?

- Меня допрашивал заслуженный следователь азербайджанской республики. Он спросил: "На каком языке вы будете отвечать?" Я сказал "по-русски". Понимаете, он тут мне дал почувствовать свое преимущество. Он несколько раз куда-то звонил и разговаривал по-азербайджански.

- Надо было ответить: "На иврите",- сказали из толпы.

- Пришлось бы искать иврит-азербайджанского переводчика, - улыбнулся Файн. - Не так-то это просто.

- Ну, ладно-ладно, какие тебе задавали вопросы?

- Да самые разнообразные: о Толике, об алии.

- Дураком прикидывался, - засмеялись в толпе.

- Потом уж я его спрашиваю: когда начнется допрос?

- А мы уже начали, - ответил он. Нет, сказал я, допрос начнется, когда вы дадите мне бланк, где я предупреждаюсь о даче ложных показаний, по какому делу вызван свидетелем и когда я смогу записывать каждый ваш вопрос и каждый свой ответ. "Ну, зачем же такой формализм?" Тогда я больше не скажу ни слова. "Ну, хорошо... Подпишетесь о неразглашении... "Нет, уж увольте... Никаких подписей подобного рода я делать не собираюсь. С меня хватит своих секретов. Не хватало вешать на себя еще ваши. "Если вы будете благоразумны, мы посодействуем вашему отъезду... Но кончить плохо вы можете тоже... Вы сделали слишком много преступлений против Советской власти.

- Назовите конкретно, - потребовал я. Он замычал, головой мотает из стороны в сторону, нес ахинею про голодовки, пресс-конференции, письма в ООН... Симпозиум по еврейской культуре... Он кричал "Вы же культурный человек, доктор наук, вы же изучали марксизм!" Но там же все ложь, - сказал я. Он как подскочит. В толпе захохотали.

- Вень, а долго допрос длился?

- Восемь часов.

- А где же ты обедал?

- На воле. Я пошел в обычную столовую, а потом вернулся в Лефортово. Ну и коридоры там... идешь-идешь....

- А что насчет Щаранского?

- Знаю ли его, какие письма вместе подписывали... Толстая такая папка лежала на столе... какие-то книги и журналы на иностранных языках.

- И снова вызовут?

- Пускай вызывают, - сказал Файн... - Я все равно больше туда не пойду.

- В смысле добровольно, - подсказали из толпы.

- Да, - кивнул Веня. - Вот здесь мое заявление в ГБ.

Это был листок, отпечатанный на машинке: "Я, Вениамин Файн, отказываюсь являться на дальнейшие допросы до тех пор, пока мне не сообщат официально, по какому Делу я прохожу свидетелем ..."

- Устно я еще тогда заявил следователю об этом. Как раз вошел в кабинет его коллега.

"Я знаю, почему вы так заявляете! - закричал он.- Вас подослали узнать по какому делу обвиняют Щаранского". Я ответил: вы же сами меня и подослали к себе, - и протянул ему повестку.

- Вень, а что спрашивали у Брайловского?

- Э-э, - Файн махнул рукой, - одна и та же мура.

- По делу Щаранского, возможно, пройдет через Лефортово вся Горка...

- Из-за этого идиота, - сказал Эссас, - должны пострадать все.

- Из-за которого? - Чернобельский будто видел Илью впервые. - Я давно хотел предложить организовать дом для чтения Торы. Я даже подготовил заявление в Комитет по религии.

- Оно при тебе? Я возьму с собой, на досуге прочту.

- Ты в принципе как - за чтение Торы?

- Конечно. Смотри, Цыпин появился. Я его уже месяца два не видел на Горке.

- Вы знакомы?

- На дибурах встречались.

- Злейший враг Володьки Вагнера.

- И лучший друг Слепака, - усмехнулся Илья.

Цыпин остановился около Иды Нудель, жестикулируя и посмеиваясь, перешел на другую сторону улицы и уже ни на кого не обращая внимания зашагал вверх к Богдана Хмельницкого. Ну, ушел и ушел. И ни один человек на Горке не предполагал, что "рефьюзник" Леня Цыпин отправился в редакцию "Вечерняя Москва" на пресс-конференцию

- Прощу вас, Леонид Борисович, - расшаркнулся главный редактор Индурский.

За столом перед журналистами сидели два еврея - старый и молодой. Индурский умудрился десять лет возглавлять коллектив газеты, Цыпин - сенсация-однодневка.

- До девятнадцати лет, то есть до 1971 года, моя жизнь была такой же, как у миллионов сверстников, - школа, товарищи, любящие родители. Трудно назвать сейчас день, когда пришло роковое решение. Появились знакомые, выдававшие себя за друзей. Они окружили меня особой заботой и обильно снабжали антисоветской литературой. В девятнадцать легче веришь сказкам, и, начитавшись всего , наслушавшись "голосов", я под влиянием буржуазной пропаганды и моих новых знакомых в 1971 году решил выехать в Израиль. Мне подыскали там "родного дядю", получил вызов. "Дядя" умолял советские власти разрешить выезд его "племянника" для "воссоединения разрозненной семьи". Родители воспротивились моему отъезду. Работники ОВИРа резонно решили, что отец и мать являются более близкими родственниками.

Затаив обиду, я бросил работу. Этого, видимо, только и ждала окружавшая меня кучка людей, которых западная пропаганда называла "борцами за права человека". Я стал послушно выполнять их поручения, в частности Польского и Слепака.

- Какие цели преследовали эти люди? - спросил Лазарь Хейфец.

- Прежде всего, подчеркну, что цели определялись не нами. Наша деятельность направлялась и финансировалась антисоветскими зарубежными организациями, в том числе сионистскими. Нам прямо-таки разрабатывали планы. Мы должны были готовить провокационные "акции",то есть устраивать шумные скандалы... Хотя никто из нас нигде не работал, все мы жили вполне благополучно... "Сохнут" не скупился на денежные переводы, вещевые посылки и дорогостоящие подарки... Зарубежные эмиссары требовали от нас объединения молодежи... для этой цели мы пытались создать так называемые кружки по изучению древнееврейского языка. Я был преподавателем в одном из таких кружков... Но что можно было поделать, если даже в ответ на вывешенное одним из участников нашей компании П.Абрамовичем объявление об обучении древнееврейскому языку произошел конфуз: "Ко мне пришел один человек, да и то шизофреник", - жаловался он.

-Вы упомянули о так называемых акциях. Каким образом проводились они? - поднял руку сосед Хейфеца (это был лейтенант).

-Накануне встретились с несколькими иностранными корреспондентами, согласовали с ними час и план действий, вручили списки участников... Имея в карманах крупные суммы, полученные на "командировки" из Москвы в разные города страны на поиски "нужных фактов" отправлялись А. Лунц, Л. Гендин и другие. Готовя на Запад ложную информацию, мы тщательно скрывали поступавшие к над правдивые сведения о жизни выехавших из СССР.

- Вы сказали, что ваша деятельность направлялась некоторыми зарубежными организациями. В чем это выражалось?

- Нам диктовались условия. Стив Броунинг из агентства Эй-пи настаивал, например, на проведений "акции" во время обсуждения в конгрессе США пресловутой дискриминационной поправки сенатора Джексона о торговле с СССР. Ко дню голосования этой поправки от нас потребовали обширную информацию о "бесправном положении евреев в СССР".

Однажды американский журналист Оснос долго убеждал меня в необходимости войти в контакт с так называемыми инакомыслящими, встретиться с Орловым, Григоренко и их компанией. "Вас мало и их мало - нужно объединяться! - говорил он. - У вас, в сущности, единые задачи". Мы, прекрасно понимали, что наша деятельность наносит ущерб Советскому Союзу. Поэтому наши связи мы тщательно скрывали. Я звоню инкорру. Узнав меня, он произносил только одну фразу, скажем, "в семь часов". Это означало, что на два часа раньше, то есть в пять, я должен подойти к месту встречи. Мне приходилось встречаться и с приезжающими под видом туристов эмиссарами различных антисоветских организаций. Сейчас мне двадцать пять лет. Последние шесть хотелось бы вычеркнуть из жизни. Я растерял настоящих друзей, мое поведение сильно отразилось на здоровье родителей. Но я прозрел и хочу смотреть людям в глаза, честно трудиться на земле, которая является единственной Родиной".

В коридоре редакции Цыпина остановил Зверев. Это он сделал из Лени сегодняшнего

Цыпина.

- Леня, - он заслон Цыпина от остальных, - я тебе подыскал работу. Большего пока ты не заслуживаешь. А знаешь почему?

Цыпин оторопело поднял взгляд.

- Грех один за тобой остался. - Зверев заговорщицки подмигнул.

Нет смятения более опустошительного, чем смятение неглубокой души. Цыпин шагал вдоль Чистых Прудов, подхлестываемый обжигающим бичом паники. Еще час назад ему принадлежали и Горка и Лубянка, и вот все разом ускользнуло из его рук.

"Грех за тобой остался". Что?.. Вспомнилась Эстер, их хуппа, он говорил ей: лешана габаа би-Иерушалаим. И вот все загублено. Чистопрудный бульвар хоронил его молча и заживо.

В пятницу одиннадцать "сирот алии" плюс Чернобельский собрались на квартире Семена Андурского. Плюс Илья - красная борода. Засунул руки в карманы брюк, плечи развернуты назад. Плюс Богомольный - закатанные джинсы, белый пиджак, белые туфли и светлые курчавые волосы под белой киппой. Плюс Авигдор Эскин - серый пушок обрамлял тонкое голубоглазое лицо.

Гриша Розенштейн принес халлы, испеченные Наташей.

- Я иду, - сказал он,- а старухи у подъезда говорят: весь Израиль собрался.

- Так, - сказал Илья. - Я принес 10 книг "Тора" и 10 молитвенников с переводом. Их завезли около полутора тысяч. Я призываю их разориться на тридцать рублей и приобрести их. Каждую новую субботу евреи встречают новой главой из Хумаш. Сегодня евреи читают из книги "Числа". Мы разберем Пятую главу из этой книги.

По три головы над одним Хумаш склонились...

- Я не хотел бы, чтобы у нас получился еще один семинар. Их и без нашего достаточно. Сколько бы мы ни слушали о еврейском образе жизни, мы к нему не приблизимся, если в него не окунемся. Здесь собрались люди с разным уровнем знаний еврейской культуры, поэтому пусть задают вопросы те, у кого они возникнут и пусть будут терпеливы и благожелательны другие, кто знает больше. Я буду читать на иврите и переводить на русский, я буду также давать комментарии, но это будут комментарии, естественно, не мои. Хочу, однако, сразу предупредить: без знания иврита познать Тору нельзя. Язык наш - проводник в еврейскую жизнь. Отсюда вывод: учите иврит, ищите себе учителя и учите.

Илья достал из нагрудного кармана листок.

- Мы начинаем вскоре после Шавуот. Это хорошее время для нас. Многие начинали в такое время и им сопутствовала удача.

- Илья, - прервал его Авигдор Эскин, - тебе на Тору упал листок.

- В данном случае, - Илья снял конспект с Книги, - я рассматриваю это как учебник, поэтому... но вообще...

И уже окрепшим голосом продолжал:

- По-разному встречают субботу хасиды и митнагдим, то есть противостоящие. Мы будем, главным образом, придерживаться того, что прижилось в Израиле, взяв лучшее и у тех и других. Здесь, я знаю, присутствуют потомственные хасиды.

Урий покраснел и сдвинул шляпу на затылок.

- Я, - сказал Илья, - митнагед. Но мы, надеюсь, будем прекрасно уживаться.

Илья читал Книгу "Числа", оживала древняя жизнь, сближала присутствующих.

Стол накрыт белой скатертью. Бутерброды с треской, яйца, брынза, отварной карте рель в мундирах.

- Пока накрывается стол- сказал Илья, - Я покажу, как надевать талит. Во время чтения Торы наматываются вот так цицит на указательный палец, целуется свиток Торы.

Талит первым надел Илья, за ним все остальные.

Наступило время зажигать субботние свечи.

- Барух Ата Гашем Элокэйну...

Все смотрели на свечу, голубая капля выросла в светлый лепесток.

Тишину нарушил Розенштейн. Маленький Гриша в зеленом берете.

- А во время чумы Тору целует через свои цицит?

Илья аж глаза вытаращил.

- Я не знаю случая, чтобы от целования Торы кто-нибудь очумел.

Целование икон идентично, - сказал Гриша Розенштейн. - Мистические свойства иконы и Торы...

- При чем здесь иконы, Гриша!!? - воскликнул Илья. - Я удивлен....

- Я сравнил их в том контексте, что...

- Я вообще не желаю обсуждать эту тему. Для меня икона - крашенная дощечка.

- И то и другое мистические эманации, - не сдавался Розенштейн.

Расходились за полночь в моросящий дождь. Гриша завелся с новой силой.

- А зонтик в субботу можно носить?

- Если он в виде трости,- ответил Илья.

Розенштейн нес дамский зонтик, Илья шел, опираясь на зонт-трость.

- Ты веришь в существование Б-га? - спросил Гриша Богомольного.

- Верю.

- Но какие у тебя есть доказательства?

- ... Были в жизни случаи разные...

- Я могу возбуждать энергию, - доверительно сообщил Розенштейн. - Дай свою руку.

И Гриша мягкой ручкой закружил над Богомольным.

- Чувствуешь?

- Не-ет.

- А теперь?

- Не-ет.

Гриша перенос "мистический генератор" на собственную ладонь и тут же как ошпаренный отдернул руку.

- Как же так! Очень сильно!

- Лева, ты заметил, как себя вел Марк? - спросил Богомольный.

- Так он атеист, - усмехнулся Чернобельский.

- Ты видел, как он сидел: не пел, киддуш не делал. Зачем он каждую субботу приходит на Горку? Он ведь преподает философию в МГУ.

- Да ну?!

- Ты, говорю ему, не боишься? "Им такие тоже нужны",- ответил он. Я в субботу пришел в синагогу: в фойе чекист Козлов отчитывал Марка, орал, как на паршивца, а

Марк глазами хлопал, уши красные. Они меня не видели. А потом, когда я с Марком заговорил о Козлове, он сделал вид, что не знает его.

- Плевал я и на Марка, и на его "козла", - сказал Лева.

В кабинете Лефортово друг против друга сидели на рассохшихся стульях следователь

И Щаранский.

Следователь подпирал лоб руками, хрустел пальцами, смотрел на Щаранского, как смотрит горожанин на протекающую реку - они несовместимы горожанин и река, но человек не может от нее оторваться.

- Файн и Азбель получили разрешение, - объявила Анна Эссас.

Над Горкой июльский зной.

Горячий воздух обжигал губы.

- Ань, - обратился к ней Чернобельский, - я попросил Файна забрать у Кошевого мою повесть.

Она облизала губы и усмехнулась.

- Файн и Кошевой ненавидят друг друга.

- Привет, Лева, дружище, - Кандель весело хлопнул его по плечу. - Как делишки?

- Когда же ты опубликуешь "Долгожданное свидание"?

- Такие вопросы не задают здесь. Поехали к Азбелю.

Проводы Азбеля - в квартиру не протиснуться, физики, лирики, подаванты, отказники. Наверное, такое столпотворение было у Горы Синай.

Красное лицо Азбеля покрыто каплями пота.

У раскрытого окна Александр Лернер в серых брюках и красной безрукавке держал фужер с вином в окружении жены и Маши Слепак. Лернер весело жестикулировал, и женщины смеялись. Чернобельский вспомнил Щаранского - сбитые ботинки, мешковатое пальто, кепка с заломанным козырьком.

- Лариса, - Илья отпил глоток и повернул к ней голову, - вы не умеете предугадывать разрешения отказникам. Вот, пропустили Файна и Марка.

- Я с удовольствием пропущу и вас, - сощурилась Лариса.

- Смотри, Ань, - Лева поднес ей бокал с вином, - Розенштейн нашел общий язык со стариками.

- Старики могут слушать любую чушь.

Розенштейн в зеленом берете и брюках Чарли Чаплина толковал книгу "Тания" Борису Моисеевичу, учителю иврита. Давление и старость вывернули правый глаз вбок, кожу сделали черепашьей, выкрали зубы. На правах старейшины он одним из первых обратился к Файну и Азбелю.

- Ша работай! Ани роца лээмор брахот аль Файн... Я скажу по-русски. Дорогие Веня и Марк, я специально не писал бумажки, не придумывал. Но все, что я сейчас скажу, будет литься прямо из сердца. Благословение мое вам и вашим дочерям, то есть женам, и чтобы у вас родились сыновья, и я попал к вам на брис, и Б-г даст так и будет.

Эйзо ги дэрех ишараа шэдвор ло гаадан кол шэгиа тифэрэт лэсэа вэ тифэрэт ло мин гаадам. То есть: какой путь прямее? Всякий, что Творцу во славу. Дорогие Файн, Азбель и ваши семьи! Когда идн вышли из Египта...

Беременная жена Файна Сусанна уже не могла стоять, ей подали стул, Азбель расширив зрачки, как от нестерпимой боли, переминался с ноги на ногу, озирался затравленно. Файн, засунув руки в карманы потертых джинсов, был намного терпеливее.

- Я слышал,- обернулся Лернер к Левичу, - Оксфордский университет пригласил вас на конгресс, устроенный в вашу честь.

- Кремль против.

- Это все, на что они способны, - Лернер отпил глоток вина.

- Это плохой для меня признак, - Левич опустил голову.

Между тем Борис Моисеевич перешел к новейшей истории Израиля, пару слов о Менахиме Бегине, о Ноевом Ковчеге.

Но бывает конец, даже речам Бориса Моисеевича.

- Фотографируемся с Азбелем и Файном.

- Борода! Борода! Старые отказники на середину!

- Паша! - замахал Азбель. - А ты?! Иди сюда немедленно.

- Ну-ну, куда мне, - отмахнулся Абрамович. - Там профессора.

- Внимание! - воскликнул Кремень. - Улыбнитесь для истории! Сейчас выскочит птичка.

-Где же птичка? - удивился Азбель.

- Птичка, - сказал Кремень, - будет в Израиле.

Все засмеялись.

В Лефортово послезавтра, - ахал Гаррик. - Это где Толик сидит. Твою мать... Вот уж не думал, что когда-нибудь буду на допросе в Лефортово.

- Альбрехт в этом деле академик.

- Маринка при чем здесь? Меня, возможно из-за справки для ГАИ от Липавского... Черт с ними. - Гаррик поправил очки. - Уйду с работы, верну им 250 рублей.

- Вы должны дать свидетельские показания по Делу Анатолия Щаранского, арестованного 15 марта 77 года.

-Я не знаю такого Дела. В чем, собственно, он обвиняется?

- Ему предъявлено обвинение в совершении тяжкого государственного преступления. Вы с ним знакомы?

- Видел на Горке, разговаривал...

- Известно ли вам о его связи с Тодом?

- Нет...

- Это письмо к сенаторам Джексону и Джавитсу. Это ваша подпись?

- Этот вопрос относится к делу Щаранского?

- Что относится к Делу, а что нет - решаю я. Ваша подпись?

- Не знаю.

- Ну, тогда с вашего разрешения я сниму пиджак.

Теперь и следователь и Гаррик были в одинаковых рубашках сиреневого цвета.

- Как отчество Щаранского? - спросил следователь.

- Простите, я думал: вы будете вести допрос с протоколом.

- Допрос с протоколом, - улыбнулся тот. - Как зовут жену Щаранского?
- Не знаю. Я ее никогда не видел.
- Вы подписывали письма за свою жену?
- Когда?
- Здесь ваша подпись и вашей жены. Узнаете почерк?
- Знаете ли, почерк меняется.
- А вы жене говорили, что подписывались за нее?
- В-общем, да.
- Вот данные о вашей семье. Вы их давали Щаранскому?
- Не-ет.
- Как они попали сюда?
- Мои родители живут в Израиле, они могли дать.
- Значит, не давали.
- А это письмо подписывали?

Это был призыв к ООН о воссоединении семей.

- Да, подписал. Простите, у вас с туалетам сложно?
- Дверь в конце коридора.

Из туалета виден асфальтированный двор для прогулки арестованных.

... Жену Гаррика Маринку вызвали на допрос часом позже. Высокая и очень полная, она казалась выше своего роста. И лет на десять старше.

- Авикдарова? Идемте за мной.

Ей достался маленький, косолапый украинец.

Он долго пытался отворить дверь. Не получалось.

- Ну! - нетерпеливо подстегнула Марина. - Час продержали как дуру, в прихожей, а теперь не в ту дверь ломитесь? Оторвали меня от детей непонятно зачем.

- Ничего - нечего. Бывает.

- А мне знаете сколько ехать? Два часа на электричке и еще черт знает сколько пешкам до дачи.

- Бывает.

Он суетился. Не отпиралась дверь. Наваждение!

- А кто за меня будет засранные задницы подмывать!? - гремела Маринка на все Лефортово. - У меня их сорок в группе!

Им уступили комнату выбежавшие на крик двое коллег украинца.

- Садитесь.

Маринка закурила. От жары крошечная комната мгновенно наполнилась густым дымом.

- Послушайте, вы не курить можете? У меня еще целый день работы.

- Могу, - погасила сигарету. - А вы не валять дурака можете?

- Это почему же дурака?

- А будто не знаете, что я и в глаза Щаранского не видела! И в синагоге раз-два была. А вы меня в тюрьму заманили.

- Я?..

- Тут изнасиловать женщину раз плюнуть. А зачем еще привели? Вы меня хоть раз видели со Щаранским?!

- По-омилуйте, я... Подпишите Протокол и свободны вы.

- Вот запиши в Протоколе, что будешь со мной сегодня стирать детское белье на даче.

- Я с вашего разрешения налью стакан водички.

Ее отпустили в рекордно короткий срок.

"Здравствуйте мои дорогие!

Мама! Как только получишь это письмо, тут же сообщи Леве, что свидание с 4 - 5 июня. Мама! Я так рад, что после стольких лет смогу увидеть и поговорить с Левой и Сурой.

Мама! Я так беспокоюсь, так боюсь что они не успеют ко мне приехать. А я их так жду. Мамочка, немедленно им сообщи!!!! Пусть возьмут документы, что они мои брат и сестра!!!

Мам! пусть мне привезут 2 зубные щетки и тюбик пасты, десять пачек сигарет, кофе чем больше, тем лучше; но не больше десяти в целлофановых мешочках; спортивные тапочки (40 размер).

Мама! О получении этого письма немедленно сообщи. Жду ответ, как никогда.

Крепко-крепко целую тебя, Рыжая, папочку, Леву, Сурочку, Андрюшу.

4-5 июня!!! Ваш Фимка".

На международной книжной выставке ВДНХ в павильоне Израиля толпа. Нигде так доброжелательно не относились к похитителям книг как здесь.

На Илье голубая рубашка с расстегнутым воротом, синяя вязаная кофта, голубая ермолка (крохотная), темные волосы подстриженные, рыжая борода разрослась. Он стоял скрестив на груди руки. Пальцы барабанили локти и золотое кольцо поблескивало. Илья - тонкие нервные брови... большие чуть выпуклые глаза, красное лицо, красные уши, красные губы... нос красный, пятна перхоти на плече, россыпью - на голове.

Он уже отобрал заинтересовавшие его книги.

Евреи толпились вереницей к заветному павильону. И дело тут не в стремлении прочесть книгу, а увидеть себя и других вместе, почувствовать себя народом.

Чернобельский увидел Канделя, поглаживающего переплеты книг.

- В воскресенье едем в Овражки,- прошептал Кандель. - Я тебя найду там. Поговорить надо.

Но разговор случился раньше, потому что дома Канделя ждала открытка из ОВИРа с разрешением на выезд.

Они встретились с Левой на другой день.

- Все-таки тяжело уезжать, - вздохнул Феликс. - Слишком многое связывает нас с этой землей... Я давно хотел предложить тебе войти в редакцию "Тарбута"... Ты согласен? журнал возглавит Эссас.

- Я буду беспощадно вычеркивать любую антисоветчину,- сказал Илья.

- А разве у нас было такое? - удивился Кандель.

- Я рад, что ты стал редактором,- сказал Лева.

- На блат не надейся, - улыбнулся Илья. - Вот тебе первое редакционное задание: напиши, как празднуют суккот хасиды в Марьиной Роще.

- Напишу.

- В прошлом году за три часа до суккот мне привезли из Нью-Йорка лулав... Я огорчился, что не сам сделал... шел снег с дождем... неподалеку от дома протекает речушка Квази. Сомнительная речка. Но галахически - это речка, я на берегу срезал вербную ветку.

- А лимоном заменить этрог можно?

- Конечно нет. Этрог - райское яблоко, - улыбнулся Илья. - Кстати, в Израиле в этом году он стоит от 300 до 1000 лир.

- Я слышал, твои родители уезжают в Эрец.

- У-уезжают! Уже две недели, как уехали.

- Да что ты?! Теперь ты тоже сирота алии.

- Все мы тут сироты.

В конце рабочего дня Чернобельского вызвали в спецчасть.

- Лева... это Антонина Яковлевна. Зайди, пожалуйста.

Сменил темные очки на светлые, в туалете причесался. В большой комнате спецчасти, у окна, стоял высокий молодой блондин. Другой, меньшего роста чернявый и сухой лет тридцати пяти.

- Лева, - сказала Антонина Яковлевна, - с вами хотят поговорить.

- Лев Семёнович? Мы из комитета государственной безопасности.

- Собираетесь в Израиль?

- Еще не подал.

- Жену не уговорили?

- Такая осведомленность.

И вдруг маленький произнес:

- Зиновий Коган.

" Зиновий Коган" - его псевдоним. Рукопись с этим псевдонимом передал давным-давно Илье, он - Кошевому. Кошевой улетел в Израиль.

- Думали, мы вас не найдем?... За границей печатаетесь,.. Роман пишете?

Чекист улыбнулся. Лицо дощатое, что-то вроде стиральной доски.

- Пересылали роман за границу? Мы ведь с вами можем и в другой обстановке разговаривать. Ну, да, это проходило не через мои руки. Вот... В "Евреях в СССР" печатались... против журнала возбуждено уголовное дело. Знали? А все ж дали туда рассказ. "Долгожданное свидание" читал. Кто рассказал вам эту историю?

- Рассказали.

- Дали бы что-нибудь почитать... С возвратом, конечно, и без снятия копии.

- Да ладно вам.

- Я вам обещаю, что обыска у вас не будет. А то чего доброго придете домой и уничтожите свои мемуары....

Рука Чернобельского плясала по столу. Блондин давно уже следил за ней.

- Напишите про алию. Вы же для этого ходите на Горку. У нас собран богатый материал...

- Еще чего?
- Вы знаете, что редактором "Тарбута" теперь будет Илья Эссас?
- Да? - притворился Лева.
- А то вы не знаете, - улыбнулся чернявый.
- Илью я знаю.
- Абрамовича, Престина знаете?
- Ну, видел на Горке.
- А с новой культурной установкой Престина знакомы?
- Нет.
- Ну как же?! Как же вы хотите писать о Горке и не внедряться в ее жизнь?
- Ну, а последнюю новость слышали: жена Давыдовича просится обратно.
- А что случилось?
- Плохо там. Но почему-то в письмах мало кто об этом пишет, даже перед родными и друзьями двурушничают.
- У вас разве есть доказательства? - спросил Чернобельский.
- Сколько угодно. Вся Горка и вы к ней в придачу.
- Я-а?... Я о себе другого мнения. Это, конечно, нескромно.
- Ну-у, вряд ли есть вам чем похвастать. Ваш друг Илья, например, очень грязный человек. Вся откровенность ваших товарищей в заявлении на выезд в Израиль, а в остальном они ведут себя подло. Ида Нудель в дни сессии Верховного Совета на балконе вывесила израильский флаг. Ну для чего? Чтобы нам праздник испортить. Разве не подло?
- Ну и что-о, так флаг и висит?
- Сняли. Но с ее стороны это подлость. Зачем она это сделала? Сессия принимает Новую Конституцию, а она флаг вывешивает. Зачем?
- Не знаю.
- Я вас еще навещу. Меня зовут Александр Васильевич. И вот что-о, если будете распространяться о нашей встрече, то можете себе повредить. У вас еще будет время рассказать. Найдете роман, дадите почитать?

Ноябрьская слякоть размазалась улицами, красные флаги болтались повешанно над головам.

Леве открыла Аня. Из-под ее руки выглядывала замурзанная Эстер. Навстречу вышел Илья.

-Я тебя в субботу не видел, - сказал Илья. - Какие новости?
- На букву "хэт".
- Не впутывай иврит в свои московские дела, - улыбнулся Илья.

Оська бегал пританцовывая по квартире. Аня пекла блинчики.
- Па-апа, - потянула кроха Эстер.

Илья посадил ее на горшок.
- Нам надо поговорить, - сказал Лева.
- Пойдем с детьми во двор, - предложил Илья.

Двор полоскался моросящим ветром.
- Такие, Илья, дела.
- Да... нестандартная ситуация. У тебя есть Вызов?
- Есть.

- До какого времени?
- До июля 78-го.
- Время еще есть.
- Кто-то меня предал.
- А на кого думаешь?
Лева пожал плечами.
- А кто приезжал к Семену из Риги?
- Роня. А что?
- Я спрашиваю, чтобы замкнуть одну цепочку...
Оська и Эстер весело шлепали лужами, перекрикивались.
- А женщина, что живет с ним - она кто?
- Надя.
- Она еврейка?
- Русская.
- Ну-у, в общем ссориться с ними, конечно, не нужно. Лучше всего держать их на некотором расстоянии от себя.

В квартире Канделей творилось то, что и должно твориться на таких проводах: гомон, удушающий запах сигаретного дыма, толкотня, улыбки, возгласы. Пальто, куртки на вешалке, на полу, на диване - всюду. Ни на одном семинаре по культуре столько не собиралось евреев. Что-что, а провожать мы научились. Кажется, здесь вся субботняя Горка.
- А вот и Феликс.
Кандель в свитера и джинсах, губы - в улыбке, глаза - в слезах.
- Левушка.
- Феликс. Как же мы без тебя? Здесь нас услышат. Пойдем на лестничную площадку.
- А там не услышат?
- Они все знают. Кто-то выдал меня. Не могу понять: кто?
- Лева, если что-то знает третий, значит это могут знать все.
- Я так мечтал работать в "Тарбуте", публиковаться, ходить на семинары.
- Вычеркни, Лева, вычеркни! Это все игры. Уезжать надо и - баста.
- А как же с теми, кто не может?
- Не может подать документы? - Феликс притянул Леву за пуговицу пиджака. - Или, старик, уезжать, или ассимилироваться. Третьего в России не дано.
- Ужас.
- Ты кому-нибудь рассказывал о визите с Лубянки?
- Илье.
- Ну и он?
- Хорошо, - говорит, - что оповестил меня, но больше никому ни слова.
- Так и сказал?
Феликс немного косил и это особенно заметно, когда он волнуется.
- Но ведь это им на руку, если молчать.
- В том-то и дело.

- Феликс! - окликнули из квартиры. - Иди к сыну. Там драка.

Старший сын Феликса, второкурсник автодорожного института, прощался с друзьями. Человек тридцать. У одного разбитый нос, у другого - кровоточила губа. Маленький Феликс вклинился между их кулаками, словно рефери.

В смежной комнате пили за отъезжающих отказники.

Лернер взял Канделя под руку, они замерли у дверного косяка. Через два месяца 20 января Щаранскому исполнится тридцать лет.

После отъезда Азбеля в Израиль, физический семинар перешел к Брайловскому на Юго-Запад.

Квартира 128. На дверях записка: "Просьба входить без звонка". В прихожей гора тапочек и туфлей. В отличие от азбелевской избы здесь стояли шкафы, висели картины, и стульев хватало на полсотни гостей. Над доской фотография азбалевского семинара, где Марк стоял в оранжевое безрукавке и в джинсах. Где-то он сейчас, профессор физики?

- Я обменял квартиру. - Эссас положил на Левино плечо руку. - Теперь живу у Сокола. Улица Часовая.

- И снова первый этаж?

- Все как и раньше: и первый этаж и две комнаты.

- А в чем выгода?

- Стали ближе к родителям Ани?

В разговор вклинился Альбрехт. На нем черное пальто, черная шапка натянутая на уши:

- Привет, друзья! Я пришел во время?

И в это время Брайловский позвонил в колокольчик.

- Сегодня выступает Соломон Альпер: "Дело Бейлиса".

Поднялся большеголовый, светлолицый (хочется сказать: лучезарный) Соломон Альпер. В руках школьная тетрадь.

- Процесс Бейлиса начался в начале 1911 года, а закончился в 1918-м. 20 марта 11-го года на окраине Киева, на улице Нагорной. В одной из пещер обнаружили труп мальчика тринадцати лет: Андрея Ушинского, учащегося духовной семинарии. Убийство же произошло 12-го марта. Желтая пресса первой откликнулась: "Хасиды употребляют в мацу кровь первенцев... Один из них: тридцатисемилетний управляющий Бейлис, отец пятерых детей, вместе с неопознанными евреями (черные бороды, длинные платья) поймали Андрея на территории кирпичного завода и убили его, нанеся множество уколов, чтобы высосать из него кровь".

"Справедливость требует мести!" - кричали киевские патриоты. - "Это будет не погром жидовских перин, а погром всех жидов".

"Дело Бейлиса" в общих чертах напоминало "Дело Щаранского". Там, в Киеве, полста лет назад обвиняли евреев: кровопийцы; здесь, в Москве, евреи - "шпионы и изменники".

- Во время процесса интеллигенция России проявила свои лучшие качества: Леонид Андреев, Павлов... Ни один священник не захотел обвинять евреев в ритуальном преступлении. В качестве присяжных заседателей власти назначили исключительно неграмотных людей, надеялись: неграмотные наверняка будут против евреев. Но в 1913 году суд оправдал Бейлиса. "Не виновен" - такой ответ дала Россия... Но что скажет она через шестьдесят лет, когда новая невинная жертва брошена на лобное место истории?

Такой лейтмотив выступления Соломона Альпера.

Религиозные собрания Ильи явились спасительным островом в круговерти жизни. Раз в неделю, по четвергам, с Ильей пересекались судьбы его учеников. Три часа (Парашат гашавуа, несколько слов о мезузе, выборы в нэссет, сеуда и дюжина вопросов про микву, профессии в Израиле).

- Шестидневная война, - сказал Эссас, - повторила Б-га "Шелах эт ами ва - яавдуни" - перекинула мост от нас к Моисею. Опоры моста великие: Давид, Соломон. При Соломоне страна расцвела. Иудейское царство и царство Израильское образовались позже. Иудейское царство разгромил Вавилон, Израильское - ассирийцы. Иерусалим пал в руки язычников. Храм Соломона разрушен. Ничто не вечно. И вавилонцы, кстати, тоже. Их покорили персы. При персах евреи восстановили Храм. А на арену истории взошел Александр Македонский. Он не посягал на еврейские обычаи и законы. Но едва он умер, к власти дорвался Антиох. Он назначал первосвященниками продажных шкур, и те ради живота своего насаждали эллинизм. В Иерусалиме убили 40000 восставших.

Соблюдение еврейских законов запрещалось под страхом смерти. Сжигали свитки Торы, осквернили Храм, на алтаре Творца воздвигли статую Зевса и перед ней свершали жертвоприношения язычники. Где был Б-г? Он был, есть и будет со всеми и всюду.

Евреев заставляли участвовать в языческих оргиях. Одни уступали насилию, другие - нет.

Священник Матитьягу и сыновья: Иохонан, Симон, Иегуда, Элиазар, Ионатан возглавили восстание. Всего три года простоял в храме Зевс. Новый алтарь воздвигли евреи и установили Ханукию.

Найден был кувшинчик с елеем.

Перед началом трапезы Илья предложил к следующему занятию выучить наизусть "Шма Исраэль".

- Это не просьба. Это условие наших будущих встреч. И еще одно условие: традиционно Тору изучают активно, то есть хочу предупредить, что каждый из вас будет делать доклады. А для этого нужно помимо Хумэш читать комментарии Раши. Ну как, приятная новость?

Илья хитро улыбнулся. На нем оранжевая рубашка, синий пуловер с красным львом и россыпи перхоти на бороде и висках.

- Я сегодня несколько уклоняюсь от обычного правила. У всех есть Хумаш, и что я хочу сказать: взамен одного человека Вы знаете кого: Иосифа. Как и Яков он личность противоречивая и наше отношение к нему не однозначно. История его - это какие-то модели для нас... евреи в нееврейской среде. 43 глава 30 пасук "Бытие", так. Все нашли? Смотрите, что происходило с ним в третий раз. Здесь не случайно каждое слово. "Вай - вэ - каэйт". Обратите внимание. "И там плакал до того, что он вынужден умыть лицо". В третий раз он дозрел: плакал так, что еле сумел себя держать в руках.

Илья сидел на стуле с деревянной спинкой, обшитой синим, по времени выцветшим в голубое.

- Теперь 45-я глава. И вот четвертая встреча ассимилированного еврея со своими братьями. Раскаяние Иосифа, при всем при том он чувствовал себя более несчастным, чем его бедные братья.

Во время сеуды Розенштейн обратился к Илье:

- Недавно меня спрашивали, что делать еврею принявшему некогда христианство, а теперь раскаивающемуся. Я имею в виду верхушку русской интеллигенции.

- Это мерзость из мерзостей, - ответил Илья.

- А что же ему делать дальше, такому еврею? - спросил Гриша.

- Нам не следует их возвращать в еврейство, пока они остаются активными христианами, хотя Гашэм поможет им вернуться к нам. Еврей, перешедший в христианство - он хуже Гитлера и вернуться к народу он может лишь через адские испытания. Формально же, нужно прийти в синагогу и рассказать о своем проступке и вообще все. Заодно сообщить, что намеревается делать в дальнейшем.

Когда Моисей спускался с Горы, он видел и прошлое наше и будущее. Зачем он разбил скрижали? И почему он вновь поднялся на гору и оставался еще 40 дней? В йон-киппур Гашэем сказал: "Я простил народ по молитве Моисея".

Моисей разбил скрижали из-за события с тельцом? - спросил Нудлер.

- Сначала было событие с тельцом, - сказал Илья, - а потом было постановление сделать Мишкан. Смысл Исхода из Египта в служении Гашэму и, как следствие, в единении. Еврейским народом мы стали только выйдя из рабства. Но крепить единство можно только держа в руках Тору. Тора письменная и Тора устная - это то самое солнце для нас, без которого мы погибнем во мраке.

- Как мы до сих пор живы? - улыбнулся Аидурский.

- ... тот, кто надевает тфилин, приравнивается к читающему Тору... и каждое утро на левую руку - руку сердца, чтобы впитывать Тору...

Голос учителя, черноволосого с красней бородой Ильи.

- Только не задавайте мне вопрос, - он усмехнулся. - "Вот, мол, я двадцать пять раз надевал тфилин, а как был несчастным дурачок!, так и... "

- Женщины тфилин не надевают, Илья?

- Три мицвот у них: печь халлу, зажигать субботние свечи и делать микву... Я рассматриваю современное движение женщин за эмансипацию, как комплекс психопатологии. В еврейском образе жизни нет места философии неравенства. Каждый имеет свою задачу. Наши мудрецы учат: из-за заслуг праведных женщин евреи получили свободу в Египте... когда они черпали воду из Нила. Гашэм направлял им рыб... И в полях рожали сразу по многу. И в полях они Его увидели и сказали: Вот Б-г мой....

Заговорили о выкрестах.

- В России их много. Кинешь камень - не промахнешься.

- Да,- согласился Илья, - тут красиво быть христианином. В Израиле это не выгодно... они хуже Гитлера... пусть придут в синагогу и вслух расскажут, как предали, и потом тридцать дней еще пребудут с особом статусе...

- А если они христианами стали не искренне?

- Они,- сказал Илья,- предали народ от Авраама до наших дней... Но если при этом они совратили еще хоть одного из нас - это... грех каких мало... Ему придется очень много поработать, чтобы вернуться...

- Но разве крещение это что-то действительно таинственное? - сказал Володя Балашов.- Это столь же безобидно Б-гу нашему, как и прочая людская суета.

- Нет, - ответил Илья. - Перешедший в христианство предал себя, он сделал вызов Гашэму и порвал с нами.

- А у нас есть молитва за таких людей?

- Пожалуй "Шма Исроэль"...

Покончив с выкрестами, а затем и с "парашот га-шавуа", ученики выстроилась у рукомойника за "натилат ядаим". На столе отварная картошка, консервная килька на черных ломтиках хлеба, тарелочка лука, соль и графин томатного сока. Браха на хлеб и начинаются разговоры на тему дня.

- И услышал Картер от Бегина, что Израиль - это Эрец Исроэль... и вот ничего ужасного не произошло. Уши Картера проглотили и эго, как и то, что Бегин - религиозный человек и что Хеврон это Хеврон, и нет границ красных, зеленых, а есть границы, данные Гашемом. Ну, и что же произошло после такого заявления Бегина? Ничего страшного. Наоборот, все пошло наилучшим образом.

- Илья, - обратился Чернобельский, - я заметил: в Торе главные события связаны с водой. "Маим" встречается едва ли не на каждой странице. Реввеку встретил Исаак у колодца, Яков - Рахиль, и Мошэ у колодца встретил жену свою... Моисей ударил по скале - пошла вода...

- Да, - это очень интересно, - сказал Илья. - Евреи как песок, а Тора делает их народом, как вода монолитит песок. Между прочим, я давно хотел обратить ваше внимание на одно странное место: освобождение евреев от рабства. Этот метод освобождения их был непонятен самому Моисею. Прежде всего, когда еще из огня услышал Гашэма: "Шэлах, эт-ами ва-яаавдуни" - отпусти народ мой дабы принесли они жертву мне. Но Мошэ сказал фараону другое: "Отпусти мой народ на службу мне", то есть народ будет служить творцу, а не рабу его фараону. И еще... Гашэм сказал "ужесточу я сердце фараона..." и этого Моисей не мог понять. Вся штука в том, что евреи считали бы фараона освободителем, отпусти он их с ходу. Гашэму нужно иное: признания не только от избранного народа, но и фараона. Пусть хозяин поймет, в чем дело. И еще одна кардинальная проблема иудаизма: свобода воли. Не соблюдающий заповеди следует всего лишь инстинктам. Еврей свободен, когда выполняет мицвот, потому что он их может не выполнять. А они существуют для того, чтобы ужесточалось сердце "против невзгод". Те, кто звонко поставил лозунг "Шэлах эт-ами" упустили "ва-яавдууни". Но "шэлах эт-ани" - это еще даже не физическое освобождение... перемещение в пространстве... благоустройство и вдруг открытие: они находятся в ужасной ситуации: нет духовного освобождения, ибо вся их светская жизнь как здесь, так и там, построена без лозунга "ва-яавдуни".

- Но Израиль построили не религиозные евреи,- заметил Миша Нудлер.

- Это ошибка, - сказал Илья. - Эрэц Исраэль должен быть создан по Торе, иначе каждый новый день приведет к дополнительным трагедиям на земле. А теперь я попрошу Авигдора сделать небольшое сообщение.

- Приготовьте сидуры, - попросил Авигдор. - Мы вступили в эпоху Миссии.. Шесть начальных дней создавался мир, седьмой день - суббота. Суббота - это намек на Миссию... две тысячи лет до получения Торы, две тысячи лет жизни на Эрец Исроэль, две тысячи галута. И вот идет седьмое тысячелетие... Миссия придет через двести - двести пятьдесят лет. Но вполне возможно, что и раньше. Мы можем приблизить ее своей праведностью. И первыми воскреснут те, кто лежит в земле Исроэль. Лишь немногие праведники за границей воскреснут, но тела их будут продираться сквозь землю. От каждого человека - будь он захоронен или сожжен - остается некая косточка...

- А где она расположена, Авигдор? - нетерпеливо воскликнул Балашов.

- Э-э... в районе шеи. Так вот, Миссия наступит, как наступает морской прилив...

Проголодавшиеся сотрапезники Авигдора, наконец накинулись на бутерброды и разговор на какое-то время разбился на тихие осколки. Никто не спорил с юным Авигдором, все хотели есть. И только под конец сеуды Володя Балашов, сильно волнуясь и заикаясь, громко сказал:

- А и-интересно, кто из антисемитов воскреснет? Я сам бы-ыл а-антисемит, пока не стал евре-ем.

Взрыв хохота не обескуражил его. Он улыбнулся, поправил очки и продолжал:

-Я д-думаю, ч-что анти-исемитизм об-бъясняется тремя значит п-прич-чинами: I-я причина - это люди замечают, ч-что еврей очень легко и к-как бы смиряется с пе-переменой обстановки. Но это же не п-простое смирение. Это быстрое вживание в новую среду. Люди не видя этого вживания, видят лишь смиренность... и думают с презрением "Да что это за человек? Дрянь! Презираю-ю". В-вторая причина: евреи пугают окружающих своей неприязнью любого гойского идола. Принять же невидимого еврейского Б-га они не могут... Теперь еще....

Балашов отпил несколько глотков томатного сока.

- ... теперь еще: люди назвали евреями много тысяч лет тому назад тех, кто пришел с другой стороны... Что это за сторона? До их прихода на Землю здесь были только растения и животные. Адам и Ева - евреи, которые принесли неведомую Земле цивилизацию. Среди животных был дикий человек... И эти первые миссионеры Адам и Ева им, диким людям, дали Тору...

- Ну, Балашов! - воскликнул Нудлер, улыбаясь и поправляя очки. - Ну, фантазер! По-твоему, мы инопланетяне?

Теперь уже смеялись все.

- Но отчего же евреи всюду так резко выделяются?

- Да, полно! - Нудлер снял очки и вытер слезы. - Моя бывшая теща кричала в пьяном угаре, что евреи самый грязный и неряшливый народ, что они не умываются и копят деньги, что они хуже татарского ига. Откуда она все это взяла? Но даже эта пьянь не додумалась до инопланетянства. Ты хоть гоим об этом не говори, а то нас начнут запускать в космос - мол, проваливайте, откуда пришли.

- Ну, сегодня им это не по зубам, - улыбнулся Илья.

- Мы здесь по сути все время говорим об истории, - сказал Чернобельский. - Интересно, конечно, что другие думают о тебе, но ведь гораздо важнее, что сами евреи знает о себе. А что мы знаем? То-то и оно.

- Чай пить будете, ребята?

Чаю обрадовались все.

В "Академкниге" на Горького,- сказал Нудлер, - Марк Теслер видел Сеню Липавского. "Сень, - говорит он ему, - а ты бы все же вернул Слепаку термос". А он так испуганно: "Я у него не брал".

- Леню Цыпина видел Арон на каком-то диссидентском допросе.

- Помогал допрашивать? - усмехнулся Андурский.

По дороге домой Илья взял Леву под руку.

- Сделай репортаж "Еврейская история - какая она?" Опроси разных людей. Я тебе дам в "Тарбуте" пару страниц.

Москва.

Анкету «Еврейская история - какая она?» Лева Чернобельский добросовестно заполнил ответами своих прихожан.

Молодая биолог:

- Три года назад для меня ее не существовало, но вот я прочла Дубнова, Сесиль Рота и многое узнала. Мои герои? Моисей, Маккавеи, Бен-Гурион, Мартин Бубер... Я хочу, чтобы мои дети продолжали ее на своей родине.

Врач: "Еврейская история - это что-то запретное как что-то аморальное. Я никогда ничего не читала о ней. Откуда же мне ее знать?.. Конечно, раз есть ты, значит есть и наша история... Детей у меня нет и здесь никогда не будет. Зачем?"

Физик: "Я историю плохо знаю. Вопрос этот не столь тривиальный, как может показаться. Атеист - ассимилятор ответил, что ее нет. Верующий будет доказывать, что чем активнее евреи снизу, тем отзывчивее сверху. Иногда такая отзывчивость выявляется в чуде, как это случилось на ПУРИМ... Мой современный герой? Ну, конечно, Залман Шнеерсон. Он - гибор, цадик... Я желаю своим детям быть верными Б-гу. В этом залог счастья".

Снабженец из Запорожья: "Що вы все с ума сошли? История - история... Какая там еще история?! Нет на вас Сталина. Я кроме телевизора ничего не вижу. Работа да телек - вот и вся история. Ну, еще в "петуха" сыграю с мужиками. А що мне думать за детей? Тут не знаешь, що с тобой завтра будет".

Школьник: "Хм, конечно, знаю историю евреев... Все время им плохо жилось... Еврейских героев? Ну, Моисей, Яаков, Давид. Или нет? Ну-у... а кто создал Израиль, как его зовут? Ну вот, Герцль - герой".

Шофер: "Наша история всем дала много. Евреям - Моисея, христианам - Христа, коммунистам - Маркса... Что я желаю своим детям? Тяжелый вопрос. Ничего я для них не вижу здесь. Вообще, я хотел бы, чтобы мой сын мог полностью реализовать свои возможности. Да, пожалуй, это самое главное".

Художник: "Мои родители всю жизнь гордились тем, что оторвались от еврейства. Моя жизнь схожа с их жизнью. Я ни разу не была в синагоге, не знаю ни праздников наших, ни обычаев".

Студентка: "Я люблю наши праздники... Еврейские герои? Их так много. Я не представляю себя не еврейкой. Это так прекрасно... Я не националистка. Я просто очень люблю свой народ".

До станции "Сокол" Чернобельский добрался за тридцать минут, миновав Строительный техникум, и через студенческий городок вышел на Часовую. Видимо, его заметили, потому что дверь в квартиру Эссасов уже открыта и на пороге Оська, Аня с Эськой на руках. Три апельсина плывут из портфеля в руки Эське, книга сказок - Оське, банка "Печень трески" - хозяйке, да новый рассказ "Итгадал виткадаш"...

- А почему ты так долго не приходил? – Оська крохотуля вложил свою теплую мягкую ладошку в левину руку,и тогтчас Чернобельский вспомнил о собственном Андрее - одногодке Оськи. Оська с утра до вечера с мамой Аней, а его Андрей ясли-детсад, папаша- сионист, мамаша – гулена, бабушка алкоголичка – ударница коммунистического труда завода «Шампанских вин». Зато Лева никогда не бросит Андрея и только вместе они сделают алию – всей «галахе» назло.

- Ося, дай дяде Леве тапочки.

- Вас можно поздравить с Новосельем? Какая огромная кухня!

- Илья! - позвала Аня. - Илья!

Илья вышел в джинсах и белой рубашке.

- Шалом. Я как раз читал об урожае в Хумаш. И тут вошел ты. Урожай по осени считают?

Тонкая бровь приподнята вопросительно-насмешливым знаком.

- Еще не осень, но лукошко полно, - в тон ему старался Лева. - Он протянул страницы своего репортажа.

- Скороспелые сорта не всегда бывают вкусные, - Илья подмигнул.

- Зато всегда дорогие.

- Уже лягнул! У меня в соседней комнате ученик. Буквально десять-пятнадцать минут.

Он вернулся в большую комнату, а Лева облокотился о письменный стол в крохотной спальне с окном во двор. Собственно - это даже не двор - два метра отделяли от безобразного бетонного забора. Комната напоминала почтовый склад - от потолка до пола коробки, ящики, пакеты... нераспечатанная бандероль из Голландии. Все готово к отлету... Вот уже пять лет изо дня в день...

На письменном столе пухлая папка сброшюрованного журнала "Евреи в СССР", роман Солженицына "В круге первом", ивритские словари, большой англо-русский словарь, стопка рукописных листов, журналы, книги... В комнату заглянул Оська.

- А что ты делаешь?

- Жду твоего папу.

- Это папина бумажка?

- Моя.

- А-а, - обрадовался Оська и нарисовал на Левином репортаже мордашку.
- Но это листок для твоего папы.
- Да-а? - Оська отпрянул.

Илья застал Леву читающим декабрьский номер "Евреи в СССР".
- А вот это зря, - одернул он. - Чем меньше знаешь, тем легче живется. И на чужом столе нельзя ничего трогать.

Тон слов и злое выражение лица Леву ужасно смутили. Наверное, так ловят на месте преступления.

- Ну-ну, давай урожай свой.

Потом они листали будущий номер "Тарбута" и неловкость и обида растаяли.

- Иехемия - это кто? - Лева прочел статью о молитвах неизвестного ему Иехимии.
- Иехимия - это я, - усмехнулся Илья.

Аня отварила картофель, нарезала кусочками селедку, вскипятила чайник. Она позвала всех за стол: Оська, Эська, Илья, Аня, Лева. Глядя на растерянных малышей, вдруг не уверенных, где же им сесть, Лева догадался, что гости теперь у них бывают нечасто.

- А мне прислали финики и изюм из Израиля, - похвастался Оська.
- Правда! - счастливо светло улыбнулась Аня. - И не знаем от кого, то есть от кого мы знаем, но мы не знакомы.
- Мне написал Магарик: Женька Лапидусь получила трехкомнатную квартиру, - сказал Лева.
- Та, что называет себя мисс Горки, - Илья спрятал в кулак нос.
- Ты переписываешься с ней? - Лева взглянул на Аню.
- У меня никаких писем нет... Я ни с кем не переписываюсь.

Странно видеть квартиру, заваленную безответными посылками, трудно представить себе, что со вчерашними друзьями, кого Илья и Аня провожали, все кончено.

- Ты уже похвалила его рассказ? - спросил Илья.
- Лева, мне рассказ понравился. Первый рассказ, где все части хорошо скомпонованы.
- Это потому, что я заранее знал его конец, - Чернобельский совершенно оттаял после "оплеухи" Ильи и улыбнулся. - Я хотел доказать, что иврит нужно знать еврею.
- Ты лучше никому об этом не говори, - Илья опять стал похож на учителя. - Ведь это неважно. Важно лишь то, что получилось.
- К счастью, - заметила Аня, - у тебя в рассказе получилось намного больше, чем ты того хотел.
- Это нужно понимать как комплимент, - Илья подмигнул.
- Я пишу дневник.

Вынул из портфеля тетрадь в черном коленкоре. Илья заглянул в раскрытую страничку.

- Э-эа, да он тут под меня копает!

Из Дневника Чернобельского

О визите в проетный институт «Гипрорыбпром» сотрудника КГБ Александра Васильевича.

"- Мы получили экземпляр вашей книги.

- Не видел.

- Ну, он пока на размножении... Ваш статус нас не устраивает. И у вас, как говорится, три выхода: отойти от алии и от всего, что с ней связано. Второе - вы сотрудничаете с нами и тогда мы разрешаем вам посещать все, что хотите. И, наконец, третье - уезжаете в Израиль. День-два подумайте...

- А что думать? Второе меня не устраивает.

- И уж будьте добры тогда не контачить с лидерами алии и забудьте дорогу в "Тарбут"...

Мы остановились и посмотрели друг другу в глаза.

- Вы что же в стол писать станете?

- Мне не привыкать.

- Если вы уйдете с Горки, где же вы темы брать будете?

- Но и стукачом я не стану.

- Значит, в разведчики идти не хотите.

- Не хочу.

- МОЯ ХАТА С КРАЮ. Александр Васильевич пусть вкалывает. Да вы знаете, сколько страдает в Израиле советских евреев? Мы уже другая организация. Вы о нас думаете, будто сегодня 38-ой год. А знаете ли вы, что в процентном отношении чекисты пострадали больше всего. На сегодняшний день мы за девять лет алии никого из ваших не осудили. А захоти - устроили бы провокации и всех пересажали бы. Ведь верно? Что нам от вас нужно? Пару новеньких фамилий, кто пришел к Илье на семинар. Мы их не арестуем. Если бы вы мне, скажем, вчера сообщили фамилию, а сегодня его арестовали, то вы вправе плюнуть мне в лицо.. а мы как? Поговорим с этим человеком и глядишь - отойдет. Потом еще спасибо скажет. Мы почему против семинаров? Потому что 90% тех, кто их посещает, уезжают в Израиль. Хлебнут лиха и в слезы. Но поздно. Нам нужна постоянная информация, чтобы мы аргументировано боролись с такими как Слепак, Престин, Эссас.

- А что Эссас? - удивился Чернобельский.

- Эссас многих совратил. Агитировал и агитирует уезжать.

- Я ни разу не слышал.

- Ну, он же не идиот, чтобы на семинаре во всеуслышанье такое сказать. Это делается тет-а-тет. Его друг Файнгольд все время звонит и спрашивает: "Ну, почему Марк не едет?"...

- Александр Васильевич, я доносить не буду. Ни одного слова о других.

- Да вы нам ничего нового не скажете. Если что умолчите или не так скажете, мы вас поправим.

- Не уговаривайте. Уж лучше я брошу семинары и "Тарбут", чем вести двойную жизнь. Все, что я считаю возможным, я пишу в рассказах.

- Ну-ну. Посмотрим, до чего вы допишетесь".

Суббота, апрель.

Кремень устроил бар-мицву старшему сыну. В Марьиной Роще виновника торжества вызвали к Торе. Обалделая родня глазела на иностранцев.

- Ешьте - пейте сколько хотите, - орал Мишка. - Работай! Налить и выпить за детей. Марк! Переведи!

И седой маленький мужчина повторил на английском.

- Повторяю! - загремел захмелевший Мишка. - Всем до краев налить и пить без дураков!

Иностранцы кивали, но лишь пригубили. Звенели бубенцы, вздрагивала гитара, и входит Ида Нудель.

- И-и- да-а! - душераздирающе воскликнул Мишка.

Ила в ярко-голубом платье со свертком в руках. Коврижка с добрый каравай.

- Миша, твоему сыну это прислал из лагеря Дымшиц.

- Марк, - сказал Мишка, - переведи им, что это подарок от узника ленинградского самолетного процесса.

И на стол, где теснились цыплята, черная и красная икра, вино и закуска, легла "лагерная коврижка".

Овражки

В этом году День независимости совпал с Лаг-баомер. Лева шел рядом с Ильей, стараясь не обращать внимания на кордон гэбэшников.

- Тора дана, чтобы дополнить и компенсировать недостатки человека, - сказал Илья. - Почитать Б-га значит ненавидеть зло.

- А "Люби ближнего как самого себя". Ведь, строго говоря, здесь ничего не сказано. Другого нельзя любить, как самого себя.

- Ехали двое в пустыне, а кувшин один. Останется живым тот, кто выпьет понемногу вес кувшин и ни на каплю меньше. Как же поступить путникам? Хозяин воды не должен делиться...

- Ну, а если в пустыне мать и ребенок ее?

- Тогда вопрос сразу отпадает. Для несовершеннолетнего ребенка вещь матери - это его собственная вещь. Они должны разделить воду поровну.

- Но ребенок может быть и совершеннолетним. Для матери все равно - ребенок.

- Желание понять, - сказал Илья, - должно быть сильнее, чем критиковать. Ты влип в такую историю, что всю жизнь будешь отмываться. Так влипнуть. Тебя надо лупить, чтобы неделю не мог сидеть. Я уде теперь начинаю беспокоиться за доброе имя журнала.

Они вышли на поляну. В многолюдье Лева чувствовал себя прокаженным, потому что всем разболтал о визитах КГБ. Вот если бы он молчал, как тог требовал А.В. Илья здесь повторял А.В. Как странно. Тяжело невыносимо. Один, снова один.

Отказники, как Илья, понимали, что их встречи на семинарах прослушиваются и что обсуждение бойкота Олимпиады,подобно тому, как это происходило при обсуждении поправки Джексона -Ваника, делало их и без того уязвимое положение угрожающим.**лья отдавал себе отчет в том, что бойкотировать**

Олимпиаду собираются не из-за проблемы выезда или прав человека, а в связи с вторжением в Афганистан, что это не совсем их борьба. Но отказники адинодушно поддерживали бойкот.

Подпольная ешива

- ... Ву бэ эмха... не делай другому того, чего не хочешь, чтобы тебе делали. Вот еврейский подход к разрешению казалось бы неразрешимой, невыполнимой мицвы "люби ближнего, как самого себя". Именно этим нужно руководствоваться в повседневной жизни.

- В книге "Тания", - заметил Мишка Нудлер, - сказано, что в каждом человеке есть "Элохим", Б-жественная частица.

- Да-да, - хмыкнул Илья без особого энтузиазма. - Общий знаменатель любовь.

- Попробуй найди этот знаменатель у Амалика, - поддакнул я.

- А как сегодня отличить амалика от не-амалика? - высунулся Андурский.

- Я умолчу от ответа, - заявил Илья. - Специально умолчу.

Звонок в дверь прервал занятия. Милиционер и трое дружинников вошли следом за Семеном.

- Что у вас здесь происходит? - спросил капитан, глядя на молодых людей, сидевших за книгами в головных уборах.

- Это мои друзья. - Мы беседуем о еврейской истории, потом собирались пить чай.

- Друзья, говоришь. - Ну-ка приготовьте документы".

Июнь 78-года

Двадцать человек перед зданием Дружбы народов устроили демонстрации с осуждением убийства палестинцами израильских школьников. Андрей Сахаров распахнул пальто и вместе со Слепаком развернул плакат "Позор убийцам детей. Позор тем, кто защищает убийц". Людный Калининский проспект тотчас собрал вокруг них толпу.

Арест Бегуна, а затем Щаранского (до них забрали Гинзбурга и Орлова) будто укорял тех, кто оставался на свободе. Человек, не переживший обыск, казался убогим. И справедливость требовала, если не броситься сломя голову в демонстрацию, то уж хотя бы выкричаться.

- Выйдем демонстрацией, - твердил Слепак.

- Ты выйди из дома.

- А мы не выходя из своих квартир, - нашлась Ида Нудель.

Она так нестандартно мыслила подчас....

- То есть?...

- Мы вынесем плакаты со своих балконов, - сказала Ида.

Этот первый четверг июня 1978 года - вывел женщин в лидеры алии. Мир отмечал день защиты детей. Сусальные плакаты на стенах, пестрые фотографии в газетах... выступления по радио и телевидению поэтов и писателей, детского хора - все это казалось бессмысленным. И вдруг - демонстрация женщин-отказников с детьми на квартире Розенштйенов. Опять это Наталья. Одного симпозиума по культуре ей мало! Ровно в восемь утра все подступы на одиннадцатый этаж были перекрыты, но к этому времени уже восемнадцать женщин с детьми были у Розенштейнов. Они развернули рулон бумаги и написали крупно: "Израиль! ВИЗУ!" открыли окна, натянули плакат. Через несколько минут напротив их окон, внизу образовалась толпа. Наташка жила на последнем этаже и антропологам пришлось баграми срывать плакат. Одни срывали, другие ломились в дверь. Заплакали дети. Галя Кремень закричала: "Бандиты! Фашисты!" И все-таки тем, кто был за дверьми, удалось ее открыть. Дочь Бори Чернобельского отчаянно закричала, затряслась в припадке и, у нее вдруг пошла кровь. Видимо, в сутолоке кто-то разбил ей губу. "Фашисты! Убийцы! Бандиты! Фашисты!" - кричали женщины. Мужчины, одетые в штатское, выглядели растерянными. Толпились, просили перестать кричать.

- Кто вы такие? Предъявите свои документы! Мы будем разговаривать только с участковым. Явился майор милиции.

- Что здесь произошло? - спросил он, вытирая пот из-под фуражки.

- Мы будем разговаривать, когда выйдут вот эти.

Майор вопросительно посмотрел на андропологов.

-Может выйдете на минутку?

Все ушли, кроме самого толстого, наверное их начальника.

- Пусть и он уйдет,- не унимались женщины.- Или покажет удостоверение.

- Еще чего,- покраснел толстяк.- Расходитесь по одной - и все тут.

- Ну, мы тогда вообще не уйдем и объявим голодную забастовку.

Толстяк надулся - вот-вот лопнет. Так они препирались с час. И в конце концов он ушел.

- А теперь, говорит майор,- выходите по одной.

- Нет, пли все вместе или никто.

- Но,- говорит майор,- там, внизу, собралась большая толпа и они к вам настроены враждебно. Мы не сможем сразу всех обезопасить.

- Или вместе или никто.

- Хорошо,- майор вытер затылок,- Мы дадим вам автобус до метро пять минут на сборы.

Дом Иды Нудель - девятиэтажная башня, но ее квартира - чуть выше деревьев. И когда она вывесила на балконе израильский флаг, пенсионеры стояли, задрав головы. Не сразу пробился участковый с дружинниками. Вызвали пожарников, выставили лестницу. Ида кричала, размахивал решиной.

- Только посмейте. Та-ак врежу.

- Я-те врежу - бормотал участковый.

- Тогда проваливай.- Ида все еще победно выглядывала.

- Но-но.

Участковый то и дело останавливался и тер глаза. Каждая новая ступенька давалась со все возрастающим риском быть атакованным "сумасшедшей израильтянкой.

- Ну-у, еще на одну-две ступ-енечки-и- шептал пожарник с брандспойтом. Он поднимался за спиной участкового.

Ида качнула пожарную лестницу. Те двое инстинктивно прижались к поручням и ужас мелькнул в глазах. Хороши они будут, если грохнутся спинами об асфальт с высоты седьмого этажа.

Между тем, два других милиционера уже свешивались с балкона восьмого этажа, в стиле цирковых акробатов. Тот, что повис вниз головой, на полруки не доставал до флага.

- Ах ты, гад! - воскликнула Ида. Она с разбега толкнула пожарную лестницу и участковый, изловчившийся было ухватиться за металлическое ограждение, вместе с пожарником и брандспойтом полетели за лестницей назад... Из брандспойта, совсем некстати ударила мощная струя воды прямой наводкой в обалдевшего участкового. Макушка лестницы ударилась о крышу пятиэтажки и, как маятник, качнулась к балкону Иды.

- Ну, ведьма, что вытворяет! - возмущался лейтенант, стоя на земле с мегафоном в руке.

Тем временем толпа зевак задирала головы на улице Горького.

На балконе девятого этажа Володя Слепак держал над головой плакат: "Отпустите нас к сыну в Израиль". А с десятого этажа человек в штатском лил из чайника кипяток. Пока безрезультатно. В конце концов, в Слепака запустили чайник.

- В чем дело? - кричали с улицы.

- Вон лозунг еврейка держит. В Израиль хочет.

- Где?!!! Где?!!

- Вон, ее водой сверху поливают.

- Та-ак ей. И-ишь!...

- Та-а, пусть бы ехали. Отпустили бы.

Старуха с перекошенным рто:д выбрасывала ^верх руки.

- У-у! - выла она. - Жидовка там! У-у, сволочи! Обнаглели!

- А еще хотят, чтоб город был образцовый коммунистический, - сказала женщина с сеткой колбасы.

- Позор...

Толпа ждала развязки, то есть - когда плакат полетит на землю, а тех евреев увезет милиция.

Северный ветер волочил мешки туч, высыпая холодные капли на город - на эту гигантскую свалку человеческих судеб.

У Жозика Асса проводы!

Жозик жил от ВДНХА сорок минут на автобусе и еще бездорожьем полчаса. По дороге Чернобельский нагнал Городецкого и Престина. Городецкий участвовал в "Тарибуте" и Лева несколько раз встречал его на дежурствах Годлина. Тихого Престина на Горке знали от мала до велика.

- А вы знаете, Володя, мы с вами уже встречались. Припоминаете? - улыбнулся Городецкий.

- Я... не помню. Не ошибка ли? - Престин расколото улыбнулся.

- Мы виделись при очень интересных обстоятельствах. - Игорь поправил очки на переносице.

- И-инте-ересно. Я не помню. Решительно не помню. А что?

- Мы с вами сидели в одном вытрезвителе. Зимой 76-го. Помните, библиотека имени Ленина?

- А-а! Так вы, Игорь? Ну, как время меняет людей! И вы были без бороды.

- Да.

- Да-да, теперь вспомнил! Вы ведь попали к нам тогда случайно.

- Я работал в Ленинке над статьей. Вышел из библиотеки, иду к метро, а тут вы с плакатами. Гэбэшники хватали всех. Ну, и меня схватили. Я тогда возмущался: "А в чем дело?! Здесь недоразумение! Я буду жаловаться!". Куда там... Никаких разговоров. Посадили вместе с вами.

- И держали тебя чуть ли не до последнего.

- В том-то и дело. Они мены выпустили вместе с Щаранским. Потом, уже когда отпускали, я говорил, что буду жаловаться, что я не отказник, а работаю в редакции журнала "Библиотекарь", что я занимался в Ленинке и они могут нанести справки.- Я буду жаловаться,- сказал я следователю. Это безобразие! Следователь только улыбался.

- Ну, а зачем шлялись там?

- Где?

- Ну, у библиотеки?

- О-о, Господи! Я шел к метро! Это безобразие - хватать первых попавшихся.

- Разве? Вот если бы вы шли мимо пивной и вам набили морду, потом забрали на 15 суток или дали год за хулиганство -вот это безобразие.

После нашумевшего ареста Бориса Чернобыльского и Жозика Асса, можно представить себе столпотворение в квартире Жозика.

Жозик, низкорослый, круглоголовый, беззубый и очень хмельной, проглатывал бисквитный торт, вытирая пальцы об обои.

- Я обожаю девочек,- улыбался Жозик, - и обожаю с ними делать детей.

Он был коротконогий и так мало времени ему отпустил ОВИР на отъезд, что "девушки" в ответ открыто смеялись.

Анька Эссас, коротко стриженная - бр-рр,- сидела на тахте, держала рюмку с царским превосходством. Ее муж что-то внушал молодой, женщине.

Тесно и шумно на кухне. Голодные студенты именно здесь устроили типичные проводы - сидели друг на друге, стояли, как в переполненном автобусе, курили до одури, и пили и ели напропалую.

Пока Чернобельский лэхаимствовал с тарбутниками, Большой сцепился с Эссасом.

- Илья, нельзя так вести себя, ты редактор, а не адъютант его превосходительства... Теперь о сказке Чернобельского. Отличная вещь.

Президент Картер: Обвинение Щаранского в шпионаже - это ложь. Его судят за то, что он защищал права человека".

... В Нью-Йорке заместитель министра иностранных дел СССР Шевченко попросил у американцев политическое убежище....

Родился слух: будто -московские власти предлагают Картеру - выдайте нам Шевченко, а мы вам подарим Щаранского...

Тем временем в Тбилиси на суде раскаивался еще один "тунеядец" - писатель Гамсахурдиа.

Ленинград, Киев, Вильнюс судили своих "отщепенцев, тунеядцев, диссидентов". И, наконец, снова Москва, изнывающая от июльской жары 14 июля 1978 года, устроила - суд над Толей Щаранским. Судебная коллегия по уголовным делам Верховного суда РСФСР обвиняла Толю "в измене Родины в форме шпионажа, оказании иностранному государству помощи во враждебной деятельности против СССР и в проведении антисоветской агитации и пропаганды". Одновременно военная коллегия Верховного Суда СССР рассматривала уголовное дело агента иностранной разведки Филатова А.Н.

Филатова приговорила к расстрелу, Щаранского - к 13 годам лишения свободы.

Последнее слово Щаранского на суде:

"В марте, апреле 1977 г. на допросах руководители следствия предупреждали меня, что при моей позиции, занятой мной во время предварительного следствия, такой же, как я придерживался и в суде, мне грозит расстрел или, как минимум, 15 лет. Мне говорили, что если я соглашусь сотрудничать с органами в целях уничтожения еврейского эмиграционного движения, меня будет ждать небольшой срок, скорее освобождение и даже встреча с женой.

5 лет назад я подал заявление на выезд в Израиль. Сейчас я, как никогда далек от своей мечты. Казалось бы, я должен сожалеть о случившемся, но это не так - я счастлив.

Я счастлив, что жил честно, в мире со своей совестью, никогда не кривил душой, даже тогда, когда мне угрожали смертью. Я счастлив, что помогал людям. Я горжусь, что познакомился и работал вместе с честными, смелыми людьми - Сахаров, Орлов, Гинзбург - продолжатели традиций русской интеллигенции. Я счастлив, что являюсь свидетелем освобождения евреев СССР. Надеюсь, что эти абсурдные обвинения мне и всему еврейскому эмиграционному движению не помешают освобождению моего народа.

Мои близкие и друзья знают, как я хотел променять деятельность активиста эмиграции на жизнь со своей Авиталь в Израиле.

Более 2000 лет мой народ рассеян, но где бы ни находились евреи, они каждый раз повторяли: "В следующем году в Иерусалиме!"

Сейчас, когда я, как никогда далек от своего народа, от моей Авиталь и мне предстоят многие тяжелые годы заключения, я говорю, обращаясь к своему народу, к моей Авиталь: "В следующем году - в Иерусалиме!"

И повернувшись к судьям:

"Суду же, который должен утвердить заранее вынесенный приговор, мне сказать нечего".

20 января Анатолию Щаранскому исполняется 31 год. Поздравительные телеграммы можно посылать по адресу: г. Чистополь 422950 Упр.УЭ 148/ст.4.

В поселок Сусуман магаданщины отправился поездом девятнадцатилетний Авигдор Эскин. Нес Иосифу Бегуну Тору и молитвенник. Дорогой этапов с пересадкой на пересыльных пунктах приехал в ссылку набожный гость.

Иосиф поставил чаю и оба в ту ночь засиделись. Голос Авигдора светился в полярной ночи - душа явилась слушать его душу.

За время тюрьмы, суда и ссылки Иосиф прошей испытание немоты и когда возник просвет, нет слов - какими говорить - так чиста сопричастность к их вере. Как сильна она, если проложила дорогу друг к другу.

День за днем - семь к ряду встречали закат и рассвет брахой и молитвой.

В дождь вспоминали Горку и пили чай с мечтой на хлебном ломтике.

Был вечер, когда Лева вошел в пустую квартиру. Следы бегства Ленки - грязная посуда на кухне, крошки хлеба на столе... И по всему видно, что Андрей приводил пацанов, а сейчас где-то на улице дожидается, когда в окнах загорится свет. Ленка стала чужой в семье. Даже в день своего рождения пришла в полночь. Она отучилась краснеть, объясняя свое отсутствие, но серые ее глаза все чаще захлебывались ненавистью.

Весь следующий день на работе Чернобельский подпирал ладонью подбородок и тер глаза.

В конце позвонила начальник отдела кадров.

- Лариса, тебя Сан-Сановна.

- Вот манера у Шурочки, - Лариска причесывалась. - Вызывать за пять минут до конца работы. Лида, я только на минуту забегу к ней, а ты с Левой ждите меня в вестибюле. Лев, ты ведь поможешь донести сумки к электричке.

И она ушла.

- Ой! - ахнула толстая Райка, откусив яблоко.

- Что? - обернулась Лида.

- Хозяина съела.

- Что?

- Червяка... хозяина домика.

- А-а,- засмеялась Лида, - мясо...

Через пятнадцать минут Лариса вышла от кадровички как из парной...

- Лари-ис,- недоумевала Лида, - ты чего такая красная?

Молчит. Они шли монастырским садом, изгрызанным шурфами и котлованом под будущую трассу Второго Кольца.

- Ла-арис, а Ларис, - пристала Лида,- ты чего - а?

- Меня утром в электричке мужик облапал, - сказала Лариска.

- Ну и что-о,- недоумевает Лида. - Они же у тебя такие хорошенькие. Ну как тут не взять их.

И она взяла Лариску за грудь.

- Я тебе не разрешаю. Только Леве, - вдруг сказала Лариса и притянула его к себе. - Хочешь?

- Хочу.

- Ну идем в кустарник .

Он ощутил на щеке ее дыхание.

- Сан-Сановна расспрашивала о тебе, как о кандидате на выезд в Израиль. Будь осторожен. Они ищут повод, чтобы тебя сократить.

- Директор сказал - из института никто больше не уедет.

- И тогда она решила всех евреев сократить?

- Ну-у, может быть не всех.

Вышли из кустарника в обнимку, его рука лежала на ее талии, щека к пылающей щеке.

Он вспомнил - после отъезда Браславского Сан-Сановна несколько раз приглашала зайти к ней. Но звучало это нерешительно. Теперь видно не отвертеться. Она ему скажет: "У нас в институте напряженное положение и предвидится сокращение". И будет смотреть на Леву, а он - на пол.

"Вам нужно искать себе работу, - скажет она.

"Это из-за Браславского! " не выдержит Лева.

"При чем здесь Браславский?!" - театрально воскликнет Сан-Сановна.

"Наш отдел завален работой"... - попытается он защищаться.

"Ну вы не расстраивайтесь", - улыбнется Сан-Сановна. Что-что, а улыбаться она могла.

А в конце она предупредит:

"О нашем разговоре никому не рассказывайте".

На площади Трех вокзалов женщины с Левой расстались. Электричка вынесла его через пол-Москвы на окраину. Станция Ждановская сошла бы за дачную, если бы вместо многоэтажек небо подпирали деревья. Мокрый ветер отбеливал листву, невесть откуда сюда занесенную.

Илья слышен в прихожей. А вот и он: красное большеносое лицо с выпуклыми глазами, огромный лоб и красная борода.

- ..."Тот, кто не учит Тору, тот не может выполнять мицвот,- говорил Илья мальчику с пейсами.

- Если нет возражений, - сказал морэ,- я продолжу разговор о мицвот. Один из моих учеников утверждает, что жизнь в Эрец Исроэль - это мицва равная по весу всем остальным. А их у нас, слава Б-гу, шестьсот тринадцать. Так вот, рабби Эпштейн писал: "Только ба-Эрец Исроэль можно выполнить все мицвот". Как видите это не одно и тоже. Конечно, если бы мы могли там выполнить все мицвот, то нужно тотчас туда ринуться. Но увы... в Израиле многие от Б-га дальше, чем евреи галута....

В этой комнате, где учили Тору, на стене висела репродукция Модильяни - женщина в альковной нише - на простынях змеистый зверь и плоть его сияюще гола.

- Илья,- обратился Авигдор, - почему раскаивание для еврея не входит в число мицвот и почему "десять дней раскаивания" выпадают на осень?

Книга "Махзор" в мягком золотистом переплете легла на стол перед Авигдором.

- Вопросы актуальные,- усмехнулся Илья.- Собственно в чем заключается эмет (истина) аосрет ямей тшува (10 дней раскаивания)? Для одного человека это поиск мира со своей совестью, для всего народа истина в единстве. Речь идет об окончании передачи народу Торы. С тех пор Шхина всоду, где живет еврей.

Шхина - корона истины.

- Но сказано,- возразил Мишка Нудлер, - Шхина никогда не уйдет из Эрец Исроэль.

- Да, но она и там и всюду - нашелся Илья.

- А где об этом сказано? - спросил Чернобельский.

- "Иерушалми" трактат Киддушин глава тридцать первая параграфы шестнадцать - семнадцать.

Все засмеялись, Илья взглянул на Леву, победно изогнув бровь.

- Ну хорошо, я тебе верю, - улыбнулся в ответ Чернобельский. - Ты сказал, что для человека его истина это мир с собственной совестью, то есть внутренняя чистота. Но очищает нас не только добро, но и зло.

- Добро и зло у евреев,- сказал Илья,- представляют такую же большую проблему, как, впрочем, у любого народа. Они возникли вместе с нашим миром, а мир был сотворен непонятным для нас стягиванием его. Зло и добро - эго не горькая и сладкая пилюля. Зло - это наше невиденье Его присутствия. Вот возьмем Авраама. Он жил среди злодеев. Люди не видели присутствия Гашема. Авраам это зло преодолел. А нам как быть? Идти следом.

- Что значит "идти следом" – спросил молодой программист Петя, курчавый парень, усмешка скривила губы. - Слушаться раввина?

- Чем отличается раввин от не раввина? - сказал Илья.- Смихой. Смиха - наследие авторитета Галахи... Я не знаю логики Галахи, но именно она говорит: когда человек опускается ниже всех, Тора дается ему легко, а когда он возвышается, Гашем принижает его.

-Почему наука и религия антогогонисты.- не унимался Петя.- Что нужно сделать,чтобы получить то-то и то-то.Это наука. А вопрос: «Зачем это нужно, какой в этом смысл?» к науке не относится.

- Я науку люблю и ценю.- сказал Илья.-Но наука должна занимать свое место и не мешать остальному.Петя, между прочим,ты уже полноценный член нашей ешивы и с тебя спрос , как со всех. Кто сделал на прошлой неделе гиюр Балашову?

- Нудлер и я договорились с реб Авромом, и он по нашей рекомендации, сделал гиюр.

- А почему вы не поставили меня в известность?

- А почему мы должны были это делать, ты что,начальник?

-Да, и вы должны действовать так,как я скажу.

-Илья,ты не раввин.- сказал Петя.

- Для тебя уже нет.

Это прозвучало,как «тебя уже нет».

-Извени, мы действуем так, как считаем нужным.- сказал Петя.- У нас сегодня нет лидера. У ХАБАДа есть Любавический Ребе, а у нас ? На эту роль можно выдвинуть рав Соловейчика.

- Нам достаточно Торы и Моисея.

- Тора и Моисей есть у всех направлений иудаизма.

Наступило время натилат ядаим и сиуды. Алюминиевая двуухая кружка и махровое полотенце передавались из рук в.руки. Между тем Прохоровский с женой делали бутерброды, разливали квас. На столе хлеб с запеченным сыром, ломтики селедки, тарелка зеленых листьев, тарелка винегрета.

- Хаос,- улыбнулся Лева.

- Комбикорм, - сказал Андурский. - Тебе подкинуть?

Авигдор пригубил квас и, обращаясь к Илье, сказал:

- В Овражки приезжают новенькие, привозят колбасу. Ну, я как-то подошел и вежливо предложил ее убрать. И вот потом нагрянула уже целая делегация, к кому, как бы вы думали? К Паше Абрамовичу. И жалуются: "Эскин запретил привозить в Овражки мясо. Говорит, мол, чтоб даже куриной ножки не было - ведь не шойхет зарезал наших кур. Так чем же нам питаться?" И подошел ко мне Паша. "Странный, однако, ты человек, Эскин". А я не знал, что им на это ответить.

- Я думаю приблизительно следующее,- сказал Илья,- воспитывать людей нужно в вежливой форме. Эго очень важно. Я бы Паше и тем евреям сказал бы: "Не то что я или мы странные люди. Все мы - вы и я - так или иначе люди малознающие, но многие из присутствующих здесь начали над собой работать и крайне плохо, если мы, евреи, не будем знать своих традиций. Каждый день хорош для тшувы и не надо откладывать ее на завтра. Тшува - это, если, хотите, тоже жертвоприношение". Вот чго я сказал бы в Овражках тем людям.

Авигдор сидел на вертящейся круглой табуретке у пианино. В зеленом пиджаке и красной рубашке, с розовой киппой на голове он был похож на цветок. Нога на ногу, голова подперта локтем. А рядом возвышался Урий, хасид из Марьиной Рощи, высокий, крупноголовый, в синим костюме и в черной шляпе. Плечом к плечу с ним - Миха Шнайдер, математик и тоже хасид. На Михе красная киппа с золотой ниткой, он в сером костюме. Тонкое лицо обволакивала курчавая черная борода.

- Илья,- сказал Урий,- мы с Мишей хотели бы здесь обсудить твое определение хасидов.

- Ну, смотря в какой форме вам это желательно. Можно с глазу на глаз, или сейчас?

- На прошлом занятии ты обвинял хасидов в ущербности исполнения мицвот... - улыбнулся Миха.

- Тяжелая проблема,- крякнул Илья,- опасен этот спор наш... Очень легко перейти от спора ради выяснения истины до простых обвинений. Но попробуем... Среди хасидов существует обычай читать публично "Танию" и, в частности, главу 11-ю... А там Каббала. Эта вещь весьма закрытого характера, изучать ее среди ам-гаарец вредно, безграмотный подумает, что все тайны ему открыты. Начиная от Бешта хасиды сняли запрет на публичное чтение Каббалы. И что же? Евреи окунулись в суеверие, самозваные раввины без смихи стали поучать других. Рабэйну Элиягу из Вильно в свое время наложил хэрэм на предшественников хасидизма. И хотя хасиды выполняют мицвот не хуже миснагдим, на них наложил Элиягу хэрэм. Почему? Хасиды открыли людям двери в каббалу. Но... посмотрите, мы мирно сидим за одним столом. Время сделало свое дело: хэрэм побледнел.

- Ты, Илья, изучаешь со своими учениками "Шулхан арух", а ведь автор Алтэр Рэббэ был хасид,- сказал Миша.

Урий раскрыл огромную книгу.

- Вот что сказано: Если хотите ускорить приход Мошиаха, читай Израилю Каббалу, даже если ты и он ничего не понимаете в ней... В XVI веке Каббала была опубликована. Кардовер написал сочинение на тему Каббалы, но еще в XVI веке рабби Ари открыл для простолюдин Каббалу. Он говорил: из Египта мы вышли благодаря пэсах и мила, Каббала выведет нас из галута. Так что после рождения Ари изучать Каббалу - это мицва и большая радость.

Авигдор прервал Урия.

- И все-таки галаха запрещает изучать Каббалу с двумя учениками, но даже если у тебя один ученик, он должен иметь детей и быть ученым.

- Это была не галаха, а строгое предупреждение,- сказал Илья.

Урии лихорадочно листал книгу.

- Вот, - воскликнул он и прочел. - "Кто пришел без тайн Торы и кто не занимался Каббалой, того ангелы сжигают..." А ты, Илья, на прошлом занятии сказал, что хасиды виновники едва не всех трагедий: ассимиляции, гибели шести миллионов от немцев... Это ужасно.

Илья молчал. Только красное лицо его бледнело.

- Когда читают "Биркат а-мазон"? - спросил Арон, видимо, выручая Илью.

- Если три еврея едят за одним столом, то они обязаны вместе читать "Биркат а-мазон". Откуда это следует? В главе 36-ой...

- Илья, - сказал Чернобельский,- я слышал, что первые две заповеди Гашем произнес вслух сам.

- Гашем начало всего, - улыбнулся Илья. - В притчах Соломона сказано: Гашем приобрел для меня начало пути. Начало - рейшит. - Тора. Иначе говоря, мир был сотворен по Торе. Тора существовала до сотворения мира... Израиль - тоже называется Рэйшит. Рэйшит -первый урожай Гашема. В некотором смысле евреи и Тора были до создания мира... И сотворен он был, чтобы евреи выполнили мицвот и, в конце концов, соединились с Торой. Мы не имеем права размышлять дальше, но я дам намек... Гашем представляется разными сторонами, Тора - это наиболее не материальная сторона Его... Малхут - это его материальная сторона. Малхут наводят на мысль, что Гашем имеет разные стороны, и единственная наша возможность повторять с вами: Шма Исроэль гашейм элокэйну гашейи эхад. Израиль - свидетель того, что Гашейм Элокэйну Эхад.

Лишь в первом часу ночи занятие закончилось и ученики поспешили к метро.

- Слушай, Лева,- сказал Семен Андурский,- а ты напиши письмо своему начальнику отдела кадров.

-Да,- поддержал его Арон Гуревич, - и посоветуйся с Володей Альбрехтом. Он в этом дока.

- До-ока,- засмеялся Семен.- А вообще. Лева, подавай документы и выбирайся из этого дерьма.

- Это понятно,- вздохнул Лева.- Но я не хочу просто так уходить из института.

- Ну, это правильно. Спускать им не следует,- кивнул Арон.

Напиши начальнику: "Я не понимаю, какая связь между отъездом Браславского в Израиль и вашим предложением уволиться мне с работы. Это ни что иное, как дискриминация по национальному признаку, а у нас, как сказал бы Альбрехт,- Семен рассмеялся, - с 1917 года дискриминации нет. А если вы меня сокращаете, то почему это исходит от вас".

- Вот-вот,- сказал Арон.- И-мол если и будет сокращаться объем работы в институте, то опять же при чем здесь я. Да-да, напиши и отдай кадровичке. Она ахнет. Они к письменному общению не привыкли.

Семен, Арон и Лева шли к метро дворами и огромные железобетонные здания таяли в темноте, погасив свои окна.

- Ну, хорошо,- спросил Лева,- а какой конец будет?

- А конец все тот же: выгонят,- засмеялся Семен.

- Зато хоть с шумом, - сказал Арон.

Но выйдя из метро, и уже в одиночку шагая к своему дому, Лева невесело размышлял: "У меня семья, я обыкновенный человек и мне очень не хочется терять работу". Получил разрешение Авигдор Эскин. Витя, чьи родители еврей папа и украинка мама оставалась в России.

Авигдор проснулся. Комната тонула в темноте и затаив дыхание он осмотрелся. Невыносимо. Противно возвращаться ото сна реальности, когда сознание само по себе стало в тягость. Неужто последняя ночь с матерью. Никогда уже не встретит с ней утро. Потрясенного несправедливостью Авигдора охватил страх. Что значит "никогда"? Он улетит на расстояние всего в два часа. Но это вовсе не должно означать "никогда".

Сейчас, когда пришло время размышлять о "Никогда", его мысли привязаны к матери.

Конкретные расхождения Пети с Эссасом касались вопроса гиюра, а на уровне идеологии – вопроса о том, является ли каждый еврей независимым и делает так, как он считает нужным, или есть начальство, у которого по каждому поводу нужно спрашивать разрешение. В результате разрыва с Ильей

Петя и Нудлер оказались отрезанными от всех контактов с религиозным миром Израиля и Америки. Учились сами на уровне Талмуда и комментариев.

Между тем, люди свободных профессий (творческая интеллигенция)дважды в неделю приезжали на окраину Москвы к Борису Берману-филологу

Слушать свободные трактовки недельных глав Торы, он помогал найти неожиданные смысловые ряды, скрытые при обычном чтении.

Он не отметал , ни явнол, ни подспудно, их культурный багаж и не обесценивал его перед лицом иного знания. Он не изучал с ними Тору с целью преобразовать их повседневность. Он делился с ними тем, что увлекало его самого, что будило его творческую мысль и приносило радость созидания. Он показывал, что Постижение Торы интересно, требует интеллектуального напряжения, будит душу, приглашает к творчеству. Чтение Торы- это процесс, ведущий к открытию. И даже если не удавалось попасть на следующий его урок. Разбуженные Борисом мысли,обнаженные им загадочность и глубина Торы жили в тебе, беспокоили, просили вернуться к тексту и начать снова вчитываться в него…

Борис Берман, курчавый смешливый бородач, резко отличался от сумрачных и нервозных неофитов юмором, терпимостью, свободной и открытой мыслью и почти неправдоподобной для начинающего глубиной познаний.

Под Новый год Чернобельский взял отгулы и отправился в Ленинград с этнографом Микой Членовым, Наталья Моисеевна Боговитская, лет 32-х, сотрудница Русского музея, привела их в подвал хранилища, к сундукам с экспонатами бывшего еврейского музея.

- Закрыли его в 38-м году? Из Биробиджана просили экспонаты, кто-то воспротивился. Часть отправили в Одессу... имеются накладные, Помню, наша сотрудница Тамара Владимировна Станюкович обратилась в Одессу. Там ничего об этом не знают. Вы наверное читали, что Гитлер собирался устроить в Праге музей уничтоженной еврейской расы... Вас интересует жесткий фонд или мягкий?

- Интересует опись.

- ... В 1918 году некто Пульнер основал еврейский музей, участвовал в основании его народоволец Штернберг, а директором стал Мильштейн. Сейчас ему 90 лет...

Наконец, Лева принялся читать опись:

1905год - собр. Ф.К. Волкова (Австрия) I) штромел (ермолка) 2) одежда

- собр. Свердлова

1) картина, 2) жанукия серебряная, 3) пластинка, 4) две жен. кофты, 5) занавес аронкодаша

Дар Плюшкина: оловянное блюдо, парики, Мегилат Эстер. Подарок писателя Анского: пепельница, пьеса. Собрание Раппопорта: 125 предметов (бокал, мезуза, шрифт, бусы, кольца, табакерки, обувь, кетуба, свитки, плащ из Торы (?), амулеты, монеты с еврейскими надписями...)

Он проснулся за несколько минут до щелчка будильника. Светлело небо. Горлопанили скворцы. Потная голова сына прижата к подушке, как к материнской груди. Мать его слала лицом к обоям свернувшись под одеялом. Рыжую челку и вздернутый нос он увидел, когда поднимался с постели. Они измучены долголетней борьбой, будто недугом. Ветер вот-вот развалит их стены. Но прежде, он хотел видеть взрослым сына. Андрей кричал во сне с тех пор, как Лена и Лева научились быть чужими. "Не называй меня любимой. Не прикасайся. Не смотри. Не замечай меня. Ты для меня не существуешь". Так она говорила и серые глаза сверкали ненавистью.

Черноба склонен упрекать только себя.

Ничто не сходит с рук - ни попытка уехать в Израиль с Андреем, оставив ее, ни ссора из-за денег. И все же, прежде чем ветер развалит дом их, пусть станет взрослым сын....

Он вышел на балкон. Всюду на таких железобетонных консолях стояли люди.

Теплынь бабьего лета струилась над землей. И в этом розовом рассвете люди открывали глаза в осень и молчали. Гашем оставил их и они пыжились в гордыне.

Розовые лица.

Револьвер желт.

"Шма Исроэль" Чернобельский произнес лицом к Востоку. Палый лист заштопал на ночью землю. В запрокинутое лицо льются слова:

"Гашем эхад", а потом молитва:

Восславлю имя Твое Господи
Тов л эгодот ла Гашем
Радостью и весельем,
Ву л эзамейр лэ сижа эльен
жизнью утром,
Лэ агид бабокер хасдеха
Истиной в ночи.
Ву зменутха оала^ла.

Осень в выгоревшей блузе и дома высоки и светлы.

Иосиф возвратился из ссылки.

Расплавленный август в ничто превращал росы и клейкие капли сосновой смолы стекали от душной. истомы.

Тысячи людей ожидали разрешения и Горка напомнила Иосифу былые времена. Брайловский издавал "Евреев в СССР", Май - семинар культуры, собирались инженеры у Лернера, по-прежнему Альбрехт раздавал рецепты, как вести себя на допросе. "Тарбут" не выходил, но Эссас продолжал читать с учениками Тору, организовал лесную школу... Детсад Борьки Чернобельского размножился на дюжину таких же маленьких ульпанов, где играли в прятки и разучивали еврейские песни. Павел Абрамович намеревался издавать "Наш иврит". Не утихли разговоры о пурим-шпилях.

И, наконец, все с нетерпением ожидали праздник Симхат-Тора и конкурс еврейской песни в Овражках.

Иосиф из Сусумана, поседевший Иосиф глазами пришельца видел во всем этом какую-то невзрослость. Но чего бы тогда стоила жизнь Горки? И приходит на память Мандельштам:

Только детские книги читать,
Только детские думы лелеять.
Все большое далеко развеять,
Из глубокой печали восстать.

Он чувствовал себя в Москве в гостях не потому, что каждый вечер гостем был, а потому что жить ему дано здесь до третьего предупреждения ГБ. И он спешил всех обойти, и все запомнить.

За столом, где чай по-лагерному густ, Бегун - он челюсть прикрыл бородой, как боксерской перчаткой - смотрел на светлые обои, на картины без рамок - арбузные рожи Олега Целкова, красные сосны Паланги Ждана, радужный профиль Зверева, натюрморт с газетой самая большая картина, но автора Бегун не знал. И не знал - был ли он раньше в гостях у Левы. А где Иосиф встречал лупоглазого большеголового Тесменицкого?

Леня Тесменицкий полгода назад пришел на Горку со своей типичной для алии историей: ассимилированная интеллигентная семья врачей, школа, институт, завод "Богатырь", женитьба - развод. Горка свела его с Чернобельским. Легко сдружились и Ленька стал частым гостем у Левы. Сегодня он перемещался по квартире, не касаясь паркета - в такой приподнятости находился.

Чернобельский рассказывал о конкурсе песни в Овражках - по времени фестиваль совпал с Суккот.

- Они запретили ломать для сукки ветки. Мы ее сделаем из цветов.

- Будет очень красиво,- сказал Иосиф.

- Розенштейн возражает: галаха требует ставить ее у стены и покрывать досками.

- Ортодокс.

Маленький Гриша Розенштейн в мятых брюках и сандалях на босую ногу мало походил на ортодокса. Но ту, как говорится, не верь глазам своим. Между прочим, с Тесменицким у Левы тоже вышел вначале казус. С первого взгляда принял его за чекиста. Зимой, во время недели иврита. Лева читал "Букву-путешественницу" и приметил Тесменицкого...

Тесменицкий разводил руками, а незаметно для себя заражался Левиными грезами. Вот и сегодня Лева размечтался.

- А хорошо бы создать еврейский культурный центр.

- Библиотеку.

- Давнишняя идея,- улыбнулся Иосиф.- Как все повторяется. Удивительно!

- Но начать с чего? Старики, у кого сохранились книги на идиш, иврите или русском разбросаны. Поди - знай где они.

- А мы дадим объявление в "Вечерке",- сказал Леня.-"Покупаю книги еврейских авторов".

- И грампластинки.

- Я голосую обеими руками,- сказал Иосиф.

Капли пота на лице Тесменицкого. Он похож на охотника, выследившего зверя.

- Надо сохраниться как народ,- сказал Иосиф.- И как любому народу нам нужна своя история и своя культура.

- Но пока один Бегун объявляет голодовки протеста, судится с органами, другой Бегун кропает "Под голубой звездой". Так где же она эта история?

- Но историю делают, а не пишут, - возразил Тесменицкий.

- И пишут и рисуют и поют - сказал Лева.- Много бы знали мы об Иудейской войне без Флавия?

- Ну, пиши-пиши,- улыбнулся Тесменицкий.

Иосиф допил вино и, не выпуская из руки бокал заговорил, отвернувшись к окну. Но видел ли он окно и серые башни за ним?

- Знаете, парни, у меня было довольно много времени и в тюрьме и после в ссылке думать о нашей жизни. Все в ней важно, если это делается нами и для нашего сохранения. Все важно. И еще я понял, что откладывать до лучших времен аморально. Нельзя откладывать воспитание детей.

- Бодался Теленок с дубом, - усмехнулся Чернобельский, - и что из этого вышло?

- Лева, ты что-о нарочно такой ворчун?

- А вдруг детям воспитание дедушкиных времен ни к чему? Я тут как-то видал на Горке молодых родителей и двухлетнего их сына. Они с ним исключительно на иврите разговаривают. Мне это не понятно. Сколько еврейских детсадов в Москве? Ну, дюжина. Это полсотни ребятишек.

- Это лучше чем ничего - Иосиф заглянул в лицо Чернобельского.

Я хочу легализации, - сказал Лева. - И, наверное... я вам кое-что сейчас покажу.

Он достал письмо.

"Уважаемые болгарские товарищи!... Прошу Вас оказать содействие мне в знакомстве с культурной жизнью болгарских евреев, с их культурным центром - клуб, выставки, музей... Я инженер-строитель, но все свободное время посвящаю вопросам истории и этнографии евреев Союза... Буду очень благодарен Вам за содействие в моей просьбе...".

- Вот не знал, что ты с Лубянкой переписываешься, - ухмыльнулся Тесменицкий.

- Я адресовал обществу дружбы между народами.

- И напрасно.

- Ни одно общество тебе не поможет...

В понедельник Тесменицкий отнес заявление "Куплю граммофонные и патефонные пластинки с еврейскими песнями и мелодиями. Почтовый ящик ПЯ - 124271.

Девушка смотрела на него сквозь овал оковка - мадонна с комсомольским значком на груди. Она прочла заявление и сняла телефонную трубку.

- Мы его публиковать не будем.

- Почему?

- Потому что: "еврейских".

- Не понял.

- Вот вам телефон товарища Алфимова.

Позвонил Алфимову.

- Я по поводу заявления о пластинках с еврейскими песнями.

- Заявление ваше публиковать не буду.

- Почему?

- Повторяю: публиковать не буду.

- Но почему?

- Не хочу и не буду.

- А кому на вас жаловаться?

- Семену Давыдовичу.

- Алло, девушка, передайте Индурскому, если в пять не захочет со мной говорить, я пожалуюсь в горком партии.

- А что вы такой тон взяли? Пугаете? Вам же русским языком сказано: он занят.

- Я не пугаю. Я напишу жалобу и опущу ее в почтовый ящик, если в пять Индурский не захочет со мной говорить.

- Позвоните в пять.

В пять вечера Леня набрал номер секретаря.

- Да!

- Еще раз здравствуйте....

- Да-да. Семен Давыдович только что вошел и раздевается. Подождите минутку.... Соединяю. Ждите.

- Алле?! Индурский слушает.

- С вами говорит Тесменицкий.

- Товарищ Тесменицкий, но вы к сожалению обращаетесь не по адресу... Вы думаете у меня нет других дел.

И Леня почувствовал, что Индурский улыбнулся.

- Конечно, у вас много дел, но как же быть с моей жалобой. Алфимов направил меня к вам.

- Я сделаю замечание товарищу Алфимову за это.

- А как мне быть?

- Ну, я вам в третий раз говорю: я не имею никакого отношения к "Рекламному приложению". Ну вы можете мне поверить? Вот здесь сидят три товарища и они могут засвидетельствовать.

У станции Щелковская - место встречи оргкомитета "Фестиваля в Овражках". На перекрестке маялись Абрамович, Шварцман, Либерман, задрал лицо в небо Марк Львовский, Бараз подпирал столб. А эти женщины и дети? Как будто на пикник собрались.

В лесопарке зелено, свежо. Но у прудов лес отливал желтизной.

- Давайте сразу записывать: за кем что. Сукка в цветах за Левой. Кто ведущий?

- Бараз и Львовский.

- Так и запишем. Кто будет писать эпиграммы?

- Ведущие.

- Чтобы писать эпиграммы,- сказал Бараз, - нужно, как минимум, знать на кого их писать.
- На жюри, - улыбнулся Абрамович.
- Тогда, кто в жюри?
- Паша.
- Я могу и не быть в жюри.
- Паша, ты в жюри - это уже традиция.
- Эссас, Престин, Лернер.
- Лернер?
- Наташа Розенштейн, Чернобыльскую Лену, Гуревича.
- Иосиф Бегун.
- Если он будет,- сказал Паша.

Здесь в лесу, среди деревьев и своих чувствовалось легко - петь, кричать хотелось.
- Так кто будет писать эпиграммы?
- Я,- сказал Марк, - Бараз и Женя. Женя, ты пишешь стихи?
- Я вообще-то могу,- улыбнулся Либерман.
- Я хотел бы, чтобы Лева принял в этом тоже участие.
- Ну пожалуйста! - воскликнул Марк.

-У мена есть замечание к пригласительному листочку, - сказал турист Толик.- Нужно дописать: "захватить с собой раскладные стульчики". Просидеть с 12 до пяти вечера на бревне....

Все рассмеялись. Возможно, они недооценивали опыт Толика.
- Кстати, устраивать перерыв будем или нет?
- Идите за стол! - крикнула девочка.- А то мамы пригласят других мужчин.

На траве хлеб, консервы, термосы.

Мужчины разлили по кружкам вино. Марк и Бараз от первой же стопки повеселели.
- Па-аш, ну выпей,- уговаривал Бараз.
- Нет, ребята. - Я - чай. Лева, чай хочешь?
- Да я уж водочку.
- Ну, смотри. А мне только чай можно. У меня аллергия.

Пошли анекдоты.
- А у нас в школе, нет это правда, но как анекдот, был мальчик по национальности еврей, но родители его записали "тат". А учительница прочла и вздохнула: "Ох уж эти родители. Вечно некогда, вечно спешат". И дописала "татарин".

Александра Васильевича командировали в Афган.

Самолет приземлялся снижающими кругами, выпадал из синевы, вписываясь в каменную чащу Кабульской долины. Александр Васильевич еще на снижении успел разглядеть автомашины на поле.

Он почти бежал по бетонному покрытию вдаль бамперов, разглядывая номерные знаки. И вдруг от черной лакированной поверхности, переламывающей в себе пролеты аэропорта, от черного, готового тронуться "шевроле", отделился с радостным вскриком, сияя лицом, шофер.

- Здорово, Колобов! - узнал его Александр Васильевич.

- О-о, лейтенант! Елки-палки я шефа к московскому рейсу привез. Ты с ним не встретился?

- Никого не встретил.

- Давай чемоданы в багажник, я тебя подброшу в часть.

- Отлично.

Александр Васильевич утонул в глубоком заднем сиденье.

- Отличного мало, лейтенант. Ну да, где наша не пропадала.

- Это верно.

Ансара-вад прямая, умытая, приближала их городу. Впереди далеко возникла на асфальте цепочка солдат, и в солнечном воздухе слабо и игрушечно прозвучали хлопки. Еще и еще, и легкая прозрачно звучащая очередь. Они подкатили и замедлили ход. Солдаты преградили им путь, заглядывали внутрь, потом пропустили, торопя прочь взмахами. Шофер кивнул, что-то пробурчал недовольно, вновь разогнал "шевроле".

Стрельба, все такая же тихая, далеко за солнечными особняками и стенами, веерно рассыпалась в небе.

- Что за черт, с утра тихо было,- озирался шофер.

Близко за дозами ударила очередь трескуче и жестко, и прохожие, прижимаясь к стене, побежали, из прогала выскочили два солдата, кинулись, согнувшись держа автоматы, нырнули в другой прогал, и оттуда резко в упор, треснуло, и дальше вдоль улицы откликнулись очередями и выстрелами. Где-то рядом ахнула звонко пушка, не танковая, а помельче, с боевой машины пехоты.

Площадь Дворца Республики оцеплена. Офицер резко, зло отмахивал рукой, отворачивал машину. Ему вторил солдат, автоматом отталкивая "шевроле" назад. Они развернулись и, слыша стрельбу, выехали на набережную и увидели разрозненную бегущую толпу. Шофер, напоровшись на выстрелы, качнул в торможении машину, выругался, и в развороте А.В. успел разглядеть желто-серое гневное лицо хазарейца с черными усами, вскинутый темный кулак. Что-то тяжело, металлически ухнуло по багажнику.

- Черт, разобьют! - шофер, горбясь, выкручивал руль, пускал машину в узкий переулок, раздвигал капотом толпу. И оттуда, из-за вывесок, крыш, взвинченной и орущей толпы хлестнуло, просвистело мимо, шмякнуло в кирпичную стену. - Ядреный корень! -

Оборачиваясь, весь белый, шофер нажимал сигнал, выводил машину назад, а перед ней, охватывая ее, не пуская, валила толпа, била кулаками капот. Ком жидкой грязи расплющился на лобовом стекле.

А.В. вспомнил московскую Горку во время еврейской Симха-Торы, толпу барабанящую капот генеральской "Волги". Они тогда тоже струсили, так ведь там танцующие лица, а здесь музыка была иная, музыка смерти.

Машина, осев на рессоры, развернулась и, мощно взревев, помчалась вдоль грязно-коричневой реки, обгоняя бегущих людей.

Э-эх, только бы добраться до своих.

- Это путч, это путч! - сказал шофер.- Я служил в Венгрии в 56-ом.

Майнванд была голой, липкой, словно освежеванной, хранила след пробежавшей судороги. Толпа, отхлынув, оставила смрад, отзвуки воя, грязные метины на стенах, бесформенно рыхлые комья.

Перевернутый набок, вяло горел грузовик. Из дымящегося кузова рассылались, кляксами краснели раздавленные помидоры. Тут же чадил автобус. Передние покрышки уже сгорели, он осел на ободья, зловонно катил резиной. На асфальте белело истертое в крупу стекло, по нему пробежала лавина. Витрина лавки с сорванными жалюзями зияла проемом, колыхала обрывками цветного тряпья. Напротив горел двухэтажный дом. Пожарные наращивали шланг, били водометом в огонь. Из пламени валил жирный пар.

И вдруг из переулка выкатила бронемашина, зеленая как лягушка.

- Разворачивайся! - крикнули по-русски шоферу.

А.В. Онемел. Он узнал в кричащем толстяка Спичкнна. Одно время они вместе работали. Спичкин здесь! А.В. распахнул дверцу и заорал:

- Ди-имон! Димка-а!

- Са-аня! - Спичкин тоже узнал его.- Бегом в БТР оба!

- Чемоданы...

Ему помогли солдаты из БТР перенести вещи, забраться в БТР.

- Димка, что происходит?

- Не видишь! Мятеж!.. Жгут дуканы, стреляют. Зверье.

А.В. припал к смотровой щели ребристого нугра броневика.

Броневик разворачивался и А.В. увидел на пустом асфальте трупы. Лежавший ничком афганский солдат с вялыми, переплетенными ногами, черной головой в луже крови и двое гражданских в полосатых, как одеяла, накидках - среди брызг и подтеков. Мимо них, лавируя, мотая антенной, прошел БТР с красной афганской геральдикой, скользнул по луже крови, оставляя липкий, гаснущий след. Из открытого крана колонки голо, блестяще, дико била вода. По рации кто-то кричал:

- На Майванд! Двадцать девятый и сто седьмой, на Майванд!

- Это тебе не улица Архипова,- ухмыльнулся Спичкин, откинув голову к А.В.

А.В. молча проглотил слюну. Впереди, неразличимо и грозно, запрудив улицу, клубилось огромное, гулкое, давило на станы, стремилось их раздвинуть. Да, это не Московская Горка, а афганцы - не отказники-слепаковцы. Но тогда зачем они подруливают к толпе, к ее реву и всплескам? Им надо в гостиницу, а не на тот свет! Двойная цепь солдат в грубошерстных робах, в надвинутых на брови картузах, выставив вперед стволы, медленно отступала, а толпа столь же медленно давила, надвигалась, сохраняя перед собой пространство пустого асфальта. Ползла вязко, спрессованно, лишенная в своей глубине возможности ворочаться, двигаться, но на передней, свободной кромке, клокоча, оплавляясь. А.В. в зрачок бойницы чувствовал температуру этой расплавленной, сгорающей кромки. Люди, выдавленные толпой на передний план, сдерживаемые стволами автоматов, метались, кривлялись, чернели орущими ртами, размахивали кулаками, тряпками, железными палками.

Здоровенный детина в разметанных грязных одеждах, с бычьей набухшей шеей, беззвучно кричащим ртом раскачивал воздетое на кол зеленое мусульманское полотнище. Флаг то захлестывал его распаренное, красное лицо, то снова крутился зеленой воронкой. Женщины в паранджах подскакивали, всплескивали руками, словно танцевали под бубен, и с ними толклись дети, носились взад и вперед, и один, босой, в красной рубашке, смеялся, тряс над головой рогаткой.

Толпа давила, дышала единым вздохом. Выдыхала: "Аллах акбар!" А.В. казалось: толпа имеет единое, набухшее буграми и жилами тело, единую горячую багрово-красную пасть. Многолапая, стоглазая, свивается и бьет кольчатым, чешуйчатым, уходящим в даль улицы туловом. Будто чудовище, жившее тайно в горе, выползло на свет, движется, лязгает, харкает пламенем, оплетая кольцами город.

И понял А.В., что кончилась социология и политика, сменились биологией, слепой, непомерной, не сознающей себя. Биологию толпы - вот что он чувствовал сквозь броню машины, тонкую, проницаемую как конфетная фольга. Содрогался, слеп, цепенел, не мог оторваться.

Солдаты, расступаясь, пропустили его, и БТР оказался на пустом пространстве перед толпой. Железный, истошный голос полетал из динамиков, перекрывая вой, и толпа откликнулась ответной, усиленной ненавистью.

"Аллах акбар!" - и вдруг побежала на броневик.

- Назад! - скомандовал Спичкин.- Сожгут!

Откуда-то сверху, с крыш, с верхних этажей задраенных лавок и постоялых дворов хлестнула по броне автоматная очередь, звонко расплющилась, отзываясь в недрах машины, как в пустом ведре. Очередь скользнула в сторону, по солдатской цепи, по шерстяным униформам и два солдата удали. А толпа набегала. Невидимый в подворотне, лязгнул танк, качая отвисшими гусеницами, окутываясь едким дымом. Выкатил на улицу, повел тупо пушкой и ахнул, обрушив крышу дома, откуда строчил автомат, превращая ее в белую пудру, осыпь кирпича, в трескучее пожарище. Толпа отпрянула, побежала, гоняя детей и слабых, клубясь, осыпаясь, оставляя орущие клочья.

Лейтенант А.В. тонул в ощущении опасности, в нем всегда было чувство беды, всеобщей и его личной, готовой в любой момент обернуться крушением, и одновременно чувство удачи, единственности сотрудника ЧК.

На разных высотах, с разных сторон пошли вертолеты. Оки кружили над толпой, в металлическом ровном гуле. Они кружили над толпой, месили ее, перемалывали пулеметными очередями.

На следующий день в Кабуле лейтенант А.В., еще оглушенный вчерашним, еще весь в напряжении, в самых первых разговорах и встречах, понимал: ему предоставлена величайшая возможность прикоснуться к социальным процессам в самой большой, обнаженной их форме, увидеть народ в исключительный крайний момент, на переломе судьбы, всей его психологии, веры. Бунт - как огромная горячая рана, и надо торопиться в нее заглянуть, не боясь ослепнуть.

- Быть может наша ошибка,- сказал министр ХАДа, - в том, что мы не приняли превентивных мер. Враг снова предложил нам пролитие крови.

Спичкин и Александр Васильевич вышли на площадь. Майванд блестел наподобие оружейной стали, отражая солдатские цепи. Подкатывали тяжелые туристские автобусы с зеркальными стеклами и цветными наклейками. Но вместо праздных туристов виднелись солдатские фуражки, угрюмые лица, стволы автоматов.

Солдаты строились всюду на тротуарах перед узкими щелями, уводящими в Старый город, в глинобитные скопища. Там, притаилась, ждущая облавы, мусульманская жизнь.

- Что написано? - спросил А.В. у Спичкина, кивая на грязную белую стену с беглой, углем начертанной надписью. В стене чернели свежие дыры от пуль.

Спичкин пожал плечами.

- Иероглифы контрреволюции,- сказал А.В.

В это время, их догнал переводчик, он-то и прочитал для них надпись на стене.

- "С благословения аллаха начинаем исламскую революцию в Афганистане".

- Пошли! - Сничкин первым шагнул в скользкий, сочащийся влагой проем. А.В. старался не поскользнуться на жидких потеках, на зловонных ручьях нечистот.

Трущобы Кабула. Выстрелы. Топот сапог. Жалобные тонкие вскрики. Прикладом сбивают замок. Щепки от верхних дверей. Кого-то ведут под конвоем. Дуло к сутулой спине. Канул. Ищет облава.

Подворотня, как гулкий кувшин. Темная ниша в стене, Босой, сидящие старик с бельмами на глазах. Двигает мелкие четки, беззвучно читает молитвы. О хлебе, о добре, о счастливом согласии в доме.

Переводчик Сайд был окружен толпой.

- Не верьте душманам,- сказал он,- они агенты американского империализма, китайского гегемонизма и сионизма, они посылает в нас пулю за пулей.

Тренированный глаз Александра Васильевича вычислял: вон тот в малиновой твердой чалме - индиец. Хазареец - маленький, желтолицый с пустым мешком на плече. Костлявый долговязый узбек. Гончарнокрасный пуштун со скорнячным ножом. А у столба минарета говорил переводчик Саид.

Саид умолк, тяжело дышал. И вдруг воздух оглушили выстрелы. Стрельба взлетела на упругой волне автоматного треска. Пуля ударила в асфальт, пролетела над А.В. Спичкин схватил его за руку. - Прижмись к стене! - крикнул Спичкин.

Прямо над ними возник мальчишка с ручной взрывчаткой. Мальчишка был в красной рубахе, рваной, с обгоревшими манжетами, в рваных брюках из мешковины, босой. И еще успел А.В. почувствовать прохладную сталь своего пистолета. Оглушенный болью, ослепленный вспышкой, он отлетел на асфальт и видел, как, кувыркался Спичкин. С бровей Александра сочилась на глаза кровь. Он захотел вытереть ее рукавом, ладонью, но где рука, где его рука? Перед глазами каменная сыпь, причинявшая острую боль. Образ его смерти.

"Быть не может, - подумал он, - чтоб так просто... и быстро. Чтоб вся моя жизнь, а как же пляж на Ланжероне, а я вбегаю в нашу хату и мама, и где все это было, и вот - небо и дым, и я один...".

Москва.

- Элиягу!- крикнул Чернобельский!

- А-а, шалом! Наша электричка.

Они вошли, схваченные сзади под руки Витей Фульмахтом.

- Ви-ить, я у тебя сейчас возьму интервью для "Тарбута", - сказал Лева. - Ты ж у нас старейший учитель иврита.

- Был 68 год. Друзья мои - Сережа Гурвич, Лена Иоффе, Зээв Шахновский, братья Палхан. Братья родились в Израиле, для них что иврит что русский. И я "заварил кашу". Никаких учебников иврита, никаких программ. Заучивали фразы и чувствовали себя героями. А на нас смотрели, как на сумасшедших. Иврит не дал нам никаких ответов. Но эмоционально: я распускал слюни, когда слышал по приемнику еврейскую песню. Человек с ивритом - это образ выпрямившегося еврея. Моя любимая фраза: я еврей перед лицом антисемита. А перед евреями я - антисемит, потому что предъявляю требования гораздо большие, чем к гоим.

Вагон электрички заполнен едущими в Овражки. Там и сям пели под гитары.

Сойдя с перрона электрички, шли полем, потом краем леса и, наконец, вошли в лес, пахнущий сосной.

Светло, безветренно. Графически черны деревья.

Илья нес баул и говорил подпрыгивавшему ученику:

- В каждом человеке есть Б-г, это душа.

Сквозь деревья засветлела поляна. Яркоцветьем и гомоном раскрашена. Знакомые лица. Из травы пел магнитофон.

- Привет, Мил.

- Устраивайся рядом. Я, представляешь, здесь встретила свою первую любовь. На первом курсе мединститута он вместе с мужем за мной ухаживали. Теперь он поэт, его стихи в "Метрополе". Хочешь познакомиться? Ю-юра!

Из травы поднялся мужчина в светло-коричневом костюме, овал лица окантован рыжей бородой. Вблизи мелькнули желтые редкие зубы. В зубах торчала веточка клена.

- А ты раньше стихи писал? - удивилась Милка.

- Мать, ты все забыла!

- Если судить по слухам и газетам, вам здорово влетело.

- Да, этим занималось политбюро.

- А как относится к тематике еврейской "Метрополь"?

- Очень симпатизирующе. Ведь больше половины авторов - евреи. Аксенов - полуеврей, Битов - полуеврей, полуеврей Высоцкий. Подбили бабки, даже опечалились - опять одни евреи.

- Появилось много русскоязычных еврейских журналов.

- Мне нравится "Время и мы". Он лучший за границей. Он подкупает беспартийностью. "Евреи в СССР" - еще куда ни шло, а вот "Тарбут" - этого я не понимаю. Я был на "неделе иврита" и слушал Сашу Большого, и вот вышел этот Большой и начал говорить о литературе. И сразу видно, что ну ни хрена он в ней не смыслит. Я прочел его перевод рассказа о реббе. У-ужасный стиль, кошмарный язык. Но вот Большой типичный еврейский деятель: уверенный, хоть бы хны, с таким апломбом. Кстати, вы не из "Тарбута"? Карабчиевский затравленно взглянул на Леву.

- Был да весь вышел.

- Вовремя уйти тоже нужен талант.

- Мне,- сказал Юра,- ваш Годлин предложил "Тарбут" и чувствую уже не отвертеться.

- А с Ильей вы знакомы?

-Я слышал, он ортодоксальный. Боюсь мы не сработаемся.

- Да, прямая противоположность,- сказала Милка.

- Вот-вот. Этого я и боюсь. Я не люблю идеологию. Я ненавижу слово "должен" и я готов отвергнуть "Тору", если там сказано, что-то кому-то должен.

Над полянкой поднялся решетчатый купол. Травой примятой шли люди в одиночку, семьями, с друзьями. Нас уже больше тысячи, а они шли и шли, и самое удивительное - вмещала сукка.

Оська с букетом хризантем.

- Дядя Лева....

Илья рассказывал о праздниках.

-В йон-тов нельзя ничего делать. Как в субботу. Ну разве что приготовлять пищу.

- Но огонь зажигать в йом-тов можно? - сказал робея хасидский мальчик.

- Гасить нельзя. Впрочем, мне от реб Аврома дана традиция зажигать и тушить в йон-тов газ. Нельзя стлать, бриться. Кстати, авторитеты здесь расходятся. В Штатах бреются, в Израиле - нет.

- Если я забыл в кармане десять рублей?

- Оставь у товарища, нельзя брать в руки деньги.

- А вот слушать транзистор в йом-тов можно?

- Можно было бы,- усмехнулся Илья,- если бы кто-нибудь за тебя включал и выключал его. ... В суккот принято ходить в гостя, ночевать в сукке. Литваки спят восемь дней в сукке, а хаббадники - не спят, потому что это слишком большая честь.

Илья снял пиджак, розовая рубашка отбрасывала отсвет на лицо - продолговатое, с острыми углами.

Цветы, срезанные на дачах, купленные на рынках: паленье солнца на стеблях - хризантемы, утренние ирисы, военные астры и девичьи амариллисы, гвоздики, пышные георгины, парадные гладиолусы, розы... сорванные в лесу васильки - сплелись в гирлянды над суккой. Это похоже на РАДУГУ ЗАВЕТА. И улыбки и возгласы, выкрики и счастливые взгляды причастности к ПРАЗДНИКУ.

Скоро ветер швырнет осеннюю медь леса оземь. Но пока на эту прощальную яркость алия без опаски глядела.

Художники развешивали на деревьях картины, отказники - плакаты с видовыми открытками Израиля, а полковник в отставке разместил фотографии евреев - героев Союза.

В такую пору день ронял листы и весело блажил, и было так светло, что осень молодела. Рядами выставлены бревна на траве, гнездами повисли динамики, музыка над полянкой. Наполнены стаканы, осушены стаканы и подняты опять за жизни.

Краснобородый толстяк Женька Либерман и Марк Львовский вошли в сукку.

- Жюри фестиваля...

И поднимались с бревна под аккомпанемент эпиграмм Лернер, Абрамович, Бегун (гром аплодисментов), Престин, Эссас, Членов, Чернобыльская, Розенштейн...

Шлягер Давид из города Черновцы пел на идиш, его сменила Милка Каганова с детским хором. Жюри демонстрировало оценки. Аплодисменты, свист. А над суккой уже летит песня рыжеволосой Клары.

Мелодия уводила в траваполье. И губы Чернобельского шептали слова, будто повторяли мелодию сукки.

Я говорю друзьям моим:

- Давно

Люблю Овражек, громкую прохладу,
Октябрьский лес, холодное вино
Сукка в цветах - последняя награда.
Мы раскатали на траве столы.
Лэхаим - скажем,
улыбнемся взглядом
Невесть откуда появившийся трактор выстукивал дробь.
- Это вместо пианино,- догадался кто-то.
- Не далековато ли от микрофона?
- А ты не боись. Он на колесиках.

- Подогнали пять пустых автобусов и приехали на грех грузовиках курсанты милиции. Они гам дальше, за кустарником.

- Недавно,- рассказывал Илья физику из Горького,- я беседовал с евреем - математиком, но не религиозным. Разговор коснулся языков. Я заметил, что иврит нужно знать каждому еврею, а быть может, каждому человеку на Земле. А почему? - удивился ученый. - Разве только на иврите написаны великие вещи?

Я так ответил: действительно, может быть в других книгах есть что-то мудрое. Но ведь наша Книга продиктована Гашемом. Только представьте на минуту!

- И у вас нет сомнений? - усмехнулся ученый.

Я сказал:

- Есть вероятность, что я неправ. Что я тогда теряю? Свинину, суету по субботам и атеизм. Не так уж много. Но если я прав... то что теряете вы в жизни в сравнении со мной.

А рядом велись совсем другие разговоры.

- Почем в Израиле автомашина?

Самая дешевая 250 тысяч лир, а дорогая - миллион. А заработок 10 тысяч.

- Цветные телевизоры гам есть?

- Через два года... На воду - счетчик, на телефон - счетчик, строят восьмиэтажные дома с лифтом... Книга стоит 100 лир.

- А почему ты хочешь уехать?

- Мне не нравятся правила игры здесь. А там правила игры мне нравятся.

- В Штатах?

- Да.

- А почему не в Эрец?

- Куда?

- Ну, в Эрец Исроэль.

- Израиль или Израиль, как правильно? Ну, туда совсем незачем ехать. Что там делать?

- Ну как... Евреи все вместе...

- И ничего хорошего. Выродятся. Евреи должны жить в рассеянии. Испокон веков так.

- Ну, а если бы здесь...

- Что если бы здесь....

- Правила игры изменились... то есть стали более. демократичные. Остался бы?

- Запросто.

- Он сказал: экстренные гастроли Биробиджанского камерного театра.

- Кто сказал?

- Администратор. Они отменили спектакль "Русские люди" в пользу Шерлинга. Полдня я ломал себе голову, что за пожар, а лотом купил "Вечерку" и все стало ясно: прилетели американские губернаторы и мэры, а тут наклевывается неурожай, а там качали права евреи.

- Чепуха. Мало ли кто приезжает в Москву. Что же отменять "Русских людей"?!

- А почему такая экстренность? То-то и оно.

Каратист Барг и сироты алии искали Чернобельского.

- Мы пиво привезли!

Не отвертеться.

- В Израиле я поступлю в шинбет, - сказал Валерка Барг.

- Так тебя там и ждут.

- Не возьмут в разведчики, пойду в ешиву.

- Тебе лишь бы на "ша" начиналось,- улыбнулся Лева из-за кружки.

Ну, это он загнул. Год назад Барг сделал брит-милца. Хлебнул стакан водки, лег на стол. Айн-цвай-драй - и шойхет Мотя отрезал все лишнее. Так что Лева зря насчет буквы "ш".

- А на какие шиши семью прокормишь?

- На стипендию. И уроками математики.

Пиво он потягивал, как астматическую трубку, выкатив бельма и запрокинув ресницы. У него двое детей в Одессе, двое - в Москве, астма и кажется цветочная аллергия. И ничего - жив курилка. Работал дворником, преподавал карате и уроки математики.

Ты Авигдора Эскина знал? - Гаррик Вигдоров положил руку на плечо Чернобы.- Так вот, его арестовали.

- Он же улетел в Израиль!

- Мг-г[T1].

- Ну-ну, заливай.

- Он сидит в израильской тюрьме вместе с другими из команды Кохане. Они ходили по домам палестинцев и предлагали им убираться. Ну где-то завязалась потасовка и Витю забрали.

- Фантастика,- сказал Лева.- Тут ждали он вот-вот начнет турне по Штатам, англиям разным, а его в тюрьму....

- Хорошо он умел рассказывать,- сказал Семен.- Кто там в овцу превратился?

- Баал-Шем-Тов в овцу превратился и услышал мелодию Яакова.

- Во-во. Такого парня засадили в Израиле.

Иногда "стараешься делать добро, а получается зло".

Раскатывался день, как полоса бумаги на поляне - ослепительно, жарко. Обед на траве. Детский гомон, птичий хор, песни у микрофона под гитары и скрипку. Но почему так одиноко Паше Абрамовичу, кого взгляд ищет? Веню Файна? С кем мысленно беседует старый Лернер, с Щаранским или Идой Нудель? "Незаменимых нет" - какая чушь. Мы все незаменимы в этой жизни. Воронель, Польских, Азбель, Файн, Дектор, Кандель, Лунц, Лапидус, Рамм, Бейлина, Рубин, Щаранский, Бегун, Нудель, Слепак... А кто сиротам алии заменит Вагнера Володю, студентам Авигдора Эскина, детям - Полину Айбиндер?... Приходят новые не те - так мы стареем. И нужно жить, хотя с разлукой каждый раз мы умираем.

Трактор прогрохотал вдоль кромки поля и пополз на микрофон... Коротышка Шварц выкрикнул в микрофон:

- Это враждебное окружение не от большого ума. Будем надеяться, что в будущем году они поумнеют и не будут глушить тракторами песни.

Аплодисменты заглушили трактор.

Два раза трактор глох: когда кончилась солярка и когда Борька Чернобельский взобрался на него и вырубил мотор. Щедро полыхало небо и крошечный Лева Авигдоров пел далеко от микрофона и трактора. Сидел на плечах отца и пел:

Пони девочек катает,
Пони мальчиков катает.
Пони бегает по кругу
И в уме круги считает.

- Ну, спой что-нибудь еврейское, - просит папа, - на иврите.

Но Лева тонко выводил:

По-о-ни девочек катает...

Хасидские песни пел по-восточному тягуче курчавый медбрат Розенштейн, а запевалой солдатских песен стал рыжий Магарик - ах какой он рыжий - от гитары до стриженой макушки. Пятилетняя девочка в платье из лепестков костра потянулась к микрофону, будто поплыла по воздуху янтарной каплей. И пела она "Сим шалом това увраха", словно солнечный лучик пел.

- Какое счастье,- прошептала женщина, стоявшая спиной к березе.

Никогда раньше русская земля не собирала еврейской песней столько людей и столько голосов не подпевало. А когда еще была такая красивая сукка, как в этом году, последнем из семидесятых.

- Что вы можете сказать о связи отношений двух великих держав с положением евреев в Союзе?

- Однозначно ответить нельзя,- сказал Брайловский. - В какой-то мере мы здесь сами по себе. И это справедливо. Нас никто не подстрекал проводить голодовки или демонстрации протеста, или направлять письма в адрес зарубежных еврейских организаций. Мы всегда старались свои действия осуществлять в рамках Конституции Союза. Журнал "Евреи в СССР" - не исключение. Но судебные преследования ряда авторов журнала ставят под сомнение его существование. Это совпало по времени с ухудшением отношений между двумя великими державами.

- Ваши товарищи Щаранский, Слепак, Нудель в лагерях заключения... Какую помощь можете вы им оказать? Что должны предпринять американские евреи?

- Я не призываю к крестовому походу, но евреи всегда были один за всех и все - за одного.

.... Как просто начиналось все и какой простой конец ... И приходит на ум грустный Экклизиаст "Все возвращается на круги своя..." И в этом смысл жизни? Да, идти по стопам предков и слышать Тору, и принимать жизнь такой, какая она есть, и различать живое лицо под ретушью злобы: это просто усталость - еще восстановится цепь.

Из Овражек следом заката потянулись люди к дороге.

Все виднее на желтых откосах
Тени черных корней.
И летит листва под колеса,
Прыгнуть что ли за ней.

И тогда уж никто не допросит.
Верный способ уйти.
Но заказная станция - осень
Все еще впереди.

***
Все виднее на желтых откосах
Тени черных корней
И летит листва под
Прыгнуть что ли за ней
И тогда уж никто не допросит,
Верный способ уйти.
Но заказана станция - осень.
Все еще впереди.

Первый четверг июля.

Этот первый четрвег июля вывел женщин в лидеры алии. Мир отмечал день защиты детей. Сусальные плакаты на стенах, пестрые фотографии в газетах.. выступления по радио и телевидению поэтов и писателей, детского хора – все это казалось бессмысленным. И вдруг – демонстрация женщин-отказников с детьми на квартире Розенштейнов.

Ровно в восемь утра все подступы на одиннадцатый этаж были перекрыты но к этому времени уже восемнадцать женщин с детьми были у Розенштейнов. Они развернули рулон бумаги и написали крупно: «Израиль! Визу!» открыли окна, натянули плакат. Через несколько минут напротив их окон внизу образовалась толпа. Наташка жила на последнем этаже, и андропологам пришлось баграми срывать плакат. Одни срывали, другие ломились в дверь. Заплакали дети. Галя Кремень кричала: «Бандиты! Фашисты!» И все-таки тем, кто был за дверью, удалось ее открыть. Дочь Бори Чернобельского отчаянно закричала, затряслась в припадке, у нее пошла кровь – видимо, в сутолоке кто-то разбил ей губу. «Фашисты! Убийцы! Бандиты!» - кричали женщины. Мужчины, одетые в штатское, выглядели растерянными. Толпились, просили перестать кричать.

- Кто вы такие? Предъявите свои документы! Мы будет разговаривать только с участковым.

Явился майор милиции.

- Что здесь произошло? – спросил он, вытирая пот, лившийся из-под фуражки.

- Мы будем разговаривать, когда выйдут вот эти.

Майор вопросительно посмотрел на андропологов.

- Может, выйдете на минутку?

Все ушли, кроме самого толстого, наверное начальника.

- Пусть и он уйдет, - не унимались женщины. – Или покажет удостоверение.

- Еще чего, - покраснел толстяк. – Расходитесь по одной, и все тут.

- Ну, мы тогда вообще не уйдем и объявим голодную забастовку.

Толстяк надулся – вот-вот лопнет. Так они препирались с час. И, в конце концов, он ушел.

- А теперь, – говорит майор, - выходите по одной.

- Нет, или все вместе, или никто.

- Но там, внизу, собралась большая толпа, и они к вам настроены враждебно. Мы не сможем сразу всех обезопасить.

- Или вместе, или никто.

- Хорошо, - майор вытер затылок. – Мы дадим вам автобус до метро, пять минут на сборы.

Дом Иды Нудель – девятиэтажная башня, но ее квартира – чуть выше деревьев. И когда она вывесила на балконе израильский флаг, пенсионеры стояли, задрав головы. Не сразу пробился участковый с дружинниками. Вызвали пожарников, выставили лестницу. Ида кричала:

- Только посмейте. Та-ак врежу.

- Я-те врежу, - бормотал участковый.

- Тогда проваливай. – Ида все еще победно выглядывала.

- Но-но.

Участковый то и дело останавливался и тер глаза. Каждая новая ступенька давалась со все возрастающим риском быть атакованным «сумасшедшей израильтянкой».

- Ну-у, еще одну-две ступе-енечки-и… - шептал пожарник с брандспойтом. Он поднимался за спиной участкового.

Ида качнула пожарную лестницу. Те двое инстинктивно прижались к поручням, и ужас мелькнул в глазах. Хороши они будут, если грохнутся спинами об асфальт с высоты седьмого этажа. Между тем два других милиционера уже свешивались с балкона восьмого этажа на манер цирковых акробатов. Тот, что пович вниз головой, на полруки не доставал до флага.

- Ах ты, гад! – Ида с разбегу толкнула пожарную лестницу, и участковый ,изловчившийся было ухватиться за металлическое ограждение, вместе с пожарником и брандспойтом полетели за лестницей назад… Из брандспойта совсем некстати ударила мощная струна воды прямой наводкой в обалдевшего участкового. Макушка лестницы ударилась о крышу пятиэтажки и, как маятник, качнулась к балкону Иды.

- Ну, ведьма, что вытворяет! – возмущался лейтенант, стоя на земле с мегафоном в руке.

Тем временем толпа зевак задирала головы на улице Горького. На балконе девятого этажа Володя Слепак держал над Гловой плакат: «Отпустите нас к сыну в Израиль». А с десятого этажа человек в штатском лил из чайника кипяток. Пока безрезультатно. В конце концов ,в Слепака запустили чайником.

- В чем дело? – кричали с улицы.

- Вон лозунг еврейка держит. В Израиль хочет.

- Где?! Где?!

- Вон, ее водой сверху поливают.

- Та-ак ей. И-ишь!...

- Та-а, пусть бы ехали. Отпустили бы.

Старуха с перекошенным ртом выбрасывала вверх руки.

- У-у! – выла она. – Жидовка там! У-у, сволочи! Обнаглели!

- А еще хотят, чтоб город был образцовый коммунистический, - сказала женщина с сеткой. – Позор…

Толпа ждала развязки, то есть – когда плакат полетит на землю, а тех евреев увезет милиция. Северный ветер волочил мешки туч, высыпая холодные капли на город – эту гигантскую свалку человеческих судеб.

Горе тем, кто отключает телефоны. Им больше недоступны разговоры диссидентов о конституции, о правах человека, о Сахарове, ну и евреи-отключенцы говорили об отказах, об Израиле. Им отключили телефоны, но не перекрыли дороги. И в этот июньский день Гриша Розенштейн поехал на велосипеде по кривоколенным переулкам от дома к дому, сообщая о сегодняшнем митинге на площади у Моссовета. А тем, кому телефоны еще не отключили, он объявлял:

- На минху у Егуды Ядхазака в семнадцать.

Минха – это послеполуденная молитва, а Егуда Ядхазак – это Юрий Долгорукий.

Чуть не прохлопал ушами митинг майор Лазарь Хейфец. Да тут еще стало известно о прилете из Ташкента экс-прокурора Бориса Кацнельсона, который судил отца Сани Липавского. Канцельсон звонил Володе Слепаку и просил о встрече. Хейфец взял с собой на опознание экс-прокурора Липавского, загримированного под старика. Только усы выдавали…

- Ну, где он? – теребил Хейфец.

- Да, вон – загорелый, худой, с папиросой, сзади Слепака, - отвечал Липавский.

Пятнадцать лет назад в Ташкенте Саня вошел в кабинет прокурора. Прокурор Борис Канцельсон требовал высшую меру наказания для начальника

Главташкенттреста пятидесятилетнего Леонида Липавского. Отца Сани обвиняли в нецелевом использовании средств при строительстве рыбокомплекса (среди прочего вместо бомбоубежища построили баню).

- Минералку с газом, без? – спросил тогда прокурор студента мединститута Липавского.

Саня прикрыл глаза и замотал головой. Кацнельсон тяжело вздохнул: вот ведь как, красавец парень добровольно идет на заклание. Начальник Ташкентского КГБ просил Кацнельсона принять сына арестованного.

- Играете в баскетбол?

- В волейбол.

- А кто у вас теперь тренер?

- Адик Калеко.

- Инвалид?

- Это фамилия. Борис Ефимыч, мой отец…

- Я знаю, зачем вы пришли. Вот бумага, пишите то, что написали в КГБ. Ну, приблизительно, конечно: мол, обещаю сотрудничать с КГБ СССР до конца своих дней. Так минералку с газом, без?

- И значит, теперь вы можете простить отца?

- Да, теперь, пожалуй, я могу и прощать! Только вот пакость-то: когда-то я это право заслужил, то оказалось, что в нем мало кто нуждается… Вот, например, вас, наверное, не раз предавали, так Иуду вы простить можете?

- А почему нет? – вызывающе ответил Саня.

- Иуда, - холодный взгляд прокурора расстреливал Саню, - человек, страшно переоценивший свои силы. Взвалил ношу не по себе и рухнул под ней. Это вечный урок все нам – слабым и хлипким. Три четверти предателей – это неудавшиеся мученики.

За сотрудничество Сани с КГБ его отцу заменили расстрел на пятнадцать лет лагерей. Сане разрешили после окончания мединститута пять лет работать в магаданском лагере, где был его отец. А в 69-м КГБ его командировало в Москву…

-86-

Тополиный пух заколдовал Москву. Ну, чем еще можно было объянсить бездействие властей?

Два десятка отказников танцевали «хору», пели: Ам Исраэль хай! Щаранский хай! Бегун Иосиф хай! Ам Исраэль, ам Исраэль хай! Евреи кричали срывая голос: «Сво-боду! Сво-боду!» маша и Володя Слепак принесли плакат «Шеллах эт-ами». Они стояли в окружении журналистов. Ида Нудель читала толпе Мандельштама:

Лишив меня морей, разбега и разлета,
Чего добились вы?..
На вершок бы мне синего моря,
На игольное только ушко…

Сквозь пелену тополиного пуха майор Лазарь Хейфец смог разглядеть плакат Слепака. Лазарь вприпрыжку побежал на угол ресторана «Арагви». Швейцар открыл дверь.

- В сортир и телефон! – запыхавшись и отталкивая швейцара, прокричал Лазарь.

- Моисей? – спросил, приглядываясь, армянин.

- Моисей, Моисей. Не узнал?

В туалете Лазарь лихорадочно пританцовывал и никак не мог раскрыть ширинку – заело. Наконец, облегчился и позвонил на Лубянку.

- Митинг отказников у Моссовета. Человек сорок. Слепак с плакатом «Отпусти народ мой». Что делать?

- Устроили демонстрацию напротив Моссовета! Какого черта мы ни черта не знаем?! – заорал полковник Зверев.

- Около Слепака свидетель по делу Щаранского – прокурор из Ташкента.

- Кацнельсон?

- Так точно. Что делать?

- Пух с носа сдувать. Слепак, говоришь, в окружении журналистов? Подгоним автобус.

Зверев взял графин и прямо с горла наполнил рот водой. З аокном густая пелена тополиного пуха накрыла площадь, железный Феликс смешно торчал, как из кальсон. Кальсоны. Кацнельсон. Ну, кто этих евреев заметит в тополиной круговерти? Что были – что не были. Но вот что нужно там Кацнельсону? Собрался в Израиль? Самый раз сдать Саню Липавского. Эх, Саня, Саня, разрушил собственную жизнь ради отца своего…

Зверев проглотил отвратительно теплую воду.

Через десять минут на площадь Моссовета подъехал автобус с курсантами милиции. Одни – евреев окружили, другие – погрузили в автобус. Вечером всех отпустили по домам, в том числе и западных корреспондентов.

В полночь в квартиру Слепака пришли с обыском. Записные книжки, письма, фотографии, учебники иврита… Руководил обыском некто Сергей Иванович.

- Где вы работаете? – спросил он Слепака.

- Нигде.

- Ну, вы еще не пенсионер.

- Я свое отработал.

- Мы знаем о вашей активной антисоветсткой деятельности. Сегодня устроили шабаш перед Моссоветом, а что завтра?

- А что завтра? Лучшие годы нашей жизни, - улыбнулся Слепак.

- А завтра уже началось. Два часа ночи. Вот ордер на ваше задержание. Вы идете с нами.

Тем временем другая опергруппа обыскивала квартиру Иды Нудель. У окна стояли бледные понятые.

- Это ордер на ваш арест, - сказал старший группы Владимир. – Вас называют «мама алии». У вас есть собственные дети?

- Собственно, вся алия мои дети, - ответила Нудель.

- Ну, для этого вы слишком молоды.

- Не вам судить.

Володю Слепака, Иду Нудель, а вскоре и Виктора Брайловского отправили в ссылку. Скорый суд приговорил их за «злостное» тунеядство к пяти годам ссылки в далеких селениях Сибири. Сибирь-матушка велика. На всех места хватит…

ЛУЧШИЕ МГНОВЕНИЯ

Музыка Шопена, искренняя, как падающий снег за окном, вдруг придала смысл январю. Квартира Лернера – пересечение Ленинского и Академической. Из-за золотистых обоев многолюдная гостиная словно подсолнух…

Лернер заведовал кафедрой кибернетики МГУ до подачи документов на алию. Два года назад устроил еженедельный семинар инженеров. На юбилей отказники слетелись из Минска, Вильнюса, Тбилиси, Киева, Ленинграда.

Лернер играл Шопена. Звуки пробуждали воображение, где изгой улучшал мир. Так пророк освобождал рабов от идолопоклонства.

В гостиную вынесли самовар, горку баранок и печенья. Загомонили.

- Под Эрец Исраэль море нефти, - сказал Левич.

- Ее никто не видел, - удивился Абрамович.

- Когда везде исчезнет нефть, - сказал, прихлебывая чай, Левич, - ее найдут в Израиле.

- Там даже нет воды, - грустно сказал Розенштейн. – Чем торговать?

- Мы будем продавать песок, - встрял в разговор Басин из Минска.

- Святой землей торговать?! – прикинулся Абрамович.

- Евреи, - обратился к ним Лернер, - я прошу вас всех заполнить вот эти анкеты.

- Что это даст? – спросил Абрамович.

- Как что? Свободу! Конгрессмены будут на них ссылаться, мол, Абрамович, мирный строитель, он не мог знать государственные секреты.

- Почему я не мог знать? У меня был третий допуск.

- Что увозить в Израиль?

- Лучшие мгновения.

- Бог управляет миром через законы физики.

- Упал в водопад, расслабься.

На кухне Щаранский и Липавский играли в шахматы. Липавский пожертвовал пешку и подошел к окну.

- Машины у подъезда. Не за нами?

- А ты думаешь, что «Волга» только у тебя? – Щаранский принял жертву на шахматной доске.

- Вот так арестовали Бегуна, - Липавский вернулся к доске.

- Зря ты отдал мне пешку, Саня. Через три хода тебе мат.

- Тогда я сдаюсь, - обрадовался Липавский.

На кухню вошел Лернер с анкетами. Щаранский написал на листе: «Как будем выносить анкеты из квартиры?» «Я вынесу анкеты» - написал Липавский.

- У Лернера есть что-нибудь покрепче чая? – улыбнулся Липавский.

- Я теперь пью только кошерное, - сказал Лернер, - водку могу предложить.

- Люди расходятся? – спросил Липавский.

- Какой там! – засмеялся Лернер, - Альбрехт пришел. Это теперь до утра.

- Охота им слушать всякую чушь.

- Нет, это очень забавно, - сказал Щаранский.

- Ты любишь сказочки, - голос у Липавского сделался хриплым, и он откашлялся. – Никто ему не верит. Никто никому не верит.

- Почему? – удивился Лернер. – Черт возьми, если мы друг другу перестанем верить, все к черту пойдет. У КГБ весь расчет на это.

- Нам предстоит драка, - сказал Щаранский. – Их орудие: тайна, следовательно наше – гласность.

- Подожди, Толя! – перебил Липавский. – Нет, старик, честное слово, я тебя не понимаю. Ведь нас пересажают! Ну, кто будет ссориться из-за нас с Кремлем? Чихал Кремль на всех со своей колокольни.

- Понимаешь, Саня, твои предположения небезосновательны, но мы не должны сидеть, сложа руки, и ждать, когда нас выкупят, выпустят, вывезут.

- Мы рельсы алии, - сказал Лернер. – Так получилось.

На улице из машины вылез Лазарь Хейфец.

- Разомнусь, - сказал он напарнику. – Задницу отсидел.

Он похлопал себя по плечам, приседал. Сколько можно семинариться? Они все что, бездомные? Идиоты! Эх, разуться, опустить ноги в таз с теплой водой, а потом - в постель. Но предстояло задержать Щаранского, если он выйдет с анкетами.

- На кухне свет горит, а голосов не слышно, - окликнул Лазаря напарник.

- Водку пьют, - предположил Хейфец.

- Разве евреи пьют водку?

- Во дает! А я что, не еврей? Или водку, или по пиву ударили.

- А ты бы пошел к ним. Ты ведь тоже еврей.

- Так. Будем слушать Альбрехта, - сказал Хейфец. – Бери наушники.

«Я вообще хотел начать с некой цитаты, - дрогнувший голос Альбрехта, - но цитату забрали. Стоит что-то нацарапать, как тут же появляется некто и цап-царап. Можно понять их любопытство, но к чему такая жадность? И ведь не возвращают прочитанное! Одного редактора самиздатовского журнала вызвали на допрос. «Почему ваша фамилия на обложке журнала?» - «Не имею понятия». Когда он мне это рассказал, я говорю: «По-твоему, нужно созвать международный суд по выяснению причин появления твоей фамилии на обложке? Если тебе доверили быть редактором, то почему ты должен врать? Врать некрасиво. Говори остроумно: «Вы полагаете, В. Лазарис – это я?». Наверно, следователь опешит: «А вы разве не Лазарис?». – «Нет, отчего же, я тоже Лазарис». Улавливаете юмор? Следователь, я думаю, тоже оценил бы такой ответ!

А вот еще один нетипичный случай. Слушал Кац «Би-би-си». И вдруг узнает: его коллега Каплан попросил политического убежища в Англии, а у Каца хранился портфель Каплана. Кац отнес портфель на вокзал в камеру хранения. Четыре дня мучался: а вдруг там деньги! А что еще мог хранить доцент мясомолочного института? Кац вернулся на вокзал, открыл ящик, и тут же его накрыли: «Ваш портфель?» Между прочим, менты тоже надеялись, что там деньги. Короче, Кац во всем сознался. Менты накатали телегу на Каца. И вот партийное собрание.

- Ты скрывал портфель предателя! – Каюсь. – Откуда он у тебя? – Он дал. – А для чего ты «Би-би-си» слушаешь?

Понимаете, все слушают «Би-би-си», но они не выпали из трамвая, а Кац вывалился. Ну, и выгнали его из института. Он подал документы на выезд в Израиль, и вошел в число великомучеников. В Америке на каждом перекрестке плакаты «Свободу

Кацу – отцу русской алии!» И что примечательно: об его отцовстве американцы знают исключительно со слов самого Каца. Американцам нужен символ алии. И вот он: мученик, герой! А он так… ну ничего… жив-здоров. Вы меня поняли?»

- Так что там было, в портфеле? – спросил Лернер.

- Открытки с голыми бабами.

Альбрехт откинулся на спинку кресла и закинул ногу на ногу.

- Число желающих покинуть СССР растет как эпидемия из-за одной фразы: «Ваш отъезд не в интересах государства». И вот уже десятки тысяч евреев боятся упустить момент сжечь корабли, убежать от постылой жизни. Душу терзает страх перед неизвестностью, но как пьянит чувство предвкушения новизны.

- Володя, тебе поставить графин с водой? – тонкие губы Лернера вытянулись.

- Можно даже графин вина, - засмеялся Альбрехт. – Итак, власть заразила вас горячкою бегства. Плевать на твою искренность намерения «воссоединиться с тетей из Хайфы», и на твою чистоту еврейской крови, и на твою Богобоязненность, на желание кушать только трефное.

- Кошерное! – проснулся Слепак.

Все захохотали.

- Кошерное, поправился Альбрехт. – Вы помните «самолетное дело»? Кузнецова и Дымшица вели, с ними играли для грандиозного спектакля «Алия из СССР». Ведь были серьезные причины пересечь угон самолета, как только Кузнецов об этом вслух сказал.

- А на что Господь Бог? – улыбнулся Розенштейн. – На все Его воля.

- Альбрехт развел руками.

- Не исключено. Гриша. Но тебе не приходила мысль, что от тебя уже давно хотят избавиться и передать твою четырехкомнатную квартиру на Юго-Западе более достойным товарищам. Ведь получил ее ты от государства бесплатно. Время требует тебя выпихнуть не мытьем, так катаньем. А ты умирал от страха. Когда подавал документы на выезд.

- Выдавали бы комсомольские путевки, - Гриша аж привстал.

- Выдавали. В сорок восьмом году Сталин откомандировал группу офицеров в Израиль. Ну, хорошо, вернемся к первым вашим шагам. Вы отдали в ОВИР свое заявление, справки с места жительства, из военкомата, характеристику с места работы, квитанцию из банка об уплате первого взноса за визу и, наконец, вызов из Израиля. Я ничего не упустил? Итак, на вас заводят ДОПР – Дело оперативной проверки. Как говорится, в России дело чтоб начать, нужна бумага и печать. Проверили. Настал черед за МВД – не их ли вы агент, были или нет судимы.

- Между прочим. – поднял руку Щаранский, - мне в Минске рассказывал Давидович, что делается «агентурно-оперативная установка»: собирают сведения о близких родственниках, опрашивают соседей, сослуживцев.

- Возможно, - согласился Альбрехт. – Наконец материалы собраны. О вас известно как будто все. Конец? Фиг с два. Теперь за вас берется КГБ. Действительно ли родственники за границей? Пригоден или нет к вербовке? Последнюю точку поставит выездная комиссия ЦК партии. Я вас не утомил?

- Ты нас обра-а-адовал, - по-скоморошьи замахал руками Гриша Розенштейн.

- Условия отъезда, Гриша, - улыбнулся Альбрехт, - это не только сам отъезд, но и прмер для назидания другим. Есть подозрение, что примерно у каждого сотого летевшего мужчины в деле лежит обещание сотрудничать. Но это пустяк. Они уехали в свободный мир, и никто их не заставит… Разумеется, бумажка – это простая проверка перед расставанием. Главное – вы поддаетесь вербовке.

- Стоп! Стоп, тезка! – поднялся Слепак. – Мысль твоя, что нами манипулируют, меня коробит. Я сам решаю свою судьбу. Мне надоело здесь, и я хочу уехать. Таких большинство.

- Верно, - сказал Лернер. – При выезде сотен тысяч людей вступает закон больших чисел.

- Наверное это так, - кивнул Альбрехт. – Но между прочим, военкоматы умудряются свести к минимуму призыв одноногих и долгожителей старше ста лет. Когда человеческая масса фармируется не стихийно, а подчинена отбору с самого начала, закон больших чисел уже не столь неумолим. Уже необязательно ограничиваться репрессиями диссидента, можно заставить его уехать в Израиль. И потом, выезжая легально, сохраняем связь с теми, кто остался в Союзе. И смываются грани.

- Вопросов целая торба. Но что с тебя возьмешь, если все это твои домыслы, - сказал Абрамович.

- Да, мои домыслы, - улыбнулся Альбрехт.

- На евреях оттачивается инстинкт власти. В этом наша заслуга перед Россией, - сказал Левич.

- Заслуга перед нашим народом, - сказал Лернер, - если завтра наденем желтые звезды и соберемся на митинг у здания ЦК КПСС.

- Жаль, Лунца нет. Он бы у своего знакомого чекиста, будут нас арестовывать или нет.

- Брать теплое белье с собой не нужно, - усмехнулся Слепак. – Наша работа – садиться на пятнадцать суток. Вышел, отдохнул и – снова посадка…

На митинг у ЦК КПСС собралось полсотни отказников. Ледяной ветер.

- Не разбегаться, - сказал Слепак «сиротам алии».

- Замерзли, - Андурский потирал уши.

- Ну, и куда вы?

- Пирожки купим и вернемся.

- Ну, кто ж митингует с пирожками? Здесь полно западных корреспондентов.

- А мы по дороге съедим.

Пока «сироты алии» бегали за пирожками, милиция арестовала на Старой площади тридцать человек и увезла их в автобусе.

- Опоздали, - развел руками Семен Андурский. По его лицу не видно было, что он расстроился.

Январь 1977-го.

Полдень. Из парадной двери синагоги по заснеженной лестнице сыпанули старики с талитами и молитвенниками под мышкой. Напротив синагоги вокруг дуба сугробы трамбовали отказники.

Для многих активистов вчера закончились пятнадцать суток ареста за митинг на Старой площади с желтыми звездами на рукавах. Отсидели свое инженеры из Минска, Киева, Вильнюса, Тбилиси, Кишинева. А сегодня они здесь.

Горка напоминала пересыльный пункт.

- Привет, Брайловский, - окликнул Слепак. – Классно выглядишь.

- Штаны спадают.

- Пятнадцать суток пошли на пользу.

- Чего не скажешь о тебе, - улыбнулся Брайловский. – Ты и в тюрьме курил?

- Но ведь, Витя. – запыхтел трубкой Слепак, - Дзержинский в тюрьме тоже курил.

- Так ты сравниваешь себя с Дзержинским?

Американские туристы шли с дарами: фотоаппараты, магнитофоны, джинсы. Щаранский размахивал большим ковертом, как флагом.

- Джимми Картер солидарен с нами!

- Ты уверен?

- Я уверен, что он наш друг.

Борьба за еврейские голоса в Америке.

- Джимми Картер кандидат в президенты Америки.

- Значит. Мы что-то значим для Америки!

- Телеграмма от Картера!

Лева отыскал «сирот алии» Семена Андурского и Гарика Авигдорова.

- Кто со мной на Первомайскую в мастерскую ремонта шахматных часов?

- Я по субботам никуда не езжу, - сказал Семен.

- А сюда?

- Сюда можно. Ты коэн, твою мать. Ты должен нас благословлять в синагоге, а не ездить по ремонтным мастерским.

- Общественная нагрузка.

- Подписывайте письмо в защиту Бегуна, - к ним подошел Файн.

- Иосифа не освободили?

- Нет. Четко пишите свое имя.

- Адрес указывать?

- Не надо, вас и так найдут.

На горку поднялись чета Розенштейнов.

- Коэн, почему ты по субботам ходишь с портфелем?

- Гриша, это в последний раз.

- В последний раз в эту субботу.

- Гриша, как было в тюрьме? – спросил Лева.

- Расскажи мешореру, - сказала Наташа.

- А ты, - он улыбнулся, - только правду пишешь?

- Стараюсь.

- Ты знаешь, в камере было уйма интересных людей. Мой сосед по нарам отсидел восемнадцать лет и эти пятнадцать суток ему дали за пьяный дебош. Он их принимал, как каникулы после года вольнонаемного труда на заводе.

- Ты на митинге ожидал ареста?

- Нет, я надеялся, что минует нас чаша сия.

- Ну, ладно-ладно, - вздохнула Наташа.- расскажи мешореру. Что вы там ели.

- Нас кормили на 38 копеек в сутки. 450 граммов хлеба. Хлеб специальный из Бутырки. Бывал рыбный суп. Вполне густой. Если со дна. Еще на обед полуторасуточные щи из капусты и на второе капуста ярко-красная.

- А о чем говорили в камере?

- Обычно про женщин и еще о нацменьшинствах.
- Тебя-то как?
- Из двадцати восьми никто меня ни пальцем не тронул, ни словом. Я как-то сам говорю: давайте про евреев поговорим. Я им доклад прочел. Начальник тюрьмы мне как-то сказал: «Ну, зачем вы так рветесь в Израиль? Что там, что здесь – один хрен». Такие дела, мешорер.
- Иосифа оставили в тюрьме, - сокрушался Андурский. – Почему всех отпустили. А его нет?
- Он обратился к ООН с требованием бойкотировать СССР, - сказала Наташа.
- Во-о дает!
- Жизнь нашу, то, что с нами сейчас происходит, - сказал Гриша, - нужно переосмыслить с мистической точки зрения. Вот хасид Бешт углубился в каббалу, общался даже с архангелом Михаилом. Нам нужны не общественные лидеры, не эти субботние сборища на Горке, а нужны цадики. Вся наша история показывает, что, в сущности, когда евреям очень плохо, на помощь приходят цадики. Вот сейчас нам очень плохо, а где наши цадики? То-то и оно. Был один в Кишиневе, но он уехал.
- В Израиль? – спросил Гарик.
- Не знаю. Мы потеряли мистическую связь с Богом. Нужны усилия отдельных людей… Маразм разъел еврейство.

В половине пятого вечера Лева, Семен и Гарик в вестибюле станции метро «Площадь Ногина» склонились над шахматными часами. Подошел дежурный милиционер.
- У вас есть отвертка? – спросил Семен милиционера.
- Ножичек подойдет?
Семен ткнул в пружинку часов.
- Осторожно, - ахнул Лева.
- Пустяк, - сказал Семен. – такое не взрывается.
- Вон, проволочка прогнулась, - сказал Гарик. – Дай-ка ножичек.
Каждый считал своим долгом ткнуть в часы ножичком.
- Дохлые часики. А ты их завел?
- Заведены они до предела.
- Давно купил?
- Они месткомовские.
- Что? – Семен отпрянул. – Я деньги твои пожалел, а раз месткомовские, забирай!
И он в последний раз ткнул ножичком в часы.
- Я поехал на первомайскую.
… перед станцией Первомайская вдруг раздался хлопок, потянуло запахом горящей резины. Пассажиры переглядывались и беременели страхом. Уже грохотал туннель, когда второй взрыв-хлопок заставил всех в вагоне вскочить со своих мест. Густой желтый дым поплыл над головами. Поезд наконец выехал на платформу. В соседнем вагоне выбиты окна, он черный изнутри. Мужчина вынес окровавленную девочку, сам он обсыпан белой трухой обшивки вагона. Крики, стоны, убитые, раненные. Смеялась полная женщина, сброшенная на пол, она лежала в луже крови с оторванной ного. Нога валялась перед ней, и она смеялась.

Два подвыпивших школьника бродили между колоннами. По перрону пробежали машинисты. Им кричали: «Где скорая?!»

У колонны лежала молодая женщина. Пьяный мужчина с папиросой остановился и вдруг лег рядом с ней.

- Давай познакомимся.

- Уйди…

Юрий Орлов приехал из подмосковной деревни, и Алексеева собрала у себя московскую Хельсинкскую группу правозащитников. Щаранский и Слепак приехали на машине Липавского. Андрея Сахарова привез американский корреспондент Оснос. В квартире уже вовсю праздновали Старый Новый год.

- Я не могу избавиться от ощущения, что взрыв в метро – самая опасная за последние годы провокация, - сказал Андрей Сахаров.

- К вам проявляет огромный интерес Запад и лично Картер, - сказал Оснос. – Андропов ограничится обысками.

И тут же раздался звонок в дверь.

- Милиция!

Вошли в прихожую трое.

- У вас есть ордер? – спросила Алексеева.

- Нет. Я участковый. Ну что же вы нас держите в передней, пригласите в комнату.

- С новым годом, граждане, - сказал человек в штатском. Он увидел Орлова и улыбнулся. – Вот кто нам нужен.

Вечером по первому телеканалу показали фильм «Скупщики душ». Мелькнули Бегун, Лернер, Щаранский, Рубин.

Липавский и Щаранский смотрели фильм в квартире, которую они снимали.

В эту ночь Липавский не мог уснуть. Он лежал в темноте, заложив руки за голову и представляя себе то седобородого Слепака, то разгневанную Нудель, то коротышку Лернера. Все равно он не сможет им ничего объяснить. У него и слов таких нет. Он знал, что так получится.

В комнату вплыл рассвет. Щаранский спал, одна рука сползла с койки, рядом на полу «Нью-Йорк таймс».

На подоконнике банка с кофе, пустая пачка сигарет, надломленная плитка израильского шоколада. На шахматной доске сваленные фигуры.

Завтра Липавский улетит в Ташкент, якобы для того, чтобы присутствовать на судебном процессе отказника Сабирова. Скорее бы уж навсегда сбежать от этой запрограммированной жизни. Если это возможно.

Газета «Известия»:

«В президиум Верховного Совета СССР

Копия: В конгресс США

Копия: В Организацию Объединенных Наций

ОТКРЫТОЕ ПИСЬМО

Гражданина СССР, кандидата медицинских наук С.Л. Липавского.

Мне нелегко было взяться за него, но после долгих мучительных раздумий я пришел к выводу, что должен это сделать. Может быть, это открытое письмо раскроет глаза тем, кто еще заблуждается, кого обманывает западная пропаганда, кричащая на все голоса о преследовании в СССР «инакомыслящих», и которая раздувает так называемый вопрос о «правах человека».

Начиная с 1972 года я связал свою судьбу с лицами, которым по определенным, основанным на существующем законодательстве мотивам ьыло отказано в выезде за границу и которые крикливо начали спекулировать на вопросе о гражданских правах. Хотя у этих лиц были различные взгляды на формы и методы действий, у них была единая платформа – и единый руководитель – американская разведка и зарубежные антисоветские организации. Они систематически получали по неофициальным каналам инструкции… Их деятельностью руководили Д. Азбель, А. Лернер, В. Рубин. Поскольку я оказался своеобразным секретарем В. Рубина и хранителем архива, то был в курсе всех планов и намечавшихся акций, которые, как я понял потом, имели цель нанести ущерб интересам СССР… ими руководило желание подогреть эмиграцию из СССР и стремление подрывать устои Советской власти. В связи с этим выдвигались идеи по проведению в Москве незаконных, а по существу, провокационных мероприятий в виде созыва «международной конференции физиков», «международной конференции по еврейской культуре» и т.п. … А. Лернер предложил организовать негласный сбор информации о тех советских учреждениях и предприятиях, которые работают на оборону, с тем чтобы убедить западные фирмы под этим предлогом прервать поставку технического оборудования в СССР. В.Рубин должен был после отъезда из СССР провести в США соответствующие консультации по этому вопросу и известить А. Лернера… И хотя были возражения против сбор таких сведений, поскольку это уже являлось явным шпионажем, А. Лернер, тем не менее, поручил А. Щаранскому и другим организовать получение такой информации и переправить ее за границу… Я убедился также в том, что под личиной борцов за «права человека» маскируются авантюристы, стяжатели, главная цель которых состоит в том, чтобы за счет устраиваемых провокаций… создать себе рекламу. Я был свидетелем постоянной грызни за лидерство и распределение средств, получаемых из-за рубежа, между А. Лунцем, М. Азбелем, А. Лернером. Я все более убеждался, что деятельность этих прихвостней ничего, кроме вреда, советским людям не приносит, и это не могло не тревожить меня.

Я публично отрекаюсь от ранее поданного заявления о выезде из СССР в Израиль, так как считаю, что единственная Родина для меня – это Советский Союз.

С глубоким уважением,

С. Липавский.»

Когда Щаранский подходил к подъезду Лернера, у дверей уже дежурила «черная волга». Толя и Лернер сделали заявление на магнитофонной кассете: «Мы не занимались шпионской деятельностью и не сотрудничали с ЦРУ. И вообще, был ли Липавский?»

Декабрь меж тем сгребал сугробы в баррикады. Алик Гинзбург схватил воспаление легких и Сахаровы забрали его к себе.

Орлов починил выломанную во время обыска входную дверь. На улицу не выходил и поглядывал из окна на топтунов.

14 января, на девять утра назначена пресс-конференция о положении месхов, об обысках и о сорванном властями международном симпозиуме по еврейской культуре.

В двенадцать дня они спустились в бомбоубежище Кремля. Последний Суслов. Калоши на туфлях, серый плащ поверх серого костюма и серая шляпа первосвященника коммунизма.

Бомбо-
  убежище -
      Храм!
Ебана - ебана - ебана!
На работу шагает страна.
А кто поперек,
Уберем с дорог
Ебана - ебана - ебана!

- Я папа всех, кто верит в коммунизм, и вот я обращаюсь к вам, кто принимает судьбоносные решения. Это великое заседание велит советским воинам освободить Афганистан от американского империализма, и воин наш омоет сапоги в Индийском океане.

Суслов говорил - глаза его - колеса, а рот - фонтан. Его недельная проповедь Брежнева не вдохновляла, но Мишу боялись все, великого рава Торы коммунизма, верховного рава.

- Учите коммунизм! - заклинал первосвященник. - Учите его утром и его учите вечером. Это свет жизни. Учеба приближает коммунистическое завтра. Так удостоимся его мы и братский Афганистан. Священный огонь пронесем по Земле!

Так он говорил и говорил, пока Брежнев не объявил перерыв.

- Бабрак Кармаль и мы готовы, - доложил председатель КГБ Андропов.

- Мы давно готовы, - кивнул Суслов. - А для американцев будет сюрприз.

- А зачем нам это? - Брежнев словно пришел в себя.

-Чтоб не почивать на лаврах, - проснулся министр обороны Устинов. - Армии нужен спарринг-партнер, вооружению нужны реальные условия войны.

- Это в плюсе, - оборвал министра Брежнев, - а что в минусе?

- А что в минусе? - Устинов опешил и, онемев, вытаращил глаза.

Как всегда нашелся Андропов.

- Дороги и дураки.

- А что наши дураки надумали делать с электростанцией? - Брежнев запустил руку в шевелюру. - Это же бомба.

- Александров голову дает на отсечение, - премьер Косыгин провел ладонью по шее.

- Да на хера мне его голова!? - заорал Брежнев. - Он расхерачит пол-Украины!

- Александров - академик, - доложил Суслов.

- Ты тоже академик! - Брежнев был вне себя. - Мы все академики на толчке.

После заседания Брежнев примиряющее окликнул Суслова.

- Знаешь, Миша, я себя так херово чувствую. Хочется бросит все к ебене матери, давай махнем на охоту в Чернобыльские леса, а какая рыбалка на реке Рось!

- Речку Рось в трубу запрятали, - сказал Суслов, а лес вырубили под АЭС. А ты хочешь и рыбку съесть, и... это. Пойду чай попью.

Суслов бросил суровый взгляд на Брежнева. Как только двери закрылись за первосвященником. Брежнев снял туфель и запустил вслед.

- Га-адина! Собака! Туберкулезник сраный!

Дверь отворилась и появилась голова помощника.

- Будем есть кашку?

Пацаны отдыхали на дюне.

Москвичи поехали купаться на Припять, а вода ледяная. Этот запах талой воды, хочется тянуть его, раздувая ноздри.

Еще неделю назад плавало сало. Весна припозднилась. По чернобыльским садам, среди пожухлой, ржавой травы только начинали проклевываться из холодной земли зеленые головки тюльпанов. Чернобыльские сады еще спали. Но тополя за спинами парей уже выкинули зелень, потому что вчера пришло тепло, сегодня уже очень тепло - скоро все брызнет, ударится в рост.

От реки Припять тянуло прохладой, а на солнечной стороне дюны было хорошо; воздух трепетал от восходящих потоков.

Пахло талой водой и землей.

Весенний гвалт грачей на тополиной рощей у дюны.

Из-за шубы грачевников тополя приобрели знак святости. Черные, лоснящиеся грачи сновали в гуще своих грачевников, кричали, занятые весенней суетою.

- Эй, вы, охломоны! - крикнул Лева геодезистам, которые разбрелись по дюне в разные стороны.

Огромная, спокойная, сильная Припять катила воды мимо берегов Чернобыля, под мостом у Белой Сороки; дышала Припять как странное живое существо.

За Копачами на пустой дороге их нагнала автобетономешалка. Это была одиночка, и водитель дал себе волю. Затормозил у Совской столовой, переоборудованной в кафе "Дорожное". В меню: суп-харчо и пирожки с картошкой. Первым за столом оказался водитель с казацкими усами.

И снова Припять.

Белый песок промылся дождями талыми стоками. По этой буро-прозрачной воде старицы когда-то проплывали лодки чернобыльских рыбаков.

В ожидании машины москвичи кидали камушки в Припять. Спокойная, мощная Припять вязко тащила свою поверхность. Вокруг них ни души. А дальний берег был необитаем: вереск, рыжий цвет прошлогодних трав, рощица... утки пролетели растопыркой.

Парням надоело кидать камни вразнобой, спорить, кто кинул дальше. Самый слабый бросок у Левы. Обидно - это же его река! В деревне Лубянка родились мама Вера и бабушка Таня. Никакими силами род их не смогли выковырять с родной земли.

Старики правы: жить и умирать надо на родной земле: на этом белом песке, среди кустов тальника, под тополями и голубым небом.

Жизнь.

Аист поднялся выше, сделал круг, опустился за тополями, там его гнездо. В Чернобыле Леве были известны два аистиных гнезда. Одно, куда опускался аист, неподалеку от пристани. На тополиные ветви, высоко, кто-то уложил деревянную площадку - аисты и угнездились. Это было молодое гнездо, плоское по виду, всего-то, наверное, лет десять ему. Оно, возможно, не очень удобное - рядом протекала Припять, ветер с реки должен был мешать.

А другое гнездо находилось на окраине Чернобыля, на уютной улочке, утекающей среди садов и домиков к окраине, с холма.

На соседней улице кинотеатрик с крашеными полами, фанерками откидных стульев, занавесом, открывающимся со скрипом роликов... вовсю нес дух провинциального, забытого на обочине городка.

Только это вовсе и неплохо, - думал Лева, когда шел на улицу Ветреную. - Может быть, этой шелковице лучше жить без столичной суеты. Между деревом и домом под ногами брусчатка, - камушек за камушком положил кто-то двести лет назад. Положил - порадовался: это тоже счастье - положить такую на век дорогу к своему дому. А ореховое дерево это? Кто посадил тебя, на счастье роду своему?

- Интересно, доплывет бутылка до Киева? - поинтересовался Матросов. - Сколько туда по течению?

- Припять кончается через десять километров, дальше обводной канал, будет Киевское море, а там, внизу, уже строится плотина.

- Значит, не доплывет.

- Видишь, какой паводок, может, и доплывет со всякой дрянью.

- А где будет строиться ЧАЭС?

- А вот там, на холме, во-он домик покосился и сарай, две яблони. На крыше железный флюгер, петух. Это дом Ицхака-шойхета, за ним и начинается собственно ЧАЭС. Завтра все увидите.

К Леве на рукав села божья коровка, и он обрадовался красному в крапинку жучку.

Божья коровка, улети на небо
Там твои детки кушают котлетки

Наконец Лева возвратился с ними к гостинице "Киевская", что на улице Киевская. Главная выездная улица; когда-то по ее брусчатке грохотали телеги еврейских биндюжников:

- Молоко! Творог!! Сметана!!!

- Ве-еодра починяя-аем!

Или прогулочная с женихом и невестой. Хуппа!

Еврейское местечко здесь, в центре земли русской. Сто километров - Чернигов и дуб Соловья Разбойника, сто километров в другую сторону - Киев, где крестили Русь. А там - Коростень - это его сожгла своими голубями княгиня Ольга.

И до речки Рось, имя давшей русским, отсюда не так далече.

У самого входа в гостиницу чудом сохранился огромный тополь, неподалеку от него от него стоял молодой каштан с зелеными шишечками.

Лева распрощался с геодезистами. Теперь к родным.

Он уже увидел свой перекресток: от дуги Киевской улицы утекал вниз прямой лучик,. Дальше магазинчик, за ним еще сто шагов, и на столбе - гнездо.

И аисты были в нем.

Одна из птиц стояла на длинных ногах, в гнезде, с краю. Голова другой поднималась на белой шее, тела не было видно, птица лежала. Аисты увидели Леву. И вторая птица встала в гнезде, а первая замахала крыльями, пробуя воздух.

Лева остановился.

Неля и Лева миновали последний, уже стоящий на отшибе дворик и вышли на луг.

Тут, в низине, весенняя сырость ощущалась гораздо сильнее. Но Чернобыль стоит на песчаных почвах, и, обходя болотца, идти можно было посуху. Кое-где от тронутого башмаками ржавого мха и от сухой травы даже поднималась дымка пыли. И тогда особо пахло высохшей травой.

Возле речки-старицы опять дохнуло камышовым болотом, довольно скоро они вышли к ней и увидели шедшую вверх по течению рыбу. Серебряные ладони подлещиков в тальнике. А потом и россыпи рыбы на траве. Они шли в сторону большой реки, переступая между рыбин. А неподалеку от них - холмиком белых садов и домиков поднимался Чернобыль.

Бум строительства ЧАЭС.

Маленький уютный городишко. Здесь рождались, умирали и были счастливы или не очень счастливы - кто как, каждый по-разному.

Бум из-за строительства ЧАЭС.

Холм поднимающегося Чернобыля: россыпь домиков - черепичные, шиферные крыши, кровельное железо меж цветущих садов.

На базаре

Ведро яблок	полтора рубля
ведро сливы	два с полтиной
ведро вишни	шесть рублей

Дом с соломенной крышей и земляным полом.

Улица Сична прямо под церковью, на склоне начинается.

- Заправить машину.

- У хозяйственного магазина.

У хозяйственного магазина встретили дедушку-продавца, он продавал гвозди и всякое разное.

- Бензин нужен, - и протянул сторублевку.

Дедушка взял ведро и с Левой пошел во двор магазинчика. На траве стояли огромные бочки. Дед налил из крана в ведро, Лева взял ведро, пошел к машине - она перед магазинчиком - и перелил. Потом второе ведро.

Террористы взрывают метро.

На снежной повязке Горки чернела толпа. Сбились в кучу отказники, подбадривали друг друга.

- Ма шломхэ рабби элиягу? - Чернобельский приперся с рассказом.

- Кол баседер, - улыбнулся морэ. - Никаких свиней.

Сын его Оська болел "свинкой" и заразил домашних, в том числе Илью, но он пока не знал.

- В Афганистане погиб от взрыва мой одноклассник, - Чернобельский поставил на снег портфель.

- Лева, ты мой ученик, нехорошо в субботу приходить с портфелем.

- Здесь шахматные часы.

- Тем более.

- Но в понедельник институтские соревнования.

- Суббота и соревнования. Ты в своем уме?

- Мой одноклассник Витя Слинько погиб в Афгане.

- Война не спрашивает адреса и время, - сказал Илья.

Их окружила толпа отказников.

- Лева, приводи своего Андрея в воскресную школу, - сказал Арон Гуревич.

- Арон, он и в обычную школу ходит из-под палки.

- Ну, ты принес свой рассказ? - прохрипел Кандель. - Саболел я. Еле дысу, а хлотать - так слезы на гласах. Анхина. Ты принес?

- Только не исправляй ничего, - сказал Лева.

- Конесно-конесно.

И в это время подошел Гриша Розенштейн.

- Здравствуйте. - рука высунулась из варежки. Маленькая влажная ладонь.

- При-ифет, - откликнулся Кандель.

- Как поживаем? - оглянулся Гриша.

- Та вот хорло, - Феликс провел по шее. - Я к фам фсе сопирался... к Натасе, стобы мне в хласа похлятела, полесила.

Гриша заглянул в лицо Феликсу.

- А ты не смотри, - Феликс захихикал.

Глаза у них как две капли воды - только Феликс чуть косит. Володя Альбрехт перебжал проезую часть прямо перед носом белой "Волги. Спасли длинные ноги. Он столкнулся с тезкой - Лазарисом. На Лазарисе кожаное пальто времен нэпа, газета под мышкой. Ходит, как ревизор на базаре. Язва та еще!

Не пора ли в часовую мастерскую? Уже шестнадцать-тридцать.

- Семен! Поехали со мной - в мастерскую шахматных часов.

- Я по субботам никуда не езжу.

- А сюда?

- Сюда можно.

- Ну проводите меня с Димой, - сказал Лева.

Втроем спустились в вестибюль метро. Дежурная и милиционер переговаривались у входа на эскалатор.

- Хочешь, - сказал Семен, - мигом отремонтирую.

- Ты?

- Это же просто будильник.

- Давай-давай, - поддакнул Дима. Сема уже один раз чинил магнитофон. На нем теперь гвозди выпрямляют.

- Ну, Левик, где они, дохлые часики?

Три еврея с Горки колдовали над белым пластмассовым пакетом.

- О-о, пустяк, - сказал Сема. - Такое не взрывается. Во-он проволочка прогнулась. Нужна булавка.

- Нет, - сказал Дима, - здесь что-то с маятником.

И он ткнул перочинным ножиком в часы.

- Не идут.

- А ты часики завел?

- Заведены они до предела.

- Давно купил?

- Месткомовские.

- Что? - Семен отпрянул. - Я деньги твои пожалел, а раз месткомовские - забирай!

- Погоди, - Дима еще раз ткнул часы ножиком.

- Вы мне их совсем доломаете, - сказал Лева. - Не хотите, сам поеду на Первомайскую.

Лева сунул часы в портфель и ступил на эскалатор. Люди плыли вверх и вниз по-рождественски празднично. Рождество выпало на субботу. В электричке он открыл учебник "Элеф милим". Напротив стояла девушка в сером пальто, глядела на Леву, как на инопланетянина. За окнами станция "Измайловский парк" - гаражи-жестянки, блочные пятиэтажки. Впереди раздался хлопок, запах горящей резины. Пассажиры вдыхали его и беременели страхом. Переглядывались. Уже грохотал туннель, когда второй взрыв-хлопок заставил многих вскочить со своих мест. Густой желтый дым потянулся над головами. Третий хлопок - и поезд выехал на платформу. Толпились пассажиры. Из вагона вышел мужчина с девочкой на руках, ее лицо было окровавлено, а голова мужчины и плечи были обсыпаны белой трухой обшивки вагонов. Вагон стоял с выбитыми стеклами, черный изнутри.

Нужно заглянуть вовнутрь, - убеждал себя Чернобельский, - там мог быть и я.

Каждый мог оказаться.

Посреди вагона поднялся русоволосый парень и потащил туловище мужчины. За этим туловищем поползла девочка лет четырех. Она была в пальто, колготки - в крови, а лицо белое-белое.

- Помогите!

Лева поднял девочку на руки.

На перроне спокойно. Ужасен вагон. Оттуда выплескивались стоны, истерический смех. Смеялась полная женщина, сброшена на пол между сиденьями, она лежала с оторванной ногой. Нога в сапоге валялась перед ней, и она... смеялась...

Два подвыпивших школьника бродили между колоннами. По перрону пробежали машинисты состава. Им кричали:

- Где "скорая"?

на краю платформы лежала раненая женщина. Пьяный мужчина с папиросой остановился и вдруг лег с ней рядом.

- Уйди.

В другом месте рассказывал спасенный пассажирам другого вагона.

- Хлопнуло, я пальто на голову. Так и ехал...

- Почему нет врачей?

- Люди умирают!

Показались два милиционера.

- Сво-о-олочи, люди умирают!

- Что-о?

- То-о! Только пьяных умеете забирать!

В понедельник на всех этажах ГРОБА знали о случившемся с Чернобельским.

- Рад слышать твой голос!.. Ну, ты родился в рубашке! Счастливчик! А мне сказали, что подрывники погибли.

- Взял я на работе шахматные часы...

- Как тебе удалось подорвать поезд?

- Это дело рук сионистов.

- Это таксисты, чтоб люди ездили только на такси.

- Но зачем же простых людей?.. Тех бы главных и подрывали.

- А поди к ним подберись.

- Диверсия. Все ж при Сталине было лучше. Больше порядка.

- Шпана. Фильмов насмотрелись, неуловимые мстители.

- Это сионисты мстят за Буковского...

- Илии афганские духи.

В следующую субботу с замиранием сердца поднимался Лева на Горку. Во-он они... диссиденты отказники... Слепак, Файн, Бегун. Голова Бегуна перебинтована. Ничего себе - на лыжах.

- Иди-иди, герой ты наш! Расскажи, как ты метро подорвал?

- Здесь?

- А ты хочешь по первой программе телевидения? Н-ну, не ломайся, диверсант.

- Это он взорвал метро? - удивился Лазарис. - Теперь можешь писать рассказ для моего журнала.

И Лева вытянул шею, закатил глаза и начал: Выписал я в месткоме шахматные часы...

На лестнице синагоги прихожане дубасили сумасшедшего, а он брызжит слюной и визжит:

- Жиды! Расстрелять! Они даже метро не смогли подорвать!

По улице поднимался Альбрехт. В красной куртке, красной вязаной шапочке, голубые джинсы, желтые ботинки.

- На меня завели дело по взрыву в метро, - сказал Альбрехт.

- Еще один соискатель, - усмехнулся Брайловский.

- Сижу на курсах шоферов, и вдруг Альбрехт Владимир Янович? Я за него. Захватите свои вещи. А в чем дело? Уже в коридоре спрашиваю. 8-го января имел место взрыв в метро. Где вы были в четыре дня? Это что за день? Суббота. Суббота, говорю, прекрасный день. Я был в центре. В центре чего вы были? Детского мира, говорю. Купили что-нибудь? Нет, а что собственно, вы от меня хотите? Кто вы такие? Неважно. Важно для меня. Может я подозреваюсь во взрыве? Допустим. Что вы на это скажете? Мое метро. Хочу взрываю, хочу - нет. Ты, гад, что-о, над нами издеваешься!? Там сколько людей погибло! Один из низ вдруг мою руку р-раз и за спину закрутил. Повели в кабинет директора школы. У того от страха подбородок затрясся. Вывернули они наизнанку мой портфель. Вот полюбуйтесь, чему вас занимаются и тычут бедняге рукопись "В поисках сути". Директор полистал-полистал. Здесь, кажется, КГБ ругают.

Р-ругают, - передразнил его маленький. - А вы тут спите. Садитесь, Альбрехт, и пишите объяснение. Кому? Ну-у, на 128-е отделение милиции. А почему: ну-у, на 128-е? Вы милиционер? Да. Как ваша фамилия? Неважно. Или говорите фамилию или я прекращаю писать. Ну-у Сидоров. А Ваша? - спрашиваю долговязого. Еще чего! Пиши, а то хуже будет. И тогда я начал писать: Объяснение. В связи с обвинением во взрыве в метро по требованию милиционера Сидорова и одного сотрудника неизвестно какой организации и неизвестно какой фамилии... Коротышка заглянул через мое плечо. Ну, Альбрехт мы вам мозги вправим. А я продолжал: оба постоянно мне угрожали... Долговязый вырвал листок - и в клочья. Сними, Альбрехт очки, я дам тебе по морде! Я ему показал дулю.

- Чем кончилось, Володя?

- Ушли. Вы понимаете, куда клонят наши друзья? Диссиденты подрывают метро.

В Москве только и разговоры о повышении цен и о взрывах.

- В Химках накрыли сионистов, только у одного украинская фамилия.

- Повесить их сразу, чтоб все видели.

- На площади. Сделать виселицы вдоль улиц и всех их разом.

- Я не могу избавиться от ощущения, - сказал 14 января Андрей Сахаров, - что взрыв в московском метро и трагическая гибель людей - самая опасная за последние годы провокация репрессивных органов.

Он сказал это на пресс-конференции для инкорров. Было четырнадцатое января.

- Диссиденты относятся к взрывам и террору с негодованием, - заявил Орлов.

Щаранский представил новых членов Хельсинской группы: физика Юрия Мнюха и математика Наума Неймана.

Лидия Алексеевна передала корреспондентам очередные документы с 1-го по 14 января.

- К вам проявляет огромный интерес Запад и лично Картер, - сказал американец Оснос. - Надеюсь, здесь ограничатся очередными обысками.

На Старый новый год друзья Орловых собралась в их осажденной квартире. Стукачи, мерзнущие под окнами, слышали музыку и хохот.

- На Старый год, - сказала Алексеева, - принято гадать. Я раздобыла английские гадальные карты. Алик, тебе погадать?

- Не-ет, - усмехнулся Гинзбург. - Я пасс.

- Ну, погадай мне, - сказал Щаранский.

Выпала "дальняя дорога".

- Наташе и тебе следующий год в Иерусалиме!

Полые губы его лоснились счастьем.

- И мне погадайте, - улыбнулся Орлов.

А между тем, осада дома снята и, вообще, в последующие дни всех оставили в покое, кроме Щаранского. За ним по-прежнему следовали две-три машины - это человек двенадцать свиты. Зато "бесхвостые" переживали светлое чувство легкости, освобождения.

- Теперь нас, по крайней мере, до окончания Белградской конференции оставят в покое - прогнозировали Орлов и Гинзбург.

Но второго февраля в "Литературке" опубликовал статью Петр Агатов, бывший политзэк и сокамерник Алика Гинзбурга. Статья "Лжецы и фарисеи" заявляла, что доллары, найденные у Гинзбурга во время обыска, малая доля инвалюты. Упомянул Агатов и Орлова и сокрушался по поводу его "аморальности и тщеславности".

Пресс-конференция. Заплаканное лицо Арины Гинзбург. Оцепеневшая, с потухшим взглядом Людмила Ильинишна, мать Алика. Сам он держался как обычно, начал с заявления: ввиду скорости ареста он сделает отчет о работе Фонда помощи политзаключенным и объявит фамилии своих преемников по Фонду.

Арестовали Алика на следующий день, 3 февраля. Он все еще температурил после воспаления легких. Вышел лишь на минутку позвонить по автомату: в Рязани начат процесс над баптисткой, ей грозило лишение родительских прав за религиозное воспитание детей; надо было найти человека для поездки на процесс. Алик вышел, накинув на плечи куртку - и не вернулся. Арина бросилась на розыски. Вместе с друзьями объехала отделения милиции. Еще теплилась надежда, что это очередной привод из-за прописки. Но следы сыскались в приемной КГБ. "Да, задержан нашими сотрудниками из Калуги", - сказали ей там.

В тот же вечер милиционер принес повестку на допрос Орлову. Вызвали в прокуратуру и Андрея Сахарова.

В Заявлении по поводу ареста Гинзбурга Сахаров и Шафаревич написали: "Есть все основания опасаться, что арест Александра Гинзбурга - звено в цепи репрессий, запланированных навстречу Белградскому совещанию. Как далеко пойдет эта волна, где она на этот раз остановится - это зависит от реакции советской и мировой общественности".

Орлов уехал в подмосковную деревню, где прошло его детство. А в Москве не показывался. За его женой и близкими друзьями повсюду ходили кагебисты - надеялись, что те выведут на него. Но он сам не выдержал неопределенности положения и 9 февраля вернулся в Москву, но не к себе на квартиру, а к Лидии Алексеевой. Приехали к Алексеевой Турчин и Щаранский. Очередная пресс-конференция. Инкорры спросили Орлова: скрывается ли он?

- Нет, - сказал он, но идти к ним добровольно сам тоже не намерен.

Через пятнадцать минут к дому Алексеевой подкатила "андроповка", и как только гости покинули дом Алексеевой, раздался звонок в дверь.

- Милиция.

- Впустите их, - сказал Юрий Федорович.

- Это что, обыск? - задохнулась Алексеева.

- Нет, у нас есть сведения, что вас посещают ваши единомышленники.

Штатский открыл стенной шкаф в коридоре.

- Я не разрешаю осматривать квартиру, без ордера на обыск.

- Ну что же вы нас держите в передней, пригласите в комнату.

Штатский распахнул дверь и увидел Орлова.

- Вот кто нам нужен. Предъявите документы.

Орлов достал паспорт.

- Одевайтесь.

Орлов вышел в прихожую и оказался в кольце мужчин. Он медленно надел куртку. Оглянулся, и Алексеева, приподнявшись на носки, помахала ему рукой из-за их спин.

Они увели его.

На перекрестке шоссе автомобильная пробка. Взгляд уперся в зеркальное отражение - в глазах ожидание перемен. С примесью страха.

Впереди завыла сирена "скорой помощи" и Семен высунулся наружу. Все равно не видно, задохнулся от снежной круговерти и откинулся на сиденье, опустил ветровое стекло. Музыка "скорой помощи" заставила едва ли не вслух рассуждать о том, о чем он так беспрестанно думал в последнее время: он спасет отца, любой ценой. Ну, а если гэбэшники его обманут? Но что делать-то? Где выход-то?! Если он ничего не сделает сейчас для отца,.... Он до конца своей жизни будет мучаться, с ума сойдет. "Спасу его - мне все простится".

Что-то серьезное стряслось там, на перекрестке шоссе. Вслед за "первой скорой помощью" сиреной расчищала путь - другая. Липавский вышел из машины в метель. Метель навалилась с борцовской напористостью и он, чтобы устоять на ногах, облокотился на машину, прячась от ветра. И как только закрыл глаза - нечто коричневое обваловало его; привиделся себе маленьким: катает по полу самодельный грузовик, ловко выструганный отцом из деревянной чурки - с нарисованными радиатором и кабиной, с перламутровыми пуговками вместо фар, с пустыми катушками из-под ниток вместо колес.

- Эй, шеф!

Липавский открыл глаза. Впереди стоявший "жигуленок" прыгнул в метель. Семен поспешил следом и весь оставшийся пут вспоминал "нечто коричневое", что обваловало его. "Если есть цвет ужаса, то он такой", - подумал он, будучи не в силах подавить внезапно возникший в душе страх.

Альбрехт открыл дверь начальника 128-го отделения милиции.

- У вас работает Сидоров?

- А что?

- Я хочу сделать заявление по поводу 8-го января.

- А что это такое? - удивился толстый и очень коротконогий начальник.

- Взрыв в метро.

- Вз-зрыв?! - тот выкатился из-за стола. - Вот листок. Ручка нужна?

Альбрехт написал: "Я ... сидел в классе автобазы, когда вошли двое..." Прочел все толстяк и посмотрел на Володю.

- Мне такое заявление не нужно. Вы же ничего не пишете про взрыв.

- А вы меня допросите.

- Насчет чего?

- Ну, по этому делу, но с соблюдением всех формальностей.

- Не знаю.

- То есть?

- Ладно, ждите.

Через час возник интеллигент в вечернем костюме. Альбрехт давай все сначала.

- Никакого Сидорова вашего в природе не существует,- сказал мужчина в вечернем костюме.- Но мы в курсе. Так что вы хотите нам сообщить?

- А с кем я, простите, разговариваю?

- Я сотрудник КГБ Потапенко. Ну что вам известно?

- То, что я рассказал.

- Но вы еще ничего не рассказали.

- А вы допросите

- В своем заявлении вы частично признали свою вину.

- Не частично, а определенно. В некоторой степени есть и моя и ваша вина.

- Мне не понятен ход вашей мысли.

- Но раз пришли органы в школу, значит, были основания.

- Почему?

- Потому что наши органы не ошибаются.

- А почему вы учитесь на шофера? У вас есть машина?

- Мне не удалось стать хорошим математиком, и я пошел в шоферы. Если не получится с баранкой, вернусь к математике. Альбрехт вышел из отделения милиции - улицы окутал вечер. В метро было малолюдно. Пьяный рабочий в вагоне на остановке поднял голову.

- Сионистов нет? - огляделся он.- Ну, тогда не взорвемся.

И опять закрыл глаза и опустил голову.

Горы афгана оставались целомудренно чистыми. Но именно оттуда спустились в метро духи-мстители. Но Андропов обвинил во взрывах армянских сепаратистов.

На Горке.

Американец в демисезонном пальто и белой вязаной шапочек спрашивал:

- Ху из Авигдаров?

Нашли ему Гарика Авигдарова.

- Дую спик оф идиш?

- А-биселе. Ата медабер иврит?

- Кен-кен.

- Ай эм Богомольный,- сказал Венька Богомольный, оттеснив Гарика.- Ай эм Богомольный Анд май мазе лив из Израэль, бат ай эм рефьюзник. Бо-го-мольный,- записал американец и подарил Веньке ментоловые жвачки.- Анд ху из Авигдаров?

- Зис из Авигдаров.- Сеня Андурский ткнул пальцем в Гарика.- Гурништ экзодус. Фате рве мутер ин Сруэль, абер (тут Андурский опять ткнул в Гарика) хи по рефьзнык. Эр гэмомт мин армия, зол зи бребен. Ферштейст?

- Е-е,- кивнул американец.- Ху из Авигдаров?

Тогда Андурский вытолкнул Гарика в центр.

- Шалом!- несказанно обрадовался американец и, взяв Гарика под руку, он увел его к металлическому забору и передал сумку со жратвой и шмотками.

- Вен уи гоу ту израэль?- спросил его американец.

- Унзере мелиха лост нит фурен,- ответид Гарик, приятно ощущая тяжесть в руке от сумки.

- Форвус?

Гарик пожал плечами. Американец в Иерусалиме познакомился с его родителями, и они передали "привет" сыну. Потом американец вынул портмоне с фотографией, где он стоит с женой и детьми на израильском пляже.

А здесь Горка скрипела тридцатиградусным морозом. Вечером всех ожидал сюрприз - телефильм "Скупщики душ". Мелькнули Шаранский, Лернер, Слепак,

Бегун, Нудель, Брайловский. Ничего не было сказано о самой Горке, а ведь на ней обменивали "Экзодус" на "Шулхан Арух", "Хронику текущих событий" на "Архипелаг Кулаг", статьи Сахарова на свежие американские газеты. Здесь собирали деньги в пользу политзаключенных.

В любой интеллигентной семье должно быть что-то такое, что можно конфисковать,- говорил Альбрехт.

Фурман, пример, хранил собрание самиздата. Фурман жил с дочерью, женой и тещей в четырехкомнатной квартире, неподалеку от ВДНХ. Год назад эстонская художник Вийманэ передала ему дюжину натюрмортов - цветы, бабочки. Предполагалось, интуристы купят. Но не покупали.

Фурман сидел в кресле, нога на ногу и поигрывал тапочком.

- Хаверим!- сказал Альбрехт.- Я сегодня провожу заключительное заседание на этой территории, чему я, честно говоря, рад... Наш докладчик - гость из Питер э-э...

- Шура Богуславский,- подсказал Фурман.

- Да, Шу-ура. Из разговора с ним я понял, что он представит нелицеприятные вещи, но надеюсь, если надо мы дадим ему бой.

Шура Богуславский - 50 лет, близорукий, худой, герой ленинградского самолетного побега. На том процессе Богуславский будто раскаивался... Сегодня сидел, закинув нога на ногу, выглядывали зеленые носки и белые кальсоны.

- Тема моего доклада,- начал он,- "Политические партии Израиля". В течение многих лет я слежу за политической жизнью страны, куда мы все стремимся. Мой идеал Бен-Гурион. Взлеты и падения последующих лидеров. Голда, Рабин, Кацир, деградация, маразм, зазнайство, желание во что бы то ни стало удержать в руках власть, разочарование.

- Куда же мы едем?- ахнул Розенштейн.

- Мы-то пока сидим,- пожал плечами Кандель.

- А я теперь знаю в какую вступить партию,- сказал Фурман.

- Ну мне тебя жаль,- усмехнулся Илья,- руководствоваться этим докладом...

Шура Богуславский по-петушиному взглянул на Илью. Назревал скандал.

- Шура! Израиль обреете внутренне единство?

- Я не гадалка. Я не вижу пути к единству, да и зачем оно?

- А вот сможем ли мы найти общий язык с арабами?

- Война неизбежна.

Фурман потер нос.

- Я выдвину свою кандидатуру в Кнессет и назло "неизбежности" предотвращу войну. Петя утверждает....

Фурман почему-то называл Богуславского Петей.

Народ перестал грызть баранки и захихикал.

- И если Петя...

- Не Петя, а Шура!- воскликнула дочь Фурмана, и Фурман вздрогнул. Аж тапочек слетел с ноги.

- ну ничего-ничего,- под общий смех улыбнулся Шура Богуславский.- пусть он меня называет Петей. Назови хоть горшком, только в печь не ставь.

А ведь вся штука фурмановских семинаров в том, что непременно кого-то Володя "ставил в печь"...

"Известия":

"Клеветник предупрежден. 25 января в прокуратуру СССР был вызван А.Д.Сахаров. Заместитель Генерального прокурора СССР государственный советник юстиции 1-го класса Гусев предупредил его в том, что сделанное им провокационное заявление - клевета на советские органы."

Володя Альбрехт:

- трое неизвестных взяли меня на улице и привезли в 128-е отделение милиции. Вхожу к начальнику, а там оперативное совещание.

- Здравствуйте,- говорю.- Я Альбрехт. Прибыл, видимо, на допрос.

Все повернули головы, а начальник рукой машет.

- Ну заходи-заходи.

- Я б заходил, но ты меня не приглашаешь.

- А что это ты на "ты"?- возмутился начальник.

- Ну, вы меня на "ты" и я на "ты". Но лучше бы, конечно, на "вы".

Все засмеялись. Начальник покраснел.

- По-отеха,- говорит и улыбается через силу, а глаза озверелые.- Ну, побеседуем.

- На беседу,- говорю,- приглашают, а не привозят.

- Мы имеем право вызывать на беседы.

- Но где указано, что я обязан отвечать на вопросы при такой беседе?

- Вот,- он потряс книгой УК РСФСР.

- Покажите.

Начальник покраснел еще пуще, послюнявил палец и начал рыться в книге. Дело-то безнадежное, а тишина гробовая. Но ладно, я могу и подождать.

- Ну, считайте, что мы вас пригласили,- сказал он, захлопывая УК.

- Пригласили на допрос?

- Да, на допрос.

- На допрос вызывают.

- Ну, значит, мы вас вызвали, черт возьми.

- Тогда пишите протокол, а копию - мне.

- Ну хорошо, давайте просто побеседуем. Присаживайтесь. Ну, где живешь?

- В паспорте указано.

- А с кем?

- С женой и ребенком.

- Ну как живешь с женой?

- А ты как с женой?

Ну, сами понимаете, базар. Потом он бросает этак мимоходом:

- Ну что вы хотели сказать по поводу взрыва. Что вы на этот счет думаете?

- Я думаю вот что... Этот взрыв и вся эта история используется для дискредитации тех, кто пропагандирует уважение к закону.

Альбрехт умолк и откинулся на спинку стула. Коммуналка Бегуна переполнена. Иосиф и его друзья сидели на полу.

- Володя,- расскажите про обыски,- попросила Ида Нудель, маленькая усатая старая дева.

- Обыск это изнасилование. Представьте вас насилуют... Видите ли, все действия органов имеют воспитательный характер кроме обыска. Поэтом я всегда предлагаю хранить что-нибудь для обыска. Когда они приходят, а у вас ничего нет - это неприлично. Вы же интеллигентный человек. Они, скажем, пришли за "Архипелагом ГУЛАГ", а у вас, простите, кроме "Му-му" ничего нет. Выходит они зря пришли. Они, значит, были о вас другого мнения. В разное время интеллигенты держали разные настольные книги. Раньше, например, у многих для обыска лежал "Реквием" Ахматовой. А вот я держу дома вещи, которые неприятно было бы забирать. Например, портрет Ильича с телефонами демократов. Одно дело, когда они забирают записную книжку, а другое дело - пишут в протоколе, что у тебя конфисковали портрет такого дорогого человека...

- Ну, а права у обыскиваемого существуют?- Ида Нудель привстала.

- Я же вам сказал: вас насилуют.

Нудель покраснела.

- Можно еще поделиться опытом?- вышел на середину Бегун в черной косоворотке.- Недавно, в одном закрытом учреждении я микрофильмировал "Архипелаг". И вот, выхожу на улицу, иду к метро, как вдруг подъезжает к обочине тротуара легковушка. "Марк Аронович! Садитесь с нами". И показывают книжечку.

- А что случилось:- спрашиваю.

- Микрофильм не потеряли?

- Да я собственно...

- Мы вас еще вызовем.

Ну, я бегом к друзьям консультироваться. Ведь грозило до семи лет лагерей. За такое же дело осудили Ковалева.

Альбрехт захохотал и руками всплеснул.

- Ну, Иосиф, миленький, ну ты, во-первых, не Ковалев. Тебя они не посадят. Но продолжай, если это интересно публике. Это интересно?

- Да-да! Давай, Иосиф, дальше!

- Так вот я, на втором допросе учудил... сказал, что фотографировал Архипелаг ГУЛаг, чтобы ознакомиться и раскритиковать, тем более, что я, действительно, с некоторыми выводами Солженицина не согласен.

Тут Альбрехт вновь вскинул руками и затрясся от смеха, да так заразительно, что уже зубоскалили все.

Но Бегун мужественно закончил:

- Смейтесь до упаду, но они там проглотили мой довод.

- Иосиф, дорогой, у них отличные желудки. Уж что-что, а заглатывать они научились. Но это, дорогой мой, не в вашу пользу.

- Почему?

- Об этом потом. Вы хотите еще что-то рассказать?

- Поведение следователя для меня осталось загадкой. Например, на первом допросе он сказал прощаясь: Иосиф, вы бы в следующий раз захватили какую-нибудь интересную книжку, а то читать нечего". "Ну, какую?"- спрашиваю. "Ну, типа Континент". Он это сказал очень искренне.

Иосиф вопросительно взглянул на Альбрехта.

- Понимаешь, Иосиф, они могли с тобой играть, но между прочим, сами начитавшись "гулагов", они уже ни во что не верят. Так что ж ты, Иосиф, принес ему "Континент"?

- Я пришел с Литературкой.

Альбрехт засмеялся.

- Милый мой, твое поведение больше располагало к тому, чтобы тебя посадить. Ты испугался и решил говорить, что фотографировал "Архипелаг ГУЛаг" якобы для отрицательной рецензии. Это тянет на фельетон.

Альбрехт поднялся и опустил руку на плечо Иосифа Бегуна.

- Они поняли, что с тобой можно работать. Они тебя вызывают, ты приходишь с газеткой подмышкой и ведешь себя по заранее намеченному плану... "Я к Солженицыну плохо отношусь, поэтому фотографировал его книгу". Они, батенька, не любят когда их принимают за дураков. Так ведь они и вправду не дураки. КГБ - это я вам скажу - фирма.

- Гавно!

- Ну, хорошо. О чем они еще спрашивали?

- О знакомых. "По-нашему подсчету,- сказал следователь,- у вас сто знакомых". А зачем, говорю, мне вам их называть? Нет, не буду. "А заниматься антисоветчиной будете?" Нет. "Тогда подпишитесь под заявлением".

- И ты подписал, что больше не будешь?! - Альбрехт вскочил и расставив ноги уставился на Иосифа Бегуна как на шкодливого ученика.

- А что я такое сделал?

- Ты подписал или нет?! - громовержил Альбрехт.

- Это была формальная беседа,- Иосиф был близок к обмороку.

- Подписал или нет?! - требовали слушатели.

Но тут Бегун вспомнил, что на кухне уже давно свистит чайник.

Ожидался доклад совершенно сенсационный: Володя Престин "Теория конфликтов". Уже давно на Горке знали, что команда Лернера смеется над командой Абрамовича. Но что это за "смех" и с чем его едят мало кто знал. И вот, сторонник Абрамовича Престин решил открыть глаза непосвященным.

- В самом начале существования московской алии, когда еще не было ярко выраженных лидеров, начала поступать денежная помощь. Одни получали во-от столько, а другие ничего. Лидерами одной группы были трое, лидерами другой пятеро. Каждую субботу встречались на Горке, но конфликт перерос в ненависть, втянул в свое болото уже десятки людей и что самое потрясающее - почти все уже забыли из-за чего возник конфликт. Скандал из-за дележа даровых денег выплеснулся на страницы американских газет, и вчерашние герои русской алии предстали в постыдном виде. Этот конфликт можно было погасить, если бы мы не вступали в разговоры, то есть не пытались решить конфликт устно. Я считаю, нужно было нам, пятерым, написать тем трем письма. Гласность, документирование, уважение - вот наиболее эффективные пути к разрешению конфликтов... Или вот другой пример. На одном семинаре, во время перерыва, ко мне подошла девушка и заявила: "Володя, еще многие говорят, что ты всем рассказываешь, будто я сотрудничаю с Галиной Борисовной" "Кто сказал?"

"Неважно". Кругом полно народу, коридор узкий, говоришь одному, а слышат все. Так я и не добился от нее ответа. А через два дня я написал ей примитивное письмо, мол, я такой-то, никогда никому ничего подобного про нее не говорил и прошу мне верить.

- Ну и она тебе поверила? - спросили слушатели.

- Дорогие мои,- сказал Альбрехт,- главное здесь то, что Престину удалось погасить конфликт.

- Что же получается,- сказала горбунья,- писанина панацея от всех бед?

- Это брандспойт против конфликтов,- ответил Престин и снова стал похож на поэта Евтушенко.

- Лев Семенович? С вами говорит старший лейтенант КГБ Симоненко Валерий Владимирович.

- Да...

- Я вам звоню по поводу событий 8-го января. Вы ехали в поезде метро.

- А..., так ведь уже приходил один... Я собственно ничего не видел...

- Это был товарищ из уголовного розыска, а мы из КГБ. Когда вы можете к нам подъехать?

- А когда нужно?

- Давайте условимся на завтра, на десять утра. Запишите наш адрес: Малая Лубянка, дом 12-а, телефон 224-47-11. И захватите какой-нибудь документ, чтобы я выписал пропуск.

Малая Лубянка - тени зданий перекрывали друг друга, легковые автомашины припаркованы нос к носу, вдоль высокой крашеной стены.

Узкая филенчатая дверь и - два пограничника в тулупах, как два снежных перевала, и сразу чувствуешь себя маленьким и заблудившимся. По внутреннему телефону Лева попросил Симоненко. Мимо часовых на выход из здания шли обыкновеннейшие тетки и дядьки с сумками, авоськами, портфелями просто так. Таких встречаешь в трамваях, в магазинных очередях и никогда не подумаешь, что у них в кармане грозная книжечка КГБ.

Лейтенант провел Чернобельского на второй этаж.

- Раздевайтесь. Вот вешалка.

Свежевыбеленная комнатушка в десять квадратных метров, два стола, четыре стула.

- Садитесь вот сюда. Ой, может стул заменить? Он не надежный.

Леве все казалось сейчас ненадежным - голос лейтенанта, свет за окном, если хотите - само существование.

- Нужно, чтобы вы более подробно рассказали, что знаете о случившемся. Вспомните ту субботу. Конечно, прошло много времени. Вы ехали в третьем вагоне?

- Да, в третьем.

Белобрысый, гладколицый. Открыл книжный шкаф.

- Это ваше объяснение в день происшествия.

- Мне казалась та бумажка измятой.

Лейтенант рассмеялся.

- Ну-у, выгладилась. Она и сейчас не идеально гладкая.

Во время Левиного рассказа лейтенант его прерывал:

- Да-да, это было... Как он выглядел тот мужчина?

- Крупный.

- Лицо запомнили?

- Нет, конечно.

- пальто, шапку, воротник? Мы его никак не можем разыскать. А вообще, вы заметили что-нибудь подозрительное?

- Нет.

Пауза затянулась, лейтенант смотрел на Чернобельского холодно, дохнуло ужасом... он влип в ужасную историю... если это провокация, то либо уберут свидетелей, либо из свидетеля сделают преступника. Вдруг лейтенант резко выдвинул ящик стола, мелькнула синь материи.

- Где вы видели эту сумку?

- Никогда нигде не видел,- ответил ошарашенный Чернобельский.- Это заграничная?

- С-советская,- процедил следователь.- на каждой странице протокола допроса поставьте свою подпись, а вот здесь два раза распишитесь.

- Я прочту протокол.

- Конечно. Если есть замечания или дополнения - пожалуйста.

Почерк у лейтенанта ровный и четкий.

- Вы написали, что я не запомнил, когда из вагона вышла девушка в сером пальто. Она вышла на Первомайской.

- Ну пожалуйста. Но это ведь неважно. Не девушка же взорвала вагон.

- Конечно. А кто?

- Тот ехал в третьем вагоне,- лейтенант снова холодно и пристально посмотрел Леве в лицо.

Вот сейчас он добавит: "с шахматными часами" и мне,- подумал Лева,- конец.

Лейтенант отвернулся и спрятал протокол в ящик стола. Лева поднялся.

- Говорят, еще было два взрыва.

- Говорят? А где же были?

- Да где-то у вас под боком, в гастрономе и еще у архитектурного института. Да?

- Да.

- Поймали преступников?

Лейтенант улыбнулся.

- Вы не читали в газете "Ведется расследование". Будет суд, вас вызовут как свидетеля.

Уж лучше распрощались бы навсегда. Андрей после обеда загадочно улыбался и, наконец, переборов себя, протянул отцу листок, отпечатанный на Левиной машинке.

Рассказ Левиного сына Андрея, записанный мальчиком на папиной машинке: "Я взял мамины деньги и отправился к друзьям пировать. Я взял пятнадцать копеек. А что интересно взял Владик? А в кошельке у Владика целый рубль. Ух, заживем, радовался Стасик. И мы отправились в кафе. Но сегодня там свадьба и мыс тали ненужными и наши деньги тоже".

Письмо мамы Веры "... день и ночь только о Фимочке и думаем. Мое сердце все время обливается кровью, когда я о нем думаю. За что только Бог его так обидел... Пересылаю тебе письмо Фимочки."

Письмо Фимки "... стараюсь быть жизнерадостным, читаю книги, газеты, журналы. Стараюсь быть в курсе основных событий на земном шаре... Я очень горжусь своим народом... надеюсь, что мои молитвы дойдут до Отца нашего и он не оставит нас детей своих. Вчера меня вызвал пастух (отрядный) и сообщил мне об отказе на помилование. Я не расстраиваюсь, я этого ожидал. Левочка, вышли заказным письмом объемную красивую открытку. Как там малый Андрей? Открытки, если сможешь, вышли. Я буду очень ждать, но только заказным письмом".

Праздник Пурим встречали на квартире Дины Бейлиной. И хотя предназначался он детям, взрослых больше. Дочери Жозика Асса звонкоголосые, в одинаковых желтых передниках гонялись за Ефремкой Розенштейном, а тот опрокидывал все, что стояло на его пути.

Представление "пурим-шпиль" готовил Вольвовский. Айбиндер объявила о начале представления.

Стройная, в длинном розовом пледе, Полина похожа на павлина.

- Кто поет в хоре, дети?

Миша и Таня жевали конфеты и хохотали над картинками детской книги.

- Ду ю спик инглиш?- обратилась молодая американка к Бегуну.

Иосиф пришел с сыном.

- Ес вй ду... э-э... Ат мэвина иврит?

- Кэн,- заулыбалась та.- Ани ломэдэт иврит ба университа.

Пурим-шпиль не начинался потому что "заболел" внезапно Веня Богомольный, играющий Мордехая. И вот Леня Вольвовский и Арон Гуревич (директор неофициальной детской воскресной школы) решали головоломку.

- Я сыграю Мордехая,- сказал Вольвовский.- А ты Амана, он такой же длинный и худой.

- Но у тебя нет бороды! Мордехай имел бороду.

- Эйндавар, Арон! Ты представь, я сейчас стану детям рассказывать о Пурим и после этого буду играть роль злодея?!

- Я тоже, между прочим, директор детской школы.

Полина решила спор.

- Арон, примерь халат Мордехая.

- Я не буду Аманом,- сказал Вольвовский.

- Я за Амана,- сказала Полина.

Она была тут за всех. Детский хор собран и теперь торжественно каменел в углу.

- Дорогие дети! - захрипел Вольвовский.- Вот вы собрались, как собирались евреи уже тысячу раз, чтобы праздновать Пурим. В древние времена...

Вольвовский внезапно обернулся к Арону.

- Ты нашел удлинитель?

Арон в халате Мордехая убежал в соседнюю комнату.

Так вот, дети, в давние времена царь Ахаверош дошел до того, что разрешил негодяю Аману погубить евреев. И если бы не храбрая Эстер...

Тут он опять смолк и обернулся к Бейлиной.

- Дина, занавесь окна, мы будем показывать фильм.

- А как же наше представление?

- Не захотели, чтобы я был Мордехаем, так смотрите диафильм.

Между тем, главное представление переместилось на кухню. Команда Слепака в полном составе разыгрывала Алия-шпиль с американцами: Нудель, Щаранский, Брайловский.

- Заявление симпозиума по еврейской культуре.

- Был такой симпозиум?- удивились американцы.

- В заочной форме.

Ни в этот ни на следующий день Иосифа не забрали. В субботу вечером, ученики его собрались на окончание Пурим. Приехал к отцу Борька (он жил с матерью). Нет только Иосифа. Гости стыли в ожидании. Вдруг дверь распахнулась. Вошел он, за его спиной маячили милиционеры.

- Шалом, друзья,- сказал Иосиф.- Я немного подкачал. Сема!

Он наклонился и прошептал:

- В углу мои папки, забери к себе. Если не вернусь, ключ от комнаты - у тебя.

Подошел к сыну.

- Одевайся, Боря. Они мне обещали тебя отвезти к маме.

- Вы не волнуйтесь, Иосиф Зэйликович,- сказал милиционер,- доставим мальчика.

Увезли Иосифа с Борей, а гости все еще растерянные, бессловесные. На столе израильское вино, гументаш и раскрытая "Мегилат Эстер".

- А где Липавский?- спросил Годлин.- Я принес книгу.

Великолепный дореволюционный фолиант. "Российские Указы относительно евреев".

Лева Годлин, долговязый малый с цыганской бородой, вошел в редакцию "Гарбута" одновременно с Эссасом, Сашей Большим и Чернобельским.

- Говорят за Липавским хвост...

"... Софа писала, что поедет отдыхать в Закарпатье. Может заедет ко мне? Четыре часа! Жду пока пройдет май и кончатся разговоры про амнистию. Я а нее не верю!!! Дни здесь очень похожие. Разница только в пище - сегодня пшено, а там сочка и т.п. Софа! Кто эта женщина, с которой ты ругалась из-за меня? Пошли ей от меня ряд "красивейших" пожеланий. Напиши обязательно! Интересно, кто там так злорадствует. Я очень благодарен Левочке за письма и за "объемные" открытки. Японки тут всех покорили... Сегодня идем на просмотр фильма "Как вас теперь называть". А я его еще на свободе видел.

Фима".

Липавский проснулся, Темнота не отозвалась ни единым звуком. Он заложил руки за голову, представляя себе то седобородого Слепака, то разгневанную Нудель, то коротышку Лернера. Все равно он не смог бы им ничего объяснить. У него и слов таких нет. Конечно, он знал, что так получится. И лубянка наверняка знала.

В комнату вплыл рассвет. Щаранский спал, одна рука сползла с раскладушки и лежала на книге, тут же на полу "Нью-Йорк таймс" с фотографией Натальи Штиглик.

Липавский огляделся: на подоконнике банка с кофе, сигареты, надломленная плитка шоколада. На шахматной доске сваленные фигуры и недопитые стопки. Все это некогда Липавского восхищало, нынче - мучило. Скорее бы уж навсегда сбежать от этой запрограммированной жизни. Если это вообще возможно.

В кабинете,- что высоко вознесся над бронзовым Феликсом звонил телефон.

Зверев рывком снял трубку.

Плохо. Непедагогично. Лейтенант, наверняка, заметил. Спокойнее должен быть генерал.

- Докладываю,- голос Хейфеца.- Щаранский вошел автобус.

- Что у него в руках?

- "Нью-Йорк таймс".

- Присмотрись внимательно.

- Айн момент, оттерла бабка с авоськами.

Зверев включил видеопост Горки.

На экране толпа евреев... один экран показывал людей крупным планом, один - вид сверху. С интересом генерал наблюдал жизнь субботней Горки.

- У-ух ты!- по-детски ахнул он.- Как много новеньких! Мадам Эссас опять беременна? А говорят: отказная жизнь тяжелая!

- А вы взгляните на штаны ее мужа! - воскликнул лейтенант.

- А что?- встревожился генерал.

- Супер лайф.

- Ну, этого добра хватает.

- Так что ж вы его с нами равняете,- обиженно пробормотал лейтенант.

- В субботу, перед синагогой Слепак стоит без головного убора и пишет. За это и сослать в Сибирь не грех.

Они рассмеялись.

- Сын ушиб ногу, - послышался голос Брайловского.- А когда встреча?..

- Завтра в час дня,- голос Лазариса.- Портфель совершенно пустой.

Шелест блокнота.

- Они перешли на письмо,- сообщил звукооператор.

- Не слепые,- ответил Зверев.- ты, Михеев, не принимай нас за идиотов.

В это время на Горке появилась шумная толпа американцев - туристов.

- Они что-о, все евреи?- ахнул Зверев.

- Они из Нью-Йорка, побратимы Слепака.

- пусть он сначала станет набожным евреем,- усмехнулся Зверев,- а там посмотри: дарить нам его Калифорнии или на Урал отправим раввином.

На экране женщины.

-... я нарезаю лук кружочками и заливаю майонезом.

-... а я жарю без лука. Беру мясной фарш...

-... девочки в Сокольниках продавались трусики.

Генерал махнул рукой.

- Отведи их в сторону. Ну их на х... с их трусиками.

Телеглаз поднялся на уровень крыши синагоги. Видно: самая большая толпа собралась вокруг американцев. Александр Лернер под руку с женой раскланивается Маю, а вон и сам Анатолий Шаранский, рядом мужчина в телогрейке и шапке, какие носят крестьяне.

- Опять ходоки из Ильинки? Удивился генерал.

- Исаак Ильин. Этим-то чего не сидится. Они ведь русские, воронежские.

- Если б я все знал,- вздохнул генерал,- я был бы господь бог. Следи за Шаранским в оба.

Видно, как вся Горка повернулась лицом к Толику.

- Сейчас фотографироваться начнут.

- Обрати внимание,- сказал Зверев,- американцы ставят в центр Лернера и Щаранского. Работа ЦРУ.

- Я так понимаю,- сказал Лейтенант,- кое для кого это последняя фотография.

- В принципе, да,- ухмыльнулся Зверев.

В пять вечера Шаранский и Слепак шли к метро.

Зверев вызвал Хейфеца.

- Ну что у тебя, Лазарь?

- Спускаются эскалатором.

- Я должен слышать каждое слово на пресс-конференции.

- А может мы пригласим к вам в кабинет?

- ну-ну, шутник.

- А что, у вас просторнее.

Пресс-конференция, посвященная проблеме выезда евреев из Союза, состоялась на квартире у Слепака. Шаранский зачитал анкеты отказников, заявление крестьян из села Ильинка. Он бледен, нервничал, но голос приветливый, негромкий. У Толи открытая мужская повадка - он подходил к вам прямо и вплотную, точно убрав с дороги все мешавшее, и вникал в вас с живым интересом.

На экране Зверева гостиная Слепака, вместившая полста людей. Слышимость прекрасная. Лернер нервно покашливал и сморкался в клетчатый платок.

- Ну что будем делать?- задумчиво спросил Зверев.

- Как что? - удивился Хейфец.- Брать.

- Кого?

- Всех и брать. Еще б к хоккею успели.

- Они заметили тебя?

- Они уже привыкли ко мне.

- Не понял.

- Крымски приехал. Надо брать,- простонал Хейфец.

- На виду у Крымски?

- Его тоже возьмем.

- А он заявит, что мы нарушили его иммунитет.

- Да я его маму видел вдвоем с иммунитетом!

- Маму его вы не трогайте,- сказал зверев.

В Президиум Верховного Совета СССР
Копия: В Конгресс США
Копия: В Организацию Объединенных Наций

ОТКРЫТОЕ ПИСЬМО
гражданина СССР, кандидата медицинских наук С.Л.Липавского

Мне нелегко было взяться за него, но после долгих мучительных раздумий я пришел к выводу, что должен это сделать. Может быть, это открытое письмо раскроет глаза тем, кто еще заблуждается, кого обманывает западная пропаганда, кричащая на все голоса о преследовании в СССР "инакомыслящих", и которая раздувает так называемый вопрос о "правах человека".

Начиная с 1972 года я связал свою судьбу с лицами, которые по определенным, основанным на существующем законодательстве мотивам, было отказано в выезде за границу и которые крикливо начали спекулировать на вопросе о гражданских правах. Хотя у этих лиц были различные взгляды на формы и методы действий, у них была единая платформа - и единый руководитель - американская разведка и зарубежные антисоветские организации. Они систематически получали по неофициальным каналам инструкции... Их деятельностью руководил Д.Азбель, А.Лернер, В.Рубин. Поскольку я оказался своеобразным секретарем В.Рубина и хранителем архива, то был в курсе всех планов и намечавшихся акций, которые, как я понял потом, имели цель нанести ущерб интересам СССР... ими руководило желание подогреть эмиграцию из СССР и стремление подрывать устои Советской власти. Всвязи с этим выдвигались идеи по проведению в Москве незаконных, а по существу провокационных мероприятий в виде созыва "международной конференции физиков", "международной конференции по еврейской культуре" и т.п. ... А.Лернер предложил организовать негласный сбор информации о тех советских учреждениях и предприятиях, которые работают на оборону, с тем, чтобы убедить западные фирмы под этим предлогом прервать поставку технического оборудования в СССР. В.Рубин должен был после отъезда из СССР провести в США соответствующие консультации по этому вопросу и известить А.Лернера... И хотя были возражения против сбора таких сведений, поскольку это уже являлось явным шпионажем, А.Лернер тем не менее поручил А.Щаранскому и другим организовать получение такой информации и переправить ее за границу... Я убедился также в том, что под личиной борцов за "права человека" маскируются авантюристы, стяжатели, главная цель которых состоит в том, чтобы за счет устраиваемых провокаций... создать себе рекламу. Я был свидетелем постоянной грызни за лидерство и распределение средств, получаемых из-за рубежа, между А.Лунцем, М.Азбелем, А.Лернером. Я все более убеждался, что деятельность этих прихвостней ничего кроме вреда, советским людям не приносит, и это не могло не тревожить меня.

Я публично отрекаюсь от ранее подавшего заявления о выезде из СССР в Израиль, так как считаю, что единственная Родина для меня - это Советский Союз.

С глубоким уважением
С.Липавский.

Когда Щаранский подходил к подъезду Лернера, у дверей уже дежурила "черная волга".

Толя и Лернер сделали заявление на магнитофонной кассете: "Мы не занимались шпионской деятельностью и не сотрудничали с ЦРУ. И вообще, ив ли Липавский?".

Между тем, Липавский парился в бане, голый лейтенант лил кипяток на раскаленные камни, Хейфец чесал свое потное волосатое тело. Зверев вошел в простыне, как римский прокуратор.

- Завтра арестуем Щаранского.

Липавский взял запотевшую кружку с пивом и выпил залпом, как застрелился.

На Горке сироты алии собирали подписи в защиту Сабурова, того Сабурова, на суд которого собирался лететь Липавский.

Слепак трепался в окружении туристов. Он заметил Лернера и Толика и замахал - сюда мол. Взгляды толпы. Это раздражало. Они заставляли тебя улыбаться. Фотообъективы ловили бледные лица героев.

- Они хотят с нами сфотографироваться.

- Шалом! Шаббат шалом!

Середина улицы. Лернер, Слепак, Толя. Американцы - полукругом. Фотографируем! Улыбайтесь! Даже если это ваша последняя фотография на Горке?

Корреспондент "Нью-Йорк Таймс" протянул магнитофон.

- Ну что ж, сделаю заявление сейчас, а может быть поздно,- сказал Шаранский.- Я не шпион и никогда не выполнял никаких поручений ЦРУ или других аналогичных организаций... Что до Липавского, я не верю, что это его письмо в "Известиях".

- Что вы думаете по поводу освобождения Штерна?- спросили Слепака.

- Это жест перед Белградским совещанием.

- Какие перемены, Анатоль?

- Меня преследуют по пятам

В полночь Щаранского втолкнули в "жигуленок", при выходе из дома, где жил Крымски. Было темно безлюдно и тихо. Свидетель Слепак.

В двенадцать следующего дня Марк Азбель краснолицый, с розовой плешью и седым пушком за ушами открыл, как обычно, семинар.

- Так! Наверное, для смеха ради начнем; хоть сейчас и не до смеха. Здесь есть журналы, которые можно не только читать, но и сидеть.

- Вернее не только сидеть, но и иногда читать,- улыбнулся Брайловский.

- Уже лягнул меня, пока я стирал с доски... Итак, современная физика - это философия плюс априорность решений... Вот аксиома... неважно, что она противоречит здравому смыслу... аксиоматизм является возвратом к первоначальным догмам религии... В конце концов мы поняли, что миром правит красота.

- Через симметрию,- подсказал Брайловский.

- Да, через симметрию,- кивнул Абель.

- Не мог же Эйнштейн создать теорию относительности без знаний теории эквивалентности!- заметил Файн.

- Я попросил бы сосредоточиться,- сказал Азбель,- ... создавать красивейшую теорию, не будучи ничем побуждаемым... достаточно знать о существовании электрона, чтобы создать теорию элементарных частиц... Я утверждаю, что современная наука априорна... Меня долго учили благоглупости... Например, Кеплер, ввел эллипс - высшая гармония.

Азбель начертил солнечную систему.

- Но только солнце не в центре,- заметил с улыбкой Файн.

- Всё знает сукин сын,- засмеялся Марк и перечеркнул солнце.- Предтечей квантовой механики был индуизм, а не иудаизм, как ни больно говорить... До квантовой механики все было бесконечно ясно, а потом происходит вот что: теория относительности ограничила скорость света... В чем я сегодня убежден? Уловить красоту, гармонию, симметрию в природе - это значит сделать открытие. По-существу, Эвликид (???) построил свою геометрию, когда увидел: свойства треугольника одинаковы, несмотря на то, где мы измеряем и как поворачиваем. Эвликид открыл симметрию пространства... Галилей, Кеплер, Ньютон открыли человечеству симметрии пространства-времени, то есть как меняются законы физики, когда тело движется. Еще более красивую симметрию подарил человечеству Лоренц... Кстати, кроме электрических зарядов в природе существует еще целый ряд зарядов и последним трем даны удивительные имена: Странность, Очарование и Красота.

- Марк, почему применяют обычные слова к абстрактным понятиям?

- Так уж наша жизнь устроена.

- Нам не дано предугадать как слово в сердце отзовется,- с улыбкой процитировал Виктор Брайловский.

Марк уже заканчивал выступление, когда пришли гости. Они терпеливо слушали непонятный спор на русском языке. Гости - это супружеская пара из Канады, другая - из Штатов. Канадцы молоды, улыбчивы. Американец Хаим Гунар дымил из трубки, он профессор Массачузского и Тель-Авивского университетов.

Марк позвонил в колокольчик.

- Так, наверное, продолжим. Как здесь поется "молодым везде у нас дорога",- так что сначала слово Стиву из Канады.

Канадец - профессор иудаики. Синий пиджак с серебряными пуговицами топорщился и выглядывала красная подкладка.

- Я прошу извинения, что не смог прибыть на свой доклад в среду. Была нелетная погода и самолет аэрофлота продержал нас сутки в аэропорту Монреаля. Когда мы спросили в Шереметьево продлят ли нам на сутки туристическую поездку, нам ответили: аэрофлот не несет ответственности за действия Б-га. Я расскажу какими путями изучали Танах с древнейших времен по наши дни... Начнем с момента, когда библия была завершена... История интерпретации Библии - это интеллектуальная история евреев... Вот книга "Юбилеи", она охватывает время, начиная от сотворения мира до Откровения. Книгу "Юбилеи" написали на иврите, арамейском и на эфиопском. Сохранилась же она лишь на эфиопском языке. В этой книга Моисей упоминается, как человек, которому Б-г сразу дал Тору... Предполагается, что записывали Тору не на том иврите, на котором Гашем диктовал Моисею, а на более современном, чтобы народу понятна была Тора... Эллинисты смеялись: "Что вы обрезаетесь? Ведь нигде не сказано, что Моисей был обрезан". Или, скажем, Давид... Тогда евреи записали в талмуде: если о Моисее сказано: "тов", значит, он обрезан... На самом деле, возможно, талмуд сознательно подчищал своих героев. Например из Библии известно, что царь Давид влюбился в Версавию (вероятно, Вирсавия), а она была замужем. Брать замужнюю - грех. Тогда Давид отправил ее мужа на войну, на верную гибель, а Бат-Шеву сделал наложницей. И это был тяжкий грех. И в дальнейшем Давид, величайший герой еврейского народа, был наказан. И опять эллинисты посмеивались: что это за народный герой, грешник он. И вот уже Талмуд спешит объяснить: когда муж Версавии шел на войну, он по-тогдашнему обычаю развелся с Версавией и потому-де Давид мог смело ее хапать.

Стив говорил битый час и под конец поделился своими впечатлениями о поездке в Сирию.

- Мы обнаружили там синагогу с такими внутренними росписями стен и потолков, какие сегодня видим в церквях.

- А может это была церковь?- спросил Брайловский.

- Насколько я знаю,- ответил профессор,- такого вопроса ни у кого не возникало.

- Будут еще вопросы?- спросил Марк Азбель.- Тогда не ставьте гостю подножки. Это не гостеприимно. Пусть прет дальше. Пли-из-з!

Стив не заставил себя ждать.

- Важным этапом истории иудаики явилось "Руководство для сомневающихся" Маймоница, затем появились Мидрашим, комментарии Раши. Это уже средние века. Книга "Зогар" - мистическое истолкование Библии, начало шестнадцатого века, а ведь были еще караи(е)мы, кто истолковывал Тору по-своему. Четвертый период изучения еврейской Библии продолжается по сей день. Опять пишутся комментарии к Пятикнижью, публикуются философские работы. В настоящее время существует два направления изучения иудаики: мистическое, то есть последователи Зогар и рационалистическое, где Бог не отрицается, но это и не теистические книги в строгом смысле этого слова. А теперь коротко скажу ради чего я прилетел сюда из Монреаля и два с половиной часа вас мучаю. Тора - это глина в том смысле, что ей можно придавать какие угодно формы, но нельзя что-то сделать из нее другое - например сталь. Каждое поколение придает этой глине свою форму. Но если прекратится эта работа над глиной, то она либо засохнет и превратится в кирпич-идол либо развеется пылью по ветру. Наилучший способ изучать устную Тору - это самому добавлять нечто новое. Важно, чтобы человек не стоял на лестнице, а поднимался вверх. И для каждого из вас есть свой верх и свой низ. Где верх и где низ - это зависит от человека.

Вставка "Гости" (см. стр. 303, которая, видимо 310)

В наступившей тишине стали различимы голоса только что вошедших в квартиру Слепака Бейлиной и Нудель.

- Где Липавский?- спросил Азбель.

- Звонили домой к нему,- ответила Бейлина,- сказали, что он в командировке и будет через две недели.

- Теперь через две недели,- прохрипел Слепак.- Вчера говорили: на два дня.

- Ну вот, как ответили так я и передаю.

- разве он не сидит?- неуверенно спросил Файн.

- Что вы все о нем да о нем?!- воскликнула Ида Нудель,- какое нам дело до Липавского? Жив он или убит - нас он больше не интересует.

- Уверена, что он автор письма в "Известиях"?- спросил Азбель.

- господи, я сегодня ночью поняла, как мы любим верить в то, что нам приятно. Ну, почему - когда за телефонные разговоры всем без исключения отключили аппараты, когда каждого из нас выволакивали с переговорных пунктов, не дав сказать "шалом" тому, что на проводе в Иерусалиме - почему Липавский с легкостью необыкновенной устраивал такие разговоры? Откуда он брал столько квартир с телефонами и без хозяев? Нам было удобно и мы закрывали глаза на его фиктивные справки кому попало, мы пользовались его "волгой", его каналом для передачи в Израиль редких книг, его вездесущим блатом. Мы передавали через него реликвии, и ни разу никто не поинтересовался - куда все это девалось. Ерунда всякая доходила до адресата, а вот "Свод российских указов относительно евреев" и свиток Торы XVI века в Тель-Авив так и не попали. Разве не так?

Слепак открыл окно. Азбель вышел на кухню и вернулся с двумя табуретками: одну себе, другую Дине Бейлиной.

- Понимаете,- сказала Бейлина,- случись что с Брайловским, например, так Ирка его тотчас бы прибежала к нам: "Спасите Витю!", а жена Липавского никому ничего не говорит.

- Ну это зависит от характера человека,- заметил Брайловский.

- А может ее запугали?- простодушный Файн все еще недоумевал.

- Липавские не стоят того, чтобы на них тратить время,- оборвала Нудель,- давайте решим, что делать для Толика?

- Ну-у, профессор,- Слепак обернулся к Азбелю.- дай идею.

- Сейчас, сейчас, Дина, что было сделано до ареста Толика?

- Александр Лазаревич и толя записали на кассету заявление, что никаких заданий от ЦРУ не получали и никогда никакой шпионской деятельностью не занимались. Они заявили, что согласны предстать перед судом, но только международным.

- Та-ак, что еще? Что сделано вами?- Азбель повернулся к Бейлиной.

- Мы звонили в Амстердам. Просили , чтобы не распускали пока Международный трибунал,- сказала Дина.

- Безусловно,- улыбнулся Азбель.- А почему вы взяли интервью только у Толи и Лернера и, насколько я знаю, у Володи Слепака? Липавский выбрал этих людей и вы - тоже. Ведь статья в "Известиях" - это пока единственное обвинение и там не только эти фамилии фигурируют...

- Ну-у, так получилось, Марк,- сказала Дина.

- Так это-таки очень плохо,- Азбель раскраснелся.- Ну, хорошо, не время обижаться. Мы, кажется, обдумываем "Что нам делать?" Что-то конечно делать надо.

Борис Чернобельский, на груди пластмассовая звезда Давида, по-школьному поднял руку. (Он недавно пришел на Горку и прославился во время похода в Приемную ЦК партии, когда его и врача Асса арестовали). Лицо-мрамор и улыбка.

- То, в чем обвиняют Толю,- сказал Чернобельский (было "е"),- могут швырнуть в каждого из нас. Нужно написать Заявление, что мы все такие же "шпионы", как Шаранский.

- Ну и что?- сказал Азбель.- Завтра в прессе будет сообщение, что двести евреев признались в шпионской деятельности.

- Марк!- Файн возмущенно поднялся.- Что ты сразу перебиваешь! Пусть Боря выскажет свою мысль до конца. Так нельзя, Марк!

- Так ведь чушь!- не сдержался Марк.

- Марк!

- Ну хорошо-хорошо.

- Что хорошего, профессор?- у Володи Слепака слово "профессор" звучало как ругательство.- Ты-то что предлагаешь?

- Не нужно торопиться. Ведь мы не знаем, в чем конкретно обвиняется Толя.

- Боря Чернобельский высказал интересную мысль,- сказал Брайловский.- несколько человек смогут подписаться? Помните "Ленинградское дело"? тогда на суде Шура Богуславский заявил: "Я такой же, как и они". И тут же из свидетелей перешел на скамью подсудимых и получил три года. Но одно дело, когда такое заявляет один и другое дело, если сразу заявит двести человек. Двести они не посадят. В то же время нельзя ждать, пока они выдернут еще кого-нибудь из наших рядов.

- Я не слышу конкретных предложений.- Слепак закурил, глубоко затягиваясь, шумно выдыхая струйки дыма из трубки.- Что мы все охаем да ахаем, давайте создадим Комитет.

- Комитет,- сказал Азбель,- это уже старо. Когда возникло дело Асса и Чернобыльского, мы создали комитет. И это был серьезный прецедент. На фоне ерундового дела наш Комитет выглядел очень солидно. И власти растерялись. Теперь прецедента не будет и что самое главное: дело Шаранского - это и демократическое и еврейское дело и еще, быть может, дело государственной важности. Так по крайней мере, заявляют власти... Арестованы Гинзбург и Орлов.

- Шаранский это чисто еврейское дело,- сказала Ида, и не нужно объединять его с демократами.

- Но демократы,- возразила Бейлина,- рассматривают Толю, как пострадавшего за общее дело, а не только за евреев. Мы должны сейчас решить: за одного Щаранского поднимать кампанию или за всех троих.

- Понимаете ли,- Брайловский обхватил бородку, на мгновение показалось, что она бутафорская, и он ее сейчас оторвет,- понимаете-ли дело-то какое... если мы хотим обращаться к нашим традиционным адресата и, по сути, единственным защитникам, я имею ввиду еврейские общины, то видимо, нужно ограничиться одним Щаранским.

- Просить нужно за всех,- сказал Слепак.

- Конечно, лучше ограничиться Щаранским,- сказала Ида.- Толику предъявлено совсем другое обвинение, чем Орлову и Гинзбургу. Толю обвиняют в шпионаже.

- Разве ему уже предъявили обвинение?- спросил Азбель.- Какое? Кто узнавал?

- Но если этим занимается КГБ! Он сидит в Лефортово. Еврея, а не кого другого туда упрятали!- Ида Нудель почти кричала.

- Я знаю,- дрогнувшим голосом сказал Слепак,- что Андрей Дмитриевич Сахаров вошел бы в комитет по защите всех троих. Если мы выделим Толика от остальных, Сахаров нас не поймет.

- А кстати, Гинзбург тоже еврей,- усмехнулся с горечью Файн.

Файн был сейчас на стороне Слепака, что бывало с Веней крайне редко.

- Давайте прекратим эти еврейские штучки,- Азбель раздраженно барабанил рукой колено.- Еврей не еврей! Это чушь! Я полагаю, что сегодня еще не следует торопиться с "комитетами" или призывами. Костер еще не разложен. У нас есть время.

- Я не согласен,- возразил Файн,- необходимо перечислить то позитивное, что мы принимаем безусловно. Это прежде всего: идея Международного трибунала. Им будет кого выслушать, ведь большинство действующих лиц письма Липавского уже за границей... Рубин, Лунц, Крымски.

- кстати,- сказал Слепак,- Рубин выступил в Тель-Авиве на пресс-конференции и заявил, что хочет увидеть Липавского по телевидению.

- Хорошая идея,- раздался радостный голос из угла гостиной. Это был алийский фотограф Мишка Кремень.

- А передачу "А ну-ка девушки!" Рубин увидеть не хочет?

- Что еще?- Слепак переводил взгляд с Файна на Азбеля.

- На днях приезжает Вэнс,- вспомнил Чернобельский.- Нужно это как-то использовать.

- Попытаться с ним встретиться,- подсказал Слепак.

- Та нужен ты ему очень,- фыркнула Ида.- Картер заявил, что он не смешивает разоружение с "правами человека".

- И все-таки попытаться встретиться с Вэнсом нужно.

- Ты хочешь, чтобы вас всех снова пересажали на пятнадцать суток?- улыбнулась Дина.

- А что-о, это был бы неплохой подарок Вэнсу,- ответил с широченной улыбкой Слепак.

Уж кто-то, а он на такие подарки не был жадный.

- Мы забыли про Иосифа Бегуна,- сказал Файн.

- Но Иосифу больше года не дадут,- опустив глаза тихо заметила Бейлина.

- Да, но сидеть этот год придется не кому-нибудь, а Иосифу,- резонно заметил Файн.- Это его год.

- И все же, главное сейчас: Толик,- вернула Ида все на круги своя.

- В следующее воскресенье,- сказал Марк,- просьба ко всем обязательно прийти... Мы намерены отметить наш юбилей чтением докладов. Это не секрет. Разосланы приглашения... Но многое от нас не зависит. Мы находимся между двумя силами, и каково будет наше статус-кво трудно сказать. Поэтому нет смысла называть сейчас доклады или фамилии докладчиков. Они вообще могут не дойти до места выступления. Вообще же у нас может быть несколько предельных состояний: мы собираемся здесь одни и все будет, как всегда; другой вариант - приедут гости, тогда возможно придется читать доклады на английском. Ну и третье предельное состояние, когда здесь никого не окажется...

- А если гости прилетят позже?- спросил Брайловский.

- Мы готовы любить кого угодно,- усмехнулся Азбель.- Но свадьбу гуляют один раз. Кто опоздает... Ну что ж, мы им, конечно, харчи вынесем во двор, но тут уж чем богаты, тем и рады.

Настенные часы отбили десять вечера и слушатели азбелевского семинара ринулись к вешалке. Иностранцы влазили в дубленки, записывали адреса и телефоны семинаристов-отказников. Физик Файн оживленно беседовал с коллегой и Массачузского университета.

- Не расходитесь,- взывал Азбель.

Но школьная привычка брала свое, и семинаристы удирали прочь. Осталась беспризорная Лариса, пучеглазый Цыпин, Чернобельский, еще несколько послушных человек да вновь прибывшие (Слепак, Нудель, Бейлина). Дина Бейлина стояла в дверном проеме и рылась в потертой кожаной сумке. Ворох бумаг и бумажек пенился под руками. Лицо ее по-бабьи озабоченное. Вдруг Дина оглянулась.

- Где Веня? Фа-айн! Тебя все ждут! Мы же для чего-то сюда приехали!

А он продолжал трепаться с иностранным гостем.

- Ве-еня! Мы собрались не ради того, чтобы ты вел научные беседы.

Пухлые щеки Файна заалели, но он продолжал сидеть на стопке журналов с Хаимом Гунаром, профессором Массачузского и Тель-Авивского университетов.

- Давайте не терять время,- предложил оставшимся Марк Азбель.- Дина, что слышно у Толика?

Слепак - он сидел на облучке дивана в сером пиджаке и клетчатой рубахе нараспашку - хриплым голосом сказал?

- Приняли от нас передачу для Толика. Потом нас принял Тихонов, он сказал, что им сейчас занимается КГБ и что он находится под подозрением в совершении государственного преступления

К каждому еврею в мире. Феликс Кандель.

К КАЖДОМУ ЕВРЕЮ В МИРЕ

Братья и сестры,

московскому еврею Анатолия Щаранскому, 29-ти лет, угрожают долгие годы тюрьмы или смертная казнь.

Следствие по его делу ведет Комитет Государственной безопасности, следствие ведется тайно и без участия адвоката.

Через средства массовой информации агенты КГБ распространяют сведения о том, что Анатолий Щаранский и другие евреи-отказники - агенты американской разведки.

Эти сообщения так же абсурдны и общественно опасны как сталинская ложь о евреях-космополитах в 1949 году или о врачах-отравителях в 1953 году.

Евреев снова пытаются принести в жертву темным инстинктам толпы и эгоизму отдельных личностей. Снова надеются парализовать ужасом сотни тысяч еврейских душ, перед которыми открылась дорога к воссоединению со своими братьями и своим Б-гом.

Братья и сестры,

дело Щаранского - не ошибка и не дополнительный трюк, как можно было надеяться еще недавно.

Это - очередной этап эскалации и ненависти.

Это - смертельная угроза для каждого, угроза лишения свободы сотен, угроза деморализации и утраты национального достоинства для миллионов советских евреев.

Братья и сестры,

среди евреев не может быть равнодушных.
Ибо и тебя, и меня вывел Б-г из Египта,
Это твоя кровь и моя кипела в печах Майданека.
Это и твои волосы и мои поседели в Энтеббе.
Ты и я вместе с узниками Сиона валим лес в Архипелаге.
Ты и я сегодня в камере московской тюрьмы КГБ, рядом с Анатолием Щаранским.
Братья и сестры,
в нашем еврейском доме - снова беда.
Снова наши гонители "изыскивают неправду, делают расследование за расследованием даже до внутренней жизни человека и до глубины сердца" (пс.64,7).
Как бы ни было велико зло Б-г больше его.
Он дал нам терпение Иова, он даст нам и дух рабби Акивы.

Г.Розенштейн, В.Файн, Д.Бейлина, С.Альпер, А.Лернер, И.Нудель, В.Слепак, И.Гольдштейн, А.Май, В.Елистратов, М.Кремень, Ф.Кандель.

На горке появился самиздатовский сборничек "Мой сын, Щаранский" Феликс Кандель.
"Евреи!
Поглядим правде в глаза, евреи!
Один раз только поглядим...
А где она наша правда? Где она, где?
Как ее отыскать в ворохе чужих полуправд?
А правда наша - старики наши.
Вот и поглядим в глаза старикам нашим. Битым и ломаным. Нуганым и задавленным. Приспособившимся к невозможному. Убежавшим от неизбежного.
Позабывшим незабываемое.
Поглядим в глаза - не зажмуримся.
Поглядим - не откажемся.
Поглядим - примерим на свой счет...
Он сказал мне однажды, молодой еще музыкант, скрипач из хорошего оркестра:
- Я теперь спокоен,- сказал он,- у меня появился запасной выход. Если они меня выкинут с работы, я всегда смогу уехать.
Его выкинули...
Покрутился, повертелся, с трудом и по знакомству устроился в оркестрик похуже.
Вчера я его опять встретил:
- Я спокоен,- сказал он, позабыв про первый наш разговор.- У меня есть запасной выход. Если меня они выкинут...
Евреи!
Поглядим совести в глаза, евреи!
Один только раз поглядим...
А где она - наша совесть? Где он, где?!
А совесть наша - дети наши.
Вот и поглядим в глаза нашим, не сытым еще - не зажравшимся. Не трусливым еще - не продавшимся. Гордым еще и добрым, нерасчетливым и наивным.
Дети наши - это прошлое наше.

Старики - наше будущее.
Все наоборот, навыворот, наизнанку... Все перелицовано трижды и пятижды.
Так как же нам вывернуться на нашу естественную сторону? Как же нам, как?
и надо ли?
и можно ли?
и не опасно ли?
и где она, где она - наша естественная сторона?..
Чтобы старики наши стали нашим прошлым. Дети - нашим будущим.
И вот мы уже выворачиваемся.
Вот мы кряхтим и стонем. Пыхтим и надрываемся. Страдаем сами и сучаем других.
Выворачиваемся, братцы, выворачиваемся!
Но какой дорогой ценой.

ПРЕДСЕДАТЕЛЮ ПРЕЗИДИУМА ВЕРХОВНОГО СОВЕТА СССР ОТ МИЛЬГРОМ И.П.

> Мой сын, Щаранский Анатолий, был арестован
> 15 марта 1977 года...

Его прадед захотел умереть в Палестине.
Захотел и захотел.
Были такие чудаки во все времена.
Что делал еврей в подобном случае?
А что он мог делать? Шел в канцелярию градоначальника, писал заявление, платил 10 рублей - и через две недели получал заграничный паспорт.
Его прадед так и сделал. Пошел, написал, заплатил - и уехал в Палестину.
И жил там. И умер там.
А дети остались на Украине. И внуки остались. И правнуки.
Это был год тысяча девятьсот тринадцатый.
С этим годом долгое время у нас любили сравнивать разные показатели.
Сколько нефти в тринадцатом году и сколько теперь. Сколько угля.
Чугуна. Стали. Всякого прочего добра...
Сравним и мы.
И тоже с тысяча девятьсот тринадцатым...
Его дядя сидел за сионизм в тюрьме.
Сидел себе и сидел.
Были такие чудаки во все времена.
Было такое веселое время, когда за это сажали и объявляли открыто, что сажают за сионизм, а не за паразитический, будто бы, образ жизни; не за шпионаж и хулиганство. Нравы тогда были попроще.
Оглядки на запад поменьше.
В тюрьме дяде предложили:
- Или подпиши, что не будешь заниматься сионистской пропагандой, или высылка.
Дядя предпочел высылку. И уехал на пароходе. Через Турцию в Хайфу.
А братья остались на Украине. И сестры. И племянники уже родившиеся и еще нет.

Это был год тысяча девятьсот двадцать второй.

Опыта у властей еще не было. Традиции не сложились. Профессионализмом и не пахло. Но уже проклевывались первые ростки. Робкие, но многообещающие.

В порту, у трапа парохода, провожающих фотографировали.

Так и представляешь неуклюжий аппарат на треноге,- маг-чародей из ЧК под черным покрывалом, вспышка дымного магния...

Это вам не теперешняя электроника!

Это вам не микрофон в горошине. Не фотоаппарат в пуговице. Не радиоактивные изотопы. По сравнению с двадцать вторым годом мы давно уже взлетели в заоблачные высоты.

А по сравнению с тринадцатым!..

ПРЕДСЕДАТЕЛЮ ПРЕЗИДИУМА ВЕРХОВНОГО СОВЕТА СССР
ОТ МИЛЬГРОМ И.П.

> Мой сын, Щаранский Анатолий, родился в городе
> Донецке в 1948 году...

Украина, Украина!

Сколько детей еврейских родила ты, Украина!

Сколько выкормила - выпестовала - соединила - оженила - похоронила!

Сколько забила насмерть!

Топот казачий, посвист гайдамачий, мат-перемат петлюровский, кованая поступь полицая...

Что же случилось на твоей земле, Украина, после тринадцатого года? Что случилось, Украина? Страшно вспомнить.

По всему миру, Украина, рассеяны пасынки твои - евреи. По странам и материкам: у кого дедушка, у кого бабушка, а кто и сам с Украины, едут к тебе - к могилам с пепелищами. Едут к тебе - к детству оборванному. Едут к тебе - едут к себе.

Вспоминают тебя, проклинают тебя, благословляют тебя, Украина. Хаты беленые, вишни в цветении, доброту с пирогами да галушками, злобу с кольями да нагайками...

Узел на тебе завязан, Украина. Плотный, тугой узел, что не разодрать и зубами.

Бегут от тебя и тоскуют по тебе.

Цепляются за тебя и мечтают о побеге.

Украина, Украина!

Как нам с тобой повезло, Украина!

Как на не повезло с тобой...

ПРЕДСЕДАТЕЛЮ ПРЕЗИДИУМА ВЕРХОВНОГО СОВЕТА СССР
ОТ МИЛЬГРОМ И.П.

> Мой сын, Щаранский Анатолий, в 1972 году
> закончил московский физикотехнический
> институт...

Поздние дети - нежданные дети.

Когда не ждешь уже, не надеешься, примирился навечно с невозможным, с привычной горечью глядишь на беременных девочек, на отцов с колясками, на бабушек с внучками, на годы свои уходящие, на старость впереди нехлопотливую, на бесцельность привычную... и вдруг - нежданно-негаданно - подарок тебе, откровение, чудо, не просто рождение - знак неразгаданный.

Поздние дети - ненаглядные дети.

Над которым дрожишь и удивляешься, радуешься и гордишься: не знаешь, кого и благодарить.

А они с братом были поздние.

Мать родила их уже под сорок.

Когда и не чаяла.

И стал жить мальчик.

Мальчик как мальчик.

Жил себе и жил.

В школу ходил, книжки читал, кино смотрел, реи слушал, сам потом выступал. Все, как у всех. Только ростом оказался поменьше да задумчивостью побольше. Да еще не всякого до себя допускал, долго держал за стеночкой, приглядывался-присматривался, стоит ли этому человеку дверцу открыть. В футбол играть не любил. Гвозди забивать не умел.

Любил математику. Любил шахматы.

В 12 лет напечатал в газете шахматную задачку собственного изобретения. Заплатили за это 5 рублей 35 копеек. С вычетом за бездетность.

В 14 лет - первый разряд по шахматам.

В 15 - кандидат в мастера.

Так и хранятся в семье вырезки из тех старых газет с упоминанием фамилии дарования, да еще квиточек денежного перевода на 5 рублей 35 копеек. И фотографии хранятся. И разные мелочи, несущественные для постороннего.

Поздние дети - особые дети...

А дорога для него расстилалась ровная, гладкая, будто под горку: катись не споткнешься. Школа с золотой медалью - институтский диплом на отлично - работа научная, перспективная.

Жизнь открывалась прекрасная!

Судьба баловала сверх меры!

По сравнению с тринадцатым годом разве может быть хоть какое-нибудь сравнение?!

Войны не знал, Сталина не помнил, дело "врачей-убийц" обошло стороной, в младенчестве... Еврейское свое не ощущал, традиций не имел, истории не знал, песен не слышал: все как у всех, все, как для всех.

Само время освободило от необходимости знать и помнить. Само время услужливо подсунуло оправдание с отговорками.

И везде он был активистом. Всегда и везде. В школе. В институте. На работе.

Ах, евреи, евреи! Сколько вы наработали на других, евреи. В веках. В странах. Мозги свои отдавали. Мускулы свои. Идеи и эмоции. Энергию и страстность. Самих себя на удобрение.

Ах, евреи, евреи! Не пора ли, евреи, поработать на себя? Землю свою удобрить. Горе свое помыкать. Радость свою испить. Свою - не чужую.

Не пора ли, евреи?..

ПРЕДСЕДАТЕЛЮ ПРЕЗИДИУМА ВЕРХОВНОГО СОВЕТА СССР
ОТ МИЛЬГРОМ И.П.

Мой сын, Щаранский Анатолий, в 1973 году
подал заявление на выезд в Израиль...

Как мы приходим к этому?

Кто знает - как?

Что толкает нас? Что заставляет нас? Что сидит в нас до поры до срока, чтобы пробудиться неожиданно и врасплох?

Во все времена евреи срывались с насиженного места, во все времена.

У одних - флаг на мачте, ветер в паруса. У других - прыщ на седалище: не усидеть. У третьих - тоска едучая, от которой бегут всю жизнь - не убежать.

Но главное не это.

Веками повторяемое, веками ожидаемое заклинанием, верой неистовой, надежной невозможной, вздохом каждым и каждым выдохом: "В будущем году...", "В будущем году...", "В будущем..."

Ниточка малая, невесомая.

Через моря и страны.

Ниточка, которую не ощущаешь долго, до первого ее натяжения.

А натяжение слабое, прерывистое: не всякий и уловит это натяжение, не всякий и поймет, не всякий и захочет...

"Рабами были мы в земле египетской"

Рабами были мы. Рабами стали мы. Рабами со всеми удобствами.

Какое у нас, граждане, обеспеченное рабство! Какая упоительная возможность заложить ненужную душу в обмен на добавочное тело!

В Киеве было землетрясение. Дома качались, как деревья в бурю. Народ сыпался вниз по лестницам напуганный и полуодетый.

Одна дама выскочила на улицу с двумя хрустальными вазами в обнимку. Вазу - они могут разбиться. Хрусталь - он нынче подорожал. Она отдышалась на ветерке, огляделась вокруг себя и закричала вдруг в ужасе и смятении:

- Лорочка! Где Лорочка?! Я забыла про Лорочку!..

А ниточка тянет. Тянет ниточка. Тянет и на ком-то обрывается, перегруженная добром нахватанным, страхом накопленным, самодовольством и безразличием...

Сегодня мы голосуем ответственно: да - нет. Сегодня мы решаем и за себя и за потомков своих: да - нет. Сегодня мы не можем отговориться незнанием и воздержаться: да - нет. Сегодня мы уже умудрены опытом прошлых лет, когда неожиданно, врасплох, закрылись на десятилетия выпускные двери: да - нет. Сегодня мы понимаем, что двери могут закрыться еще раз, по расчету или по прихоти: да - нет. Сегодня мы не имеем возможности сослаться на спасительное "завтра".

Сегодня - это значит сейчас. Завтра - может быть, никогда.

Это вам не тринадцатый год... Это вам не канцелярия градоначальника.

Можно спрятать голову под подушку, можно отогнать от себя эти дурацкие, навязчивые мысли, можно что ни год продлевать вызов из Израиля - да - нет, евреи, да - нет!

Как ни называйте это, как ни оплевывайте, как ни бегите прочь - заложено в нас странничество, тяга, вечное движение по чужим землям в ту, свою, единственную... А потери - ну и что же, что потери? - потери бывают на всяком пути. Вон и теперь: многие выехали, да не поехали, выехали, да проехали мимо, продлили странничество свое по окольным путям. И на потомков своих переложили они это последнее, единственное решение; через века веков вернуться на родину.

Ниточка тянет. Ниточка утягивает...

Вера неистовая. Надежда невозможная. Вдох с выдохом...

В разгаре очередного спора тихий, задумчивый мужчина с осанкой патриарха, с лицом праведника, со взглядом пророка спросил, вдруг, заинтересованно:

- А те, кто остается, будут как-то отмечены? Что они получат за это, те, кто остается?

ПРЕДСЕДАТЕЛЮ ПРЕЗИДИУМА ВЕРХОВНОГО СОВЕТА СССР
ОТ МИЛЬГРОМ И.П.

> Мой сын, Щаранский Анатолий, только начал жить, он хочет быть математиком, его первые шаги в науке - многообещающие. Но он желает остаться евреем, жить в своей стране, со своим народом...

Почему мы не хвалим друг друга?

Почему не охраняем - не бережем?

Почему мы такие скупые на слова и эмоции?

Надо умереть, чтобы помянули тебя добрым словом.

Надо сесть в тюрьму, чтобы перечислили твои заслуги.

Вот он стоит перед нами, малого роста, лысый с молодости, большелобый и пухлогубый, белозубый и веселоглазый.

Малого роста и лысый с молодости - кому от этого было хорошо?

Ему.

У кого не проявлялись комплексы - удавкой за горло?

У него.

И другие вокруг не чувствовали его обделенности. Недаром же он сумел покорить красавицу!

А что? Так и должно быть? Жена? Конечно, красавица. Дела? Конечно, большие. Работа - лучшая. Успехи - грандиозные. Судьба - счастливая.

Щаранские - они все оптимисты.

Это у них семейное.

"Анатолий Щаранский - человек абсолютно бескорыстный, честный, добрый, благожелательный к другим людям,- пишет друг его детства,- утверждаю это, ибо знаю Толю еще со школьных лет, тех лет, когда формируется личность человека, и на протяжении всего нашего знакомства у меня ни разу не было оснований усомниться в добрых качествах его души".

Вот он стоит перед нами: добрый и мягкий, спокойный и благоразумный, четкий и обязательный.

Цепкий ум: все понимает с полуслова.

Шахматист: просчитает вперед на много ходов - личные дела, работу, жизнь.

Бессребреник: ничего не надо. "Один свитер есть, так зачем второй?! Два сразу не наденешь".

Неловкий в быту: все разбивает, все проливает, ломает, опрокидывает, теряет. Но не в делах, не в работе.

Сладкоежка.

"Умный, рассудительный, лишенный какой-либо агрессивности, Анатолий никогда не действовал под влиянием порыва или давлением чужого авторитета. Он всегда стремился разобраться в ситуации, вынести свое суждение, не придя к какому-то выводу, отметал безразличие и страх и делал так, как велела его совесть".

Вот он стоит перед нами:

- Я голоден, накормите меня.

Дай Б-г, чтобы у вас были такие друзья, которые могут постучаться в вашу дверь.

"Будучи человеком общественным по своей природе, смелым и требовательным, он вступается и за других людей, оказавшихся в таком положении.

Еврей, беспокоящийся о евреях.

Еврей, беспокоящийся о неевреях.

Когда страдают люди, им надо помогать, не спрашивая о национальности. Это в наших традициях. В крови нашей...

Вот он стоит перед нами: оптимист, жизнелюб, с улыбкой от уха до уха.

Уверенный в себе и в других. Сосредоточенный на надеждах, а не на страхе. Принимающий плохие прогнозы, как временные. Хорошие - навсегда.

Щаранские - они все оптимисты.

Это у них наследственное...

Но уже не на шахматной доске зашевелилась странная фигура, тихая, незаметная пешка, помаленьку проползавшая в ферзи,- Сеня Липавский.

Это был их сюрприз.

Как говорят, домашняя заготовка.

Заранее не угадать...

Ах, Сеня, Сеня, ласковый ты наш теленочек!

Ах, Сеня, Сеня, мурлычащее создание!

Откуда же ты взялся, дорогой?

Как же ты влез в самую нашу серединку, в души наши, стал нужным и незаменимым, услужливым и участливым.

Вот гляжу на фото, где мы все. И ты. И я. И другие. И хозяин дома, нежный твой друг, которого ты теперь оплевываешь. И Толя Щаранский, преданный твой товарищ, которого ты сдал в тюрьму, с рук на руки.

Что же тебя заставило, Сеня, что?

Чем они тебя взяли? На что купили? На испуг или на деньги?

И когда ты был до конца искренним? Тогда - с нами? Или теперь - в газете?..

"Мне нелегко было взяться за перо, но после долгих и мучительных раздумий я пришел к выводу, что должен это сделать..."

Не было, Сеня, у тебя "мучительных раздумий". Не было у тебя такого периода, когда ты мог бы задуматься, одуматься, отойти от нас, понять свою "трагическую ошибку". Еще за пару дней до статьи в газете ты все так же улыбался, лизался, целовался со всеми. Еще за пару дней до статьи в газете ты намеревался более активно включиться в работу.

В какую "работу", Сеня?

"Я хотел бы заявить, что приложу все свои силы в разоблачении враждебной деятельности отщепенцев и изменников родины, которые продались ЦРУ...".

Еще за пару дней да статьи ты хотел приложить все свои силы для выезда в Израиль. Еще за пару дней до статьи ты снял в городе комнату, чтобы можно было задерживаться по делам, не ехать ночью домой, за город. Что ты готовил, Сеня, в этой комнате, какие ловушки? Каким шпиговал ее оборудованием для подслушивания и подглядывания? Нет, на было у тебя "мучительных раздумий", Сеня Липавский, а просто дернули наверху за веревочку, и ты сработал, ты исполнил свой номер, свой трюк, свою коротенькую игру - пляшущий человечек, однодневка... Недаром ты так нервничал в тот последний день, все ждал какого-то звонка, ждал команды. И дождался.

"Я бы хотел посвятить себя борьбе за идеалы мира, дружбы народов, за социализм..."

Борьбе? Какой еще борьбе ты хочешь себя посвятить? С кем собираешься бороться, Сеня, с какими еще друзьями?

Несчастны те народы, которые нуждаются в помощи такого человека.

Назавтра после твоей статьи в "Известиях" я показал наше общее фото двум разным людям, которые не знали тебя, которые никого не знали на этом снимке. Я попросил их угадать, кто же тут Сеня Липавский.

Оба указали на тебя, Сеня.

Оба, не сговариваюсь.

Случайность?

Наверное, случайность. Ошеломляющее совпадение, от которого становится погано на душе.

Как же я тогда проглядел тебя, Сеня Липавский? Как же мы все?...

Случайность? Может быть случайность.

Но не случайно их выбор пал на тебя, Сеня, нет, не случайно.

Все мы под надзором. Все мы под микроскопом. К каждому из нас приглядываются, прицениваются, прикидывают, на что можно взять: на корысть или на испуг. В каждом из нас отыскивают изъяны, дефекты, гнильцу душ наших, чтобы удалить в слабое, незащищенное место. А там уж как Б-г пошлет: выдержим мы или согнемся... Ну почему все-гаки они выбирают одних и пропускают других?

Почему? -107-

Вот о чем неплохо бы подумать!

Поглядим в зеркало, евреи, в глаза свои поглядим. Нет ли и там запрятавшегося до времени ласкового теленочка? Нет ли и там усатого, мурлыкающего создания, которое продаст всех, начинай с самого себя? Нет ли и там трещины, дефекта, изъяна, - помощника тем, кто улавливает наши души?

А Липавский, - ну и что же, что Липавский? По сравнению с тридцатым годом ничего особенного не произошло. Такие бывали во все времена. Такие есть и теперь. Такие будут. И нам жить около них. Нам - работать. Нам - доверять. И расплачиваться - также нам... Нет у нас никаких тайн. Нет секретов. Нечем нам торговать на шпионском рынке. Все это чушь собачья!

Одно у нас - громко и открыто - наше желание выехать отсюда.

Выехать. Выехать!

А Сеню... Сеню можно только пожалеть.

Если он и вправду мечтал уехать - теперь не уедет.

Если он и вправду пришел к нам по заданию - потерял бездарно многие годы.

А ведь ему жить еще, - и долго жить, - работать, растить сына, заводить новых друзей, потом их предавать - тоже ему...

Теперь они от него не отцепятся!

Вот нам и урок, евреи!

Какой нам прекрасный урок.

И что же потом? Что потом? Сразу, после статьи в газете о шпионе Щаранском?

Психическая атака. Десятисуточное непрерывное давление.

День и ночь. Машины у подъезда. Агенты у квартирной двери. Он ехал в лифте - и они с ним. Он шел по улице - и они рядом. Он стоял у синагоги - и они стояли. По пять, по восемь сразу.

Давление. Наглое, непрерывное давление. Когда не знаешь, что будет с тобой через минуту. Когда выходишь на улицу, в булочную, за газетой, надев предварительно теплое белье, прихватив с собой зубную щетку, гребешок, прочие предметы, которые понадобятся в тюрьме. И так десять дней. Демонстрация силы и власти. Чтобы

сбить, поколебать, запугать.

А он пока что учил иврит, ходил на семинар, решал шахматные задачки, писал письмо. Приходили к нему родители, натыкались на агентов у двери, пугались. А он их успокаивал. Он их убеждал, что это нестрашно. Ерунда. Простой спектакль.

И они верили. Они хотели верить. Они не могли не верить, потому, что он их сын. Поздний ребенок.

Щаранские - они все оптимисты.

Это у них наследственное.

Десять дней непрерывного давления. Десять дней ожиданий: возьмут или не возьмут. Давление было огромно. Каково же оно теперь? В камере, без друзей и близких. Под нависшей угрозой сурового приговора....

Как им хотелось тогда сломать его!

Как им теперь этого хочется!...

14 марта, вечером, он включил радио, слушал музыку .Мягкое кресло. Чай с конфетами. Тишина и покой.

- Я успокоился, - сказал. - Прошло десять дней. Вряд ли теперь возьмут...

Назавтра его взяли.

Будто прослушивали они квартиру, будто ждали только момента, когда расслабится, чтобы схватить врасплох...

В тот день, 15 марта, узнали об освобождении из тюрьмы доктора Штерна. Обрадовались. Выпили по такому поводу. Побежали на улицу, к телефону, обзванивать кого только можно.

Двое втиснулись за ними в лифт.

Внизу они оттерли его попутчиков.

Резко толкнули в спину.

Выбросили на улицу, в ловкие руки.

Запихнули в машину.

Освободили Штерна - посадили Щаранского.

Как мы боялись этого!

Как нам это знакомо!

По сравнению с тринадцатым годом такой накопили опыт - врагам не пожелаешь!...

ПРЕДСЕДАТЕЛЮ ПРЕЗИДИУМА ВЕРХОВНОГО СОВЕТА СССР
от Мильгром И.П.

Я обращаюсь к вам с просьбой проявить гуманность и разрешить моему сыну, Щаранскому Анатолию, выехать в Израиль, воссоединиться с женой, а нам, престарелым родителям, потерявшим за это время покой и здоровье, вы дадите возможность спокойно дожить те немногие годы, которые нам отведены...

И вот уже предъявлено обвинение.

Официально.

По уголовному кодексу Российской Федерации.

Статья 64а: от 10 лет тюрьмы до расстрела.

Что же такое у нас измена Родине?

Если вы хотите покинуть эту страну, вы уже изменили.

Если вы не согласны хоть с чем-нибудь, вы уже диссидент.

Если вы настаиваете на своем, вы сумасшедший...

Его прадед захотел умереть в Палестине.

Захотел - и уехал.

Он захотел жить в Израиле.

Захотел - и сел в тюрьму.

Такова, видно, доля наша:
одних провожаем на взлет,
других провожаем на срок...
И сравнивать нам теперь уже не надо с тринадцатым патриархальным годом.
Есть у нас теперь для этого страшный и жестокий - пятьдесят третий.
Там были "евреи-отравители".
Тут - "еврей-шпион"...
С пятьдесят третьего по семьдесят шестой как-то обходились без этого.
В семьдесят седьмом, видно, не обойтись...
За полгода до ареста он решил сделать обрезание.
За неделю до ареста он попросил называть себя не Толя, а Натан.
Так замыкаемся круг.
Так мы возвращаемся назад. к себе, к своим, к прадедам и к праотцам.
Возвращаемся, граждане, возвращаемся!
Но какой дорогой ценой...
Мы верим в тебя, Щаранский, Анатолий!
Мы будем ждать тебя, Щаранский Натан!
В будущем году мы встретим тебя в Иерусалиме.
Или ты встретишь нас...
Евреи - мы все оптимисты.
Это у нас наследственное....
1977 год, март - июнь

Письмо от Фимки:

"Очки привезите. Книгу, сигареты и все остальное - по возможности. До свидания 21 день. Хочется надеяться, что все, как я задумал, так и будет. Спасибо, братик, за Гэйне "Принцессу..."

Так у меня все по-старому. Смотрел аргентинский фильм "Улыбка матери", за весь срок такой фильм вижу впервые. А так, по вечерам сижу и читаю прессу, слушаю, когда работает радио.

Как вы поживаете? Что у вас новенького?

Вообще, пиши обо всем, что творится на свободе. Мне осталось 5 лет 2 месяца 20 дней. А всего дней - 1908, по здешним меркам это ерунда, а для меня кажется вечностью. Мне сейчас кажется, что свобода и все остальное я видел во сне. Вот какая ерунда.

Файна уже третий раз вызывали в Лефортово.

- Мне прислали повестку и равно в три я был там. Кстати, встретил Брайловского, - рассказывал у лестницы в синагогу.

- Вас один и тот же следователь допрашивал?

- Меня допрашивал заслуженный следователь азербайджанской республики. Он спросил: "На каком языке вы будете отвечать?" Я сказал "по-русски". Понимаете, он тут мне дал почувствовать свое преимущество. Он несколько раз куда-то звонил и разговаривал по-азербайджански.

- Надо было ответить: "На иврите",- сказали из толпы.

- Пришлось бы искать иврит-азербайджанского переводчика, - улыбнулся Файн. - Не так-то это просто.

- Ну, ладно-ладно, какие тебе задавали вопросы?

- Да самые разнообразные: о Толике, об алии.

- Дураком прикидывался, - засмеялись в толпе.

- Потом уж я его спрашиваю: когда начнется допрос?

- А мы уже начали, - ответил он. Нет, сказал я, допрос начнется, когда вы дадите мне бланк, где я предупреждаюсь о даче ложных показаний, по какому делу вызван свидетелем и когда я смогу записывать каждый ваш вопрос и каждый свой ответ. "Ну, зачем же такой формализм?" Тогда я больше не скажу ни слова. "Ну, хорошо... Подпишетесь о неразглашении... "Нет, уж увольте... Никаких подписей подобного рода я делать не собираюсь. С меня хватит своих секретов. Не хватало вешать на себя еще ваши. "Если вы будете благоразумны, мы посодействуем вашему отъезду... Но кончить плохо вы можете тоже... Вы сделали слишком много преступлений против Советской власти.

- Назовите конкретно, - потребовал я. Он замычал, головой мотает из стороны в сторону, нес ахинею про голодовки, пресс-конференции, письма в ООН... Симпозиум по еврейской культуре... Он кричал "Вы же культурный человек, доктор наук, вы же изучали марксизм!" Но там же все ложь, - сказал я. Он как подскочит. В толпе захохотали.

- Вень, а долго допрос длился?

- Восемь часов.

- А где же ты обедал?

- На воле. Я пошел в обычную столовую, а потом вернулся в Лефортово. Ну и коридоры там... идешь-идешь....

- А что насчет Щаранского?

- Знаю ли его, какие письма вместе подписывали... Толстая такая папка лежала на столе... какие-то книги и журналы на иностранных языках.

- И снова вызовут?

- Пускай вызывают, - сказал Файн... - Я все равно больше туда не пойду.

- В смысле добровольно, - подсказали из толпы.

- Да, - кивнул Веня. - Вот здесь мое заявление в ГБ.

Это был листок, отпечатанный на машинке: "Я, Вениамин Файн, отказываюсь являться на дальнейшие допросы до тех пор, пока мне не сообщат официально, по какому Делу я прохожу свидетелем ..."

- Устно я еще тогда заявил следователю об этом. Как раз вошел в кабинет его коллега.

"Я знаю, почему вы так заявляете! - закричал он.- Вас подослали узнать по какому делу обвиняют Щаранского". Я ответил: вы же сами меня и подослали к себе, - и протянул ему повестку.

- Вень, а что спрашивали у Брайловского?

- Э-э, - Файн махнул рукой, - одна и та же мура.

- По делу Щаранского, возможно, пройдет через Лефортово вся Горка...
- Из-за этого идиота, - сказал Эссас, - должны пострадать все.
- Из-за которого? - Чернобельский будто видел Илью впервые. - Я давно хотел предложить организовать дом для чтения Торы. Я даже подготовил заявление в Комитет по религии.
- Оно при тебе? Я возьму с собой, на досуге прочту.
- Ты в принципе как - за чтение Торы?
- Конечно. Смотри, Цыпин появился. Я его уже месяца два не видел на Горке.
- Вы знакомы?
- На дибурах встречались.
- Злейший враг Володьки Вагнера.
- И лучший друг Слепака, - усмехнулся Илья.

Цыпин остановился около Иды Нудель, жестикулируя и посмеиваясь, перешел на другую сторону улицы и уже ни на кого не обращая внимания зашагал вверх к Богдана Хмельницкого. Ну, ушел и ушел. И ни один человек на Горке не предполагал, что "рефьюзник" Леня Цыпин отправился в редакцию "Вечерняя Москва" на пресс-конференцию

- Прощу вас, Леонид Борисович, - расшаркнулся главный редактор Индурский.

За столом перед журналистами сидели два еврея - старый и молодой. Индурский умудрился десять лет возглавлять коллектив газеты, Цыпин - сенсация-однодневка.

- До девятнадцати лет, то есть до 1971 года, моя жизнь была такой же, как у миллионов сверстников, - школа, товарищи, любящие родители. Трудно назвать сейчас день, когда пришло роковое решение. Появились знакомые, выдававшие себя за друзей. Они окружили меня особой заботой и обильно снабжали антисоветской литературой. В девятнадцать легче веришь сказкам, и, начитавшись всего , наслушавшись "голосов", я под влиянием буржуазной пропаганды и моих новых знакомых в 1971 году решил выехать в Израиль. Мне подыскали там "родного дядю", получил вызов. "Дядя" умолял советские власти разрешить выезд его "племянника" для "воссоединения разрозненной семьи". Родители воспротивились моему отъезду. Работники ОВИРа резонно решили, что отец и мать являются более близкими родственниками.

Затаив обиду, я бросил работу. Этого, видимо, только и ждала окружавшая меня кучка людей, которых западная пропаганда называла "борцами за права человека". Я стал послушно выполнять их поручения, в частности Польского и Слепака.

- Какие цели преследовали эти люди? - спросил Лазарь Хейфец.

- Прежде всего, подчеркну, что цели определялись не нами. Наша деятельность направлялась и финансировалась антисоветскими зарубежными организациями, в том числе сионистскими. Нам прямо-таки разрабатывали планы. Мы должны были готовить провокационные "акции",то есть устраивать шумные скандалы... Хотя никто из нас нигде не работал, все мы жили вполне благополучно... "Сохнут" не скупился на денежные переводы, вещевые посылки и дорогостоящие подарки... Зарубежные эмиссары требовали от нас объединения молодежи... для этой цели мы пытались создать так называемые кружки по изучению древнееврейского языка. Я был преподавателем в одном из таких кружков... Но что можно было поделать, если даже в ответ на вывешенное одним из участников нашей компании П.Абрамовичем объявление об обучении древнееврейскому языку произошел конфуз: "Ко мне пришел один человек, да и то шизофреник", - жаловался он.

-Вы упомянули о так называемых акциях. Каким образом проводились они? - поднял руку сосед Хейфеца (это был лейтенант).

-Накануне встретились с несколькими иностранными корреспондентами, согласовали с ними час и план действий, вручили списки участников... Имея в карманах крупные суммы, полученные на "командировки" из Москвы в разные города страны на поиски "нужных фактов" отправлялись А. Лунц, Л. Гендин и другие. Готовя на Запад ложную информацию, мы тщательно скрывали поступавшие к над правдивые сведения о жизни выехавших из СССР.

- Вы сказали, что ваша деятельность направлялась некоторыми зарубежными организациями. В чем это выражалось?

- Нам диктовались условия. Стив Броунинг из агентства Эй-пи настаивал, например, на проведений "акции" во время обсуждения в конгрессе США пресловутой дискриминационной поправки сенатора Джексона о торговле с СССР. Ко дню голосования этой поправки от нас потребовали обширную информацию о "бесправном положении евреев в СССР".

Однажды американский журналист Оснос долго убеждал меня в необходимости войти в контакт с так называемыми инакомыслящими, встретиться с Орловым, Григоренко и их компанией. "Вас мало и их мало - нужно объединяться! - говорил он. - У вас, в сущности, единые задачи". Мы, прекрасно понимали, что наша деятельность наносит ущерб Советскому Союзу. Поэтому наши связи мы тщательно скрывали. Я звоню инкорру. Узнав меня, он произносил только одну фразу, скажем, "в семь часов". Это означало, что на два часа раньше, то есть в пять, я должен подойти к месту встречи. Мне приходилось встречаться и с приезжающими под видом туристов эмиссарами различных антисоветских организаций. Сейчас мне двадцать пять лет. Последние шесть хотелось бы вычеркнуть из жизни. Я растерял настоящих друзей, мое поведение сильно отразилось на здоровье родителей. Но я прозрел и хочу смотреть людям в глаза, честно трудиться на земле, которая является единственной Родиной".

В коридоре редакции Цыпина остановил Зверев. Это он сделал из Лени сегодняшнего

Цыпина.

- Леня, - он заслон Цыпина от остальных, - я тебе подыскал работу. Большего пока ты не заслуживаешь. А знаешь почему?

Цыпин оторопело поднял взгляд.

- Грех один за тобой остался. - Зверев заговорщицки подмигнул.

Нет смятения более опустошительного, чем смятение неглубокой души. Цыпин шагал вдоль Чистых Прудов, подхлестываемый обжигающим бичом паники. Еще час назад ему принадлежали и Горка и Лубянка, и вот все разом ускользнуло из его рук.

"Грех за тобой остался". Что?.. Вспомнилась Эстер, их хуппа, он говорил ей: лешана габаа би-Иерушалаим. И вот все загублено. Чистопрудный бульвар хоронил его молча и заживо.

В пятницу одиннадцать "сирот алии" плюс Чернобельский собрались на квартире Семена Андурского. Плюс Илья - красная борода. Засунул руки в карманы брюк, плечи развернуты назад. Плюс Богомольный - закатанные джинсы, белый пиджак, белые туфли и светлые курчавые волосы под белой киппой. Плюс Авигдор Эскин - серый пушок обрамлял тонкое голубоглазое лицо.

Гриша Розенштейн принес халлы, испеченные Наташей.

- Я иду, - сказал он,- а старухи у подъезда говорят: весь Израиль собрался.

- Так, - сказал Илья. - Я принес 10 книг "Тора" и 10 молитвенников с переводом. Их завезли около полутора тысяч. Я призываю их разориться на тридцать рублей и приобрести их. Каждую новую субботу евреи встречают новой главой из Хумаш. Сегодня евреи читают из книги "Числа". Мы разберем Пятую главу из этой книги.

По три головы над одним Хумаш склонились...

- Я не хотел бы, чтобы у нас получился еще один семинар. Их и без нашего достаточно. Сколько бы мы ни слушали о еврейском образе жизни, мы к нему не приблизимся, если в него не окунемся. Здесь собрались люди с разным уровнем знаний еврейской культуры, поэтому пусть задают вопросы те, у кого они возникнут и пусть будут терпеливы и благожелательны другие, кто знает больше. Я буду читать на иврите и переводить на русский, я буду также давать комментарии, но это будут комментарии, естественно, не мои. Хочу, однако, сразу предупредить: без знания иврита познать Тору нельзя. Язык наш - проводник в еврейскую жизнь. Отсюда вывод: учите иврит, ищите себе учителя и учите.

Илья достал из нагрудного кармана листок.

- Мы начинаем вскоре после Шавуот. Это хорошее время для нас. Многие начинали в такое время и им сопутствовала удача.

- Илья, - прервал его Авигдор Эскин, - тебе на Тору упал листок.

- В данном случае, - Илья снял конспект с Книги, - я рассматриваю это как учебник, поэтому... но вообще...

И уже окрепшим голосом продолжал:

- По-разному встречают субботу хасиды и митнагдим, то есть противостоящие. Мы будем, главным образом, придерживаться того, что прижилось в Израиле, взяв лучшее и у тех и других. Здесь, я знаю, присутствуют потомственные хасиды.

Урий покраснел и сдвинул шляпу на затылок.

- Я, - сказал Илья, - митнагед. Но мы, надеюсь, будем прекрасно уживаться.

Илья читал Книгу "Числа", оживала древняя жизнь, сближала присутствующих.

Стол накрыт белой скатертью. Бутерброды с треской, яйца, брынза, отварной карте рель в мундирах.

- Пока накрывается стол- сказал Илья, - Я покажу, как надевать талит. Во время чтения Торы наматываются вот так цицит на указательный палец, целуется свиток Торы.

Талит первым надел Илья, за ним все остальные.

Наступило время зажигать субботние свечи.

- Барух Ата Гашем Элокэйну...

Все смотрели на свечу, голубая капля выросла в светлый лепесток.

Тишину нарушил Розенштейн. Маленький Гриша в зеленом берете.

- А во время чумы Тору целует через свои цицит?

Илья аж глаза вытаращил.

- Я не знаю случая, чтобы от целования Торы кто-нибудь очумел.

Целование икон идентично, - сказал Гриша Розенштейн. - Мистические свойства иконы и Торы...

- При чем здесь иконы, Гриша!!? - воскликнул Илья. - Я удивлен....

- Я сравнил их в том контексте, что...

- Я вообще не желаю обсуждать эту тему. Для меня икона - крашенная дощечка.

- И то и другое мистические эманации, - не сдавался Розенштейн.

Расходились за полночь в моросящий дождь. Гриша завелся с новой силой.

- А зонтик в субботу можно носить?

- Если он в виде трости,- ответил Илья.

Розенштейн нес дамский зонтик, Илья шел, опираясь на зонт-трость.

- Ты веришь в существование Б-га? - спросил Гриша Богомольного.

- Верю.

- Но какие у тебя есть доказательства?

- ... Были в жизни случаи разные...

- Я могу возбуждать энергию, - доверительно сообщил Розенштейн. - Дай свою руку.

И Гриша мягкой ручкой закружил над Богомольным.

- Чувствуешь?

- Не-ет.

- А теперь?

- Не-ет.

Гриша перенос "мистический генератор" на собственную ладонь и тут же как ошпаренный отдернул руку.

- Как же так! Очень сильно!

- Лева, ты заметил, как себя вел Марк? - спросил Богомольный.

- Так он атеист, - усмехнулся Чернобельский.

- Ты видел, как он сидел: не пел, киддуш не делал. Зачем он каждую субботу приходит на Горку? Он ведь преподает философию в МГУ.

- Да ну?!

- Ты, говорю ему, не боишься? "Им такие тоже нужны",- ответил он. Я в субботу пришел в синагогу: в фойе чекист Козлов отчитывал Марка, орал, как на паршивца, а Марк глазами хлопал, уши красные. Они меня не видели. А потом, когда я с Марком заговорил о Козлове, он сделал вид, что не знает его.

- Плевал я и на Марка, и на его "козла", - сказал Лева.

В кабинете Лефортово друг против друга сидели на рассохшихся стульях следователь

И Щаранский.

Следователь подпирал лоб руками, хрустел пальцами, смотрел на Щаранского, как смотрит горожанин на протекающую реку - они несовместимы горожанин и река, но человек не может от нее оторваться.

- Файн и Азбель получили разрешение, - объявила Анна Эссас.

Над Горкой июльский зной.

Горячий воздух обжигал губы.

- Ань, - обратился к ней Чернобельский, - я попросил Файна забрать у Кошевого мою повесть.

Она облизала губы и усмехнулась.

- Файн и Кошевой ненавидят друг друга.

- Привет, Лева, дружище, - Кандель весело хлопнул его по плечу. - Как делишки?

- Когда же ты опубликуешь "Долгожданное свидание"?

- Такие вопросы не задают здесь. Поехали к Азбелю.

Проводы Азбеля - в квартиру не протиснуться, физики, лирики, подаванты, отказники. Наверное, такое столпотворение было у Горы Синай.

Красное лицо Азбеля покрыто каплями пота.

У раскрытого окна Александр Лернер в серых брюках и красной безрукавке держал фужер с вином в окружении жены и Маши Слепак. Лернер весело жестикулировал, и женщины смеялись. Чернобельский вспомнил Щаранского - сбитые ботинки, мешковатое пальто, кепка с заломанным козырьком.

- Лариса, - Илья отпил глоток и повернул к ней голову, - вы не умеете предугадывать разрешения отказникам. Вот, пропустили Файна и Марка.

- Я с удовольствием пропущу и вас, - сощурилась Лариса.

- Смотри, Ань, - Лева поднес ей бокал с вином, - Розенштейн нашел общий язык со стариками.

- Старики могут слушать любую чушь.

Розенштейн в зеленом берете и брюках Чарли Чаплина толковал книгу "Тания" Борису Моисеевичу, учителю иврита. Давление и старость вывернули правый глаз вбок, кожу сделали черепашьей, выкрали зубы. На правах старейшины он одним из первых обратился к Файну и Азбелю.

- Ша работай! Ани роца лээмор брахот аль Файн... Я скажу по-русски. Дорогие Веня и Марк, я специально не писал бумажки, не придумывал. Но все, что я сейчас скажу, будет литься прямо из сердца. Благословение мое вам и вашим дочерям, то есть женам, и чтобы у вас родились сыновья, и я попал к вам на брис, и Б-г даст так и будет. Эйзо ги дэрех ишараа шэдвор ло гаадан кол шэгиа тифэрэт лэсэа вэ тифэрэт ло мин гаадам. То есть: какой путь прямее? Всякий, что Творцу во славу. Дорогие Файн, Азбель и ваши семьи! Когда идн вышли из Египта...

Беременная жена Файна Сусанна уже не могла стоять, ей подали стул, Азбель расширив зрачки, как от нестерпимой боли, переминался с ноги на ногу, озирался затравленно. Файн, засунув руки в карманы потертых джинсов, был намного терпеливее.

- Я слышал,- обернулся Лернер к Левичу, - Оксфордский университет пригласил вас на конгресс, устроенный в вашу честь.

- Кремль против.

- Это все, на что они способны, - Лернер отпил глоток вина.

- Это плохой для меня признак, - Левич опустил голову.

Между тем Борис Моисеевич перешел к новейшей истории Израиля, пару слов о Менахиме Бегине, о Ноевом Ковчеге.

Но бывает конец, даже речам Бориса Моисеевича.

- Фотографируемся с Азбелем и Файном.

- Борода! Борода! Старые отказники на середину!

- Паша! - замахал Азбель. - А ты?! Иди сюда немедленно.

- Ну-ну, куда мне, - отмахнулся Абрамович. - Там профессора.

- Внимание! - воскликнул Кремень. - Улыбнитесь для истории! Сейчас выскочит птичка.

-Где же птичка? - удивился Азбель.

- Птичка, - сказал Кремень, - будет в Израиле.

Все засмеялись.

В Лефортово послезавтра, - ахал Гаррик. - Это где Толик сидит. Твою мать... Вот уж не думал, что когда-нибудь буду на допросе в Лефортово.

- Альбрехт в этом деле академик.

- Маринка при чем здесь? Меня, возможно из-за справки для ГАИ от Липавского... Черт с ними. - Гаррик поправил очки. - Уйду с работы, верну им 250 рублей.

- Вы должны дать свидетельские показания по Делу Анатолия Щаранского, арестованного 15 марта 77 года.

-Я не знаю такого Дела. В чем, собственно, он обвиняется?

- Ему предъявлено обвинение в совершении тяжкого государственного преступления. Вы с ним знакомы?

- Видел на Горке, разговаривал...

- Известно ли вам о его связи с Тодом?

- Нет...

- Это письмо к сенаторам Джексону и Джавитсу. Это ваша подпись?

- Этот вопрос относится к делу Щаранского?

- Что относится к Делу, а что нет - решаю я. Ваша подпись?

- Не знаю.

- Ну, тогда с вашего разрешения я сниму пиджак.

Теперь и следователь и Гаррик были в одинаковых рубашках сиреневого цвета.

- Как отчество Щаранского? - спросил следователь.

- Простите, я думал: вы будете вести допрос с протоколом.

- Допрос с протоколом, - улыбнулся тот. - Как зовут жену Щаранского?

- Не знаю. Я ее никогда не видел.

- Вы подписывали письма за свою жену?

- Когда?

- Здесь ваша подпись и вашей жены. Узнаете почерк?

- Знаете ли, почерк меняется.

- А вы жене говорили, что подписывались за нее?

- В-общем, да.

- Вот данные о вашей семье. Вы их давали Щаранскому?

- Не-ет.

- Как они попали сюда?

- Мои родители живут в Израиле, они могли дать.

- Значит, не давали.

- А это письмо подписывали?

Это был призыв к ООН о воссоединении семей.

- Да, подписал. Простите, у вас с туалетам сложно?

- Дверь в конце коридора.

Из туалета виден асфальтированный двор для прогулки арестованных.

... Жену Гаррика Маринку вызвали на допрос часом позже. Высокая и очень полная, она казалась выше своего роста. И лет на десять старше.

- Авикдарова? Идемте за мной.

Ей достался маленький, косолапый украинец.

Он долго пытался отворить дверь. Не получалось.

- Ну! - нетерпеливо подстегнула Марина. - Час продержали как дуру, в прихожей, а теперь не в ту дверь ломитесь? Оторвали меня от детей непонятно зачем.

- Ничего - нечего. Бывает.

- А мне знаете сколько ехать? Два часа на электричке и еще черт знает сколько пешкам до дачи.

- Бывает.

Он суетился. Не отпиралась дверь. Наваждение!

- А кто за меня будет засранные задницы подмывать!? - гремела Маринка на все Лефортово. - У меня их сорок в группе!

Им уступили комнату выбежавшие на крик двое коллег украинца.

- Садитесь.

Маринка закурила. От жары крошечная комната мгновенно наполнилась густым дымом.

- Послушайте, вы не курить можете? У меня еще целый день работы.

- Могу, - погасила сигарету. - А вы не валять дурака можете?

- Это почему же дурака?

- А будто не знаете, что я и в глаза Щаранского не видела! И в синагоге раз-два была. А вы меня в тюрьму заманили.

- Я?..

- Тут изнасиловать женщину раз плюнуть. А зачем еще привели? Вы меня хоть раз видели со Щаранским?!

- По-омилуйте, я... Подпишите Протокол и свободны вы.

- Вот запиши в Протоколе, что будешь со мной сегодня стирать детское белье на даче.

- Я с вашего разрешения налью стакан водички.

Ее отпустили в рекордно короткий срок.

Чернобельские

"Здравствуйте мои дорогие!

Мама! Как только получишь это письмо, тут же сообщи Леве, что свидание с 4 - 5 июня. Мама! Я так рад, что после стольких лет смогу увидеть и поговорить с Левой и Сурой.

Мама! Я так беспокоюсь, так боюсь что они не успеют ко мне приехать. А я их так жду. Мамочка, немедленно им сообщи!!!! Пусть возьмут документы, что они мои брат и сестра!!!

Мам! пусть мне привезут 2 зубные щетки и тюбик пасты, десять пачек сигарет, кофе чем больше, тем лучше; но не больше десяти в целлофановых мешочках; спортивные тапочки (40 размер).

Мама! О получении этого письма немедленно сообщи. Жду ответ, как никогда.

Крепко-крепко целую тебя, Рыжая, папочку, Леву, Сурочку, Андрюшу.

4-5 июня!!! Ваш Фимка".

Книжная выставка на ВДНХ

На международной книжной выставке ВДНХ в павильоне Израиля толпа. Нигде так доброжелательно не относились к похитителям книг как здесь.

На Илье голубая рубашка с расстегнутым воротом, синяя вязаная кофта, голубая ермолка (крохотная), темные волосы подстриженные, рыжая борода разрослась. Он стоял скрестив на груди руки. Пальцы барабанили локти и золотое кольцо поблескивало. Илья - тонкие нервные брови... большие чуть выпуклые глаза, красное лицо, красные уши, красные губы... нос красный, пятна перхоти на плече, россыпью - на голове.

Он уже отобрал заинтересовавшие его книги.

Евреи толпились вереницей к заветному павильону. И дело тут не в стремлении прочесть книгу, а увидеть себя и других вместе, почувствовать себя народом.

Чернобельский увидел Канделя, поглаживающего переплеты книг.

- В воскресенье едем в Овражки,- прошептал Кандель. - Я тебя найду там. Поговорить надо.

Но разговор случился раньше, потому что дома Канделя ждала открытка из ОВИРа с разрешением на выезд.

Они встретились с Левой на другой день.

- Все-таки тяжело уезжать, - вздохнул Феликс. - Слишком многое связывает нас с этой землей... Я давно хотел предложить тебе войти в редакцию "Тарбута"... Ты согласен? журнал возглавит Эссас.

- Я буду беспощадно вычеркивать любую антисоветчину,- сказал Илья.

- А разве у нас было такое? - удивился Кандель.

- Я рад, что ты стал редактором,- сказал Лева.

- На блат не надейся, - улыбнулся Илья. - Вот тебе первое редакционное задание: напиши, как празднуют суккот хасиды в Марьиной Роще.

- Напишу.

- В прошлом году за три часа до суккот мне привезли из Нью-Йорка лулав... Я огорчился, что не сам сделал... шел снег с дождем... неподалеку от дома протекает речушка Квази. Сомнительная речка. Но галахически - это речка, я на берегу срезал вербную ветку.

- А лимоном заменить этрог можно?

- Конечно нет. Этрог - райское яблоко, - улыбнулся Илья. - Кстати, в Израиле в этом году он стоит от 300 до 1000 лир.

- Я слышал, твои родители уезжают в Эрец.

- У-уезжают! Уже две недели, как уехали.

- Да что ты?! Теперь ты тоже сирота алии.

- Все мы тут сироты.

Визит как выстрел из пистолета.

В конце рабочего дня Чернобельского вызвали в спецчасть.

- Лева... это Антонина Яковлевна. Зайди, пожалуйста.

Сменил темные очки на светлые, в туалете причесался. В большой комнате спецчасти, у окна, стоял высокий молодой блондин. Другой, меньшего роста чернявый и сухой лет тридцати пяти.

- Лева, - сказала Антонина Яковлевна, - с вами хотят поговорить.

- Лев Семёнович? Мы из комитета государственной безопасности.

- Собираетесь в Израиль?

- Еще не подал.

- Жену не уговорили?

- Такая осведомленность.

И вдруг маленький произнес:

- Зиновий Коган.

" Зиновий Коган" - его псевдоним. Рукопись с этим псевдонимом передал давным-давно Илье, он - Кошевому. Кошевой улетел в Израиль.

- Думали, мы вас не найдем?... За границей печатаетесь,.. Роман пишете?

Чекист улыбнулся. Лицо дощатое, что-то вроде стиральной доски.

- Пересылали роман за границу? Мы ведь с вами можем и в другой обстановке разговаривать. Ну, да, это проходило не через мои руки. Вот... В "Евреях в СССР" печатались... против журнала возбуждено уголовное дело. Знали? А все ж дали туда рассказ. "Долгожданное свидание" читал. Кто рассказал вам эту историю?

- Рассказали.

- Дали бы что-нибудь почитать... С возвратом, конечно, и без снятия копии.

- Да ладно вам.

- Я вам обещаю, что обыска у вас не будет. А то чего доброго придете домой и уничтожите свои мемуары....

Рука Чернобельского плясала по столу. Блондин давно уже следил за ней.

- Напишите про алию. Вы же для этого ходите на Горку. У нас собран богатый материал...

- Еще чего?

- Вы знаете, что редактором "Тарбута" теперь будет Илья Эссас?

- Да? - притворился Лева.

- А то вы не знаете, - улыбнулся чернявый.

- Илью я знаю.
- Абрамовича, Престина знаете?
- Ну, видел на Горке.
- А с новой культурной установкой Престина знакомы?
- Нет.
- Ну как же?! Как же вы хотите писать о Горке и не внедряться в ее жизнь?
- Ну, а последнюю новость слышали: жена Давыдовича просится обратно.
- А что случилось?
- Плохо там. Но почему-то в письмах мало кто об этом пишет, даже перед родными и друзьями двурушничают.
- У вас разве есть доказательства? - спросил Чернобельский.
- Сколько угодно. Вся Горка и вы к ней в придачу.
- Я-а?... Я о себе другого мнения. Это, конечно, нескромно.
- Ну-у, вряд ли есть вам чем похвастать. Ваш друг Илья, например, очень грязный человек. Вся откровенность ваших товарищей в заявлении на выезд в Израиль, а в остальном они ведут себя подло. Ида Нудель в дни сессии Верховного Совета на балконе вывесила израильский флаг. Ну для чего? Чтобы нам праздник испортить. Разве не подло?
- Ну и что-о, так флаг и висит?
- Сняли. Но с ее стороны это подлость. Зачем она это сделала? Сессия принимает Новую Конституцию, а она флаг вывешивает. Зачем?
- Не знаю.
- Я вас еще навещу. Меня зовут Виктор Иванович. И вот что-о, если будете распространяться о нашей встрече, то можете себе повредить. У вас еще будет время рассказать. Найдете роман, дадите почитать?

Ноябрьская слякоть.

Ноябрьская слякоть размазалась улицами, красные флаги болтались повешанно над головам.

Леве открыла Аня. Из-под ее руки выглядывала замурзанная Эстер. Навстречу вышел Илья.

-Я тебя в субботу не видел, - сказал Илья. - Какие новости?
- На букву "хэт".
- Не впутывай иврит в свои московские дела, - улыбнулся Илья.

Оська бегал пританцовывая по квартире. Аня пекла блинчики.
- Па-апа, - потянула кроха Эстер.

Илья посадил ее на горшок.
- Нам надо поговорить, - сказал Лева.
- Пойдем с детьми во двор, - предложил Илья.

Двор полоскался моросящим ветром.
- Такие, Илья, дела.
- Да... нестандартная ситуация. У тебя есть Вызов?
- Есть.
- До какого времени?

- До июля 78-го.
- Время еще есть.
- Кто-то меня предал.
- А на кого думаешь?

Лева пожал плечами.

- А кто приезжал к Семену из Риги?
- Роня. А что?
- Я спрашиваю, чтобы замкнуть одну цепочку...

Оська и Эстер весело шлепали лужами, перекрикивались.

- А женщина, что живет с ним - она кто?
- Надя.
- Она еврейка?
- Русская.
- Ну-у, в общем ссориться с ними, конечно, не нужно. Лучше всего держать их на некотором расстоянии от себя.

Семинар по культуре Феликса канделя.

В квартире Канделей творилось то, что и должно твориться на таких проводах: гомон, удушающий запах сигаретного дыма, толкотня, улыбки, возгласы. Пальто, куртки на вешалке, на полу, на диване - всюду. Ни на одном семинаре по культуре столько не собиралось евреев. Что-что, а провожать мы научились. Кажется, здесь вся субботняя Горка.

- А вот и Феликс.

Кандель в свитера и джинсах, губы - в улыбке, глаза - в слезах.

- Левушка.
- Феликс. Как же мы без тебя? Здесь нас услышат. Пойдем на лестничную площадку.
- А там не услышат?
- Они все знают. Кто-то выдал меня. Не могу понять: кто?
- Лева, если что-то знает третий, значит это могут знать все.
- Я так мечтал работать в "Тарбуте", публиковаться, ходить на семинары.
- Вычеркни, Лева, вычеркни! Это все игры. Уезжать надо и - баста.
- А как же с теми, кто не может?
- Не может подать документы? - Феликс притянул Леву за пуговицу пиджака. - Или, старик, уезжать, или ассимилироваться. Третьего в России не дано.
- Ужас.
- Ты кому-нибудь рассказывал о визите с Лубянки?
- Илье.
- Ну и он?
- Хорошо, - говорит, - что оповестил меня, но больше никому ни слова.
- Так и сказал?

Феликс немного косил и это особенно заметно, когда он волнуется.

- Но ведь это им на руку, если молчать.
- В том-то и дело.

- Феликс! - окликнули из квартиры. - Иди к сыну. Там драка.

Старший сын Феликса, второкурсник автодорожного института, прощался с друзьями. Человек тридцать. У одного разбитый нос, у другого - кровоточила губа. Маленький Феликс вклинился между их кулаками, словно рефери.

В смежной комнате пили за отъезжающих отказники.

Лернер взял Канделя под руку, они замерли у дверного косяка. Через два месяца 20 января Щаранскому исполнится тридцать лет.

Семинар по физике Брайловского.

После отъезда Азбеля в Израиль, физический семинар перешел к Брайловскому на Юго-Запад.

Квартира 128. На дверях записка: "Просьба входить без звонка". В прихожей гора тапочек и туфлей. В отличие от азбелевской избы здесь стояли шкафы, висели картины, и стульев хватало на полсотни гостей. Над доской фотография азбалевского семинара, где Марк стоял в оранжевое безрукавке и в джинсах. Где-то он сейчас, профессор физики?

- Я обменял квартиру. - Эссас положил на Левино плечо руку. - Теперь живу у Сокола. Улица Часовая.

- И снова первый этаж?

- Все как и раньше: и первый этаж и две комнаты.

- А в чем выгода?

- Стали ближе к родителям Ани?

В разговор вклинился Альбрехт. На нем черное пальто, черная шапка натянутая на уши:

- Привет, друзья! Я пришел во время?

И в это время Брайловский позвонил в колокольчик.

- Сегодня выступает Соломон Альпер: "Дело Бейлиса".

Поднялся большеголовый, светлолицый (хочется сказать: лучезарный) Соломон Альпер. В руках школьная тетрадь.

- Процесс Бейлиса начался в начале 1911 года, а закончился в 1918-м. 20 марта 11-го года на окраине Киева, на улице Нагорной. В одной из пещер обнаружили труп мальчика тринадцати лет: Андрея Ушинского, учащегося духовной семинарии. Убийство же произошло 12-го марта. Желтая пресса первой откликнулась: "Хасиды употребляют в мацу кровь первенцев... Один из них: тридцатисемилетний управляющий Бейлис, отец пятерых детей, вместе с неопознанными евреями (черные бороды, длинные платья) поймали Андрея на территории кирпичного завода и убили его, нанеся множество уколов, чтобы высосать из него кровь".
-115-

"Справедливость требует мести!" - кричали киевские патриоты. - "Это будет не погром жидовских перин, а погром всех жидов".

"Дело Бейлиса" в общих чертах напоминало "Дело Щаранского". Там, в Киеве, полста лет назад обвиняли евреев: кровопийцы; здесь, в Москве, евреи - "шпионы и изменники".

- Во время процесса интеллигенция России проявила свои лучшие качества: Леонид Андреев, Павлов... Ни один священник не захотел обвинять евреев в ритуальном преступлении. В качестве присяжных заседателей власти назначили исключительно неграмотных людей, надеялись: неграмотные наверняка будут против евреев. Но в 1913 году суд оправдал Бейлиса. "Не виновен" - такой ответ дала Россия... Но что скажет она через шестьдесят лет, когда новая невинная жертва брошена на лобное место истории?

Такой лейтмотив выступления Соломона Альпера.

Подпольная ешива.

Религиозные собрания Ильи явились спасительным островом в круговерти жизни. Раз в неделю, по четвергам, с Ильей пересекались судьбы его учеников. Три часа (Парашат гашавуа, несколько слов о мезузе, выборы в нэссет, сеуда и дюжина вопросов про микву, профессии в Израиле).

- Шестидневная война, - сказал Эссас, - повторила Б-га "Шелах эт ами ва - яавдуни" - перекинула мост от нас к Моисею. Опоры моста великие: Давид, Соломон. При Соломоне страна расцвела. Иудейское царство и царство Израильское образовались позже. Иудейское царство разгромил Вавилон, Израильское - ассирийцы. Иерусалим пал в руки язычников. Храм Соломона разрушен. Ничто не вечно. И вавилонцы, кстати, тоже. Их покорили персы. При персах евреи восстановили Храм. А на арену истории взошел Александр Македонский. Он не посягал на еврейские обычаи и законы. Но едва он умер, к власти дорвался Антиох. Он назначал первосвященниками продажных шкур, и те ради живота своего насаждали эллинизм. В Иерусалиме убили 40000 восставших.

Соблюдение еврейских законов запрещалось под страхом смерти. Сжигали свитки Торы, осквернили Храм, на алтаре Творца воздвигли статую Зевса и перед ней свершали жертвоприношения язычники. Где был Б-г? Он был, есть и будет со всеми и всюду.

Евреев заставляли участвовать в языческих оргиях. Одни уступали насилию, другие - нет.

Священник Матитьягу и сыновья: Иохонан, Симон, Иегуда, Элиазар, Ионатан возглавили восстание. Всего три года простоял в храме Зевс. Новый алтарь воздвигли евреи и установили Ханукию.

Найден был кувшинчик с елеем.

Перед началом трапезы Илья предложил к следующему занятию выучить наизусть "Шма Исраэль".

- Это не просьба. Это условие наших будущих встреч. И еще одно условие: традиционно Тору изучают активно, то есть хочу предупредить, что каждый из вас будет делать доклады. А для этого нужно помимо Хумэш читать комментарии Раши. Ну как, приятная новость?

Илья хитро улыбнулся. На нем оранжевая рубашка, синий пуловер с красным львом и россыпи перхоти на бороде и висках.

- Я сегодня несколько уклоняюсь от обычного правила. У всех есть Хумаш, и что я хочу сказать: взамен одного человека Вы знаете кого: Иосифа. Как и Яков он личность противоречивая и наше отношение к нему не однозначно. История его - это какие-то модели для нас... евреи в нееврейской среде. 43 глава 30 пасук "Бытие", так. Все нашли? Смотрите, что происходило с ним в третий раз. Здесь не случайно каждое слово. "Вай - вэ - каэйт". Обратите внимание. "И там плакал до того, что он вынужден умыть лицо". В третий раз он дозрел: плакал так, что еле сумел себя держать в руках.

Илья сидел на стуле с деревянной спинкой, обшитой синим, по времени выцветшим в голубое.

- Теперь 45-я глава. И вот четвертая встреча ассимилированного еврея со своими братьями. Раскаяние Иосифа, при всем при том он чувствовал себя более несчастным, чем его бедные братья.

Во время сеуды Розенштейн обратился к Илье:

- Недавно меня спрашивали, что делать еврею принявшему некогда христианство, а теперь раскаивающемуся. Я имею в виду верхушку русской интеллигенции.

- Это мерзость из мерзостей, - ответил Илья.

- А что же ему делать дальше, такому еврею? - спросил Гриша.

- Нам не следует их возвращать в еврейство, пока они остаются активными христианами, хотя Гашэм поможет им вернуться к нам. Еврей, перешедший в христианство - он хуже Гитлера и вернуться к народу он может лишь через адские испытания. Формально же, нужно прийти в синагогу и рассказать о своем проступке и вообще все. Заодно сообщить, что намеревается делать в дальнейшем.

Когда Моисей спускался с Горы, он видел и прошлое наше и будущее. Зачем он разбил скрижали? И почему он вновь поднялся на гору и оставался еще 40 дней? В йон-киппур Гашэем сказал: "Я простил народ по молитве Моисея".

Моисей разбил скрижали из-за события с тельцом? - спросил Нудлер.

- Сначала было событие с тельцом, - сказал Илья, - а потом было постановление сделать Мишкан. Смысл Исхода из Египта в служении Гашэму и, как следствие, в единении. Еврейским народом мы стали только выйдя из рабства. Но крепить единство можно только держа в руках Тору. Тора письменная и Тора устная - это то самое солнце для нас, без которого мы погибнем во мраке.

- Как мы до сих пор живы? - улыбнулся Аидурский.

- ... тот, кто надевает тфилин, приравнивается к читающему Тору... и каждое утро на левую руку - руку сердца, чтобы впитывать Тору...

Голос учителя, черноволосого с красней бородой Ильи.

- Только не задавайте мне вопрос, - он усмехнулся. - "Вот, мол, я двадцать пять раз надевал тфилин, а как был несчастным дурачок!, так и... "

- Женщины тфилин не надевают, Илья?

- Три мицвот у них: печь халлу, зажигать субботние свечи и делать микву... Я рассматриваю современное движение женщин за эмансипацию, как комплекс психопатологии. В еврейском образе жизни нет места философии неравенства. Каждый имеет свою задачу. Наши мудрецы учат: из-за заслуг праведных женщин евреи получили свободу в Египте... когда они черпали воду из Нила. Гашэм направлял им рыб... И в полях рожали сразу по многу. И в полях они Его увидели и сказали: Вот Б-г мой....

Заговорили о выкрестах.

- В России их много. Кинешь камень - не промахнешься.

- Да,- согласился Илья, - тут красиво быть христианином. В Израиле это не выгодно... они хуже Гитлера... пусть придут в синагогу и вслух расскажут, как предали, и потом тридцать дней еще пребудут с особом статусе...

- А если они христианами стали не искренне?

- Они,- сказал Илья,- предали народ от Авраама до наших дней... Но если при этом они совратили еще хоть одного из нас - это... грех каких мало... Ему придется очень много поработать, чтобы вернуться...

- Но разве крещение это что-то действительно таинственное? - сказал Володя Балашов.- Это столь же безобидно Б-гу нашему, как и прочая людская суета.

- Нет, - ответил Илья. - Перешедший в христианство предал себя, он сделал вызов Гашэму и порвал с нами.

- А у нас есть молитва за таких людей?

- Пожалуй "Шма Исроэль"...

Покончив с выкрестами, а затем и с "парашот га-шавуа", ученики выстроилась у рукомойника за "натилат ядаим". На столе отварная картошка, консервная килька на черных ломтиках хлеба, тарелочка лука, соль и графин томатного сока. Браха на хлеб и начинаются разговоры на тему дня.

- И услышал Картер от Бегина, что Израиль - это Эрец Исроэль... и вот ничего ужасного не произошло. Уши Картера проглотили и эго, как и то, что Бегин - религиозный человек и что Хеврон это Хеврон, и нет границ красных, зеленых, а есть границы, данные Гашемом. Ну, и что же произошло после такого заявления Бегина? Ничего страшного. Наоборот, все пошло наилучшим образом.

- Илья, - обратился Чернобельский, - я заметил: в Торе главные события связаны с водой. "Маим" встречается едва ли не на каждой странице. Реввеку встретил Исаак у колодца, Яков - Рахиль, и Мошэ у колодца встретил жену свою... Моисей ударил по скале - пошла вода...

- Да, - это очень интересно, - сказал Илья. - Евреи как песок, а Тора делает их народом, как вода монолитит песок. Между прочим, я давно хотел обратить ваше внимание на одно странное место: освобождение евреев от рабства. Этот метод освобождения их был непонятен самому Моисею. Прежде всего, когда еще из огня услышал Гашэма: "Шэлах, эт-ами ва-яаавдуни" - отпусти народ мой дабы принесли они жертву мне. Но Мошэ сказал фараону другое: "Отпусти мой народ на службу мне", то есть народ будет служить творцу, а не рабу его фараону. И еще... Гашэм сказал "ужесточу я сердце фараона..." и этого Моисей не мог понять. Вся штука в том, что евреи считали бы фараона освободителем, отпусти он их с ходу. Гашэму нужно иное: признания не только от избранного народа, но и фараона. Пусть хозяин поймет, в чем дело. И еще одна кардинальная проблема иудаизма: свобода воли. Не соблюдающий заповеди следует всего лишь инстинктам. Еврей свободен, когда выполняет мицвот, потому что он их может не выполнять. А они существуют для того, чтобы ужесточалось сердце "против невзгод". Те, кто звонко поставил лозунг "Шэлах эт-ами" упустили "ва-яавдууни". Но "шэлах эт-ани" - это еще даже не физическое освобождение... перемещение в пространстве... благоустройство и вдруг открытие: они находятся в ужасной ситуации: нет духовного освобождения, ибо вся их светская жизнь как здесь, так и там, построена без лозунга "ва-яавдуни".

- Но Израиль построили не религиозные евреи,- заметил Миша Нудлер.

- Это ошибка, - сказал Илья. - Эрэц Исраэль должен быть создан по Торе, иначе каждый новый день приведет к дополнительным трагедиям на земле. А теперь я попрошу Авигдора сделать небольшое сообщение.

- Приготовьте сидуры, - попросил Авигдор. - Мы вступили в эпоху Миссии.. Шесть начальных дней создавался мир, седьмой день - суббота. Суббота - это намек на Миссию... две тысячи лет до получения Торы, две тысячи лет жизни на Эрец Исроэль, две тысячи галута. И вот идет седьмое тысячелетие... Миссия придет через двести - двести пятьдесят лет. Но вполне возможно, что и раньше. Мы можем приблизить ее своей праведностью. И первыми воскреснут те, кто лежит в земле Исроэль. Лишь немногие праведники за границей воскреснут, но тела их будут продираться сквозь землю. От каждого человека - будь он захоронен или сожжен - остается некая косточка...

- А где она расположена, Авигдор? - нетерпеливо воскликнул Балашов.

- Э-э... в районе шеи. Так вот, Миссия наступит, как наступает морской прилив...

Проголодавшиеся сотрапезники Авигдора, наконец накинулись на бутерброды и разговор на какое-то время разбился на тихие осколки. Никто не спорил с юным Авигдором, все хотели есть. И только под конец сеуды Володя Балашов, сильно волнуясь и заикаясь, громко сказал:

- А и-интересно, кто из антисемитов воскреснет? Я сам бы-ыл а-антисемит, пока не стал евре-ем.

Взрыв хохота не обескуражил его. Он улыбнулся, поправил очки и продолжал:

-Я д-думаю, ч-что анти-исемитизм об-бъясняется тремя значит п-прич-чинами: I-я причина - это люди замечают, ч-что еврей очень легко и к-как бы смиряется с пе-переменой обстановки. Но это же не п-простое смирение. Это быстрое вживание в новую среду. Люди не видя этого вживания, видят лишь смиренность... и думают с презрением "Да что это за человек? Дрянь! Презираю-ю". В-вторая причина: евреи пугают окружающих своей неприязнью любого гойского идола. Принять же невидимого еврейского Б-га они не могут... Теперь еще....

Балашов отпил несколько глотков томатного сока.

- ... теперь еще: люди назвали евреями много тысяч лет тому назад тех, кто пришел с другой стороны... Что это за сторона? До их прихода на Землю здесь были только растения и животные. Адам и Ева - евреи, которые принесли неведомую Земле цивилизацию. Среди животных был дикий человек... И эти первые миссионеры Адам и Ева им, диким людям, дали Тору...

- Ну, Балашов! - воскликнул Нудлер, улыбаясь и поправляя очки. - Ну, фантазер! По-твоему, мы инопланетяне?

Теперь уже смеялись все.

- Но отчего же евреи всюду так резко выделяются?

- Да, полно! - Нудлер снял очки и вытер слезы. - Моя бывшая теща кричала в пьяном угаре, что евреи самый грязный и неряшливый народ, что они не умываются и копят деньги, что они хуже татарского ига. Откуда она все это взяла? Но даже эта пьянь не додумалась до инопланетянства. Ты хоть гоим об этом не говори, а то нас начнут запускать в космос - мол, проваливайте, откуда пришли.

- Ну, сегодня им это не по зубам, - улыбнулся Илья.

- Мы здесь по сути все время говорим об истории, - сказал Чернобельский. - Интересно, конечно, что другие думают о тебе, но ведь гораздо важнее, что сами евреи знает о себе. А что мы знаем? То-то и оно.

- Чай пить будете, ребята?

Чаю обрадовались все.

В "Академкниге" на Горького,- сказал Нудлер, - Марк Теслер видел Сеню Липавского. "Сень, - говорит он ему, - а ты бы все же вернул Слепаку термос". А он так испуганно: "Я у него не брал".

- Леню Цыпина видел Арон на каком-то диссидентском допросе.

- Помогал допрашивать? - усмехнулся Андурский.

По дороге домой Илья взял Леву под руку.

- Сделай репортаж "Еврей – это кто?». Опроси разных людей. Я тебе дам в "Тарбуте" пару страниц.

Суббота, апрель.

Кремень устроил бар-мицву старшему сыну. В Марьиной Роще виновника торжества вызвали к Торе. Обалделая родня глазела на иностранцев.

- Ешьте - пейте сколько хотите, - орал Мишка. - Работай! Налить и выпить за детей. Марк! Переведи!

И седой маленький мужчина повторил на английском.

- Повторяю! - загремел захмелевший Мишка. - Всем до краев налить и пить без дураков!

Иностранцы кивали, но лишь пригубили. Звенели бубенцы, вздрагивала гитара, и входит Ида Нудель.

- И-и- да-а! - душераздирающе воскликнул Мишка.

Ила в ярко-голубом платье со свертком в руках. Коврижка с добрый каравай.

- Миша, твоему сыну это прислал из лагеря Дымшиц.

- Марк, - сказал Мишка, - переведи им, что это подарок от узника ленинградского самолетного процесса.

И на стол, где теснились цыплята, черная и красная икра, вино и закуска, легла "лагерная коврижка".

Овражки.

В этом году День независимости совпал с Лаг-баомер. Лева шел рядом с Ильей, стараясь не обращать внимания на кордон гэбэшников.

- Тора дана, чтобы дополнить и компенсировать недостатки человека, - сказал Илья. - Почитать Б-га значит ненавидеть зло.

- А "Люби ближнего как самого себя". Ведь, строго говоря, здесь ничего не сказано. Другого нельзя любить, как самого себя.

- Ехали двое в пустыне, а кувшин один. Останется живым тот, кто выпьет понемногу вес кувшин и ни на каплю меньше. Как же поступить путникам? Хозяин воды не должен делиться...

- Ну, а если в пустыне мать и ребенок ее?

- Тогда вопрос сразу отпадает. Для несовершеннолетнего ребенка вещь матери - это его собственная вещь. Они должны разделить воду поровну.

- Но ребенок может быть и совершеннолетним. Для матери все равно - ребенок.

- Желание понять, - сказал Илья, - должно быть сильнее, чем критиковать. Ты влип в такую историю, что всю жизнь будешь отмываться. Так влипнуть. Тебя надо лупить, чтобы неделю не мог сидеть. Я уде теперь начинаю беспокоиться за доброе имя журнала.

Они вышли на поляну. В многолюдье Лева чувствовал себя прокаженным, потому что всем разболтал о визитах КГБ. Вот если бы он молчал, как тог требовал А.В. Илья здесь повторял А.В. Как странно. Тяжело невыносимо. Один, снова один.

Сиротская ешива.

- ... Ву бэ эмха... не делай другому того, чего не хочешь, чтобы тебе делали. Вот еврейский подход к разрешению казалось бы неразрешимой, невыполнимой мицвы "люби ближнего, как самого себя". Именно этим нужно руководствоваться в повседневной жизни.

- В книге "Тания", - заметил Мишка Нудлер, - сказано, что в каждом человеке есть "Элохим", Б-жественная частица.

- Да-да, - хмыкнул Илья без особого энтузиазма. - Общий знаменатель любовь.

- Попробуй найди этот знаменатель у Амалика, - поддакнул я.

- А как сегодня отличить амалика от не-амалика? - высунулся Андурский.

- Я умолчу от ответа, - заявил Илья. - Специально умолчу.

Звонок в дверь прервал занятия. Милиционер и трое дружинников вошли следом за Семеном.

- Что у вас здесь происходит? - спросил капитан, глядя на молодых людей, сидевших за книгами в головных уборах.

- Это мои друзья. - Мы беседуем о еврейской истории, потом собирались пить чай.

- Друзья, говоришь. - Ну-ка приготовьте документы".

За Толю и Иосифа.

В Южно-Ливанском лагере отряд арафатовцев слушал приказ: уничтожить как можно больше израильтян. Это будет их ответ Кэмп-Дэвиду. Убивать евреев будут в субботу. И в субботу можно захватить в Афинах самолет "Эль-Аль".

У берега одна из лодок в темноте перевернулась, а в Афинах ни один израильский самолет в тот день не приземлился. Но те, кто вышел сухими из воды, захватили два рейсовых автобуса... Пятеро расстреливали битком набитый школьниками автобус, семеро - автобус с пассажирами. Затем на каждом автобусе были выставлены заложники - дети и девушки, а заодно дула автоматов и базуки... Из Хайфы до Тель-Авива протянули кровавый шлейф.

Осудили убийц двадцать человек перед зданием Дружбы народов. Андрей Сахаров распахнул пальто и вместе со Слепаком развернул плакат "Позор убийцам детей. Позор тем, кто защищает убийц". Людный Калининский проспект тотчас собрал вокруг них толпу.

Арест Бегуна, а затем Щаранского (до них забрали Гинзбурга и Орлова) будто укорял тех, кто оставался на свободе. Человек, не переживший обыск, казался убогим. И справедливость требовала, если не броситься сломя голову в демонстрацию, то уж хотя бы выкричаться.

- Выйдем демонстрацией, - твердил Слепак.

- Ты выйди из дома.

- А мы не выходя из своих квартир, - нашлась Ида Нудель.

Она так нестандартно мыслила подчас....

- То есть?...

- Мы вынесем плакаты со своих балконов, - сказала Ида.

Этот первый четверг июня 1978 года - вывел женщин в лидеры алии. Мир отмечал день защиты детей. Сусальные плакаты на стенах, пестрые фотографии в газетах... выступления по радио и телевидению поэтов и писателей, детского хора - все это казалось бессмысленным. И вдруг - демонстрация женщин-отказников с детьми на квартире Розенштйенов. Опять это Наталья. Одного симпозиума по культуре ей мало! Ровно в восемь утра все подступы на одиннадцатый этаж были перекрыты, но к этому времени уже восемнадцать женщин с детьми были у Розенштейнов. Они развернули рулон бумаги и написали крупно: "Израиль! ВИЗУ!" открыли окна, натянули плакат. Через несколько минут напротив их окон, внизу образовалась толпа. Наташка жила на последнем этаже и антропологам пришлось баграми срывать плакат. Одни срывали, другие ломились в дверь. Заплакали дети. Галя Кремень закричала: "Бандиты! Фашисты!" И все-таки тем, кто был за дверьми, удалось ее открыть. Дочь Бори Чернобельского отчаянно закричала, затряслась в припадке и, у нее вдруг пошла кровь. Видимо, в сутолоке кто-то разбил ей губу. "Фашисты! Убийцы! Бандиты! Фашисты!" - кричали женщины. Мужчины, одетые в штатское, выглядели растерянными. Толпились, просили перестать кричать.

- Кто вы такие? Предъявите свои документы! Мы будем разговаривать только с участковым. Явился майор милиции.

- Что здесь произошло? - спросил он, вытирая пот из-под фуражки.

- Мы будем разговаривать, когда выйдут вот эти.

Майор вопросительно посмотрел на андропологов.

-Может выйдете на минутку?

Все ушли, кроме самого толстого, наверное их начальника.

- Пусть и он уйдет,- не унимались женщины.- Или покажет удостоверение.

- Еще чего,- покраснел толстяк.- Расходитесь по одной - и все тут.

- Ну, мы тогда вообще не уйдем и объявим голодную забастовку.

Толстяк надулся - вот-вот лопнет. Так они препирались с час. И в конце концов он ушел.

- А теперь, говорит майор,- выходите по одной.

- Нет, пли все вместе или никто.

- Но,- говорит майор,- там, внизу, собралась большая толпа и они к вам настроены враждебно. Мы не сможем сразу всех обезопасить.

- Или вместе или никто.

- Хорошо,- майор вытер затылок,- Мы дадим вам автобус до метро пять минут на сборы.

Дом Иды Нудель - девятиэтажная башня, но ее квартира - чуть выше деревьев. И когда она вывесила на балконе израильский флаг, пенсионеры стояли, задрав головы. Не сразу пробился участковый с дружинниками. Вызвали пожарников, выставили лестницу. Ида кричала, размахивал решиной.

- Только посмейте. Та-ак врежу.

- Я-те врежу - бормотал участковый.

- Тогда проваливай.- Ида все еще победно выглядывала.

- Но-но.

Участковый то и дело останавливался и тер глаза. Каждая новая ступенька давалась со все возрастающим риском быть атакованным "сумасшедшей израильтянкой.

- Ну-у, еще на одну-две ступ-енечки-и- шептал пожарник с брандспойтом. Он поднимался за спиной участкового.

Ида качнула пожарную лестницу. Те двое инстинктивно прижались к поручням и ужас мелькнул в глазах. Хороши они будут, если грохнутся спинами об асфальт с высоты седьмого этажа.

Между тем, два других милиционера уже свешивались с балкона восьмого этажа, в стиле цирковых акробатов. Тот, что повис вниз головой, на полруки не доставал до флага.

- Ах ты, гад! - воскликнула Ида. Она с разбега толкнула пожарную лестницу и участковый, изловчившийся было ухватиться за металлическое ограждение, вместе с пожарником и брандспойтом полетели за лестницей назад... Из брандспойта, совсем некстати ударила мощная струя воды примой наводкой в обалдевшего участкового. Макушка лестницы ударилась о крышу пятиэтажки и, как маятник, качнулась к балкону Иды.

- Ну, ведьма, что вытворяет! - возмущался лейтенант, стоя на земле с мегафоном в руке.

Тем временем толпа зевак задирала головы на улице Горького.

На балконе девятого этажа Володя Слепак держал над головой плакат: "Отпустите нас к сыну в Израиль". А с десятого этажа человек в штатском лил из чайника кипяток. Пока безрезультатно. В конце концов, в Слепака запустили чайник.

- В чем дело? - кричали с улицы.

- Вон лозунг еврейка держит. В Израиль хочет.

- Где?!!! Где?!!
- Вон, ее водой сверху поливают.
- Та-ак ей. И-ишь!...
- Та-а, пусть бы ехали. Отпустили бы.
Старуха с перекошенным рто:д выбрасывала ^верх руки.
- У-у! - выла она. - Жидовка там! У-у, сволочи! Обнаглели!
- А еще хотят, чтоб город был образцовый коммунистический, - сказала женщина с сеткой колбасы.
- Позор...
Толпа ждала развязки, то есть - когда плакат полетит на землю, а тех евреев увезет милиция.
Северный ветер волочил мешки туч, высыпая холодные капли на город - на эту гигантскую свалку человеческих судеб.

У Жозика Асса проводы!
Жозик жил от ВДНХА сорок минут на автобусе и еще бездорожьем полчаса. По дороге Чернобельский нагнал Городецкого и Престина. Городецкий участвовал в "Тарибуте" и Лева несколько раз встречал его на дежурствах Годлина. Тихого Престина на Горке знали от мала до велика.
- А вы знаете, Володя, мы с вами уже встречались. Припоминаете? - улыбнулся Городецкий.
- Я... не помню. Не ошибка ли? - Престин расколото улыбнулся.
- Мы виделись при очень интересных обстоятельствах. - Игорь поправил очки на переносице.
- И-инте-ересно. Я не помню. Решительно не помню. А что?
- Мы с вами сидели в одном вытрезвителе. Зимой 76-го. Помните, библиотека имени Ленина?
- А-а! Так вы, Игорь? Ну, как время меняет людей! И вы были без бороды.
- Да.
- Да-да, теперь вспомнил! Вы ведь попали к нам тогда случайно.
- Я работал в Ленинке над статьей. Вышел из библиотеки, иду к метро, а тут вы с плакатами. Гэбэшники хватали всех. Ну, и меня схватили. Я тогда возмущался: "А в чем дело?! Здесь недоразумение! Я буду жаловаться!". Куда там... Никаких разговоров. Посадили вместе с вами.
- И держали тебя чуть ли не до последнего.
- В том-то и дело. Они мены выпустили вместе с Щаранским. Потом, уже когда отпускали, я говорил, что буду жаловаться, что я не отказник, а работаю в редакции журнала "Библиотекарь", что я занимался в Ленинке и они могут нанести справки.- Я буду жаловаться,- сказал я следователю. Это безобразие! Следователь только улыбался.
- Ну, а зачем шлялись там?
- Где?
- Ну, у библиотеки?
- О-о, Господи! Я шел к метро! Это безобразие - хватать первых попавшихся.

- Разве? Вот если бы вы шли мимо пивной и вам набили морду, потом забрали на 15 суток или дали год за хулиганство -вот это безобразие.

После нашумевшего ареста Бориса Чернобыльского и Жозика Асса, можно представить себе столпотворение в квартире Жозика.

Жозик, низкорослый, круглоголовый, беззубый и очень хмельной, проглатывал бисквитный торт, вытирая пальцы об обои.

- Я обожаю девочек,- улыбался Жозик, - и обожаю с ними делать детей.

Он был коротконогий и так мало времени ему отпустил ОВИР на отъезд, что "девушки" в ответ открыто смеялись.

Анька Эссас, коротко стриженная - бр-рр,- сидела на тахте, держала рюмку с царским превосходством. Ее муж что-то внушал молодой, женщине.

Тесно и шумно на кухне. Голодные студенты именно здесь устроили типичные проводы - сидели друг на друге, стояли, как в переполненном автобусе, курили до одури, и пили и ели напропалую.

Пока Чернобельский лэхаимствовал с тарбутниками, Большой сцепился с Эссасом.

- Илья, нельзя так вести себя, ты редактор, а не адъютант его превосходительства... Теперь о сказке Чернобельского. Отличная вещь.

Президент Картер: Обвинение Щаранского в шпионаже - это ложь. Его судят за то, что он защищал права человека".

... В Нью-Йорке заместитель министра иностранных дел СССР Шевченко попросил у американцев политическое убежище....

Родился слух: будто -московские власти предлагают Картеру - выдайте нам Шевченко, а мы вам подарим Щаранского...

Тем временем в Тбилиси на суде раскаивался еще один "тунеядец" - писатель Гамсахурдиа.

Ленинград, Киев, Вильнюс судили своих "отщепенцев, тунеядцев, диссидентов". И, наконец, снова Москва, изнывающая от июльской жары 14 июля 1978 года, устроила - суд над Толей Щаранским. Судебная коллегия по уголовным делам Верховного суда РСФСР обвиняла Толю "в измене Родины в форме шпионажа, оказании иностранному государству помощи во враждебной деятельности против СССР и в проведении антисоветской агитации и пропаганды". Одновременно военная коллегия Верховного Суда СССР рассматривала уголовное дело агента иностранной разведки Филатова А.Н.

Филатова приговорила к расстрелу, Щаранского - к 13 годам лишения свободы.

Последнее слово Щаранского на суде: -120-

"В марте, апреле 1977 г. на допросах руководители следствия предупреждали меня, что при моей позиции, занятой мной во время предварительного следствия, такой же, как я придерживался и в суде, мне грозит расстрел или, как минимум, 15 лет. Мне говорили, что если я соглашусь сотрудничать с органами в целях уничтожения еврейского эмиграционного движения, меня будет ждать небольшой срок, скорее освобождение и даже встреча с женой.

5 лет назад я подал заявление на выезд в Израиль. Сейчас я, как никогда далек от своей мечты. Казалось бы, я должен сожалеть о случившемся, но это не так - я счастлив.

Я счастлив, что жил честно, в мире со своей совестью, никогда не кривил душой, даже тогда, когда мне угрожали смертью. Я счастлив, что помогал людям. Я горжусь, что познакомился и работал вместе с честными, смелыми людьми - Сахаров, Орлов, Гинзбург - продолжатели традиций русской интеллигенции. Я счастлив, что являюсь свидетелем освобождения евреев СССР. Надеюсь, что эти абсурдные обвинения мне и всему еврейскому эмиграционному движению не помешают освобождению моего народа.

Мои близкие и друзья знают, как я хотел променять деятельность активиста эмиграции на жизнь со своей Авиталь в Израиле.

Более 2000 лет мой народ рассеян, но где бы ни находились евреи, они каждый раз повторяли: "В следующем году в Иерусалиме!'

Сейчас, когда я, как никогда далек от своего народа, от моей Авиталь и мне предстоят многие тяжелые годы заключения, я говорю, обращаясь к своему народу, к моей Авиталь: "В следующем году - в Иерусалиме!"

И повернувшись к судьям:

"Суду же, который должен утвердить заранее вынесенный приговор, мне сказать нечего".

20 января Анатолию Щаранскому исполняется 31 год. Поздравительные телеграммы можно посылать по адресу: г. Чистополь 422950 Упр.УЭ 148/ст.4.

В поселок Сусуман магаданщины отправился поездом девятнадцатилетний Авигдор Эскин. Нес Иосифу Бегуну Тору и молитвенник. Дорогой этапов с пересадкой на пересыльных пунктах приехал в ссылку набожный гость.

Иосиф поставил чаю и оба в ту ночь засиделись. Голос Авигдора светился в полярной ночи - душа явилась слушать его душу.

За время тюрьмы, суда и ссылки Иосиф прошей испытание немоты и когда возник просвет, нет слов - какими говорить - так чиста сопричастность к их вере. Как сильна она, если проложила дорогу друг к другу.

День за днем - семь к ряду встречали закат и рассвет брахой и молитвой.

В дождь вспоминали Горку и пили чай с мечтой на хлебном ломтике.

Был вечер, когда Лева вошел в пустую квартиру. Следы бегства Ленки - грязная посуда на кухне, крошки хлеба на столе... И по всему видно, что Андрей приводил пацанов, а сейчас где-то на улице дожидается, когда в окнах загорится свет. Ленка стала чужой в семье. Даже в день своего рождения пришла в полночь. Она отучилась краснеть, объясняя свое отсутствие, но серые ее глаза все чаще захлебывались ненавистью.

Весь следующий день на работе Чернобельский подпирал ладонью подбородок и тер глаза.

В конце позвонила начальник отдела кадров.

- Лариса, тебя Сан-Сановна.

- Вот манера у Шурочки, - Лариска причесывалась. - Вызывать за пять минут до конца работы. Лида, я только на минуту забегу к ней, а ты с Левой ждите меня в вестибюле. Лев, ты ведь поможешь донести сумки к электричке.

И она ушла.
- Ой! - ахнула толстая Райка, откусив яблоко.
- Что? - обернулась Лида.
- Хозяина съела.
- Что?
- Червяка... хозяина домика.
- А-а,- засмеялась Лида, - мясо...
Через пятнадцать минут Лариса вышла от кадровички как из парной...
- Лари-ис,- недоумевала Лида, - ты чего такая красная?
Молчит. Они шли монастырским садом, изгрызанным шурфами и котлованом под будущую трассу Второго Кольца.
- Ла-арис, а Ларис, - пристала Лида,- ты чего - а?
- Меня утром в электричке мужик облапал, - сказала Лариска.
- Ну и что-о,- недоумевает Лида. - Они же у тебя такие хорошенькие. Ну как тут не взять их.
И она взяла Лариску за грудь.
- Я тебе не разрешаю. Только Леве, - вдруг сказала Лариса и притянула его к себе. - Хочешь?
- Хочу.
- Ну идем в кустарник тот. Он ощутил на щеке ее дыхание.
- Сан-Сановна расспрашивала о тебе, как о кандидате на выезд в Израиль. Будь осторожен. Они ищут повод, чтобы тебя сократить.
- Директор сказал - из института никто больше не уедет.
- И тогда она решила всех евреев сократить?
- Ну-у, может быть не всех.
Вышли из кустарника в обнимку, его рука лежала на ее талии, щека к пылающей щеке.
Он вспомнил - после отъезда Браславского Сан-Сановна несколько раз приглашала зайти к ней. Но звучало это нерешительно. Теперь видно не отвертеться. Она ему скажет: "У нас в институте напряженное положение и предвидится сокращение". И будет смотреть на Леву, а он - на пол.
"Вам нужно искать себе работу, - скажет она.
"Это из-за Браславского! " не выдержит Лева.
"При чем здесь Браславский?!" - театрально воскликнет Сан-Сановна.
"Наш отдел завален работой"... - попытается он защищаться.
"Ну вы не расстраивайтесь", - улыбнется Сан-Сановна. Что-что, а улыбаться она могла.
А в конце она предупредит:
"О нашем разговоре никому не рассказывайте".

На площади Трех вокзалов женщины с Левой расстались. Электричка вынесла его через пол-Москвы на окраину. Станция Ждановская сошла бы за дачную, если бы вместо многоэтажек небо подпирали деревья. Мокрый ветер отбеливал листву, невесть откуда сюда занесенную.

Илья слышен в прихожей. А вот и он: красное большеносое лицо с выпуклыми глазами, огромный лоб и красная борода.

- ..."Тот, кто не учит Тору, тот не может выполнять мицвот,- говорил Илья мальчику с пейсами.

- Если нет возражений, - сказал морэ,- я продолжу разговор о мицвот. Один из моих учеников утверждает, что жизнь в Эрец Исроэль - это мицва равная по весу всем остальным. А их у нас, слава Б-гу, шестьсот тринадцать. Так вот, рабби Эпштейн писал: "Только ба-Эрец Исроэль можно выполнить все мицвот". Как видите это не одно и тоже. Конечно, если бы мы могли там выполнить все мицвот, то нужно тотчас туда ринуться. Но увы... в Израиле многие от Б-га дальше, чем евреи галута....

В этой комнате, где учили Тору, на стене висела репродукция Модильяни - женщина в альковной нише - на простынях змеистый зверь и плоть его сияюще гола.

- Илья,- обратился Авигдор, - почему раскаивание для еврея не входит в число мицвот и почему "десять дней раскаивания" выпадают на осень?

Книга "Махзор" в мягком золотистом переплете легла на стол перед Авигдором.

- Вопросы актуальные,- усмехнулся Илья.- Собственно в чем заключается эмет (истина) аосрет ямей тшува (10 дней раскаивания)? Для одного человека это поиск мира со своей совестью, для всего народа истина в единстве. Речь идет об окончании передачи народу Торы. С тех пор Шхина всоду, где живет еврей.

Шхина - корона истины.

- Но сказано,- возразил Мишка Нудлер, - Шхина никогда не уйдет из Эрец Исроэль.

- Да, но она и там и всюду - нашелся Илья.

- А где об этом сказано? - спросил Чернобельский.

- "Иерушалми" трактат Киддушин глава тридцать первая параграфы шестнадцать - семнадцать.

Все засмеялись, Илья взглянул на Леву, победно изогнув бровь.

- Ну хорошо, я тебе верю, - улыбнулся в ответ Чернобельский. - Ты сказал, что для человека его истина это мир с собственной совестью, то есть внутренняя чистота. Но очищает нас не только добро, но и зло.

- Добро и зло у евреев,- сказал Илья,- представляют такую же большую проблему, как, впрочем, у любого народа. Они возникли вместе с нашим миром, а мир был сотворен непонятным для нас стягиванием его. Зло и добро - эго не горькая и сладкая пилюля. Зло - это наше невиденье Его присутствия. Вот возьмем Авраама. Он жил среди злодеев. Люди не видели присутствия Гашема. Авраам это зло преодолел. А нам как быть? Идти следом.

- Что значит "идти следом" - спросил юноша с пейсами, усмешка скривила губы. - Слушаться раввина?

- Чем отличается раввин от не раввина? - сказал Илья.- Смихой. Смиха - наследие авторитета Галахи... Я не знаю логики Галахи, но именно она говорит: когда человек опускается ниже всех, Тора дается ему легко, а когда он возвышается, Гашем принижает его.

Наступило время натилат ядаим и сиуды. Алюминиевая двуухая кружка и махровое полотенце передавались из рук в.руки. Между тем Прохоровский с женой делали бутерброды, разливали квас. На столе хлеб с запеченным сыром, ломтики селедки, тарелка зеленых листьев, тарелка винегрета.

- Хаос,- улыбнулся Лева.

- Комбикорм, - сказал Андурский. - Тебе подкинуть?

Авигдор пригубил квас и, обращаясь к Илье, сказал:

- В Овражки приезжают новенькие, привозят колбасу. Ну, я как-то подошел и вежливо предложил ее убрать. И вот потом нагрянула уже целая делегация, к кому, как бы вы думали? К Паше Абрамовичу. И жалуются: "Эскин запретил привозить в Овражки мясо. Говорит, мол, чтоб даже куриной ножки не было - ведь не шойхет зарезал наших кур. Так чем же нам питаться?" И подошел ко мне Паша. "Странный, однако, ты человек, Эскин". А я не знал, что им на это ответить.

- Я думаю приблизительно следующее,- сказал Илья,- воспитывать людей нужно в вежливой форме. Эго очень важно. Я бы Паше и тем евреям сказал бы: "Не то что я или мы странные люди. Все мы - вы и я - так или иначе люди малознающие, но многие из присутствующих здесь начали над собой работать и крайне плохо, если мы, евреи, не будем знать своих традиций. Каждый день хорош для тшувы и не надо откладывать ее на завтра. Тшува - это, если, хотите, тоже жертвоприношение". Вот чго я сказал бы в Овражках тем людям.

Авигдор сидел на вертящейся круглой табуретке у пианино. В зеленом пиджаке и красной рубашке, с розовой киппой на голове он был похож на цветок. Нога на ногу, голова подперта локтем. А рядом возвышался Урий, хасид из Марьиной Рощи, высокий, крупноголовый, в синим костюме и в черной шляпе. Плечом к плечу с ним - Миха Шнайдер, математик и тоже хасид. На Михе красная киппа с золотой ниткой, он в сером костюме. Тонкое лицо обволакивала курчавая черная борода.

- Илья,- сказал Урий,- мы с Мишей хотели бы здесь обсудить твое определение хасидов.

- Ну, смотря в какой форме вам это желательно. Можно с глазу на глаз, или сейчас?

- На прошлом занятии ты обвинял хасидов в ущербности исполнения мицвот... - улыбнулся Миха.

- Тяжелая проблема,- крякнул Илья,- опасен этот спор наш... Очень легко перейти от спора ради выяснения истины до простых обвинений. Но попробуем... Среди хасидов существует обычай читать публично "Танию" и, в частности, главу 11-ю... А там Каббала. Эта вещь весьма закрытого характера, изучать ее среди ам-гаарец вредно, безграмотный подумает, что все тайны ему открыты. Начиная от Бешта хасиды сняли запрет на публичное чтение Каббалы. И что же? Евреи окунулись в суеверие, самозваные раввины без смихи стали поучать других. Рабэйну Элиягу из Вильно в свое время наложил хэрэм на предшественников хасидизма. И хотя хасиды выполняют мицвот не хуже миснагдим, на них наложил Элиягу хэрэм. Почему? Хасиды открыли людям двери в каббалу. Но... посмотрите, мы мирно сидим за одним столом. Время сделало свое дело: хэрэм побледнел.

- Ты, Илья, изучаешь со своими учениками "Шулхан арух", а ведь автор Алтэр Рэббэ был хасид,- сказал Миша.

Урий раскрыл огромную книгу.

- Вот что сказано: Если хотите ускорить приход Мошиаха, читай Израилю Каббалу, даже если ты и он ничего не понимаете в ней... В XVI веке Каббала была опубликована. Кардовер написал сочинение на тему Каббалы, но еще в XVI веке рабби Ари открыл для простолюдин Каббалу. Он говорил: из Египта мы вышли благодаря пэсах и мила, Каббала выведет нас из галута. Так что после рождения Ари изучать Каббалу - это мицва и большая радость.

Авигдор прервал Урия.

- И все-таки галаха запрещает изучать Каббалу с двумя учениками, но даже если у тебя один ученик, он должен иметь детей и быть ученым.

- Это была не галаха, а строгое предупреждение,- сказал Илья.

Урии лихорадочно листал книгу.

- Вот, - воскликнул он и прочел. - "Кто пришел без тайн Торы и кто не занимался Каббалой, того ангелы сжигают..." А ты, Илья, на прошлом занятии сказал, что хасиды виновники едва не всех трагедий: ассимиляции, гибели шести миллионов от немцев... Это ужасно.

Илья молчал. Только красное лицо его бледнело.

- Когда читают "Биркат а-мазон"? - спросил Арон, видимо, выручая Илью.

- Если три еврея едят за одним столом, то они обязаны вместе читать "Биркат а-мазон". Откуда это следует? В главе 36-ой...

- Илья, - сказал Чернобельский,- я слышал, что первые две заповеди Гашем произнес вслух сам.

- Гашем начало всего, - улыбнулся Илья. - В притчах Соломона сказано: Гашем приобрел для меня начало пути. Начало - рейшит. - Тора. Иначе говоря, мир был сотворен по Торе. Тора существовала до сотворения мира... Израиль - тоже называется Рэйшит. Рэйшит -первый урожай Гашема. В некотором смысле евреи и Тора были до создания мира... И сотворен он был, чтобы евреи выполнили мицвот и, в конце концов, соединились с Торой. Мы не имеем права размышлять дальше, но я дам намек... Гашем представляется разными сторонами, Тора - это наиболее не материальная сторона Его... Малхут - это его материальная сторона. Малхут наводят на мысль, что Гашем имеет разные стороны, и единственная наша возможность повторять с вами: Шма Исроэль гашейм элокэйну гашейи эхад. Израиль - свидетель того, что Гашейм Элокэйну Эхад.

Лишь в первом часу ночи занятие закончилось и ученики поспешили к метро.

- Слушай, Лева,- сказал Семен Андурский,- а ты напиши письмо своему начальнику отдела кадров.

-Да,- поддержал его Арон Гуревич, - и посоветуйся с Володей Альбрехтом. Он в этом дока.

- До-ока,- засмеялся Семен.- А вообще. Лева, подавай документы и выбирайся из этого дерьма.

- Это понятно,- вздохнул Лева.- Но я не хочу просто так уходить из института.

- Ну, это правильно. Спускать им не следует,- кивнул Арон.

Напиши начальнику: "Я не понимаю, какая связь между отъездом Браславского в Израиль и вашим предложением уволиться мне с работы. Это ни что иное, как дискриминация по национальному признаку, а у нас, как сказал бы Альбрехт,- Семен рассмеялся, - с 1917 года дискриминации нет. А если вы меня сокращаете, то почему это исходит от вас".

- Вот-вот,- сказал Арон.- И-мол если и будет сокращаться объем работы в институте, то опять же при чем здесь я. Да-да, напиши и отдай кадровичке. Она ахнет. Они к письменному общению не привыкли.

Семен, Арон и Лева шли к метро дворами и огромные железобетонные здания таяли в темноте, погасив свои окна.

- Ну, хорошо,- спросил Лева,- а какой конец будет?

- А конец все тот же: выгонят,- засмеялся Семен.

- Зато хоть с шумом, - сказал Арон.

Но выйдя из метро, и уже в одиночку шагая к своему дому, Лева невесело размышлял: "У меня семья, я обыкновенный человек и мне очень не хочется терять работу". Получил разрешение Авигдор Эскин. Витя, чьи родители еврей папа и украинка мама оставалась в России.

Авигдор проснулся. Комната тонула в темноте и затаив дыхание он осмотрелся. Невыносимо. Противно возвращаться ото сна реальности, когда сознание само по себе стало в тягость. Неужто последняя ночь с матерью. Никогда уже не встретит с ней утро. Потрясенного несправедливостью Авигдора охватил страх. Что значит "никогда"? Он улетит на расстояние всего в два часа. Но это вовсе не должно означать "никогда".

Сейчас, когда пришло время размышлять о "Никогда", его мысли привязаны к матери.

Под Новый год Чернобельский взял отгулы и отправился в Ленинград с этнографом Микой Членовым, Наталья Моисеевна Боговитская, лет 32-х, сотрудница Русского музея, привела их в подвал хранилища, к сундукам с экспонатами бывшего еврейского музея.

- Закрыли его в 38-м году? Из Биробиджана просили экспонаты, кто-то воспротивился. Часть отправили в Одессу... имеются накладные, Помню, наша сотрудница Тамара Владимировна Станюкович обратилась в Одессу. Там ничего об этом не знают. Вы наверное читали, что Гитлер собирался устроить в Праге музей уничтоженной еврейской расы... Вас интересует жесткий фонд или мягкий?

- Интересует опись.

- ... В 1918 году некто Пульнер основал еврейский музей, участвовал в основании его народоволец Штернберг, а директором стал Мильштейн. Сейчас ему 90 лет...

Наконец, Лева принялся читать опись:

1905год - собр. Ф.К. Волкова (Австрия) I) штромел (ермолка) 2) одежда

- собр. Свердлова

1) картина, 2) жанукия серебряная, 3) пластинка, 4) две жен. кофты, 5) занавес аронкодаша

Дар Плюшкина: оловянное блюдо, парики, Мегилат Эстер. Подарок писателя Анского: пепельница, пьеса. Собрание Раппопорта: 125 предметов (бокал, мезуза, шрифт, бусы, кольца, табакерки, обувь, кетуба, свитки, плащ из Торы (?), амулеты, монеты с еврейскими надписями...)

Он проснулся за несколько минут до щелчка будильника. Светлело небо. Горлопанили скворцы. Потная голова сына прижата к подушке, как к материнской груди. Мать его слала лицом к обоям свернувшись под одеялом. Рыжую челку и вздернутый нос он увидел, когда поднимался с постели. Они измучены долголетней борьбой, будто недугом. Ветер вот-вот развалит их стены. Но прежде, он хотел видеть взрослым сына. Андрей кричал во сне с тех пор, как Лена и Лева научились быть чужими. "Не называй меня любимой. Не прикасайся. Не смотри. Не замечай меня. Ты для меня не существуешь". Так она говорила и серые глаза сверкали ненавистью.

Черноба склонен упрекать только себя.

Ничто не сходит с рук - ни попытка уехать в Израиль с Андреем, оставив ее, ни ссора из-за денег. И все же, прежде чем ветер развалит дом их, пусть станет взрослым сын....

Он вышел на балкон. Всюду на таких железобетонных консолях стояли люди.

Теплынь бабьего лета струилась над землей. И в этом розовом рассвете люди открывали глаза в осень и молчали. Гашем оставил их и они пыжились в гордыне.

Розовые лица.

Револьвер желт.

"Шма Исроэль" Чернобельский произнес лицом к Востоку. Палый лист заштопал на ночью землю. В запрокинутое лицо льются слова:

"Гашем эхад", а потом молитва:

Восславлю имя Твое Господи
Тов лэгодот ла Адонай
Радостью и весельем,
Ву лэзамейр лэ симхаа эльен
жизнью утром,
Лэ
агид бабокер хасдеха
Истиной в ночи.
Ву зменутха балайла.

Осень в выгоревшей блузе и дома высоки и светлы.

Иосиф возвратился из ссылки.

Расплавленный август года в ничто превращал росы и клейкие капли сосновой смолы стекали от душной. истомы.

Тысячи людей ожидали разрешения и Горка напомнила Иосифу былые времена. Брайловский издавал "Евреев в СССР", Май - семинар культуры, собирались инженеры у Лернера, по-прежнему Альбрехт раздавал рецепты, как вести себя на допросе. "Тарбут" не выходил, но Эссас продолжал читать с учениками Тору, организовал лесную школу... Детсад Борьки Чернобельского размножился на дюжину таких же маленьких ульпанов, где играли в прятки и разучивали еврейские песни. Павел Абрамович намеревался издавать "Наш иврит". Не утихли разговоры о пурим-шпилях.

И, наконец, все с нетерпением ожидали праздник Симхат-Тора и конкурс еврейской песни в Овражках.

Иосиф из Сусумана, поседевший Иосиф, в телогрейке с рюкзаком за плечами, глазами пришельца видел во всем этом какую-то невзрослость. Но чего бы тогда стоила жизнь Горки? И приходит на память Мандельштам:

Только детские книги читать,
Только детские думы лелеять.
Все большое далеко развеять,

Из глубокой печали восстать.

Он чувствовал себя в Москве в гостях не потому, что каждый вечер гостем был, а потому что жить ему дано здесь до третьего предупреждения ГБ. И он спешил всех обойти, и все запомнить.

За столом, где чай по-лагерному густ, Бегун - он челюсть прикрыл бородой, как боксерской перчаткой - смотрел на светлые обои, на картины без рамок - арбузные рожи Олега Целкова, красные сосны Паланги Ждана, радужный профиль Зверева, натюрморт с газетой самая большая картина, но автора Бегун не знал. И не знал - был ли он раньше в гостях у Левы. А где Иосиф встречал лупоглазого большеголового Тесменицкого?

Леня Тесменицкий полгода назад пришел на Горку со своей типичной для алии историей: ассимилированная интеллигентная семья врачей, школа, институт, завод "Богатырь", женитьба - развод. Горка свела его с Чернобельским. Легко сдружились и Ленька стал частым гостем у Левы. Сегодня он перемещался по квартире, не касаясь паркета - в такой приподнятости находился.

Чернобельский рассказывал о конкурсе песни в Овражках - по времени фестиваль совпал с Суккот.

- Они запретили ломать для сукки ветки. Мы ее сделаем из цветов.

- Будет очень красиво,- сказал Иосиф.

- Розенштейн возражает: галаха требует ставить ее у стены и покрывать досками.

- Ортодокс.

Маленький Гриша Розенштейн в мятых брюках и сандалях на босую ногу мало походил на ортодокса. Но ту, как говорится, не верь глазам своим. Между прочим, с Тесменицким у Левы тоже вышел вначале казус. С первого взгляда принял его за чекиста. Зимой, во время недели иврита. Лева читал "Букву-путешественницу" и приметил Тесменицкого...

Тесменицкий разводил руками, а незаметно для себя заражался Левиными грезами. Вот и сегодня Лева размечтался.

- А хорошо бы создать еврейский культурный центр.

- Библиотеку.

- Давнишняя идея,- улыбнулся Иосиф.- Как все повторяется. Удивительно!

- Но начать с чего? Старики, у кого сохранились книги на идиш, иврите или русском разбросаны. Поди - знай где они.

- А мы дадим объявление в "Вечерке",- сказал Леня.-"Покупаю книги еврейских авторов".

- И грампластинки.

- Я голосую обеими руками,- сказал Иосиф.

Капли пота на лице Тесменицкого. Он похож на охотника, выследившего зверя.

- Надо сохраниться как народ,- сказал Иосиф.- И как любому народу нам нужна своя история и своя культура.

- Но пока один Бегун объявляет голодовки протеста, судится с органами, другой Бегун кропает "Под голубой звездой". Так где же она эта история?

- Но историю делают, а не пишут, - возразил Тесменицкий.

- И пишут и рисуют и поют - сказал Лева.- Много бы знали мы об Иудейской войне без Флавия?

- Ну, пиши-пиши,- улыбнулся Тесменицкий.

Иосиф допил вино и, не выпуская из руки бокал заговорил, отвернувшись к окну. Но видел ли он окно и серые башни за ним?

- Знаете, парни, у меня было довольно много времени и в тюрьме и после в ссылке думать о нашей жизни. Все в ней важно, если это делается нами и для нашего сохранения. Все важно. И еще я понял, что откладывать до лучших времен аморально. Нельзя откладывать воспитание детей.

- Бодался Теленок с дубом, - усмехнулся Чернобельский, - и что из этого вышло?

- Лева, ты что-о нарочно такой ворчун?

- А вдруг детям воспитание дедушкиных времен ни к чему? Я тут как-то видал на Горке молодых родителей и двухлетнего их сына. Они с ним исключительно на иврите разговаривают. Мне это не понятно. Сколько еврейских детсадов в Москве? Ну, дюжина. Это полсотни ребятишек.

- Это лучше чем ничего - Иосиф заглянул в лицо Чернобельского.

Я хочу легализации, - сказал Лева. - И, наверное... я вам кое-что сейчас покажу.

Он достал письмо.

"Уважаемые болгарские товарищи!... Прошу Вас оказать содействие мне в знакомстве с культурной жизнью болгарских евреев, с их культурным центром - клуб, выставки, музей... Я инженер-строитель, но все свободное время посвящаю вопросам истории и этнографии евреев Союза... Буду очень благодарен Вам за содействие в моей просьбе...".

- Вот не знал, что ты с Лубянкой переписываешься, - ухмыльнулся Тесменицкий.

- Я адресовал обществу дружбы между народами.

- И напрасно.

- Ни одно общество тебе не поможет...

В понедельник Тесменицкий отнес заявление "Куплю граммофонные и патефонные пластинки с еврейскими песнями и мелодиями. Почтовый ящик ПЯ - 124271.

Девушка смотрела на него сквозь овал оковка - мадонна с комсомольским значком на груди. Она прочла заявление и сняла телефонную трубку.

- Мы его публиковать не будем.

- Почему?

- Потому что: "еврейских".

- Не понял.

- Вот вам телефон товарища Алфимова.

Позвонил Алфимову.

- Я по поводу заявления о пластинках с еврейскими песнями.

- Заявление ваше публиковать не буду.

- Почему?

- Повторяю: публиковать не буду.

- Но почему?

- Не хочу и не буду.

- А кому на вас жаловаться?

- Семену Давыдовичу.

- Алло, девушка, передайте Индурскому, если в пять не захочет со мной говорить, я пожалуюсь в горком партии.

- А что вы такой тон взяли? Пугаете? Вам же русским языком сказано: он занят.

- Я не пугаю. Я напишу жалобу и опущу ее в почтовый ящик, если в пять Индурский не захочет со мной говорить.

- Позвоните в пять.

В пять вечера Леня набрал номер секретаря.

- Да!

- Еще раз здравствуйте....

- Да-да. Семен Давыдович только что вошел и раздевается. Подождите минутку.... Соединяю. Ждите.

- Алле?! Индурский слушает.

- С вами говорит Тесменицкий.

- Товарищ Тесменицкий, но вы к сожалению обращаетесь не по адресу... Вы думаете у меня нет других дел.

И Леня почувствовал, что Индурский улыбнулся.

- Конечно, у вас много дел, но как же быть с моей жалобой. Алфимов направил меня к вам.

- Я сделаю замечание товарищу Алфимову за это.

- А как мне быть?

- Ну, я вам в третий раз говорю: я не имею никакого отношения к "Рекламному приложению". Ну вы можете мне поверить? Вот здесь сидят три товарища и они могут засвидетельствовать.

У станции Щелковская - место встречи оргкомитета "Фестиваля в Овражках". На перекрестке маялись Абрамович, Шварцман, Либерман, задрал лицо в небо Марк Львовский, Бараз подпирал столб. А эти женщины и дети? Как будто на пикник собрались.

В лесопарке зелено, свежо. Но у прудов лес отливал желтизной.

- Давайте сразу записывать: за кем что. Сукка в цветах за Левой. Кто ведущий?

- Бараз и Львовский.

- Так и запишем. Кто будет писать эпиграммы?

- Ведущие.

- Чтобы писать эпиграммы,- сказал Бараз, - нужно, как минимум, знать на кого их писать.

- На жюри, - улыбнулся Абрамович.

- Тогда, кто в жюри?

- Паша.

- Я могу и не быть в жюри.

- Паша, ты в жюри - это уже традиция.

- Эссас, Престин, Лернер.

- Лернер?

- Наташа Розенштейн, Чернобыльскую Лену, Гуревича.

- Иосиф Бегун.

- Если он будет,- сказал Паша.

Здесь в лесу, среди деревьев и своих чувствовалось легко - петь, кричать хотелось.

- Так кто будет писать эпиграммы?

- Я,- сказал Марк, - Бараз и Женя. Женя, ты пишешь стихи?

- Я вообще-то могу,- улыбнулся Либерман.
- Я хотел бы, чтобы Лева принял в этом тоже участие.
- Ну пожалуйста! - воскликнул Марк.
-У мена есть замечание к пригласительному листочку, - сказал турист Толик.- Нужно дописать: "захватить с собой раскладные стульчики". Просидеть с 12 до пяти вечера на бревне....
Все рассмеялись. Возможно, они недооценивали опыт Толика.
- Кстати, устраивать перерыв будем или нет?
- Идите за стол! - крикнула девочка.- А то мамы пригласят других мужчин.
На траве хлеб, консервы, термосы.
Мужчины разлили по кружкам вино. Марк и Бараз от первой же стопки повеселели.
- Па-аш, ну выпей,- уговаривал Бараз.
- Нет, ребята. - Я - чай. Лева, чай хочешь?
- Да я уж водочку.
- Ну, смотри. А мне только чай можно. У меня аллергия.

Пошли анекдоты.
- А у нас в школе, нет это правда, но как анекдот, был мальчик по национальности еврей, но родители его записали "тат". А учительница прочла и вздохнула: "Ох уж эти родители. Вечно некогда, вечно спешат". И дописала "татарин".

Ах, Афган …

Самолет приземлялся снижающими кругами, выпадал из синевы, вписываясь в каменную чащу Кабульской долины. Александр Васильевич еще на снижении успел разглядеть автомашины на поле.
Он почти бежал по бетонному покрытию вдаль бамперов, разглядывая номерные знаки. И вдруг от черной лакированной поверхности, переламывающей в себе пролеты аэропорта, от черного, готового тронуться "шевроле", отделился с радостным вскриком, сияя лицом, шофер.
- Здорово, Колобов! - узнал его Александр Васильевич.
- О-о, лейтенант! Елки-палки я шефа к московскому рейсу привез. Ты с ним не встретился?
- Никого не встретил.
- Давай чемоданы в багажник, я тебя подброшу в часть.
- Отлично.
Александр Васильевич утонул в глубоком заднем сиденье.
- Отличного мало, лейтенант. Ну да, где наша не пропадала.
- Это верно.
Ансара-вад прямая, умытая, приближала их городу. Впереди далеко возникла на асфальте цепочка солдат, и в солнечном воздухе слабо и игрушечно прозвучали хлопки. Еще и еще, и легкая прозрачно звучащая очередь. Они подкатили и замедлили ход. Солдаты преградили им путь, заглядывали внутрь, потом пропустили, торопя

прочь взмахами. Шофер кивнул, что-то пробурчал недовольно, вновь разогнал "шевроле".

Стрельба, все такая же тихая, далеко за солнечными особняками и стенами, веерно рассыпалась в небе.

- Что за черт, с утра тихо было,- озирался шофер.

Близко за дозами ударила очередь трескуче и жестко, и прохожие, прижимаясь к стене, побежали, из прогала выскочили два солдата, кинулись, согнувшись держа автоматы, нырнули в другой прогал, и оттуда резко в упор, треснуло, и дальше вдоль улицы откликнулись очередями и выстрелами. Где-то рядом ахнула звонко пушка, не танковая, а помельче, с боевой машины пехоты.

Площадь Дворца Республики оцеплена. Офицер резко, зло отмахивал рукой, отворачивал машину. Ему вторил солдат, автоматом отталкивая "шевроле" назад. Они развернулись и, слыша стрельбу, выехали на набережную и увидели разрозненную бегущую толпу. Шофер, напоровшись на выстрелы, качнул в торможении машину, выругался, и в развороте А.В. успел разглядеть желто-серое гневное лицо хазарейца с черными усами, вскинутый темный кулак. Что-то тяжело, металлически ухнуло по багажнику.

- Черт, разобьют! - шофер, горбясь, выкручивал руль, пускал машину в узкий переулок, раздвигал капотом толпу. И оттуда, из-за вывесок, крыш, взвинченной и орущей толпы хлестнуло, просвистело мимо, шмякнуло в кирпичную стену. - Ядреный корень! -

Оборачиваясь, весь белый, шофер нажимал сигнал, выводил машину назад, а перед ней, охватывая ее, не пуская, валила толпа, била кулаками капот. Ком жидкой грязи расплющился на лобовом стекле.

А.В. вспомнил московскую Горку во время еврейской Симха-Торы, толпу барабанящую капот генеральской "Волги". Они тогда тоже струсили, так ведь там танцующие лица, а здесь музыка была иная, музыка смерти.

Машина, осев на рессоры, развернулась и, мощно взревев, помчалась вдоль грязно-коричневой реки, обгоняя бегущих людей.

Э-эх, только бы добраться до своих.

- Это путч, это путч! - сказал шофер.- Я служил в Венгрии в 56-ом.

Майнванд была голой, липкой, словно освежеванной, хранила след пробежавшей судороги. Толпа, отхлынув, оставила смрад, отзвуки воя, грязные метины на стенах, бесформенно рыхлые комья.

Перевернутый набок, вяло горел грузовик. Из дымящегося кузова рассылались, кляксами краснели раздавленные помидоры. Тут же чадил автобус. Передние покрышки уже сгорели, он осел на ободья, зловонно катил резиной. На асфальте белело истертое в крупу стекло, по нему пробежала лавина. Витрина лавки с сорванными жалюзями зияла проемом, колыхала обрывками цветного тряпья. Напротив горел двухэтажный дом. Пожарные наращивали шланг, били водометом в огонь. Из пламени валил жирный пар.

И вдруг из переулка выкатила бронемашина, зеленая как лягушка.

- Разворачивайся! - крикнули по-русски шоферу.

А.В. Онемел. Он узнал в кричащем толстяка Спичкнна. Одно время они вместе работали. Спичкин здесь! А.В. распахнул дверцу и заорал:

- Ди-имон! Димка-а!

- Са-аня! - Спичкин тоже узнал его.- Бегом в БТР оба!

- Чемоданы...

Ему помогли солдаты из БТР перенести вещи, забраться в БТР.

- Димка, что происходит?

- Не видишь! Мятеж!.. Жгут дуканы, стреляют. Зверье.

А.В. припал к смотровой щели ребристого нугра броневика.

Броневик разворачивался и А.В. увидел на пустом асфальте трупы. Лежавший ничком афганский солдат с вялыми, переплетенными ногами, черной головой в луже крови и двое гражданских в полосатых, как одеяла, накидках - среди брызг и подтеков. Мимо них, лавируя, мотая антенной, прошел БТР с красной афганской геральдикой, скользнул по луже крови, оставляя липкий, гаснущий след. Из открытого крана колонки голо, блестяще, дико била вода. По рации кто-то кричал:

- На Майванд! Двадцать девятый и сто седьмой, на Майванд!

- Это тебе не улица Архипова,- ухмыльнулся Спичкин, откинув голову к А.В.

А.В. молча проглотил слюну. Впереди, неразличимо и грозно, запрудив улицу, клубилось огромное, гулкое, давило на станы, стремилось их раздвинуть. Да, это не Московская Горка, а афганцы - не отказники-слепаковцы. Но тогда зачем они подруливают к толпе, к ее реву и всплескам? Им надо в гостиницу, а не на тот свет! Двойная цепь солдат в грубошерстных робах, в надвинутых на брови картузах, выставив вперед стволы, медленно отступала, а толпа столь же медленно давила, надвигалась, сохраняя перед собой пространство пустого асфальта. Ползла вязко, спрессованно, лишенная в своей глубине возможности ворочаться, двигаться, но на передней, свободной кромке, клокоча, оплавляясь. А.В. в зрачок бойницы чувствовал температуру этой расплавленной, сгорающей кромки. Люди, выдавленные толпой на передний план, сдерживаемые стволами автоматов, метались, кривлялись, чернели орущими ртами, размахивали кулаками, тряпками, железными палками.

Здоровенный детина в разметанных грязных одеждах, с бычьей набухшей шеей, беззвучно кричащим ртом раскачивал воздетое на кол зеленое мусульманское полотнище. Флаг то захлестывал его распаренное, красное лицо, то снова крутился зеленой воронкой. Женщины в паранджах подскакивали, всплескивали руками, словно танцевали под бубен, и с ними толклись дети, носились взад и вперед, и один, босой, в красной рубашке, смеялся, тряс над головой рогаткой.

Толпа давила, дышала единым вздохом. Выдыхала: "Аллах акбар!" А.В. казалось: толпа имеет единое, набухшее буграми и жилами тело, единую горячую багрово-красную пасть. Многолапая, стоглазая, свивается и бьет кольчатым, чешуйчатым, уходящим в даль улицы туловом. Будто чудовище, жившее тайно в горе, выползло на свет, движется, лязгает, харкает пламенем, оплетая кольцами город.

И понял А.В., что кончилась социология и политика, сменились биологией, слепой, непомерной, не сознающей себя. Биологию толпы - вот что он чувствовал сквозь броню машины, тонкую, проницаемую как конфетная фольга. Содрогался, слеп, цепенел, не мог оторваться.

Солдаты, расступаясь, пропустили его, и БТР оказался на пустом пространстве перед толпой. Железный, истошный голос полетал из динамиков, перекрывая вой, и толпа откликнулась ответной, усиленной ненавистью.

"Аллах акбар!" - и вдруг побежала на броневик.

- Назад! - скомандовал Спичкин.- Сожгут!

Откуда-то сверху, с крыш, с верхних этажей задраенных лавок и постоялых дворов хлестнула по броне автоматная очередь, звонко расплющилась, отзываясь в недрах машины, как в пустом ведре. Очередь скользнула в сторону, по солдатской цепи, по шерстяным униформам и два солдата удали. А толпа набегала. Невидимый в подворотне, лязгнул танк, качая отвисшими гусеницами, окутываясь едким дымом. Выкатил на улицу, повел тупо пушкой и ахнул, обрушив крышу дома, откуда строчил автомат, превращая ее в белую пудру, осыпь кирпича, в трескучее пожарище. Толпа отпрянула, побежала, гоняя детей и слабых, клубясь, осыпаясь, оставляя орущие клочья.

Лейтенант А.В. тонул в ощущении опасности, в нем всегда было чувство беды, всеобщей и его личной, готовой в любой момент обернуться крушением, и одновременно чувство удачи, единственности сотрудника ЧК.

На разных высотах, с разных сторон пошли вертолеты. Оки кружили над толпой, в металлическом ровном гуле. Они кружили над толпой, месили ее, перемалывали пулеметными очередями.

На следующий день в Кабуле лейтенант А.В., еще оглушенный вчерашним, еще весь в напряжении, в самых первых разговорах и встречах, понимал: ему предоставлена величайшая возможность прикоснуться к социальным процессам в самой большой, обнаженной их форме, увидеть народ в исключительный крайний момент, на переломе судьбы, всей его психологии, веры. Бунт - как огромная горячая рана, и надо торопиться в нее заглянуть, не боясь ослепнуть.

- Быть может наша ошибка,- сказал министр ХАДа, - в том, что мы не приняли превентивных мер. Враг снова предложил нам пролитие крови.

Спичкин и Александр Васильевич вышли на площадь. Майванд блестел наподобие оружейной стали, отражая солдатские цепи. Подкатывали тяжелые туристские автобусы с зеркальными стеклами и цветными наклейками. Но вместо праздных туристов виднелись солдатские фуражки, угрюмые лица, стволы автоматов.

Солдаты строились всюду на тротуарах перед узкими щелями, уводящими в Старый город, в глинобитные скопища. Там, притаилась, ждущая облавы, мусульманская жизнь.

- Что написано? - спросил А.В. у Спичкина, кивая на грязную белую стену с беглой, углем начертанной надписью. В стене чернели свежие дыры от пуль.

Спичкин пожал плечами.

- Иероглифы контрреволюции,- сказал А.В.

В это время, их догнал переводчик, он-то и прочитал для них надпись на стене.

- "С благословения аллаха начинаем исламскую революцию в Афганистане".

- Пошли! - Сничкин первым шагнул в скользкий, сочащийся влагой проем. А.В. старался не поскользнуться на жидких потеках, на зловонных ручьях нечистот.

Трущобы Кабула. Выстрелы. Топот сапог. Жалобные тонкие вскрики. Прикладом сбивают замок. Щепки от верхних дверей. Кого-то ведут под конвоем. Дуло к сутулой спине. Канул. Ищет облава.

Подворотня, как гулкий кувшин. Темная ниша в стене, Босой, сидящие старик с бельмами на глазах. Двигает мелкие четки, беззвучно читает молитвы. О хлебе, о добре, о счастливом согласии в доме.

Переводчик Сайд был окружен толпой.

- Не верьте душманам,- сказал он,- они агенты американского империализма, китайского гегемонизма и сионизма, они посылает в нас пулю за пулей.

Тренированный глаз Александра Васильевича вычислял: вон тот в малиновой твердой чалме - индиец. Хазареец - маленький, желтолицый с пустым мешком на плече. Костлявый долговязый узбек. Гончарнокрасный пуштун со скорнячным ножом. А у столба минарета говорил переводчик Саид.

Саид умолк, тяжело дышал. И вдруг воздух оглушили выстрелы. Стрельба взлетела на упругой волне автоматного треска. Пуля ударила в асфальт, пролетела над А.В. Спичкин схватил его за руку. - Прижмись к стене! - крикнул Спичкин.

Прямо над ними возник мальчишка с ручной взрывчаткой. Мальчишка был в красной рубахе, рваной, с обгоревшими манжетами, в рваных брюках из мешковины, босой. И еще успел А.В. почувствовать прохладную сталь своего пистолета. Оглушенный болью, ослепленный вспышкой, он отлетел на асфальт и видел, как, кувыркался Спичкин. С бровей Александра сочилась на глаза кровь. Он захотел вытереть ее рукавом, ладонью, но где рука, где его рука? Перед глазами каменная сыпь, причинявшая острую боль. Образ его смерти.

"Быть не может, - подумал он, - чтоб так просто... и быстро. Чтоб вся моя жизнь, а как же пляж на Ланжероне, а я вбегаю в нашу хату и мама, и где все это было, и вот - небо и дым, и я один...".

Овражки

- Элиягу!- крикнул Чернобельский.

- А-а, шалом!

-Наша электричка.

Они вошли, схваченные сзади под руки Витей Фульмахтом.

- Ви-ить, я у тебя сейчас возьму интервью для "Тарбута", - сказал Лева. - Ты ж у нас старейший учитель иврита.

- Был 68 год. Друзья мои - Сережа Гурвич, Лена Иоффе, Зээв Шахновский, братья Палхан. Братья родились в Израиле, для них что иврит что русский. И я "заварил кашу". Никаких учебников иврита, никаких программ. Заучивали фразы и чувствовали себя героями. А на нас смотрели, как на сумасшедших. Иврит не дал нам никаких ответов. Но эмоционально: я распускал слюни, когда слышал по приемнику еврейскую песню. Человек с ивритом - это образ выпрямившегося еврея. Моя любимая фраза: я еврей перед лицом антисемита. А перед евреями я - антисемит, потому что предъявляю требования гораздо большие, чем к гоим.

Вагон электрички заполнен едущими в Овражки. Там и сям пели под гитары.

Сойдя с перрона электрички, шли полем, потом краем леса и, наконец, вошли в лес, пахнущий сосной.

Светло, безветренно. Графически черны деревья.

Илья нес баул и говорил подпрыгивавшему ученику:

- В каждом человеке есть Б-г, это душа.

Сквозь деревья засветлела поляна. Яркоцветьем и гомоном раскрашена. Знакомые лица. Из травы пел магнитофон.

- Привет, Мил.

- Устраивайся рядом. Я, представляешь, здесь встретила свою первую любовь. На первом курсе мединститута он вместе с мужем за мной ухаживали. Теперь он поэт, его стихи в "Метрополе". Хочешь познакомиться? Ю-юра!

Из травы поднялся мужчина в светло-коричневом костюме, овал лица окантован рыжей бородой. Вблизи мелькнули желтые редкие зубы. В зубах торчала веточка клена.

- А ты раньше стихи писал? - удивилась Милка.

- Мать, ты все забыла!

- Если судить по слухам и газетам, вам здорово влетело.

- Да, этим занималось политбюро.

- А как относится к тематике еврейской "Метрополь"?

- Очень симпатизирующе. Ведь больше половины авторов - евреи. Аксенов - полуеврей, Битов - полуеврей, полуеврей Высоцкий. Подбили бабки, даже опечалились - опять одни евреи.

- Появилось много русскоязычных еврейских журналов.

- Мне нравится "Время и мы". Он лучший за границей. Он подкупает беспартийностью. "Евреи в СССР" - еще куда ни шло, а вот "Тарбут" - этого я не понимаю. Я был на "неделе иврита" и слушал Сашу Большого, и вот вышел этот Большой и начал говорить о литературе. И сразу видно, что ну ни хрена он в ней не смыслит. Я прочел его перевод рассказа о реббе. У-ужасный стиль, кошмарный язык. Но вот Большой типичный еврейский деятель: уверенный, хоть бы хны, с таким апломбом. Кстати, вы не из "Тарбута"? Карабчиевский затравленно взглянул на Леву.

- Был да весь вышел.

- Вовремя уйти тоже нужен талант.

- Мне,- сказал Юра,- ваш Годлин предложил "Тарбут" и чувствую уже не отвертеться.

- А с Ильей вы знакомы?

-Я слышал, он ортодоксальный. Боюсь мы не сработаемся.

- Да, прямая противоположность,- сказала Милка.

- Вот-вот. Этого я и боюсь. Я не люблю идеологию. Я ненавижу слово "должен" и я готов отвергнуть "Тору", если там сказано, что-то кому-то должен.

Над полянкой поднялся решетчатый купол. Травой примятой шли люди в одиночку, семьями, с друзьями. Нас уже больше тысячи, а они шли и шли, и самое удивительное - вмещала сукка.

Оська с букетом хризантем.

- Дядя Лева....

Илья рассказывал о праздниках.

-В йон-тов нельзя ничего делать. Как в субботу. Ну разве что приготовлять пищу.

- Но огонь зажигать в йом-тов можно? - сказал робея хасидский мальчик.

- Гасить нельзя. Впрочем, мне от реб Аврома дана традиция зажигать и тушить в йон-тов газ. Нельзя стлать, бриться. Кстати, авторитеты здесь расходятся. В Штатах бреются, в Израиле - нет.

- Если я забыл в кармане десять рублей?

- Оставь у товарища, нельзя брать в руки деньги.

- А вот слушать транзистор в йом-тов можно?

- Можно было бы,- усмехнулся Илья,- если бы кто-нибудь за тебя включал и выключал его. ... В суккот принято ходить в гостя, ночевать в сукке. Литваки спят восемь дней в сукке, а хаббадники - не спят, потому что это слишком большая честь.

Илья снял пиджак, розовая рубашка отбрасывала отсвет на лицо - продолговатое, с острыми углами.

Цветы, срезанные на дачах, купленные на рынках: паленье солнца на стеблях - хризантемы, утренние ирисы, военные астры и девичьи амариллисы, гвоздики, пышные георгины, парадные гладиолусы, розы... сорванные в лесу васильки - сплелись в гирлянды над суккой. Это похоже на РАДУГУ ЗАВЕТА. И улыбки и возгласы, выкрики и счастливые взгляды причастности к ПРАЗДНИКУ.

Скоро ветер швырнет осеннюю медь леса оземь. Но пока на эту прощальную яркость алия без опаски глядела.

Художники развешивали на деревьях картины, отказники - плакаты с видовыми открытками Израиля, а полковник в отставке разместил фотографии евреев - героев Союза.

В такую пору день ронял листы и весело блажил, и было так светло, что осень молодела. Рядами выставлены бревна на траве, гнездами повисли динамики, музыка над полянкой. Наполнены стаканы, осушены стаканы и подняты опять за жизни.

Краснобородый толстяк Женька Либерман и Марк Львовский вошли в сукку.

- Жюри фестиваля...

И поднимались с бревна под аккомпанемент эпиграмм Лернер, Абрамович, Бегун (гром аплодисментов), Престин, Эссас, Членов, Чернобыльская, Розенштейн...

Шлягер Давид из города Черновцы пел на идиш, его сменила Милка Каганова с детским хором. Жюри демонстрировало оценки. Аплодисменты, свист. А над суккой уже летит песня рыжеволосой Клары.

Мелодия уводила в травополе. И губы Чернобельского шептали слова, будто повторяли мелодию сукки.

Я говорю друзьям моим:
- Давно
Люблю Овражек, громкую прохладу,
Октябрьский лес, холодное вино
Сукка в цветах - последняя награда.
Мы раскатали на траве столы.
Лэхаим - скажем,
улыбнемся взглядом

Невесть откуда появившийся трактор выстукивал дробь.

- Это вместо пианино,- догадался кто-то.

- Не далековато ли от микрофона?

- А ты не боись. Он на колесиках.

- Подогнали пять пустых автобусов и приехали на грех грузовиках курсанты милиции. Они гам дальше, за кустарником.

- Недавно,- рассказывал Илья физику из Горького,- я беседовал с евреем - математиком, но не религиозным. Разговор коснулся языков. Я заметил, что иврит нужно знать каждому еврею, а быть может, каждому человеку на Земле. А почему? - удивился ученый. - Разве только на иврите написаны великие вещи?

Я так ответил: действительно, может быть в других книгах есть что-то мудрое. Но ведь наша Книга продиктована Гашемом. Только представьте на минуту!

- И у вас нет сомнений? - усмехнулся ученый.

Я сказал:

- Есть вероятность, что я неправ. Что я тогда теряю? Свинину, суету по субботам и атеизм. Не так уж много. Но если я прав... то что теряете вы в жизни в сравнении со мной.

А рядом велись совсем другие разговоры.

- Почем в Израиле автомашина?

Самая дешевая 250 тысяч лир, а дорогая - миллион. А заработок 10 тысяч.

- Цветные телевизоры гам есть?

- Через два года... На воду - счетчик, на телефон - счетчик, строят восьмиэтажные дома с лифтом... Книга стоит 100 лир.

- А почему ты хочешь уехать?

- Мне не нравятся правила игры здесь. А там правила игры мне нравятся.

- В Штатах?

- Да.

- А почему не в Эрец?

- Куда?

- Ну, в Эрец Исроэль.

- Израиль или Израиль, как правильно? Ну, туда совсем незачем ехать. Что там делать?

- Ну как... Евреи все вместе...

- И ничего хорошего. Выродятся. Евреи должны жить в рассеянии. Испокон веков так.

- Ну, а если бы здесь...

- Что если бы здесь....

- Правила игры изменились... то есть стали более. демократичные. Остался бы?

- Запросто.

- Он сказал: экстренные гастроли Биробиджанского камерного театра.

- Кто сказал?

- Администратор. Они отменили спектакль "Русские люди" в пользу Шерлинга. Полдня я ломал себе голову, что за пожар, а лотом купил "Вечерку" и все стало ясно: прилетели американские губернаторы и мэры, а тут наклевывается неурожай, а там качали права евреи.

- Чепуха. Мало ли кто приезжает в Москву. Что же отменять "Русских людей"?!

- А почему такая экстренность? То-то и оно.

Каратист Барг и сироты алии искали Чернобельского.

- Мы пиво привезли!
Не отвертеться.
- В Израиле я поступлю в шинбет, - сказал Валерка Барг.
- Так тебя там и ждут.
- Не возьмут в разведчики, пойду в ешиву.
- Тебе лишь бы на "ша" начиналось,- улыбнулся Лева из-за кружки.

Ну, это он загнул. Год назад Барг сделал брит-милу. Хлебнул стакан водки, лег на стол. Айн-цвай-драй - и шойхет Мотя отрезал все лишнее. Так что Лева зря насчет буквы "ш".

- А на какие шиши семью прокормишь?
- На стипендию. И уроками математики.

Пиво он потягивал, как астматическую трубку, выкатив бельма и запрокинув ресницы. У него двое детей в Одессе, двое - в Москве, астма и кажется цветочная аллергия. И ничего - жив курилка. Работал дворником, преподавал карате и уроки математики.

Ты Авигдора Эскина знал? - Гаррик Вигдоров положил руку на плечо Чернобы.- Так вот, его арестовали.

- Он же улетел в Израиль!
- Мг-г[T1].
- Ну-ну, заливай.
- Он сидит в израильской тюрьме вместе с другими из команды Коханэ. Они ходили по домам палестинцев и предлагали им убираться. Ну где-то завязалась потасовка и Витю забрали.
- Фантастика,- сказал Лева.- Тут ждали он вот-вот начнет турне по Штатам, англиям разным, а его в тюрьму....
- Хорошо он умел рассказывать,- сказал Семен.- Кто там в овцу превратился?

- Баал-Шем-Тов в овцу превратился и услышал мелодию Яакова.
- Во-во. Такого парня засадили в Израиле.
Иногда "стараешься делать добро, а получается зло".

Раскатывался день, как полоса бумаги на поляне - ослепительно, жарко. Обед на траве. Детский гомон, птичий хор, песни у микрофона под гитары и скрипку. Но почему так одиноко Паше Абрамовичу, кого взгляд ищет? Веню Файна? С кем мысленно беседует старый Лернер, с Щаранским или Идой Нудель? "Незаменимых нет" - какая чушь. Мы все незаменимы в этой жизни. Воронель, Польских, Азбель, Файн, Дектор, Кандель, Лунц, Лапидус, Рамм, Бейлина, Рубин, Щаранский, Бегун, Нудель, Слепак... А кто сиротам алии заменит Вагнера Володю, студентам Авигдора Эскина, детям - Полину Айбиндер?... Приходят новые не те - так мы стареем. И нужно жить, хотя с разлукой каждый раз мы умираем.

Трактор прогрохотал вдоль кромки поля и пополз на микрофон... Коротышка Шварц выкрикнул в микрофон:

- Это враждебное окружение не от большого ума. Будем надеяться, что в будущем году они поумнеют и не будут глушить тракторами песни.

Аплодисменты заглушили трактор.

Два раза трактор глох: когда кончилась солярка и когда Борька Чернобыльский взобрался на него и вырубил мотор. Щедро полыхало небо и крошечный Лева Авигдоров пел далеко от микрофона и трактора. Сидел на плечах отца и пел:

Пони девочек катает,
Пони мальчиков катает.
Пони бегает по кругу
И в уме круги считает.

- Ну, спой что-нибудь еврейское, - просит папа, - на иврите.

Хасидские песни пел по-восточному тягуче курчавый медбрат Симха, а запевалой солдатских песен- рыжий Магарик - ах какой он рыжий - от гитары до стриженой макушки. Пятилетняя девочка в платье из лепестков костра потянулась к микрофону, будто поплыла по воздуху янтарной каплей. И пела она "Сим шалом това увраха", словно солнечный лучик пел.

- Какое счастье,- прошептала женщина, стоявшая спиной к березе.

Никогда раньше русская земля не собирала еврейской песней столько людей. А когда еще была такая красивая сукка, как в этом году, последнем из семидесятых.

Из Овражек следом заката потянулись люди к дороге.

Все виднее на желтых откосах
Тени черных корней.
И летит листва под колеса,
Прыгнуть что ли за ней.
И тогда уж никто не допросит.
Верный способ уйти.
Но заказная станция – осень
Все еще впереди.

FSC
www.fsc.org
MIX
Papier | Fördert gute Waldnutzung
FSC® C083411

Kolibri 360 GmbH
Ferdinand-Jühlke-Straße 7
99095 Erfurt, Deutschland
produktsicherheit@kolibri360.de

Druck:
CPI Druckdienstleistungen GmbH
im Auftrag der
Kolibri 360 GmbH
Ferdinand-Jühlke-Str. 7
99095 Erfurt